आज के भारत की कहानी को समझने के लिए बिहार की यात्रा करना और उसे महसूस करना बेहद ज़रूरी है—यह एक तरह की तीर्थ यात्रा है, जो आपको ययार्थ से रूबरू करवाती है। यह पुस्तक उस जटिल यात्रा को समझने का कंपास भी है।

**— राज कमल झा**

(मुख्य सम्पादक–द *इंडियन एक्सप्रेस*)

• • •

*जेपी से बीजेपी : सौ साल के आईने में बिहार* पुस्तक में बिहार की राजनीति का सिंहावलोकन भी है और 1952 चुनाव से लेकर 2025 के चुनाव का आकलन भी है। इस कहानी में बिहार की राजनीति के धुरंधर, नीतीश कुमार और लालू प्रसाद तो हैं ही, भविष्य की राजनीति के दावेदारों की भी चर्चा है। यह त्रिवेणी संघ से तेजस्वी तक की यात्रा है, डॉ. श्रीकृष्ण सिंह से लेकर कन्हैया कुमार तक का विवरण है। समाजवादी पुरोधा रामनन्दन मिश्र, जगदेव प्रसाद, कर्पूरी ठाकुर, रामानन्द तिवारी और कपिलदेव सिंह से गुज़रते हुए कांग्रेस की पूरी यात्रा भी है, उसकी थकान की दास्तां भी है, राहुल गांधी के पार्टी पुनर्जागरण का प्रयास भी है। समाजवादी नेता जयप्रकाश नारायण तो किताब के केन्द्र में हैं। समाजवाद से राष्ट्रवाद की यात्रा में जितने पड़ाव हैं, यह किताब सभी पड़ावों से गुज़रती हैं। कैसे रामविलास पासवान तीन बार मुख्यमन्त्री बनने से चूक गये, लालू प्रसाद ने कैसे सत्ता पायी, शरद यादव बिहार कैसे आये और चारा घोटाले की अनकही कहानी क्या है? चिराग पासवान, सम्राट चौधरी और नीतीश कुमार के पुत्र प्रशान्त कुमार की क्या कहानी है? चुनावी रणनीतिकार प्रशान्त किशोर के नेता बनने की कैसी यात्रा है और क्यों बीजेपी अभी भी समाजवाद के आख़िरी स्तम्भ नीतीश कुमार को डिकोड नहीं कर पा रही है? — इन सब जटिल विमर्शों पर किताब में बात की गयी है।

AF631324

*वाणी प्रकाशन*
द्वारा प्रकाशित
*संतोष सिंह*
का
साहित्य संसार

# जेपी से बीजेपी

## सौ साल के आईने में बिहार

'JP to BJP' (Vitasta, SAGE Select, 2021) का संशोधित, अनुवादित और नवीकृत संस्करण

**संतोष सिंह**

अनुवाद

**शुभम कुमार**

वाणी प्रकाशन

प्रकाशन के उत्कृष्टतम 62 वर्ष

पेपरबैक पहला संस्करण : 2025

vaniprakashan.com

वाणी प्रकाशन

*4695, 21-ए, दरियागंज, नयी दिल्ली-110 002*

*फ़ोन : + 91 11 23273167, 23275710*

**शाखाएँ**

*अशोक राजपथ, पटना-800 004, बिहार*

*कॉफ़ी हाउस कैम्पस, महात्मा गांधी मार्ग, प्रयागराज-211 001, उत्तर प्रदेश*

*महात्मा गांधी अन्तरराष्ट्रीय हिन्दी विश्वविद्यालय, वर्धा-442 001, महाराष्ट्र*

sales@vaniprakashan.in
vaniprakashan@gmail.com

JP se BJP : Sau Saal ke Aaine Mein Bihar
*by* Santosh Singh
*Translated by* Shubham Kumar

ISBN : 978-93-7348-761-8
Politics/Journalism/History



मूल्य : ₹ 495



*आर. टेक ऑफ़सेट, दिल्ली-110 094 में मुद्रित*

*वाणी प्रकाशन का लोगो मक़बूल फ़िदा हुसैन की कूची से*

*प्रिय पाठकों को समर्पित...*

सबसे ग़रीब आदमी की
सबसे कठिन बीमारी के लिए
सबसे बड़ा विशेषज्ञ डॉक्टर आये
जिसकी सबसे ज़्यादा फ़ीस हो
सबसे बड़ा विशेषज्ञ डॉक्टर
उस ग़रीब की झोंपड़ी में आकर
झाड़ू लगा दे
जिससे कुछ गन्दगी दूर हो।
सामने की बदबूदार नाली को
साफ़ कर दे
जिससे बदबू कुछ कम हो।
उस ग़रीब बीमार के घड़े में
शुद्ध जल दूर म्युनिसिपल की
नल से भरकर लाये।
बीमार के चीथड़ों को
पास के हरे गन्दे पानी के डबरे
से न धोये।
कहीं और धोये।

*बीमार को सरकारी अस्पताल*
*जाने की सलाह न दे।*
*कृतज्ञ होकर*
*सबसे बड़ा डॉक्टर सबसे ग़रीब आदमी का इलाज करे*
*और फ़ीस माँगने से डरे।*
*सबसे ग़रीब बीमार आदमी के लिए*
*सबसे सस्ता डॉक्टर भी*
*बहुत महँगा है।*

**—विनोद कुमार शुक्ल**

# अनुक्रम

# प्रस्तावना

भारत की कहानी को जानने-समझने के लिए बिहार से गुज़रना बहुत ज़रूरी है, ऐसा करना तीर्थ सरीखा है, जिसमें आप सच्चाई से रूबरू होते हैं। क्योंकि, यह एक ऐसा भूदृश्य है जो किसी अन्य प्रदेश की तुलना में राजनीतिक बदलावों और आन्दोलनों के लिए ज़्यादा जाना जाता रहा है। यह ऐसा भूभाग है जो थकी हुई क्रान्तियों के अवशेषों से कुछ ज़्यादा ही दाग़दार है।

गहरी जातिगत असमानताओं वाला राज्य बिहार, बार-बार होने वाले क्रान्तिकारी और समतावादी आन्दोलनों का घर रहा है–1930 के दशक में कांग्रेस के भीतर और बाहर का समाजवादी वातावरण, 1950 में भूमि सुधार क़ानून, 1970 के दशक में जयप्रकाश नारायण के द्वारा सम्पूर्ण क्रान्ति का आह्वान, लालू प्रसाद यादव का एक व्यापक और मज़बूत पिछड़ी जातियों के गठबन्धन का नेतृत्व जिसने राजनीति के व्याकरण को बदल दिया और 1990 के दशक में उच्च-जाति के वर्चस्व को ख़त्म कर दिया और नीतीश कुमार द्वारा सामाजिक न्याय की शब्दावली में सुशासन के एजेंडे को जोड़ा जाना।

लेकिन परिवर्तन के लिए हुई ताक़तों की एकजुटता के बाद विखंडन और विघटन भी होता रहा है।

'द इंडियन एक्सप्रेस' के संतोष सिंह इन कहानियों के टुकड़ों को उठाने, उन्हें फिर से जोड़ने, और व्यापक तस्वीर प्रस्तुत करने में पारंगत हैं।

पत्रकार तो बहुत हैं लेकिन संतोष की बात ही कुछ और है। मुझे उनके साथ काम करने का सौभाग्य मिला है, फील्ड पर, डेस्क पर और रात के

अजीबोग़रीब घंटों में, फ़ोन पर। इनसे हर बातचीत एक सीख जैसी रही, ऐसे समय में जब राज्य की राजधानी में 'राष्ट्रीय समाचार के लिए रिपोर्टिंग' काफ़ी हद तक वीवीआईपी बंगलों के बाहर खड़ी टीवी क्रू तक सीमित हो गयी है, जो रात 9 बजे प्राइम टाइम एंकर के भाषण के लिए माहौल तैयार करती हैं, लेकिन संतोष वहाँ जाते हैं जहाँ कैमरा नहीं जाता है या नहीं जा सकता है।

संतोष अपने पैर ज़मीन पर टिकाए हुए आमजन की आवाज़ सुनते है। उनके पास एक दुर्लभ कौशल है : सत्ता के गलियारों में फुसफुसाहट के साथ-साथ शहर और गाँव के बीच की अनसुनी आवाज़ों को सुनने का। मुज़फ़्फ़रपुर आश्रय गृह में दुर्व्यवहार पर उनकी खोजी श्रृंखला से लेकर मंडल के 30 साल बाद पुलिस बल में जातिगत पूर्वाग्रह और भेदभाव और शराबबन्दी के सामाजिक और सार्वजनिक स्वास्थ्य पक्ष, जैसी कई ज़रूरी कहानियाँ संतोष की क़लम ने कही हैं। संतोष के काम ने उनके पाठकों को कहानी-दर-कहानी बिहार की गहरी समझ से समृद्ध किया है।

यह शानदार किताब 'जेपी टू बीजेपी' का अनुवाद है, जिसमें बिहार के राजनीतिक इतिहास को संतोष ने अद्भुत तरीक़े से समाहित किया है। यह किताब बिहार की सौ साल की राजनीतिक यात्रा का एक अद्भुत विवरण है, जिसमें बिहार की सामाजिक और राजनीतिक घटनाओं की विस्तार से व्याख्या की गयी है। नीतीश कुमार और लालू यादव की राजनीति यात्रा और जेपी के सत्याग्रह के विषय में संतोष ने गहराई से पड़ताल की है, और वर्तमान राजनीतिक परिदृश्य की चर्चा है जिसमें सोशलिस्ट पार्टियों में अब थकान दिख रही है।

भले ही नीतीश 2020 के चुनाव के बाद फिर से मुख्यमन्त्री बन गये, लेकिन ये किताब बताती है कि कैसे नीतीश 4.0, बिहार के बदलाव की अगुआई करने वाले विकास पुरुष नीतीश 1.0 की तुलना में बहुत कमतर लगते हैं। वे अक्सर ख़ुद को दोहराते प्रतीत दिखते हैं। पहले और दूसरे कार्यकाल का उत्साह, जिसमें राज्य के अधिकार को बहाल किया गया था और कुछ शानदार सरकारी योजनाएँ देखी गयी थीं, अब लगभग फीकी पड़ गयी है।

नीतीश कुमार को जीतने के लिए हमेशा एक साथी की ज़रूरत रही है, वह भारतीय जनता पार्टी (भाजपा) के साथ थे, फिर लालू-कांग्रेस के साथ। और फिर, जब गुजरात के मुख्यमन्त्री (नरेन्द्र मोदी) ने पहली बार भारत के प्रधानमन्त्री पद के लिए दावा पेश किया, तो मुख्यमन्त्री नीतीश कुमार को ही उनके सम्भावित प्रतिद्वन्द्वी के रूप में देखा गया। 2020 के विधानसभा चुनाव में, उनके जनता दल (यूनाइटेड) ने मोदी की भाजपा के साथ गठबन्धन में अपना चुनाव लड़ा, इस चुनाव में नीतीश का प्रदर्शन बेहद ख़राब रहा। नीतीश अब भी सत्ता में बने रह सकते हैं, लेकिन कई मायनों में, वह अब प्रभावशाली नहीं हैं।

तो, अब बिहार में क्या होगा? तीन दशकों के बाद बिहार की राजनीति फिर से दोराहे पर आ खड़ी है। लालू प्रसाद सक्रिय राजनीति से लगभग बाहर हैं, नीतीश कुमार भी अपने राजनीतिक अवसान की ओर अग्रसर हैं। शायद 2025 के चुनाव के बाद नयी पीढ़ी के नेताओं के बीच आगे बढ़ने की होड़ होगी। और भारतीय जनता पार्टी के लिए बिहार अभी भी फाइनल फ्रंटियर है। सोशलिस्ट ग्रीन और बीजेपी के सैफरन का द्वन्द्व आख़िरी पड़ाव पर है।

सामाजिक न्याय और धर्मनिरपेक्षता की इसकी कई अधूरी क्रान्तियों के साथ-साथ जातिगत संघर्षों और प्रवासियों के आन्दोलनों से ओत-प्रोत बिहार की राजनीति किस दिशा की ओर मुड़ती है यह देखना दिलचस्प है।

यह पुस्तक इन सवालों के जवाबों की गहन खोज में राजनीतिक और सामाजिक बदलाव की हमारी समझ को और गहरा करती है। अगर उनकी पिछली रचना, 'रूल्ड ऑर मिसरूल्ड : स्टोरी एंड डेस्टिनी ऑफ़ बिहार' और नयी पुस्तक, कर्पूरी ठाकुर : बेज़ुबानों की आवाज़", पिछले कुछ सालों में अतीत को देखते हुए वर्तमान को समझने का एक विस्तृत दस्तावेज़ है, तो 'जेपी टू बीजेपी' का यह हिन्दी संस्करण बिहार की राजनीति का एक संक्षेप इतिहास है। 'जेपी टू बीजेपी : सौ साल के आईने में बिहार' में संतोष ने हमें इतिहास के साथ-साथ भविष्य की दिशा तय करने के लिए एक दिशा-निर्देश दिया है। यह कहानी एक ऐसे राज्य की है, जो अपनी आशा और निराशा में,

अपने लाखों युवा, महिलाओं और पुरुषों में, अपने सपनों को अपने इतिहास के बोझ से कहीं ज़्यादा भारी रखते हुए, एक पूरे राष्ट्र की कहानी लिखता और आकार देता रहेगा।

**—राज कमल झा**

मुख्य सम्पादक

द इंडियन एक्सप्रेस

# पुस्तक-परिचय

सियासत की लड़ाई में कुछ पोस्टल एड्रेस बहुत महत्त्वपूर्ण होते हैं। चाहे वो सोनिया गांधी का 10, जनपथ हो, भारत के प्रधानमन्त्री का 7, लोक कल्याण मार्ग (पूर्व में रेस कोर्स रोड), या फिर बिहार का 1, अणे मार्ग, पर स्थित मुख्यमन्त्री का आधिकारिक निवास। ये भी बड़ा ही दिलचस्प तथ्य है कि माधव श्रीहरि अणे जिनके नाम पर बिहार का यह मशहूर पता है, कांग्रेस सोशलिस्ट पार्टी के नेता थे। यह भी संयोग मात्र ही है कि कांग्रेस तो नहीं मगर एक सोशलिस्ट पार्टी, जनता दल यूनाइटेड, के नेता, नीतीश कुमार, पिछले 19 वर्षों से इस पते पर काबिज़ हैं। बिहार की सियासत की बिसात पर फिर बिछा है यह पता।

मेरी पुस्तक, 'जेपी टू बीजेपी : सौ साल के आईने में बिहार', ऐसे ही महत्त्वपूर्ण पते, या इसके इर्द-गिर्द रहने वाले नेताओं के अतीत और वर्तमान से रूबरू कराती है। ये किताब आपको बिहार की सियायत की जड़ों तक ले जाती है। यह पुस्तक पहले मुख्यमन्त्री डॉ. श्रीकृष्ण सिंह से लेकर वर्तमान में मुख्यमन्त्री नीतीश कुमार की कहानी तो है ही, साथ ही इस लम्बी यात्रा में आये हुए कुछ मील के पत्थरों की दास्तान भी है। डॉ. राममनोहर लोहिया का समाजवाद क्या था? रामनन्दन मिश्र, जगदेव प्रसाद की आज़ादी के आन्दोलन में क्या भूमिका थी? और जयप्रकाश नारायण को कौन भूल सकता है! उनका परिचय सिर्फ़ 1974 का जेपी आन्दोलन नहीं है, वरन 1942 की क्रान्ति भी है जब वो कुछ साथियों सहित हजारीबाग जेल की ऊँची दीवार फाँद गये थे। तभी तो रामधारी सिंह दिनकर ने उनके बारे में कहा था, "नखत अमा के बुझते हैं, सारा आकाश तुम्हारा है।"

यह किताब समाजवादियों की दूसरी पीढ़ी, कर्पूरी ठाकुर, रामानन्द तिवारी और कपिलदेव सिंह, की कहानी भी बयाँ करती है। मातहत और बेज़ुबानों की आवाज़ भारत रत्न कर्पूरी ठाकुर की यात्रा किसी लोककथा जैसी मालूम पड़ती है। रामानन्द तिवारी का जन्म भले ही अगड़ी जाति में हुआ था लेकिन वे बक्सर स्टेशन पर यात्रियों को पानी पिलाकर गुज़ारा करते थे। कपिलदेव सिंह ने क्लास दस के बाद स्वतन्त्रता आन्दोलन में हिस्सा लेने के लिए पढ़ाई छोड़ दी लेकिन इतना स्वाध्याय किया कि एक बार हजारी प्रसाद द्विवेदी ने उनसे पूछा, "इतना ज्ञान कैसे सहेजते हो?"

इस पुस्तक को इसके नाम तक महदूद न करें। कांग्रेस के उत्थान और पतन की कहानी अगर कम शब्दों में जाननी हो तो यह किताब ज़रूर पढ़ें। कैसे डॉ. श्रीकृष्ण सिंह का काल बिहार की राजनीति और कांग्रेस का स्वर्ण युग था? कैसे अपनी सफलता के घमंड में चूर कांग्रेस ने अपने ओबीसी नेतागण, बीर चंद पटेल, राम लखन सिंह यादव, लहटन चौधरी और सीताराम केसरी, को कभी उचित सम्मान नहीं दिया? कांग्रेस शुरुआत से सवर्णों की राजनीति करती रही और सामाजिक नब्ज़ कभी टटोली ही नहीं। इस पुस्तक में मैंने 1937 से अब तक की बिहार कांग्रेस की यात्रा समेटने की कोशिश की है। एक अर्थ में, यह किताब कृष्ण से (श्रीकृष्ण सिंह) से कन्हैया (कुमार) तक की कहानी।

'जेपी टू बीजेपी' सिर्फ़ समाजवाद से राष्ट्रवाद का सफ़र ही नहीं बताती बल्कि उसका पूर्ण चक्र भी बताती है। समाजवाद के महत्त्वपूर्ण किरदार, शरद यादव, रामविलास पासवान जो अब इस दुनिया में नहीं हैं, की राजनीतिक यात्रा भी कंटकों से भरी थी। कैसे एक सत्तू पहलवान का अपमान किसी को शरद यादव बना सकता है और एक रिक्शा यूनियन का नेता कैसे रामविलास पासवान बन जाता है, यह नयी पीढ़ी को जानने की ज़रूरत है।

लालू प्रसाद, नीतीश कुमार तो इस किताब के केन्द्र में ही हैं। मैंने पिछले 100 वर्षों में हुए बिहार के महत्त्वपूर्ण राजनीतिक व्यक्तित्व के द्वारा पूरे बिहार की सामाजिक और राजनीतिक यात्रा को बताने का प्रयास किया है। इसे आप समेकित अवलोकन भी कह सकते हैं और सिंहावलोकन भी। वैसे लालू और

नीतीश की परत-दर-परत कहानी मैंने अपनी पहली पुस्तक, 'रूल्ड और मिसरूल्ड' (हिन्दी में 'कितना राज कितना काज'), में कही है। लेकिन इस किताब में भी उनका बख़ूबी ज़िक्र है। चारा घोटाले की अनकही कहानी भी है। नीतीश की थकान का भी ज़िक्र है। कैसे बिहार को सपने दिखाने वाला ये जादूगर बस "बिजली, सड़क और पानी" से आगे नहीं बढ़ पाया। सोशल इंजीनियर के रूप में नीतीश ने ज़रूर कर्पूरी के सपनों को बहुत हद तक पूरा किया लेकिन औद्योगिक विकास के क्षेत्र में डॉ. श्रीकृष्ण सिंह अब भी अव्वल हैं। लालू प्रसाद का ज़िक्र तो किताब में आता ही रहेगा। मंडल मसीहा कैसे अपना रास्ता भूल जाते हैं और जाति समीकरण की विरासत ही अपने पुत्र तेजस्वी प्रसाद य़ादव को सौंप पाते हैं। फिर भी लालू प्रसाद बिहार की राजनीति के रेफरेंस प्वाइंट बने हुए हैं। उनका आधा वाक्य भी ख़बर बन जाता है।

'जेपी टू बीजेपी' में भारतीय जनसंघ से बीजेपी तक, कैलाशपति मिश्र से लेकर लालमुनि चौबे तक, सुशील कुमार मोदी से सम्राट चौधरी तक की कहानी भी दर्ज है। जनसंघ को कैसे 1967 में महामाया प्रसाद सिन्हा के संयुक्त विधायक दल की सरकार में एक महत्त्वपूर्ण सहयोगी बनाया जाता है और जनसंघ की राजनीतिक अस्पृश्यता ख़त्म होती है? 1977 में जेपी ने राष्ट्रीय स्तर पर वही काम किया जो 1967 में गोलवलकर और लोहिया ने किया था। मैंने यह बताने की भी कोशिश की है कि क्यों बीजेपी सुशील कुमार मोदी के बाद कोई बड़ा नेता नहीं दे पायी जो नीतीश के समकक्ष हो? कहाँ है बीजेपी की दूसरी पीढ़ी? भगवा दल क्यों बिहार में अभी तक उधार का सिन्दूर लगाने के लिए विवश है? बीजेपी के पास नीतीश का क्या विकल्प है और साथ ही जेडीयू के पास नीतीश के अलावा क्या विकल्प है?

मैंने दूसरी पीढ़ी के छह नेताओं का खाता-बही भी दिया है। भाजपा के सम्राट चौधरी, राजद के तेजस्वी प्रसाद यादव, कांग्रेस के कन्हैया कुमार, लोजपा (रामविलास) के चिराग पासवान, नीतीश के पुत्र निशान्त कुमार और जन सुराज पार्टी के सूत्रधार प्रशान्त किशोर की राजनीतिक कुंडली जानने की कोशिश की है। क्या इनमें ही है बिहार का अगला मुख्यमन्त्री या फिर नीतीश ही कुछ और दिन बने रहेंगे? प्रशान्त किशोर क्या 2025 के चुनाव के निर्णायक

तत्त्व हैं? क्या कन्हैया और तेजस्वी एक राजनीतिक स्पेस में रह सकते हैं? क्या चिराग पासवान बिहार की तरफ़ देख रहे हैं? या फिर बिहार को कोई नया सम्राट मिलेगा? मुख्यमन्त्री के पुत्र निशान्त कुमार सक्रिय राजनीति में आने की दस्तक दे ही रहे हैं। क्या निशान्त भाजपा के लिए अगली चुनौती होंगे?

इस पुस्तक में मैंने बहुतेरे अकादमिक सन्दर्भों सहित बहुत सारे साक्षात्कार को समाहित किया है। एक रिपोर्टर की रपट भी बीच-बीच में आपको मिलेगी। मेरा उद्देश्य है कि इस पुस्तक के माध्यम से लोग बिहार के राजनीतिक इतिहास को जानें और भविष्य का सिरा पकड़ने की कोशिश करें। सौ वर्षों का इतिहास आपके सामने से गुज़रने वाला है। बताइयेगा, यात्रा कैसी रही?

अन्त में अगर मैं इस किताब के अनुवादक, शुभम कुमार, का ज़िक्र न करूँ तो बात अधूरी रह जायेगी। जिस तल्लीनता और मनोयोग से शुभम ने किताब का अनुवाद किया है, लगता है किताब नये सिरे सें लिखी गयी है। किताब संवर्धित और नवीकृत है। शुभम को इस किताब की आत्मा में रच-बस जाने के लिए बहुत धन्यवाद। ज़्यादा कहना आत्ममुग्धता होगी। किताब अब आपकी है।

धन्यवाद।

**—संतोष सिंह**

# 1
# इतिहास-चक्र
## अंजुमन इस्लामिया हॉल से बीर चंद पटेल पथ

चक्र की एक विशेषता होती है कि यह सम्पूर्ण लगता है लेकिन इसमें एक कमी है, इसकी सम्पूर्णता को मापा नहीं जा सकता है। हम समाजवादी राजनीतिक चक्र की बात करेंगे। पहले देश के सन्दर्भ में, फिर बिहार के सन्दर्भ में।

1930 के सविनय अवज्ञा आन्दोलन के बाद भारतीय राष्ट्रीय कांग्रेस को लगा कि पार्टी के अन्दर एक रेडिकल फोर्स होना चाहिए जो स्वतन्त्रता आन्दोलन से इतर समाजवाद के मूल सिद्धान्तों पर बात करे, ख़ासकर कैसे इसे भारतीय सन्दर्भ में अपनाया जाये? उस दौर में जब ज़मींदारी और रैयत प्रथा बरक़रार थी।

जयप्रकाश नारायण ने अपनी पुस्तक, 'व्हाय सोशलिज़्म (Why Socialism)' में तर्क दिया : "मानवता के लिए समाजवाद के सबसे बड़े योगदान में से एक यह है कि यह सामाजिक प्रगति को मानव के सचेतन नियन्त्रण और दिशा में लाता है। अब तक, व्यक्तिवाद और स्वार्थ के मंच पर छाये रहने के कारण, समाज अन्धाधुन्ध प्रगति कर रहा है।"

बिहार में समाजवादी क्रान्ति का बिगुल 1931 में बज गया था जब गंगाशरण सिंह, रामवृक्ष बेनीपुरी और फूलन चन्द्र वर्मा जैसे लोगों ने पटना में बिहार सोशलिस्ट पार्टी की स्थापना कर दी थी। अब बारी थी कांग्रेस सोशलिस्ट पार्टी की स्थापना की। पटना का अंजुमन इस्लामिया हॉल गवाह बना इंडियन नेशनल कांग्रेस के एक नये और रेडिकल घटक, कांग्रेस सोशलिस्ट पार्टी के आविर्भाव का। तीन बड़े ही ओजस्वी नेता, आचार्य नरेन्द्र देव, जयप्रकाश

नारायण और डॉ. राममनोहर लोहिया को इसके नेतृत्व की महती ज़िम्मेवारी दी गयी। इस नये घटक से यूसुफ़ मेहर अली, अच्युत पटवर्धन और मीनू मसानी जैसे नेता भी जुड़े। लेकिन इस विंग का शीघ्र ही अपने मातृ संगठन से मोहभंग होने लगा। जवाहरलाल नेहरू कांग्रेस के अघोषित सोशलिस्ट चेहरा थे। लेकिन कांग्रेस समाजवाद के सिद्धान्तों से कोसों दूर थी।

आचार्य नरेन्द्र देव ने अपनी पुस्तक, 'राष्ट्रीयता और समाजवाद', में लिखा :

"मैं तो सन् 1934 से कहता रहा हूँ कि कांग्रेस समाजवाद का अस्त्र नहीं बन सकती। हमें कांग्रेस छोड़ने की जल्दी नहीं थी। कांग्रेस ने हमें अलग होने के लिए बाध्य किया है। एक बार कांग्रेस के अध्यक्ष ने हमसे कहा था कि हम अपनी पार्टी के नाम से 'कांग्रेस' शब्द निकाल दें। दूसरे कांग्रेसी ने हमसे यह भी कहा कि हम अपनी पार्टी का द्वार ग़ैर-कांग्रेसियों के लिए भी खोल दें। हमने कानपुर में यह सब कुछ किया। अब उन्होंने एक ऐसा विधान बनाया है कि हमारे पास अलग होने के अलावा कोई दूसरा चारा ही नहीं है। गांधी जी ने कांग्रेस के लिए अधिक सुन्दर भविष्य सोचा था। वह कांग्रेस को जन-सेवकों का समूह बनाना चाहते थे। वह उसे लोक-सेवक-संघ बनाना चाहते थे। गांधी जी अब नहीं हैं। कांग्रेसियों ने कांग्रेस को एक विशुद्ध राजनीतिक दल बना डाला है।"

सोशलिस्ट पार्टी का सफ़र, 1950 के दशक से शुरू होता है। लोहिया जाति विहीन समाज की कल्पना करते हैं। लोहिया अपनी पुस्तक, 'व्हील्स ऑफ़ हिस्ट्री' (जो उनके भाषणों का संग्रह है) में तर्क देते हैं : "जाति अवसर को सीमित करती है। सीमित अवसर क्षमता को संकुचित करता है। जहाँ जाति का बोलबाला होता है, वहाँ अवसर और क्षमता दोनों ही लोगों के लगातार सिकुड़ते दायरे तक सीमित हो जाते हैं।"

लेकिन आपसी खींच-तान के कारण समाजवाद अपनी जड़ें नहीं जमा पाता है। 1950 से 1960 के बीच में कांग्रेस के समानान्तर चलने वाली एक प्रतिपक्षी राजनीतिक धारा की कमर टूट जाती है। नरेन्द्र देव की मृत्यु हो जाती है, जयप्रकाश नारायण, विनोबा भावे के भूदान आन्दोलन से जुड़ जाते हैं और

सक्रिय राजनीति से अलग हो जाते हैं। लोहिया अपनी ही पार्टी से निष्कासित होकर अलग पार्टी बना लेते हैं।

लेकिन 1960 का दशक समाजवादियों का दशक साबित होता है। 1964 में लोहिया अपनी पार्टी, सोशलिस्ट पार्टी और प्रजा सोशलिस्ट पार्टी का विलय कराकर, एक नयी पार्टी बनाते हैं, संयुक्त सोशलिस्ट पार्टी (SSP)। 1967 के विधान सभा चुनाव में समाजवादी बिहार सहित नौ राज्यों में कांग्रेस को शिकस्त देकर अपनी सरकार बनाते हैं। लेकिन ये दशक दंश दे जाता है, लोहिया 1967 के अक्टूबर में गुज़र जाते हैं। समाजवाद फिर अनाथ हो जाता है। समाजवादी राजनीति की अगली पीढ़ी में जॉर्ज फर्नांडीस, मधु लिमये और राज नारायण सरीखे नेता आते हैं। पर बिहार के सन्दर्भ में उनकी भूमिका सीमित होती है।

1970 और 1980 के दशक में समाजवाद नयी अँगड़ाई लेता है, जब 1974 में जेपी बिहार आन्दोलन के प्रणेता बनते हैं। राजधानी पटना से सम्पूर्ण क्रान्ति का उद्घोष होता है। इन्दिरा गांधी आपातकाल की घोषणा करती हैं। इन्दिरा की ये भूल समाजवादियों के लिए सत्ता का द्वार खोलती है। समाजवाद राष्ट्रीय स्तर पर अपना डंका बजाता है। 1977 के चुनाव में 'जनता पार्टी' कांग्रेस को धूल चटा देती है। जेपी का आन्दोलन इन्दिरा को सत्ता से अपदस्थ तो कर देता है, लेकिन 'जनता पार्टी' का गठबन्धन पुआल की आग साबित होती है। जिसका ताप जल्द ही राख में तब्दील होने लगता है।

जेपी के जीवन काल में ही यह प्रयोग असफल साबित होने लगता है। लेकिन इसी दौर में कर्पूरी ठाकुर बिहार के मुख्यमन्त्री बनते हैं और धूल फाँकती मुंगेरी लाल आयोग की सिफ़ारिशों को लागू करते हैं। बिहार और देश को ओबीसी का वर्गीकृत रूप मिलता है। कर्पूरी सरकार 26 प्रतिशत आरक्षण में, 12 प्रतिशत अति पिछड़ा वर्ग, 8 प्रतिशत पिछड़ा वर्ग और तीन प्रतिशत महिलाओं और उतना ही ग़रीब सामान्य वर्ग के लोगों को कोटा देती है। कर्पूरी का यह निर्णय उन्हें जननायक बनाता है। 2024 में नरेन्द्र मोदी सरकार कर्पूरी ठाकुर को भारत रत्न सम्मान से नवाज़ती है। लेकिन इसके बाद समाजवादी

राजनीति का विखंडन शुरू हो जाता है। 1979 में जेपी की मृत्यु हो जाती है, जेपी के जाने के बाद समाजवाद अपनी वैचारिक राह से विमुख होता जाता है।

1980 से 1990 के दशक में, समाजवादी धारा कई स्रोतों में बहने लगती है। इसके नेतागण, अपनी डफली, अपना राग, अलापने लगते हैं। कर्पूरी ठाकुर देश के किसान नेता और अल्पकालीन प्रधानमन्त्री चौधरी चरण सिंह के 'लोकदल' में शामिल होते हैं। फिर ये दल भी टूटता है, लोकदल के एक घटक का नेतृत्व चरण सिंह के साथ और दूसरा कर्पूरी ठाकुर के साथ जाता है। लालू प्रसाद जो अब कर्पूरी ठाकुर का नाम लेते थकते नहीं हैं, वो चरण सिंह वाले लोकदल का हिस्सा बनते हैं। लेकिन समाजवादी राजनीति अब दिशाहीन होने लगती है। कर्पूरी 'दलित मज़दूर किसान पार्टी' बनाते हैं। 1984 का लोक सभा चुनाव हारने के बाद कर्पूरी फिर से चरण सिंह के साथ आ जाते हैं।

लेकिन तब तक वक़्त करवट ले चुका होता है नयी पीढ़ी के नेता, रामविलास पासवान, लालू प्रसाद और नीतीश कुमार, राजनीति में अपनी पहचान बना चुके होते हैं। पासवान 1969 में कांग्रेस के दिग्गज मिश्री सदा को अलौली विधानसभा क्षेत्र से पराजित कर देते हैं। लालू 1977 में छपरा से सांसद चुने जाते हैं, नीतीश 1985 में हरनौत से विधायक बनते हैं।

1988 आते-आते, विश्वनाथ प्रताप सिंह, बोफोर्स घोटाले का मुद्दा उठाकर, राजीव गांधी को पटखनी देते हैं और प्रधानमन्त्री बनते हैं। उनके ही काल में मंडल आयोग की सिफ़ारिशों को लागू किया जाता है। इसकी गूँज पूरे देश में सुनाई देती है। कर्पूरी ठाकुर के 'कोटा विदिन कोटा' के बाद यह एक बड़ा और ऐतिहासिक निर्णय साबित होता है।

फिर बिहार की राजनीति में शुरू होता है, समाजवाद का एक नया युग। 1990 में लालू प्रसाद बिहार के मुख्यमन्त्री बनते हैं। राजनीति की पूरी परिभाषा बदल जाती है, सत्ता सड़क पर विचरण करने लगती है। बिहार में कांग्रेस का क़िला ढह जाता है। लेकिन तभी लालू की राजनीति को ग्रहण लगता है। 1996 में हुए चारे घोटाले में लालू का नाम आता है। वे अपनी पत्नी को रसोईघर से निकालकर सत्ता सौंप देते हैं। उस दौर में जाति हिंसा अपने चरम पर पहुँच जाती है और समाजवादी धारा मटमैली होने लगती है।

बिहार में 1990 से 2025 तक समाजवादी सत्ता क़ायम है। इसे कभी कांग्रेस का भी साथ लेना पड़ता है। बीजेपी के साथ नीतीश कुमार की जुगलबन्दी तो चल ही रही है। नीतीश कुमार 2005 में बिहार के मुख्यमन्त्री बनकर बिहार को सुशासन देते हैं, बिजली, सड़क, पानी, विद्यालय और अस्पताल देते हैं। पंचायत में महिलाओं को 50 प्रतिशत आरक्षण देते हैं। विद्यालय जाने वाली लड़कियों को साइकिल देते हैं और एक नयी सामाजिक बदलाव की शुरुआत करते हैं। कभी महागठबन्धन और ज़्यादातर नेशनल डेमोक्रेटिक एलायंस (एनडीए) के साथ मिलकर नीतीश अभी भी सत्ता पर क़ाबिज हैं।

बिहार में दो और बड़े नेता, रामविलास पासवान और लालू प्रसाद की कहानी भी साथ-साथ चलती है। पासवान शायद अकेले ऐसे नेता हैं, जो देश में छह प्रधानमन्त्रियों के कार्यकाल में मन्त्री रहे। 2005 में वे बिहार के मुख्यमन्त्री बन सकते थे, लेकिन अपनी हठ के कारण उन्होंने यह मौक़ा गँवा दिया। इस बात का अफ़सोस, उनके पुत्र और केन्द्रीय मन्त्री चिराग पासवान को भी है। रामविलास पासवान 2020 के विधानसभा चुनाव से ठीक पहले दुनिया को विदा कह गये।

बिहार की राजनीति के समाजवादी नायक लालू प्रसाद अपनी राजनीतिक विरासत और वसीयत अपने छोटे पुत्र तेजस्वी प्रसाद यादव को सौंप चुके हैं। तेजस्वी दो बार उप मुख्यमन्त्री रह चुके हैं और राजद का पूरा दारोमदार उनके कन्धों पर है। लालू सक्रिय राजनीति में नहीं रहते हुए भी चर्चा में रहते है। अपने गिरते स्वास्थ्य की वजह से ज़्यादा नहीं बोलते हैं। लेकिन उनकी उपस्थिति ही काफ़ी है।

बिहार की समाजवादी राजनीति अब अपने ढलान पर है, बल्कि विस्मृति की कगार पर है। वंशवादी समाजवाद के दौर में दूसरी पीढ़ी ही इसको सँभाले हुए है। चिराग और तेजस्वी ने अपनी-अपनी पार्टी की कमान थाम ली है। जेडीयू अपने भविष्य को लेकर सशंकित है। नीतीश के बाद क्या? यह एक यक्ष प्रश्न से कम नहीं है।

कांग्रेस हाशिए पर खड़े होकर चुनावी वर्ष में हुंकार भरती है। इसकी पुकार जनता तक पहुँचना मुश्किल लग रहा है। युवा नेता कन्हैया कुमार

को बिहार लाकर थोड़ी ऊर्जा ज़रूर भरी है। लेकिन कांग्रेस अभी भी स्मृति से राजनीति कर रही है। राहुल गांधी बिहार आते रहे हैं। उन्हें भीड़ तो मिली है, वोट नहीं मिल रहा है। कांग्रेस नव समाजवादी होने के प्रयास में जी तोड़ जुटी है।

समाजवादी धारा के सहयोगी और विलोम, बीजेपी, ने अपना संगठन काफ़ी मज़बूत कर लिया है। लेकिन बिहार अभी भी इसके लिए फाइनल फ्रंटियर बना हुआ है। जब तक सुशील कुमार मोदी जीवित थे, पार्टी की हनक कुछ और थी। अब संगठन तो है लेकिन नेतृत्व को लेकर ऊहापोह की स्थिति बनी हुई है। सम्राट चौधरी अभी 'नेता इन दी मेकिंग' हैं। लेकिन बीजेपी का गेरुआ रंग समाजवादी हरे को कभी भी ढक सकता है। समाजवाद अब मुद्दा विहीन हो गया है। समाजवाद की चुनावी राजनीति जातिगत समीकरणों पर निर्भर हो चुकी है।

बिहार का समाजवादी इतिहास-चक्र पूरा होने वाला है। ये राज्य अब राजनीतिक दोराहे पर है। नीतीश अब थक से गये हैं। बिहार को विकल्प की तलाश है। गेरुआ और हरे की जंग आख़िरी समय में है। बिहार शायद किसी इन्द्रधनुष की तलाश कर रहा है।

'इतिहास-चक्र' नाम से लोहिया ने एक किताब लिखी थी। समाजवादियों के इतिहास पर बात करने के लिए इससे बेहतर शीर्षक क्या ही हो सकता था। हम आगे के अध्याय में बिहार के राजनीतिक इतिहास और उस इतिहास से जुड़े महत्त्वपूर्ण किरदारों को जानेंगे। इस अध्याय को एक कविता से विराम देते हैं, जिसका शीर्षक है–'समाजवादी ढलान'।

*अंजुमन इस्लामिया हॉल की ईंटें बताती हैं,*
*यहीं रखी गयी थी*
*समाजवाद की नींव,*
*जेपी, लोहिया और नरेन्द्र देव*
*अपनी पीठ पर ढोते रहे वर्षों तक समाजवाद,*
*आज़ादी के लिए जेल फाँदने वाले ने*
*चुनाव लड़ने से इनकार कर दिया,*

चला गया सर्वोदय की ओर,
और उसका दोस्त लोहिया
लोहा लेता रहा पण्डित नेहरू से,
उसे ज़िद थी कि एक दिन तोड़ देगा
कांग्रेस का तिलिस्म,
अचानक एक दिन लोहिया चले गये दूसरी दुनिया में,
अनाथ हो गया भारत का समाजवाद,
उसके चले जाने के बाद कर्पूरी ने कुछ सपना पूरा तो किया,
जेपी ने सम्पूर्ण क्रान्ति की मशाल भी जलाई,
पर अब समाजवाद के ढलान के दिन आ चुके हैं,
जाति, राजनीति के माथे पर नाचने लगी है।

# 2

# लोहिया से महामाया तक

## समाजवाद का राजनीतिक उत्थान

*भारत रत्न राजेन्द्र प्रसाद ने इस बात को स्वीकार किया था कि 1937 के चुनाव में टिकट वितरण के समय जातिगत समीकरण का ख़ासा ध्यान रखा गया था।*

1952 के लोकसभा चुनाव में सोशलिस्ट पार्टी का प्रदर्शन बहुत बेहतर नहीं रहा। तब पार्टी के नेताओं ने पूर्व कांग्रेस अध्यक्ष और प्रख्यात गांधीवादी जेबी कृपलानी की पार्टी 'कृषक मज़दूर प्रजा पार्टी' के साथ विलय करने का फ़ैसला किया। गांधीवादी आचार्य कृपलानी चाहते थे कि समाजवादी 'वर्ग-संघर्ष' की वैचारिकी का त्याग करें। क्योंकि यह वैचारकी हिंसा को बढ़ावा देती है। लेकिन आचार्य नरेन्द्र देव, जेपी और लोहिया जैसे समाजवादी नेता दुविधा की स्थिति में थे, इन नेताओं का मानना था कि समाजवाद का मूल सिद्धान्त ही वर्ग संघर्ष है।

राममनोहर लोहिया ने सन् 1964 में ग़ैर-कांग्रेसवाद का नारा देते हुए भारतीय जनमानस के एक बड़े हिस्से को कांग्रेस के ख़िलाफ़ लामबन्द किया। 1965 का साल भारतीय राजनीति में समाजवादियों के लिए मील का पत्थर साबित हुआ। बढ़ते ट्यूशन फी और महँगाई के कारण के बी सहाय की अगुआई वाली कांग्रेस सरकार की लोकप्रियता में भारी गिरावट आयी, लोहिया के नेतृत्व वाली संयुक्त सोशलिस्ट पार्टी (संसोपा) के पास एक बेहतर मौक़ा था। 9 अगस्त को संसोपा ने पटना बन्द का आह्वान किया, उसी दिन पटना के गांधी मैदान में लोहिया ने एक विशाल जनसभा को सम्बोधित करते हुए ग़ैर-कांग्रेसवाद की मुखर वकालत की।

## लोहिया जेपी मुलाक़ात

सितम्बर 1967 की बात है, जब बिहार में महामाया प्रसाद सिन्हा के नेतृत्व में पहली ग़ैर-कांग्रेसी सरकार बनी थी। लोहिया ने पटना आकर जेपी मुलाक़ात की और उनसे सक्रिय राजनीति में वापस लौटने की गुज़ारिश की। जेपी का जवाब था, "मैं सक्रिय राजनीति में एक ही शर्त पर लौट सकता हूँ जब मेरे पुराने समाजवादी साथी रामनन्दन मिश्र भी सक्रिय राजनीति में मेरा साथ देंगे।" रामनन्दन मिश्र ने 1952 में सक्रिय राजनीति से संन्यास ले लिया था, वे दुमका (अब झारखंड) में आध्यात्मिक जीवन व्यतीत कर रहे थे।

लोहिया, जेपी का इशारा समझ गये। उन दिनों बिहार में जो सरकार थी संसोपा (SSP) उसका सबसे बड़ा घटक दल था, लोहिया अगर चाहते तो यात्रा के लिए सरकार उन्हें हेलीकॉप्टर मुहैया करा सकती थी। लेकिन लोहिया का अपना तेवर था। उन्होंने भागलपुर ट्रेन से जाना उचित समझा। जेपी और उनकी पत्नी प्रभावती, लोहिया को विदा करने स्टेशन तक आये।

बाद के दिनों में लोहिया के सहयोगी उमेश प्रसाद सिंह उस रोज़ की एक घटना का ज़िक्र करते हुए बताते हैं, "जब जेपी और उनकी पत्नी प्लेटफ़ार्म के दूसरी ओर टहल रहे थे, तब मौक़ा पाकर समाजवादी नेता भोला प्रसाद सिंह ने लोहिया से कहा, "आप बेवजह जेपी को इतना महत्त्व दे रहें हैं।" लोहिया ने बिफरते हुए कहा, "आप जेपी को कितना जानते हैं? आपको मालूम होना चाहिए कि पूरा देश जेपी को प्यार करता है।" लोहिया के ये शब्द भविष्य के गर्भ को परिभाषित कर रहे थे। ठीक एक दशक बाद ऐसा ही हुआ जब जेपी की सम्पूर्ण क्रान्ति में पूरे देश ने भाग लिया।"[1]

हालाँकि रामनन्दन मिश्र राजनीति में लौटने को तैयार नहीं हुए। उनके आध्यात्मिक गुरु ने लोहिया से कहा, "संसोपा (SSP) में कुछ ख़ास व्यक्तियों को जोड़ने के बजाय आप आमजन की ताक़त को जोड़ें तो देश और पार्टी दोनों के लिए बेहतर होगा।" उस आध्यात्मिक गुरु ने लोहिया से यह भी कहा था, "जो आध्यात्मिक नहीं हो सकता, वह कभी समाजवादी नहीं हो सकता।" इस बात का लोहिया पर गहरा प्रभाव पड़ा। ग़ैर-कांग्रेसवाद की लड़ाई में जेपी को साथ लाने का लोहिया का आख़िरी प्रयास असफल रहा। लोहिया को

पता था कि वह जीवन के आख़िरी पड़ाव में हैं। दो महीने बाद ही लोहिया की मृत्यु हो गयी।

लेकिन कुछ सम्भावनाएँ थीं जो आज भी विमर्श का विषय बनी हुई हैं–

- जेपी की आस्था दलविहीन लोकतन्त्र में थी। अगर जेपी 1955 में सक्रिय आन्दोलन से संन्यास लेकर विनोबा के भूदान आन्दोलन से नहीं जुड़े होते तो बिहार और देश का राजनीतिक परिदृश्य कुछ और होता।
- यदि अम्बेडकर की मृत्यु 1956 में न हुई होती और वे लोहिया के समाजवादी आन्दोलन का नेतृत्व कर रहे होते तब भी दृश्य कुछ और होता।
- और अगर जेपी और लोहिया साथ आ जाते तो समाजवाद का राजनैतिक वितान कितना व्यापक होता?

1957 में जेपी ने लोहिया से मिलने की इच्छा ज़ाहिर करते हुए उन्हें एक पत्र लिखा। दोनों की मुलाक़ात लखनऊ में हुई। मुलाक़ात का मुख्य मुद्दा था समाजवादी दलों का एकीकरण। लोहिया विलय के लिए राजी तो थे लेकिन उन्होंने अपनी पार्टी यानी कि सोशलिस्ट पार्टी के मुद्दों, कार्यक्रमों और उसके संविधान को पूरे समाजवादी दलों को अपनाने पर ज़ोर दिया।[2]

समाजवादी दलों का विलय सम्भव नहीं हो पाया, दोनों नेता अपनी अपनी बातों पर अड़े रहे। लेकिन लोहिया ने हमेशा जेपी को एक राष्ट्रीय नेता के रूप में स्वीकार किया। मार्च 1964 में जब लोहिया प्रजा सोशलिस्ट पार्टी के महासचिव थे, उन्होंने जेपी को पत्र में लिखा, "आपको पार्टी का कोई बड़ा पद सँभालना चाहिए, देश को नयी दिशा देने की जो क्षमता आप में है वह किसी नेता में नहीं है, मुझमें भी नहीं। देश की आम जनता के साथ आपका गहरा सम्बन्ध है। आप अकेले वह नेता हैं जो फिर से सोशलिस्ट पार्टी को खड़ा कर सकते हैं और देश को एक नयी दिशा दे सकते हैं।" प्रसिद्ध लेखिका इन्दुमति केलकर लिखती हैं, "अगर लोहिया की मृत्यु 1967 में 57 वर्ष की उम्र में न हुई होती, तो भारत का समाजवादी इतिहास निश्चित रूप से कुछ और होता।"[3]

दिल्ली के वेलिंगटन अस्पताल में लोहिया के बढ़े हुए प्रोस्टेट ग्रन्थि की सर्जरी हुई, अचानक लोहिया के शरीर में रक्त का प्रवाह कम होने लगा।

समाजवाद और विपक्षी राजनीति का सूर्य अस्त होने को चल पड़ा था। अपनी मृत्यु के समय लोहिया किसी भी पद पर नहीं थे लेकिन पूरा देश इस समाजवादी के जाने का शोक मना रहा था। बाद में वेलिंगटन अस्पताल का नाम राममनोहर लोहिया अस्पताल कर दिया गया।

जेपी, लोहिया से 8 साल बड़े थे, अपने दोस्त को आख़िरी विदाई देते समय जेपी का गला भर आया, वह कुछ बोल नहीं पाये। लोहिया अक्सर जेपी पर अति भावुक होने का व्यंग करते थे। लोहिया ने एक बार हिन्दी के प्रसिद्ध कवि रामधारी सिंह दिनकर के साथ मज़ाक़ करते हुए कहा था, "आपने 1942 के आन्दोलन में जेपी की बहादुरी पर तो कविता लिख दी, मेरे ऊपर आप कब कविता लिखेंगे।"

राष्ट्रकवि दिनकर ने अपना वादा पूरा किया। 1963 में जब लोहिया उत्तर प्रदेश के फर्रुखाबाद से लोकसभा उपचुनाव जीतकर संसद पहुँचे तो दिनकर ने 'दिनचर्या' शीर्षक से कविता लिखी।

*तब भी माँ की कृपा मित्र*
*अब भी अनेक छाये हैं*
*बड़ी बात तो यह है कि*
*लोहिया संसद में आये हैं...*[4]

लोहिया ने जब लोकसभा में क़दम रखा तो प्रधानमन्त्री नेहरू समेत पूरी लोकसभा ने उनका स्वागत खड़े होकर किया। महान कवयित्री महादेवी वर्मा ने लोहिया की मृत्यु पर शोक प्रकट करते हुए कहा, "लोहिया अन्याय के ख़िलाफ़ लड़ाई लड़ने वाले एक सैनिक थे। वे हमेशा कहा करते थे कि वे नास्तिक हैं, लेकिन सबसे बड़े आस्तिक वहीं लोग हो सकते हैं जिनकी आस्था मानव कल्याण में हो। लोहिया, शोषितों, पिछड़ों, महिलाओं और हरिजनों के मसीहा थे। उन्होंने उन लोगों को ज़ुबान दी...जो अपने दुख-दर्द को आवाज़ देना भूल गये थे।"[5]

आचार्य नरेन्द्र देव और जेपी ने समाजवादी आन्दोलन को बहुत पहले अलविदा कह दिया, लोहिया एकमात्र अग्रणी समाजवादी नेता थे, जो 1955 में विलय के बाद बनी पार्टी, प्रजा सोशलिस्ट पार्टी से निष्कासित होने के बाद

भी, अपने राजनैतिक क़द को बरक़रार रखा। और ग़ैर-कांग्रेसवाद का नारा बुलन्द करते रहे।

## बिहार में समाजवाद का उभार

1931 में बिहार सोशलिस्ट पार्टी के गठन के साथ ही बिहार में समाजवादी राजनीति का एक मुकम्मल ढाँचा तैयार हो गया था। 1932 में ज़मींदारों ने 'यूनाइटेड पार्टी' बनायी और 1933 में तीन प्रमुख ओबीसी जातियों (यादव, कुर्मी और कोइरी) ने मिलकर 'त्रिवेणी संघ' की स्थापना की। उसी साल जगजीवन राम के नेतृत्व में 'दलित शोषित वर्ग' का गठन किया गया, जिसका उद्देश्य अनुसूचित जातियों के हितों की पैरोकारी करना था। जगजीवन राम ने 1937 में 'बिहार प्रान्तीय खेत मज़दूर सभा' की स्थापना की और 1938 में 'आदिवासी महासभा' की भी स्थापना की। यह ओबीसी और अनुसूचित जातियों के बीच जातिगत चेतना के जाग्रत होने का समय था।[6]

सोशलिस्ट पार्टी की अस्थायी समिति के अध्यक्ष अब्दुल बारी, मन्त्री फूलन प्रसाद, राहुल सांकृत्यायन और गंगाशरण सिंह तथा कोषाध्यक्ष अम्बिका कान्त सिंह थे। समिति के अन्य सदस्य जयप्रकाश नारायण और शिवकाली बोस थे। सोशलिस्ट पार्टी के तीन धारणाएँ थीं, "मार्क्सवादी, गांधीवादी और पश्चिमी उदारवादी जनवादी।"[7]

20वीं सदी से आज तक बिहार में जितने भी सामाजिक बदलाव हुए हैं, अगर हमें उसका सम्यक मूल्यांकन करना हो तो कुछ महत्त्वपूर्ण राजनैतिक घटनाओं का ज़िक्र करना ज़रूरी हो जाता है। सन् 1917 में बिहार के चम्पारण में महात्मा गांधी ने सत्याग्रह का पहला प्रयोग किया। इसी दौरान गांधी जी को बिहार में व्याप्त जातिवाद और छुआछूत जैसी कुरीतियों का अनुभव हुआ। गांधी जी अपनी आत्मकथा 'सत्य के साथ मेरे प्रयोग' में लिखते हैं, "राजकुमार शुक्ल ने नील की खेती करने वाले किसानों की पीड़ा दिखाने के लिए मुझे चम्पारण आमन्त्रित किया था। हम कलकत्ते (अब कोलकाता) से पटना के लिए रवाना हुए, पटना स्टेशन पर उतरकर हमने राजेन्द्र बाबू के यहाँ ठहरने का निर्णय लिया। राजेन्द्र बाबू किसी काम से पुरी या कहीं और गये

हुए थे, बंगले में एक-दो नौकर थे। परन्तु बिहार में छुआछूत की भावना बहुत अधिक थी। मेरे डोल के पानी के छींटों से नौकरों को छूत लग जाती थी। हमें रुकने के लिए बाहर का कमरा दिया गया और हमें बाहर के शौचालय का ही उपयोग करने के लिए कहा गया। यह छुआछूत से जुड़ा मेरा पहला अनुभव था।"

20वीं सदी के पहले दशक में बिहार की ज़मीन पर जातिवाद की घृणित फ़सल ख़ूब लहलहा रही थी, जाति के वर्चस्व का यह संघर्ष केवल अगड़ी और पिछड़ी जातियों के बीच ही नहीं था। बल्कि अगड़ी और पिछड़ी जातियों के भीतर भी ख़ुद के जातिगत रसूख को लेकर लड़ाई थी। कथित तौर पर बिहार की दो ऊँची जातियों 'कायस्थ' और 'भूमिहारों' के बीच अपने वर्चस्व को लेकर लड़ाई थी। कायस्थ समुदाय के ज़्यादातर लोग पढ़ने-लिखने वाले थे तो वहीं भूमिहार समुदाय के लोगों के पास अच्छी-खासी ज़मीन थी।

1921 में बिहार कांग्रेस के प्रदेश कार्यकारिणी में कायस्थ जाति के नेताओं का बोलबाला था। हरिवंश सहाय, जयप्रकाश लाल, महेश नारायण, सच्चिदानन्द सिन्हा, राजा राजेश्वरी प्रसाद, राजेन्द्र प्रसाद, रामनवमी प्रसाद और बृजकिशोर प्रसाद जैसे बड़े कांग्रेसी नेता इसी जाति के थे।

प्रसन्न कुमार चौधरी और श्रीकान्त ने अपनी किताब '1857 : बिहार में महायुद्ध' (राजकमल प्रकाशन) में लिखते हैं, "यह वही समय था जब सहजानन्द सरस्वती ने भूमिहार अर्थात् बाभन जाति के उत्थान और संघर्ष की कमान को अपने हाथ में लिया था। उन्होंने भूमिहारों का बलिया (उत्तर प्रदेश) में एक बड़ा सम्मेलन भी कराया। इसी दौर में भूमिहार जाति को एक सशक्त जाति के रूप में स्थापित करने का मज़बूत प्रयास किया गया। गणेश दत्त सिंह और लंगट सिंह ने आर्थिक मदद देकर मुज़फ़्फ़रपुर में एक कॉलेज की स्थापना की। कई बड़े ज़मींदार भूमिहार जाति से ताल्लुक रखते थे। टेकारी, हथुआ और बेतीहा का ज़मींदार घराना भूमिहार जाति से सम्बद्ध था। धीरे-धीरे भूमिहार राजनीति में हाथ आजमाने लगे। श्रीकृष्ण सिंह इस समुदाय से आने वाले पहले बड़े नेता हुए। भूमिहारों के राजनीति में आने के कारण कायस्थ जाति के राजनीतिक प्रभुत्व में कमी आने लगी।

तीन प्रमुख ओबीसी जाति–कोइरी, कुर्मी और यादवों ने भी अपने-अपने जातिगत उत्थान के लिए आन्दोलन चलाये लेकिन कुर्मी तीनों में सबसे आगे थे। लेखक शिवराम सिंह ने 1870 में दानापुर में बाल विवाह और अशिक्षा के ख़िलाफ़ कोइरियों की पहली बैठक दर्ज की है। कोइरी हितकारिणी सभा की पहली बैठक 1912 में मिर्ज़ापुर के चुनार में हुई थी। यादव जाति के लोगों द्वारा बनाया गया पहला संगठन गोप सभा था जिसे 1910 में मधेपुरा के मुरहो गाँव में रासबिहारी मंडल द्वारा स्थापित किया गया था। रासबिहारी मंडल गाँव के एक ज़मींदार और बिहार के पहले यादव मुख्यमन्त्री और मंडल आयोग के अध्यक्ष बिन्देश्वरी प्रसाद मंडल के पिता थे। 1917 में चम्पारण सत्याग्रह और 1921 में असहयोग आन्दोलन के साथ महात्मा गांधी के राष्ट्रीय फलक पर आने के बाद जाति आन्दोलन में कमी आयी लेकिन समय-समय पर जाति आधारित आन्दोलन का उभार होता रहा। 1920 के दशक में अधिकाधिक संख्या में ओबीसी जातियों ने उच्च जातियों के साथ अपनी बराबरी घोषित करने के लिए जनेऊ पहनना शुरू कर दिया।

यादव, कोइरी और कुर्मी जातियों ने राजनीतिक सत्ता में अपनी हिस्सेदारी बढ़ाने के लिए 'त्रिवेणी संघ' का गठन 30 मई 1933 को शाहाबाद के करहगर में चौधरी जेएनपी मेहता, सरदार जगदेव सिंह यादव और शिवपूजन सिंह के नेतृत्व में किया गया। आज़ाद भारत की राजनीति में त्रिवेणी संघ ने पिछड़ों के हक़ की ज़ोरदार वकालत की। इसके पहले नेता दासू सिंह, राजेन्द्र प्रसाद की सलाह पर कांग्रेस में शामिल हो गये थे। दासू सिंह को प्रदेश कांग्रेस कार्यसमिति का सदस्य तो बनाया गया था, लेकिन 1952 के विधानसभा चुनाव में उन्हें टिकट नहीं दिया गया। वे निर्दलीय उम्मीदवार के तौर पर लड़े, लेकिन हार गये। आख़िरकार 1962 में उन्हें कांग्रेस का टिकट मिला और वे नौबतपुर से जीते।

त्रिवेणी संघ और उससे जुड़े जाति संगठनों से निकले कई पिछड़े नेता 1930-1960 के दशक में कांग्रेस में शामिल हो गये। वे कांग्रेस के उन दो खेमों का हिस्सा थे, जिनका नेतृत्व श्रीकृष्ण सिंह और अनुग्रह नारायण सिंह कर रहे थे। देवशरण सिंह और राम लखन सिंह यादव श्रीकृष्ण सिंह के साथ थे और बीर चंद पटेल अनुग्रह नारायण सिंह के साथ थे।

राजेन्द्र प्रसाद ने यह स्वीकार किया था कि 1937 में टिकट बँटवारे में जाति एक ज़रूरी मुद्दा था। प्रान्तीय चुनाव के बाद श्रीकृष्ण सिंह और अनुग्रह नारायण सिंह प्रधानमन्त्री पद के मुख्य दावेदार थे। सैयद महमूद की भी दावेदारी थी। 1934 से 1947 के बीच राज्य कांग्रेस कार्यकारिणी में ओबीसी समुदाय का कोई सदस्य नहीं था। 1934 से 1960 के बीच कांग्रेस पार्टी की राज्य कार्यकारिणी में सवर्णों का वर्चस्व था। 1990 के दशक तक बिहार में कांग्रेस का शासन रहा, हालाँकि कुछ समय तक वामपन्थी पार्टियों के सहयोग से समाजवादियों का भी शासन रहा। भारतीय जनसंघ में भी सवर्णों का दबदबा था। कांग्रेस पार्टी बिहार में हो रहे सामाजिक बदलाव की आहट को कभी भी ठीक से नहीं समझ पायी, उसे लगता था कि दलित-मुस्लिम और ब्राह्मण हमेशा उसके वोट बैंक रहेंगे। हालाँकि बाद के दिनों में इन तीनों समुदायों ने कांग्रेस का दामन छोड़ दिया।

17 मई 1934 को पटना में 'कांग्रेस सोशलिस्ट पार्टी' की स्थापना हुई, जिसके अध्यक्ष आचार्य नरेन्द्र देव और पार्टी महासचिव जयप्रकाश नारायण थे। गांधीवादी समाजवादी रामनन्दन मिश्र इस पार्टी के एक अन्य प्रमुख नेता थे, उस समय पार्टी का मुख्य ध्यान भूमि सुधार पर था, एक दशक बाद शेख अब्दुल्ला ने कश्मीर में इसी तरह के भूमि सुधार करने की कोशिश की, जिसके कारण राष्ट्रीय राजनीति में उनकी एक अलग पहचान बनी।

कांग्रेस सोशलिस्ट पार्टी (CSP) भारतीय राष्ट्रीय कांग्रेस के भीतर ही एक उग्र समाजवादी समूह था। जयप्रकाश नारायण, राममनोहर लोहिया, यूसुफ़ मेहर अली और रामनन्दन मिश्र इस गुट के बड़े नेता थे। जवाहरलाल नेहरू इस समाजवादी संगठन से दूर रहे लेकिन कांग्रेस के भीतर उन्हें हमेशा समाजवादी नेता माना गया। ऐसा माना जाता है कि प्रख्यात समाजवादी विचारक राममनोहर लोहिया ने ही विदेश नीति निर्धारण में नेहरू की मदद की थी और गुटनिरपेक्षता के सिद्धान्त को आकार दिया था। लेकिन इस समाजवादी गुट के विचार कांग्रेस से बिल्कुल अलग थे, बात यहाँ तक बढ़ गयी कि CSP (कांग्रेस सोशलिस्ट पार्टी) ने कांग्रेस से अलग होकर अकेले चुनाव लड़ने का फ़ैसला किया।

समाजवादी नेता आचार्य नरेन्द्र देव का मानना था कि CSP को कांग्रेस से अलग हो जाना चाहिए ताकि पार्टी अपने विचार को व्यावहारिक शक्ल दे पाये। वैसे भी पण्डित नेहरू की वामपन्थी-समाजवादी छवि से CSP की अपनी राजनीति कमज़ोर हो रही थी, अन्ततः 1948 में कांग्रेस सोशलिस्ट पार्टी, कांग्रेस से अलग हो गयी।

भारतीय समाजवाद के वैचारिकी में मार्क्सवाद, गांधीवाद और उदार जनवाद की धारणा प्रमुख थी। लोहिया ने अपने समाजवाद की व्याख्या से मार्क्सवाद को निकाल दिया तथा गांधीवाद और उदारवादी जनवाद को मिलाकर समाजवाद की एक नयी परिभाषा गढ़ी। बाद के दिनों में उन्होंने सोशलिस्ट पार्टी को देश के सामाजिक और जातिगत आन्दोलनों से जोड़ा और पिछड़ी जातियों के बीच अपना एक आधार बनाया। लोहिया ने एक मशहूर नारा भी दिया, "संसोपा ने बाँधी गाँठ, पिछड़ा माँगें सौ में साठ।" लोहिया ने चौखम्भा राज की अपनी अवधारणा को प्रस्तुत किया और सत्ता के विकेन्द्रीकरण की माँग की।

आज़ादी के बाद लोहिया ने गांधीवाद पर अपना विचार स्पष्ट करते हुए कहा, "कभी-कभी मैं ख़ुद को गांधीवादी कहता हूँ लेकिन मैं एक नास्तिक (कुजात) गांधीवादी हूँ। दरअस्ल हमारे देश में तीन तरह के गांधीवाद हैं, सरकारी गांधीवाद, पुरोहित गांधीवाद और नास्तिक गांधीवाद। मेरा मानना है कि पुरोहित गांधीवाद, सरकार का पिछलग्गू बना रहता है, इसीलिए हमारी सरकार गांधीवाद का ठीक से अनुसरण नहीं कर पाती।"[8]

समाजवादियों का सोचना था कि उत्तर भारत की ओबीसी यानी कि पिछड़ी जातियों के किसान उनके वोट बैंक हो सकते थे। और ओबीसी समुदाय के सम्पन्न तबकों को भी अपनी पार्टी की ज़रूरत थी क्योंकि कांग्रेस में सवर्णों का बोलबाला था। यहीं से सोशलिस्ट पार्टी ने कांग्रेस के ख़िलाफ़ ओबीसी जातियों को लामबन्द करना शुरू किया। लोहिया ने पिछड़े वर्गों और दलितों को संख्या के आधार पर सरकारी नौकरियों में आरक्षण देने की माँग की, और मशहूर नारा भी दिया–"जिसकी जितनी संख्या भारी, उसकी उतनी हिस्सेदारी।"

सोशलिस्ट पार्टी की 27 सदस्यीय कोर कमेटी में ओबीसी समुदाय से आने वाले नेताओं की संख्या अच्छी-ख़ासी थी। इस समिति में चार यादव नेता, तीन कोइरी और एक-एक कहार, नाई, बनिया और मुस्लिम समुदाय से ताल्लुक रखने वाले नेता थे। सोशलिस्टों का एक प्रचलित नारा था, "फावड़ा को वोट दो और जेल जाओ।" फावड़ा मज़दूरों का प्रतिनिधित्व करता था, तो वहीं जेल, आन्दोलन और विरोध का प्रतिनिधत्व करता था। सोशलिस्ट पार्टी ने 'जनेऊ आन्दोलन' और 'त्रिवेणी संघ' की विचारधारा को भी बढ़ावा दिया।

## संशय में समाजवाद

उस दौर में भारतीय समाजवाद के तीन आधार स्तम्भ थे, "रामनोहर लोहिया, जयप्रकाश नारायण और आचार्य नरेन्द्र देव"। तीनों नेता अगर एक साथ होते तो पण्डित नेहरू और कांग्रेस के सामने एक मज़बूत चुनौती पेश कर सकते थे। समाजवादी होते हुए भी तीनों नेताओं की विचारधारा अलग-अलग थी। लोहिया तीनों नेताओं में सबसे ज़्यादा प्रासंगिक थे, पर लोहिया अपने समाजवादी विचार में गांधीवाद को तरजीह देना चाहते थे। वहीं आचार्य नरेन्द्र देव ने मार्क्सवादी व्यवस्था के तहत समाजवाद की अपनी अवधारणा बनायी थी। जेपी का समाजवाद, मार्क्सवाद और गांधीवाद का मिश्रण था।

यही कारण था कि तीनों समाजवादी कभी साथ नहीं आ पाये, एक समय बाद सबके रास्ते अलग हो गये। जेपी ने सर्वोदय का दामन थाम लिया। नरेन्द्र देव 'प्रजा सोशलिस्ट पार्टी' का हिस्सा बन कर रह गये। हालाँकि लोहिया उस दौर के समाजवाद की धुरी बने रहे। प्रधानमन्त्री नेहरू भी ख़ुद को समाजवादी के तौर पर पेश करते थे। 1950-1964 तक नेहरू ने कई ऐसी योजनाएँ चलायीं जो समाजवादी विचारधारा से प्रभावित थीं। पंचवर्षीय योजना इसका सबसे अच्छा उदाहरण है।

लोहिया को अपनी और नेहरू की समाजवादी विचारधारा में फ़र्क़ दिखाने के लिए कड़ी मशक्कत करनी पड़ी। अशोक मेहता ने जब समाजवादी गुटों का कांग्रेस में विलय का प्रस्ताव रखा तो लोहिया ने इसका पुरजोर विरोध किया। बाद के दिनों में मेहता समाजवादियों के एक धड़े के साथ कांग्रेस में शामिल हो गये।[9]

1955 में जब लोहिया ने पट्टम थानू पिल्लई की सरकार की बर्ख़ास्तगी की माँग की तो साथी समाजवादियों ने इस माँग का विरोध किया। अन्ततः 1 जनवरी 1956 को लोहिया ने 'प्रसोपा' (PSP) से अलग होकर 'सोशलिस्ट पार्टी' के नाम से एक नयी पार्टी बनायी।

## भारतीय समाजवाद के पितामह : रामनन्दन मिश्र

भारतीय समाजवाद के विमर्श में जेपी, लोहिया और नरेन्द्र देव के बरअक्स एक महत्त्वपूर्ण नाम को अक्सर भुला दिया जाता है। वह नाम है प्रख्यात समाजवादी रामनन्दन मिश्र (1906-1989) का। जेपी के मन में रामनन्दन मिश्र के लिए असीम श्रद्धा थी। बात 11 अप्रैल 1952 की है जब पटना के अंजुमन इस्लामिया हॉल में सोशलिस्ट पार्टी की राज्य कार्यकारिणी की बैठक चल रही थी। उसी बैठक में रामनन्दन मिश्र ने समाजवाद के आन्दोलन से अपने मोहभंग की बात कही और राजनीति से संन्यास लेने की भी घोषणा की। मिश्र के संन्यास की घोषणा सुनते ही जेपी भावुक हो गये। जेपी ने रुँधे हुए गले से मिश्र से राजनीति में बने रहने का अनुरोध किया। रामनन्दन मिश्र 1927 से 1934 तक बिहार कांग्रेस कमिटी के सदस्य थे, इन्होंने सविनय अवज्ञा आन्दोलन में भाग लिया था तथा उस दौरान जेल भी गये थे।

भारत छोड़ो आन्दोलन के दौरान रामनन्दन मिश्र के छिपने का क़िस्सा बहुत ही मशहूर है। समाजवादी मिश्र ने गिरफ़्तारी से बचने के लिए और भूमिगत होकर आन्दोलन करने के लिए ओडिशा के कलेक्टर ललन सिंह के आवास को अपना ठिकाना बनाया था। मिश्र बहुत दिन तक पुलिस के हाथ नहीं आ पाये। खुफ़िया तन्त्र की मदद से पुलिस ने मिश्र का पता लगाया और तब जाकर उन्हें बड़ी मशक़्क़त से गिरफ़्तार किया जा सका।

1942 के आन्दोलन के दौरान जेपी के हजारीबाग जेल से पुलिस को चकमा देकर फरार होने का क़िस्सा बहुत मशहूर है पर आपको यह जानकर हैरानी होगी कि जेपी के साथ कई और समाजवादी नेता थे जिन्होंने जेल की दीवार को लाँघा था। उस ऐतिहासिक घटना के बारे में रामनन्दन मिश्र बताते हैं–

"यह घटना 8 नवम्बर 1942 की है। यह दिवाली की रात थी। हम 6 लोग थे, जयप्रकाश नारायण, योगेन्द्र शुक्ला, सूर्य नारायण सिंह, गुलाली प्रसाद, शालिग्राम सिंह और मैं। हम लोगों ने रात के साढ़े नौ बजे जेल की दीवार को पार करने का फ़ैसला किया। कुछ दिनों पहले योगेन्द्र शुक्ल के नेतृत्व में हमने जेल से भागने का अभ्यास भी किया था। जेल की दीवार की ऊँचाई 17 फ़ीट थी, जेल में हमें पहनने के लिए आठ धोतियाँ मिली थीं, हमने उन धोतियों में गाँठ लगाकर रस्सी जैसा बनाया और बड़ी मुश्किल से जेल की दीवार को पार किया। यह वाक़ई में एक जोख़िम भरा काम था।"

जब ये लोग जेल से भाग रहे थे। उसी जेल में हिन्दी के महान कहानीकार और समाजवादी नेता रामवृक्ष बेनीपुरी भी थे। बेनीपुरी इन समाजवादी नेताओं के मित्र थे, उन्हें इस योजना के बारे में जानकारी थी। इस पूरे घटनाक्रम के दौरान बेनीपुरी जी आरती गाते रहे और पूजा करते रहे ताकि पुलिस को इस घटना की भनक न लगे। रामनन्दन, जेपी और उनके बाक़ी साथी झाड़ियों और दलदली इलाक़ों को पार करते रहे। जेल की वह सर्चलाइट उन्हें अब भी घूर रही थी। वे लोग सुबह 4 बजे तक चलते रहे। इनके पास एक माचिस और 100 के एक नोट के सिवा कुछ भी नहीं था। किसी गाँव में जाकर चावल और नमक ख़रीदा गया और झरने के पानी में खाना पकाया गया।[10]

कुछ समय बाद रामनन्दन मिश्र को फिर से गिरफ़्तार कर लिया गया। मिश्र 1946 में जेल से रिहा हुए, कुछ समय ससुराल में रहने के बाद मिश्र दरभंगा के लहेरियासराय के समीप एक आश्रम में रहने लगे। गांधी जी को जब इस घटना की जानकारी हुई तो उन्होंने मिश्र से कहा कि वे अपनी पत्नी को वर्धा आश्रम भेज दें। यह बात भी ऐतिहासिक है कि दिग्गज कांग्रेस नेता (बाद के दिनों में बिहार के उपमुख्यमन्त्री बने) अनुग्रह नारायण सिंह ने सन् 1928 में महान समाजवादी रामनन्दन मिश्र की पत्नी को वर्धा आश्रम में पहुँचाया। मिश्र के बच्चों का पालन-पोषण भी इसी आश्रम में हुआ। याद रहे कि मिश्र वह पहले नेता थे जिन्होंने पर्दा प्रथा के ख़िलाफ़ आवाज़ उठाई थी। जिसके कारण उन्हें अपने पिता की नाराज़गी का सामना करना पड़ा था।

## प्रजा सोशलिस्ट पार्टी और सोशलिस्ट पार्टी

PSP में बसावन सिंह, सूरज नारायण सिंह, श्रीकृष्ण सिंह, रामानन्द तिवारी और कर्पूरी ठाकुर जैसे नेता थे, लेकिन जेपी ने 1956 में सक्रिय राजनीति छोड़ दी थी, तब भी उनका अप्रत्यक्ष नियन्त्रण इस पर था। लोहिया की सोशलिस्ट पार्टी के साथ जाने वाले बिहार के नेताओं में भूपेन्द्र नारायण सिंह और सच्चिदानन्द सिंह शामिल थे। PSP नेता बसावन सिंह ने 1962-63 में केबी सहाय सरकार के ख़िलाफ़ भ्रष्टाचार के आरोप लगाये। जेपी, जो सर्वोदय और भूदान आन्दोलन में सक्रिय थे, PSP के प्रति सहानुभूति रखते थे।

प्रजा सोशलिस्ट पार्टी (PSP) ने 1957 के चुनावों में 60 सीटों पर चुनाव लड़ा था और 44 सीटें ओबीसी और दलित उम्मीदवारों (लगभग 80 प्रतिशत) को दी थीं। इसे केवल तीन प्रतिशत वोट मिले, जिसमें भूपेन्द्र नारायण मंडल को जीत मिली थी। PSP ने कुल 31 सीटें जीतीं। इनमें से 13 विजयी उम्मीदवार ओबीसी-अनुसूचित जाति से थे। जेपी ने पर्चा जारी करके PSP के पक्ष में वोट देने की अपील की। 1962 में लोहिया की सोशलिस्ट पार्टी ने 132 सीटों पर चुनाव लड़ा, लेकिन केवल सात सीट जीतने में कामयाब हो पायी। 96 सीटों पर ज़मानत ज़ब्त हो गयी। इस चुनाव में लोहिया की पार्टी को केवल 5 फ़ीसदी ही वोट मिले। लोकसभा (1962) में, इसके 24 उम्मीदवारों में से केवल एक ही जीत सका। ग़ौर करने वाली बात है कि सोशलिस्ट पार्टी के सात विधायकों में से तीन यादव, एक कोइरी और एक मुसहर थे। कांग्रेस में ओबीसी विधायकों की संख्या 1957 में 48 से घटकर 1962 में 46 और 1967 में 30 हो गयी।

1960 का साल था, उन दिनों लोहिया समाजवादी विचारधारा के प्रचार-प्रसार के लिए देश के कोने-कोने की यात्रा कर रहे थे, लोहिया ने एक बार कानपुर के सरकारी सर्किट हाउस में रुकने का फ़ैसला किया। चौकीदार ने उन्हें इसकी अनुमति नहीं दी, लेकिन वे फिर भी वहीं रुके रहे। अगले दिन उन पर ₹100 का जुर्माना लगाया गया। लेकिन उन्होंने जुर्माने का भुगतान नहीं किया। जुर्माने का भुगतान न करना लोहिया की वैचारिक प्रतिबद्धता का प्रतीक था।

## संयुक्त सोशलिस्ट पार्टी : समाजवादी जुटान

6 जून 1964 को प्रजा सोशलिस्ट पार्टी और सोशलिस्ट पार्टी का विलय हो गया, इस विलय से एक नयी पार्टी का जन्म हुआ, इस पार्टी का नाम था 'संयुक्त सोशलिस्ट पार्टी।' हालाँकि अशोक मेहता की अगुआई में समाजवादियों के एक गुट ने कांग्रेस में शामिल होने का फ़ैसला लिया। 12 प्रजा सोशलिस्ट पार्टी के विधायकों के साथ अशोक मेहता कांग्रेस में चले गये। यह समाजवादी राजनीति की एक बड़ी टूट थी। इस फेर-बदल के बाद भी रामानन्द तिवारी और कर्पूरी ठाकुर जैसे नेता ने समाजवाद का दामन नहीं छोड़ा और संयुक्त सोशलिस्ट पार्टी के साथ रहे।

1964 में किसी समय लोहिया इलाहाबाद के सोराई गाँव गये थे। उन्होंने अपना वाहन रोका और अनुसूचित जाति के चमारों की बस्ती की ओर चले गये। उन्होंने कहा कि वह केवल उनकी झोपड़ियों में रसोई का स्टॉक देखना चाहते थे। 50 से अधिक घरों में से केवल दो घरों में आधा से एक किलो आटा या चावल बचा था। दुखी लोहिया ग़ुस्से में थे। यह गांधी का भारत नहीं था, न ही इसके लिए लोहिया ने आज़ादी की लड़ाई लड़ी थी।

30 मई 1964 को पण्डित नेहरू का निधन होता है, नेहरू के जाने के बाद लोहिया के ग़ैर-कांग्रेसवाद ने अपनी धार पकड़नी शुरू की। लेकिन जेपी अभी भी सक्रिय राजनीति से अलग थे, जेपी का सारा ध्यान सर्वोदय आन्दोलन की तरफ़ था। सर्वोदय एक शक्तिशाली विचार था लेकिन वह किसी भी राजनीतिक परिवर्तन करने का साधन नहीं बन सकता था। समाजवादी राजनीति के लिए यह एक त्रासदी ही है, कि जेपी और लोहिया एक विचारधारा के होते हुए साथ काम नहीं कर सके। लोहिया अपनी राजनीतिक प्रतिबद्धता से कभी भी पीछे नहीं हटे, साल 1965 तक लोहिया ग़ैर-कांग्रेसवाद के नेरेटिव को आम जन तक पहुँचाने में कामयाब होते दिखते हैं। 1967 के चुनाव में कांग्रेस की हार, लोहिया के इस मेहनत की गवाही देती है।

बिहार की राजनीति में 1965 एक ऐतिहासिक वर्ष साबित हुआ, जब केबी सहाय सरकार लगातार अलोकप्रिय होती गयी। 9 अगस्त को समाजवादियों ने पटना बन्द का आह्वान किया। डॉ. लोहिया ने गांधी मैदान में एक विशाल

सभा को सम्बोधित किया। लोहिया, भोला प्रसाद सिंह, रेवतीकान्त सिन्हा, राम इक़बाल सिंह को गिरफ़्तार कर लिया गया। इन गिरफ़्तारियों का विरोध करने के लिए अगले दिन एक बैठक आयोजित की गयी। विरोध करते समय प्रशासन और नेताओं के बीच प्रतिरोध हुआ जिसमें SSP के प्रदेश अध्यक्ष रामानन्द तिवारी, कर्पूरी ठाकुर, रामचरण सिंह, सीपीआई के चन्द्रशेखर सिंह घायल हो गये। अन्य शीर्ष समाजवादी नेता कपिलदेव सिंह, सभापति सिंह, तुलसीदास मेहता और जगदेव प्रसाद भी चोटिल हो गये। 'सर्चलाइट' के सम्पादक टीजेएस जॉर्ज को भी गिरफ़्तार कर लिया गया। पुलिस ने राज नारायण को पटना जंक्शन पर खदेड़ दिया। मधु लिमये को कोई भी बैठक करने से रोक दिया गया। लोहिया ने हजारीबाग जेल से अपनी गिरफ़्तारी को चुनौती दी, अपना केस ख़ुद लड़ा और सुप्रीम कोर्ट के हस्तक्षेप पर उन्हें ज़मानत मिली।

लोहिया के एक सहयोगी उमेश प्रसाद सिंह, जिन्हें अक्टूबर 1966 में आरा एक रैली को आयोजित करने का मौक़ा मिला था याद करते हैं : "आरा के रमना मैदान में लोहिया ने बहुत शानदार भाषण दिया था। भ्रष्टाचार के आरोपों के कारण केबी सहाय सरकार लगातार अलोकप्रिय होती जा रही थी। लोहिया अपने हर शब्द को नाप-तौलकर बोलते थे। वे एक विद्वान की तरह सरल लेकिन बहुत ही सार्थक भाषा में बोलते थे। मैं उन्हें सातवीं-आठवीं कक्षा की कुछ स्कूली किताबों सहित क़रीब 30 किताबें लेकर जाते देख हैरान रह गया। आरा स्टेशन पर उन्हें वापस छोड़ते समय मैंने पूछा कि उनके जैसे विद्वान नेता को बच्चों की किताबें पढ़ने की क्या ज़रूरत? वे चुप रहे और ट्रेन में चढ़ते समय मुझसे कहा कि वे जानना चाहते हैं कि बच्चे इन दिनों क्या पढ़ रहे हैं?"[11]

ग़ैर-कांग्रेसवाद की धारा इतनी प्रबल हो चुकी थी कि लोहिया सरकार बनाने के लिए किसी भी पार्टी से गठबन्धन करने को तैयार थे। एक तरफ़ जॉर्ज फर्नांडिस और मधु लिमये सारे समाजवादी गुट को मिलाकर एक लचीला कम्युनिस्ट ढाँचा बनाना चाहते थे जो कांग्रेस को मज़बूत चुनौती दे। वहीं दूसरी तरफ़ राज नारायण, भारतीय क्रान्ति दल और स्वतन्त्र पार्टी को एक

साथ लेकर एक नया समाजवादी गठबन्धन बनाने की जुगत में थे। लोहिया ने एक बार कहा था, "उनके पास न तो पैसा है और न ही कोई मज़बूत संगठन, लेकिन अगर आम जनता उनकी बात सुन रही है तो केवल इसलिए क्योंकि उनकी बातों में सच्चाई है। लोहिया में नेहरू जैसी राजनीतिक नाटकीयता नहीं थी। लोहिया बेहद समझदार होने के साथ-साथ बेहद विनम्र और खुले विचार वाले थे। उन्होंने एक नैतिकवादी, दार्शनिक और एक सिद्धान्तवादी नेता के रूप में स्नेह से अधिक सम्मान अर्जित किया। वह एक बेदाग़ नेता रहे, अपने जीवन से जुड़े किसी भी पहलू को लोहिया ने कभी छिपाने की कोशिश नहीं की। लोहिया के पूरे जीवन को देखकर लगता है कि वे ख़ुद को एक करिश्माई नेता के रूप में स्थापित करना ही नहीं चाहते थे।[12]

अपनी पुस्तक, 'गिल्टी मेन ऑफ़ इंडियाज पार्टिशन' (भारत विभाजन के गुनहगार) में लोहिया ने नेहरू को, जिन्हें वे 1946 तक बहुत प्रेम करते थे, भारत के विभाजन का मुख्य दोषी बताया। लोहिया अपनी किताब में लिखते हैं, "भारत विभाजन प्रस्ताव का बस चार लोगों ने विरोध किया था, महात्मा गांधी, जयप्रकाश नारायण, खान अब्दुल गफ़्फ़ार खान और मैं। गफ़्फ़ार खान तो बोलते-बोलते रो पड़े थे। अबुल कलाम आज़ाद पूरी मीटिंग के दौरान पाइप पीते रहे और धुआँ उड़ाते रहे।" लोहिया का इस प्रकरण के बाद नेहरू से मोहभंग हो गया।

लोहिया ने व्यक्ति की स्वतन्त्रता को संकुचित करने वाली हरेक विचारधारा की खुलकर मुख़ालफ़त की। उनके लिए स्वतन्त्रता का मतलब केवल राजनीतिक स्वतन्त्रता नहीं था। वे कहते थे कि स्वतन्त्रता केवल ग़ुलामी का अन्त नहीं है, बल्कि ग़ुलाम मानसिकता और पश्चिम की अन्धी नक़ल करने की सनक का भी अन्त है। लोहिया ने जाति को विदेशी आक्रमणों के सामने समर्पण का सबसे बड़ा कारण माना। उन्होंने कहा, "जब जाति के बन्धन ढीले होंगे तभी भारत सुरक्षित रह सकेगा और पराधीन नहीं होगा"। उन्होंने कहा कि जाति के कारण देश की पूरी आधारभूत व्यवस्था बिगड़ गयी है। ऊँची जातियाँ सुसंस्कृत हो गयी हैं और निचली जातियाँ जड़ और बेजान हो गयी हैं। न्याय और राष्ट्रीय कल्याण की रक्षा करने के बजाय अपनी

जाति के लोगों और रिश्तेदारों की रक्षा करना उद्देश्य बन गया है। जाति की ज़रूरतें राष्ट्र की ज़रूरतों के विपरीत हैं। पहले जाति का इसलिए बोलबाला था क्योंकि यह व्यक्ति के लिए आपदा या बीमारियों जैसी समस्याओं से बचाव का एकमात्र विश्वसनीय साधन था।

लोहिया कहते हैं, "जाति व्यवस्था हमेशा परिवर्तन के ख़िलाफ़ रही है। ऊँची जातियों ने अपने राजनीतिक और सामाजिक लाभ के लिए जाति व्यवस्था को पोषित किया, इन लोगों ने पिछड़ी जातियों में हीनता की भावना का सृजन किया ताकि आसानी से शासन किया जा सके। अगड़ी जातियों ने भाषा, पहनावे के साथ-साथ ऐसी जीवनशैली को अपनाया जिसे पिछडी जातियाँ अपनाने में असमर्थ थीं।" भारत के राजनीतिक दलों का भी रवैया जनता में "हीनता की भावना" पैदा करने के सर्वोच्च विचार से प्रेरित था। लोहिया के अनुसार जाति व्यवस्था ने पाखंड और झूठी चेतना को जन्म दिया। उन्होंने कहा कि लोग जातिवाद की बुराइयों के आगे इसलिए झुक गये क्योंकि जाति ने उन्हें सुरक्षा प्रदान की।

## पिछड़ों का राजनीतिक हस्तक्षेप : पहला ओबीसी स्पीकर

1967 के विधानसभा चुनावों में ग़ैर-कांग्रेसवाद की लहर ज़ोर पर थी जिसका खमियाजा कांग्रेस को भुगतना पड़ा। बिहार सहित नौ राज्यों में कांग्रेस सत्ता से बेदख़ल हो गयी। बिहार में, SSP के विधायकों की संख्या 17 से बढ़कर 68 हो गयी, जिसमें 45 ओबीसी, एससी और एसटी शामिल थे। PSP ने 17 सीटें जीतीं। बिहार विधानसभा में पिछड़े विधायकों की संख्या 82 हो गयी। यह विधानसभा की संरचना में पहला बड़ा सामाजिक परिवर्तन था। इस बदले सामाजिक संरचना के कारण ही बिहार विधानसभा में पहली बार धनिक लाल मंडल, जो कि ओबीसी समुदाय से आते थे, विधानसभा स्पीकर बने।

1953 और 1965 के बीच, बिहार से एक भी ओबीसी नेता को राज्यसभा में नहीं भेजा गया था। 1966 में, SSP ने पहले ओबीसी नेता भूपेन्द्र नारायण मंडल को उच्च सदन में भेजा। मार्च 1967 में कांग्रेस विरोधी भावना ने SSP, PSP, CPI, जनसंघ और जन क्रान्ति दल को साथ लाकर पहली गैर-कांग्रेसी सरकार बनायी। लोहिया चाहते थे कि कर्पूरी ठाकुर सरकार का नेतृत्व करें,

लेकिन जन क्रान्ति दल के नेता कामाख्या नारायण सिंह, कर्पूरी के नाम पर सहमत नहीं थे। कामाख्या सिंह ने महामाया प्रसाद सिन्हा का नाम आगे किया और अन्तोगत्वा वही पहले ग़ैर-कांग्रेसी मुख्यमन्त्री बने।

## लोहिया के बाद

लोहिया की मृत्यु के बाद, बिहार में पाँच शीर्ष समाजवादी नेता थे, SSP में रामानन्द तिवारी, कर्पूरी ठाकुर और भूपेन्द्र नारायण मंडल तथा PSP में सूरज नारायण सिंह और बसावन सिंह। 1962 में भूपेन्द्र नारायण मंडल, लोहिया की सोशलिस्ट पार्टी से एकमात्र सांसद थे। वे सच्चे लोहियावादी थे और उन्होंने 1967 में सरकार द्वारा मन्त्री बनने का प्रस्ताव ठुकरा दिया था।

1967 में बिहार में महामाया प्रसाद सिन्हा द्वारा संयुक्त विधायक दल सरकार बनाने के बाद, निवर्तमान के बी सहाय और उनके मन्त्रिमंडलीय सहयोगियों सत्येन्द्र नारायण सिन्हा, राम लखन सिंह यादव, महेश प्रसाद सिंह, अम्बिका शरण सिंह और राघवेन्द्र सिंह के ख़िलाफ़ भ्रष्टाचार के आरोपों की जाँच के लिए टीएलवी अय्यर आयोग का गठन किया गया। आयोग ने उन सभी को किसी न किसी आरोप में दोषी ठहराया। लेकिन कोई कार्रवाई नहीं की गयी क्योंकि बिहार की मुख्यमन्त्री कुर्सी पेंडुलम की तरह घूम रही थी। इस राजनीति अस्थिरता ने कई बड़े नेताओं की राजनीतिक सम्भावना को ख़त्म कर दिया। उन नेताओं में बस एक सत्येन्द्र नारायण सिन्हा ही बचे, जो 1988 में बिहार के मुख्यमन्त्री बने।

बिन्देश्वरी प्रसाद मंडल, जो सांसद थे, संयुक्त विधायक दल की सरकार में मन्त्री बने। लोहिया किसी भी सांसद के राज्य में मन्त्री बनने के ख़िलाफ़ थे। मंडल ने अपनी 'बिहार योजना' पर काम किया और SSP व अन्य दलों के असन्तुष्ट ओबीसी विधायकों को साथ लेकर 'शोषित दल' का गठन किया। बिहार में महामाया सरकार दस महीने में ही गिर गयी। चूँकि मंडल बिहार के किसी भी सदन के सदस्य नहीं थे, इसलिए मंडल को विधानसभा के उच्च सदन का सदस्य मनोनीत करने के लिए सतीश प्रसाद सिंह को 5 दिन के लिए (28 जनवरी 1968 से 1 फरवरी 1968 - 5 दिन) मुख्यमन्त्री बनाया गया। सभी 38 असन्तुष्ट विधायकों को मन्त्री बनाने के बावजूद मंडल केवल 50 दिन तक ही मुख्यमन्त्री रह सके।

जगजीवन राम शोध संस्थान के पूर्व निदेशक और बिहार की राजनीति पर कई किताबों के लेखक श्रीकान्त कहते हैं, "बिन्देश्वरी प्रसाद मंडल के सामने दुविधा थी कि जगदेव प्रसाद या सतीश प्रसाद सिंह में से पाँच दिन के लिए मुख्यमन्त्री किसे बनाया जाये ताकि उनके मुख्यमन्त्री बनने का रास्ता साफ़ हो? जगदेव प्रसाद मुख्यमन्त्री बनने के लिए बहुत उत्सुक थे, चाहे एक दिन के लिए ही क्यों न हो। लेकिन मंडल को लगा कि प्रसाद बहुत महत्त्वाकांक्षी हैं और शायद बाद में मुख्यमन्त्री की कुर्सी नहीं छोड़ेंगे, इसलिए उन्होंने एक सौम्य और विनम्र सतीश प्रसाद सिंह को प्राथमिकता दी।"[13] इस दौर में मुख्यमन्त्री की कुर्सी के लिए ज़बरदस्त खींचतान देखी गयी और राज्य में सरकारें ताश के पत्तों की तरह गिरती रहीं।

लोहिया के बाद, समाजवादी आन्दोलन में एक सूनापन आ गया। यह सूनापन तब ख़त्म हुआ जब जेपी ने 1974 के आन्दोलन का नेतृत्व करने का फ़ैसला किया, सम्पूर्ण क्रान्ति के नाम से मशहूर इस आन्दोलन की शुरुआत बिहार से हुई और धीरे–धीरे पूरे देश में फैल गयी। आन्दोलन की बढ़ती आँच को देखते हुए, प्रधानमन्त्री इन्दिरा गांधी ने जून 1975 में देश में आपातकाल लगाने की घोषणा कर दी। 1967 में लोहिया की मृत्यु के बाद, राज नारायण, जॉर्ज फर्नांडिस और मधु लिमये एक साथ मिलकर काम करने में विफल रहे। ऐसा इसलिए था क्योंकि मधु लिमये का मानना था कि वे लोहिया के विचारों के एकमात्र व्याख्याकार हैं। जबकि राज नारायण ठीक इसके विपरीत सोचते थे।

फ़रवरी 1970 में, बिहार में, कांग्रेस (आई) ने दरोगा प्रसाद राय के नेतृत्व में सरकार बनाई। SSP अपने पार्टी में ही अगड़े–पिछड़े की लड़ाई में फँस गयी थी। रामानन्द तिवारी ने पहली बार उच्च जाति की दावेदारी की बात की थी। तिवारी का समाजवाद से यह मोहभंग लोहिया की मृत्यु के बाद नेतृत्व में आयी शून्यता के कारण हुआ था। जेपी के सर्वोदय आन्दोलन में शामिल होने के बाद समाजवादियों का कोई सर्वसम्मत नेता नहीं था। बाद के दिनों में जेपी ने अप्रत्यक्ष रूप से कमान सँभाली, जिसके फलस्वरूप समाजवादियों ने सत्ता का स्वाद चखा।

## जगदेव प्रसाद : पिछड़ों का क्रान्तिकारी मसीहा

ओबीसी समुदाय के कुशवाहा जाति से ताल्लुक रखने वाले नेता जगदेव प्रसाद, क्रान्तिकारी राजनेता थे। कुछ लोग उन्हें 'बिहार का लेनिन' भी कहते थे। जगदेव प्रसाद, लोहिया की सोशलिस्ट पार्टी का हिस्सा थे, बाद में सोशलिस्ट पार्टी का प्रजा सोशलिस्ट पार्टी में विलय हो गया, जो नयी पार्टी बनी उसका नाम था 'संयुक्त सोशलिस्ट पार्टी'।

प्रसाद अपने समय के एकमात्र बड़े नेता थे, जिनकी मृत्यु 5 सितम्बर 1974 को अरवल में पुलिस लाठीचार्ज में हुई थी। पटना के बेली रोड के किनारे बसी कॉलोनी, जगदेव पथ, का नाम इसी क्रान्तिकारी नेता के नाम पर रखा गया है। 2 फ़रवरी 1922 को अरवल के कुर्था प्रखंड के कोरहारी गाँव में जन्मे जगदेव प्रसाद ने 1960 से 1970 के बीच सामन्तवाद से आक्रामक तरीक़े से लोहा लिया था, जो 1997 से 2000 के प्रारम्भ तक बिहार में जाति-युद्ध के दौर की संक्षिप्त प्रस्तावना थी।

जगदेव प्रसाद क्रान्तिकारी माओवादियों, जगदीश मास्टर, रामनरेश राम, विनोद मिश्र और नागभूषण पटनायक के साथ ऊँची जाति के उत्पीड़न और प्रभुत्व के ख़िलाफ़ संघर्ष का हिस्सा रहे थे। जगदेव प्रसाद के बेटे और पूर्व सांसद नागमणि बताते हैं कि उनके पिता का जन्म एक प्राथमिक विद्यालय के शिक्षक प्रयाग नारायण और एक गृहिणी रामकली देवी के घर हुआ था। प्रसाद ने ग़रीबी से संघर्ष किया और पटना विश्वविद्यालय से स्नातकोत्तर की उपाधि प्राप्त की, जहाँ वे विद्वान चन्द्रदेव प्रसाद वर्मा के सम्पर्क में आये, वर्मा संगत में ही प्रसाद ने कई विचारकों को पढ़ा।

उन्होंने 1955 में हैदराबाद में अंग्रेज़ी साप्ताहिक, 'सिटीजन' में भी कुछ समय के लिए काम किया। चूँकि उनका प्रकाशक के साथ तालमेल नहीं बैठा, इसलिए वे बिहार में समाजवादी आन्दोलन में शामिल होने के लिए लौट आये। जबकि कर्पूरी ठाकुर जैसे शीर्ष समाजवादी नेताओं ने सोशलिस्ट पार्टी के विभाजन के बाद 'प्रजा सोशलिस्ट पार्टी' (PSP) के साथ रहने का फ़ैसला किया था, प्रसाद ने लोहिया के साथ रहने का फ़ैसला किया और लोहिया की सोशलिस्ट पार्टी को मज़बूत करने की दिशा में काम किया, जो हमेशा PSP से कमज़ोर थी।

1964 में SP और PSP के विलय के बाद एक नयी पार्टी का जन्म हुआ SSP (संयुक्त सोशलिस्ट पार्टी), इसी पार्टी के टिकट पर कुर्था विधानसभा से 1967 का चुनाव लड़ा और जीत भी हासिल की, 1969 के विधानसभा के मध्यावधि चुनाव में भी जगदेव प्रसाद ने अपना गढ़ बचाये रखा। उनके बेटे नागमणि ने 1977 में इस सीट का प्रतिनिधित्व किया। जगदेव प्रसाद नहीं चाहते थे कि सोशलिस्ट पार्टी का भारतीय जनसंघ के साथ कोई गठबन्धन हो। वे महामाया प्रसाद सिन्हा सरकार के समर्थक नहीं थे और एक अन्य महत्त्वाकांक्षी नेता बिन्देश्वरी प्रसाद मंडल के साथ मिलकर बग़ावत कर दिया और बाद में SSP, PSP और कुछ अन्य दलों के विधायकों को तोड़कर महामाया सरकार को गिराने के लिए 'शोषित दल' का गठन किया।

25 अगस्त 1967 को शोषित दल की घोषणा करते हुए जगदेव प्रसाद ने कहा, "आज हम जिस पार्टी की बुनियाद रख रहे हैं, उसका सफ़र लम्बा और कठिन होने वाला है। लोग इस क्रान्तिकारी पार्टी से जुड़ेंगे और छोड़ेंगे, लेकिन इसकी धारा हमेशा बहती रहेगी। इसके नेताओं की पहली पीढ़ी को मारा जा सकता है, दूसरी पीढ़ी के नेताओं को जेल हो सकती है, लेकिन नेताओं की तीसरी पीढ़ी राज करेगी"। हालाँकि शोषित दल के नेता मंडल केवल 50 दिनों तक ही कुर्सी पर रह सके, लेकिन इस पार्टी ने दरोगा प्रसाद राय की सरकार बनाने में मदद की, जिसमें जगदेव प्रसाद ने महत्त्वपूर्ण भूमिका निभायी। शोषित दल अगस्त 1972 में रामस्वरूप वर्मा के अर्जक संघ (जून 1968 में गठित) के साथ विलय कर 'शोषित समाज दल' बन गया।

जगदेव प्रसाद के पोते अरुण कुमार सिंह कहते हैं, "मेरे दादाजी कहा करते थे कि 10 प्रतिशत लोग 90 प्रतिशत लोगों पर शासन नहीं कर सकते। उन्होंने नारा दिया था :

*'सौ में से नब्बे शोषित हैं,*
*नब्बे भाग हमारा है,*
*धन-धरती और राजपाट में*
*नब्बे भाग हमारा है'"*[4]

यह वह समय था जब जेपी के आन्दोलन ने छात्रों और ग़रीबों का ध्यान आकर्षित करना शुरू कर दिया था। 5 सितम्बर 1974 को पूरे राज्य में प्रदर्शन हो रहे थे, इसी दौरान जगदेव प्रसाद ने कुर्था में विरोध मार्च का नेतृत्व किया। जब ड्यूटी पर तैनात पुलिस उपाधीक्षक ने मार्च को रोकने की कोशिश की, तो प्रसाद ने हार नहीं मानी और उन्होंने और उनके अनुयायियों ने काले झंडे लेकर आगे बढ़ने की कोशिश की। "पुलिस ने फायरिंग शुरू कर दी और एक गोली जगदेव प्रसाद को लगी। अरुण कुमार याद करते हैं कि उन्हें पास के अस्पताल ले जाया गया जहाँ पानी माँगते हुए उनकी मृत्यु हो गयी।"[15] 1977 में कर्पूरी ठाकुर सरकार द्वारा एक जाँच आयोग गठित किया गया था लेकिन इसकी रिपोर्ट कभी नहीं आयी और किसी को नहीं पता कि आयोग का क्या हुआ।

## बेलछी हत्याकांड : समाजवादी आन्दोलन का क़ब्रगाह

1977 के बेलछी हत्याकांड ने बिहार में जातिगत विभाजन को और भी गहरा कर दिया था। कांग्रेस को एक मौक़ा मिला और इन्दिरा गांधी ने बिहार के इस राजनीतिक उबाल को भाँपते हुए हाथी पर सवार होकर बेलछी का दौरा किया। बेलछी की घटना ने जनता पार्टी में दरार पैदा कर दी थी, पार्टी अन्ततः टूट गयी और इन्दिरा और उनकी कांग्रेस 1980 में सत्ता में लौट आयी।

कांग्रेस के सत्ता में आते ही पार्टी में अगड़ी जाति के नेताओं का वर्चस्व लौट आया, इस वर्चस्व को एक दशक बाद लालू यादव ने ध्वस्त किया। 1977 की अल्पकालीन सफलता और उसके बाद मिली विफलता के ठीक 12 साल बाद समाजवादी एक साथ तब आये जब 'जनता दल' का गठन हुआ। लेकिन इसका नेतृत्व मधु लिमये, जॉर्ज फर्नांडीस या चन्द्रशेखर जैसे वैचारिक समाजवादी के पास नहीं था, बल्कि कांग्रेस से आये वीपी सिंह के पास था। समाजवादी नेताओं के साथ सबसे बड़ी समस्या यह थी कि वे सत्ता के ख़िलाफ़ एक साथ मिलकर काम करते थे, लेकिन जब भी वे सत्ता प्रतिष्ठान का हिस्सा बनते थे, वे आपस में लड़ते और बिखर जाते थे।

समाजवादियों ने 1979 से कोई सीख नहीं ली और 1990 के दशक में भी उसी ग़लती को दोहराया। 'जनता दल', जनता दल (यू), आरजेडी, एलजेपी,

समता पार्टी, जनता दल (सेक्युलर), समाजवादी पार्टी और समाजवादी जनता पार्टी में विखंडित हो गया। समाजवादियों का एक और दल 'भारतीय लोकदल', पहले ही बनने और टूटने की इस प्रक्रिया से गुज़र चुका था। लालू प्रसाद, शरद यादव, रामविलास पासवान, जॉर्ज फर्नांडीस और नीतीश कुमार जैसे लोग व्यक्तिगत महत्त्वाकांक्षा के कारण समान विचारधारा रखने के बावजूद एकजुट नहीं रह पाये। समाजवादी आन्दोलन को कभी भी कोई स्वीकार्य, सर्वसम्मत नेता नहीं मिला। लोहिया और जेपी ने, कुछ समय के लिए समाजवादी आन्दोलन का सार्थक नेतृत्व ज़रूर किया लेकिन उसके बाद कई दिग्गजों के होते हुए भी, समाजवादी आन्दोलन का स्वरूप ऐतिहासिक नहीं हो पाया।

## दो ग़लतियाँ

समाजवादी राजनीति का पहला पतन 1952 के चुनावों में सोशलिस्ट पार्टी की निराशाजनक चुनावी शुरुआत के तुरन्त बाद हुआ। उस समय, इसने अपनी पहचान की क़ीमत पर पूर्व कांग्रेस अध्यक्ष जेबी कृपलानी कृषक मज़दूर प्रजा पार्टी (KMPP) के साथ विलय करने का फ़ैसला किया। गांधीवादी कृपलानी चाहते थे कि समाजवादी वर्ग संघर्ष छोड़ दें। प्रजा सोशलिस्ट पार्टी (PSP) के गठन के दौरान समाजवादी खेमे में बहुत निराशा थी। नरेन्द्र देव शिक्षा के क्षेत्र में वापस चले गये, जेपी भूदान आन्दोलन में शामिल हो गये। लोहिया, जिन्हें कोचीन-त्रावणकोर में अपनी ही पार्टी की सरकार की आलोचना करने के कारण PSP ने निष्कासित कर दिया था, ने बाद में फिर से सोशलिस्ट पार्टी बनायी।

अब PSP के पास देव-जेपी-लोहिया जैसी क्षमता वाले नेता और विचारक नहीं थे। हालाँकि, इसने लोहिया की पार्टी से कहीं बेहतर चुनावी प्रदर्शन किया। 1964 में लोहिया ने PSP के कुछ नेताओं के साथ मिलकर 'संयुक्त सोशलिस्ट पार्टी' का गठन किया।

लोहिया की SSP को चुनावी सफलता ज़रूर मिली, लेकिन लोहिया की मृत्यु के बाद पार्टी एकजुट नहीं रह सकी। 1964 से 1967 तक का समय

समाजवादी राजनीति का स्वर्ण काल सरीखा था। 1967 में समाजवादियों ने कांग्रेस से आठ राज्यों की सत्ता छीन ली, और आम जनमानस को यह यक़ीन दिलाया कि शक्तिशाली कांग्रेस को हराया जा सकता है। लेकिन इससे पहले कि लोहिया समाजवादी राजनीति को दूसरे स्तर पर ले जा पाते, उनकी मृत्यु हो गयी। राज नारायण, मधु लिमये और मधु दंडवते जैसे समाजवादी नेता लोहिया की थाती को सँभाल नहीं पाये। सर्वसम्मत नेतृत्व की कमी फिर से सामने आयी, राज नारायण और मधु लिमये राष्ट्रीय स्तर पर समाजवादी आन्दोलन को बनाये रखने में सक्षम नहीं थे।

बिहार की राजनीतिक लड़ाई का नेतृत्व SSP में कर्पूरी ठाकुर और रामानन्द तिवारी और PSP में बसावन सिंह और सूरज नारायण सिंह ने किया। 1967 से 1972 के बीच सत्ता कुर्सियों के खेल में उलझी रही, जिसमें न तो समाजवादियों और न ही कांग्रेस को पूर्ण बहुमत मिला। इस अवधि में आठ सरकारें बनीं और एक बार तो मुख्यमन्त्री (सतीश प्रसाद सिंह) सिर्फ़ पाँच दिन के लिए पद पर रहे। इन्दिरा गांधी, जो 1969 में कांग्रेस के विभाजन के बाद कमज़ोर पड़ गयी थीं, 1971 में पाकिस्तान के ख़िलाफ़ युद्ध में जीत के बाद प्रचंड बहुमत से वापस लौटीं। 1972 में कांग्रेस ने बिहार में सत्ता हासिल की और समाजवादियों का सत्ता के साथ फुटबॉल सरीखा खेल ख़त्म हो गया।

यह एक विडम्बना है कि लोहिया की मृत्यु के बाद समाजवादी आन्दोलन में जो ख़ालीपन आया उसे जेपी ने पाटने की कोशिश की। 1950 में ही लोहिया ने कहा था, "जेपी ही समाजवादी राजनीति का नेतृत्व कर सकते हैं"। यह सटीक साबित हुई।

जेपी बौद्ध धर्म में जन्मे राजनीतिक दार्शनिक डीडी कोसाम्बी और उनके कल्याणकारी समाज के विचार से बहुत प्रभावित थे, कोसांबी ने नालन्दा के बौद्धिक परम्परा और सामान्य विद्यालयों की अवधारणा को पुनर्जीवित किया।

कोसाम्बी ने अपने निबन्ध 'भारत में वर्ग संरचना पर जेपी के सम्पूर्ण क्रान्ति के आह्वान' में लिखा :

"भारत के लिए ठोस समाधान, निश्चित रूप से, समाजवाद होगा, जो अकेले ही आपूर्ति के साथ माँग पैदा कर सकता है, एक ऐसा समाधान

जिसका उपयोग न केवल उन्नत देशों द्वारा किया जा सकता है, बल्कि पिछड़े देशों द्वारा भी किया जा सकता है और जिसके बिना योजना बनाना निरर्थक है। लेकिन जिस तरह भारतीय पूँजीपति उत्पादन के लिए नवीनतम विदेशी मशीनरी का आयात करते हैं, उसी तरह, जब बाक़ी सब विफल हो जाता है, तो राजनीति में नवीनतम पूँजीवादी विकास भी आयात किया जाता है।"

समाजवादी राजनीति का दूसरा पतन तब हुआ जब समाजवादियों ने चरण सिंह के साथ जाने का फ़ैसला किया, सिंह समाजवादियों के नहीं बल्कि जाति के नेता थे। चरण सिंह कांग्रेस की पृष्ठभूमि से आये थे और जाट राजनीति करते थे। चरण सिंह के सत्ता में आने के बाद, राजनीति पूरी तरह जाति के इर्द-गिर्द सिमट गयी। लोहिया कहते थे, "जाति को ख़त्म करो"। चरण सिंह के नेतृत्व में समाजवादियों ने "जाति को अपने दिमाग़ में सबसे ऊपर रखा।"

जाति की घृणित राजनीति के कारण ही कर्पूरी ठाकुर जैसे समाजवादी नेता का मोहभंग हुआ और उन्होंने अलग होकर लोकदल (क) का गठन किया। कर्पूरी ठाकुर 'दलित मज़दूर किसान पार्टी' जैसी पार्टी में शामिल हो गये और 1984 का लोकसभा चुनाव भी इसी पार्टी के चुनाव चिह्न पर लड़ा, यह कर्पूरी ठाकुर की पहली हार थी।

चरण सिंह की मृत्यु के बाद, कर्पूरी ठाकुर, नीतीश कुमार और लालू प्रसाद जैसे नेताओं के हाथ में समाजवादी कमान आयी। लोकदल फिर से जीवन्त हुआ, नीतीश ने अपना पहला चुनाव 1985 में इसी पार्टी से जीता। ग़ौरतलब हो कि तीनों नेता पिछड़े समुदाय से आते थे, और तीनों बिहार के मुख्यमन्त्री रहे। तीनों नेताओं के तुलनात्मक अध्ययन से यह प्रतीत होता है कि कर्पूरी ठाकुर की वैचारिक ईमानदारी ने उन्हें एक बड़ा ओहदा प्रदान किया, भारत सरकार ने उन्हें 'भारत रत्न' से भी नवाज़ा है।

## सन्दर्भ-सूची


1. Interview/ Socialist leader and Dr. Rammanohar Lohia's Bihar associate Umesh Prasad Singh (6 March 2020).
2. Rammanohar Lohia : Rachnakaron ki nazar mein; ITM University, Gwalior, Patrakarita evam Jan Sanchar Vibhag.

3. Ibid.
4. Ibid.
5. Ibid.
6. Bihar Mein Samajik Parivartan ke Kuchh Aaayam/ Prasanna Kumar Choudhary and Shrikant/ Vani Prakashan.
7. Mankind (March-April 1968).
8. Socialist Movement post Lohia (Lakshikant Verma, public relations department).
9. Ibid.
10. Sansmaran, Ram Nandan, Nav Bharat Prakashan, Sri Mudran Vatika, Laheriasarai (Darbhanga).
11. Interview/ Socialist leader and Lohia's Bihar associate Umesh Prasad Singh (6 March 2020).
12. Dr. Rammanohar Lohia remembered : His philosophy, scholarship and vision, Dr. SR Nene, Rupa and Co.
13. Interview/ Shrikant, director of Jagjivan Ram Research Institute (14 February 2020).
14. Interview/Arun Kumar Singh, grandson of Jagdeo Prasad (15 March 2020).
15. Ibid.

# 3
# कर्पूरी ठाकुर
## मातहत का मसीहा

*अगर मेरा जन्म भी यादव जाति में हुआ होता तो मुझे इस तरह का अपमान नहीं सहना पड़ता।*

*राजा साहब ने कहा कि वे कर्पूरी ठाकुर को अपना नेता स्वीकार नहीं कर सकते। उन्होंने मुख्यमन्त्री पद के लिए अपनी पार्टी के वरिष्ठ विधायक महामाया प्रसाद सिन्हा का नाम सुझाया। राज्य में यह पहला अवसर था जब पहली ग़ैर-कांग्रेसी सरकार का गठन हो रहा था। बिहार के नेता यह अवसर ज़ाया नहीं होने देना चाहते थे। सिन्हा के नाम पर आम सहमति बनी। पूरे मीटिंग में बसन्त नारायण सिंह बीच-बीच में बोल रहे थे। अगर कोई और बोलने की कोशिश करता तो बसन्त सिंह यह कहकर चुप करा देते, "क्या तुम्हें अंग्रेज़ी आती है"? जब तक मीटिंग चली तब तक कर्पूरी की निगाह ज़मीन की ओर झुकी रही, वे एक शब्द भी नहीं बोले।*

*मुझे राजनीति में नहीं आना चाहिए था, क्योंकि मेरे पिता वंशवादी राजनीति को कभी पसन्द नहीं करते थे।*

1930 का दशक है, पूरे देश में अंग्रेज़ी हुकूमत के ख़िलाफ़ आन्दोलन ज़ोर-शोर से चल रहा है। बिहार के समस्तीपुर में एक जुलूस निकाला जाता है। इसका नेतृत्व सातवीं में पढ़ने वाला एक छात्र करता है। जुलूस के अन्त में कृष्णा टॉकीज के परिसर में यह छात्र एक जोशीला भाषण देता है। उस सभा में कांग्रेस समाजवादी पार्टी के रामनन्दन मिश्र भी उपस्थित हैं। जैसे ही समारोह

समाप्त होता है, मिश्र उस लड़के को बुलाकर नाम पूछते हैं। लड़का अपना नाम 'कपूरी ठाकुर' बताता है। मिश्र कहते हैं तुम कपूरी नहीं हो सकते, तुम 'कर्पूरी' हो। सुगन्ध फैलाने वाला 'कर्पूर।'

दो दफा बिहार के मुख्यमन्त्री रहे कर्पूरी ठाकुर की कहानी में एक रोमांच है, जो कई बार राजनीतिक वैज्ञानिकों में भी हैरानी भर देता है। ठाकुर, बिहार में कांग्रेस के वर्चस्व और लालू प्रसाद के उद्भव के बीच सेतु का काम करते हैं। जब राज्य में पहली बार ग़ैर-कांग्रेसी सरकार का गठन हुआ तो मुख्यमन्त्री पद के सबसे योग्य विकल्प कर्पूरी ठाकुर ही थे। राजा साहब की असहमति के कारण महामाया प्रसाद सिन्हा को मुख्यमन्त्री बनाया गया और कर्पूरी ठाकुर उपमुख्यमन्त्री बने। लेकिन इतिहास में ऐसा पहली बार हुआ जब मुख्यमन्त्री से ज़्यादा चर्चा उपमुख्यमन्त्री की हुई। कर्पूरी, लालू की तरह ऊँची जातियों को चुनौती नहीं देते थे। वे समावेशी राजनीति की धारणा में यक़ीन रखते थे। लेकिन पिछड़ों के हक़ की वकालत करने से भी कभी नहीं चूकते थे।

1970 के दशक में बिहार के मुख्यमन्त्री बनने के बाद भी उनके पिता गोकुल ठाकुर नाई का अपना पारम्परिक पेशा जारी रखे हुए थे। वे अपने यहाँ के ऊँची जाति के लोगों के घर जाकर हजामत करने का काम करते थे। एक दिन हुआ यूँ कि गोकुल ठाकुर की तबीयत ख़राब थी, गाँव के एक ऊँची जाति के ज़मींदार ने उन्हें बुलाने के लिए अपने आदमी भेजे, ठाकुर ने अपनी ख़राब तबीयत का हवाला देते हुए जाने से इनकार कर दिया। इस बात से ज़मींदार को ग़ुस्सा आ गया और उसने अपने आदमी भेजकर गोकुल ठाकुर की पिटाई करवा दी। इस घटना के बाद समस्तीपुर ज़िला प्रशासन में हड़कम्प मच गया। आख़िर, मुख्यमन्त्री के पिता के साथ मारपीट की गयी थी। अपराधी को पकड़कर पीटा गया और हवालात में डाल दिया गया। जब कर्पूरी ठाकुर को घटना की जानकारी मिली तो उन्होंने दरभंगा के ज़िला मजिस्ट्रेट से कहा कि वे कोई एफआईआर दर्ज नहीं करें। ज़िला मजिस्ट्रेट को कुछ देर तक तो यक़ीन नहीं हुआ, उसने प्रतिकार करते हुए कहा, "सर, यह पूरे राज्य की प्रतिष्ठा का सवाल है। हम इसे कैसे बर्दाश्त कर सकते हैं?"

कर्पूरी ठाकुर ने बेहद शालीनता से कहा, "डीएम साहब, आप मुख्यमन्त्री के पिता को बचा सकते हैं। ऐसे हज़ारों पिताओं को प्रशासन की जानकारी के बिना हर दिन पीटा जा रहा है, तो उनका क्या होगा? समय इन सवालों का जवाब देगा। यह आहिस्ता से होने वाली क्रान्ति है।"[1]

भोजपुरी के महान लोक संगीतकार और साहित्यकार भिखारी ठाकुर अक्सर कहा करते थे कि वे जब मर जायेंगे, उसके तीस-चालीस साल बाद लोग उनके महीन कामों को समझेंगे और उन्हें प्रसिद्धि और पहचान मिलेगी। भिखारी ठाकुर के ये शब्द भविष्य में सच साबित हुए, भोजपुरी लोक संगीत और रंगमंच आज भी उनके द्वारा किये गये कार्यों के इर्द-गिर्द घूम रहा है। यह महज़ एक संयोग ही था कि कर्पूरी ठाकुर भी भिखारी ठाकुर के समकालीन थे। कर्पूरी का जन्म भी नाई समुदाय (EBC) में हुआ था और कर्पूरी के विचारों को भी उनके जीवन काल में स्वीकार नहीं किया गया। राजनीतिक जीवन में कर्पूरी की चुनौतियाँ हमेशा बरकरार रहीं। शुरुआत में बसावन सिंह और सूरज नारायण सिंह ने अपमानित किया और आख़िर समय में लालू प्रसाद ने उन्हें कपटी ठाकुर तक कह डाला। 1987 में विपक्ष के नेता के पद से हटाये जाने के बाद, कर्पूरी ठाकुर ने कहा था, "अगर मैं यादव जाति में पैदा हुआ होता तो मुझे इतना अपमान नहीं झेलना पड़ता।"[2]

अपने जीवन के आख़िरी समय में कर्पूरी ठाकुर को जातिगत राजनीति के दलदल में ज़बरन घसीटा गया। वह व्यक्ति, जिसने कभी जाति की राजनीति नहीं की, पूरे बिहार में जिसकी ज़बरदस्त जन अपील थी। जिसने 1952 से 1985 तक लगातार चुनाव जीता था, जाति की घृणित राजनीति के कारण वह जन नेता विधानसभा चुनाव तक हार जाता है। बिहार के वरिष्ठ फोटो जर्नलिस्ट दीपक कुमार, 1986 में हुए दलेलचक–भगोरा गाँव की घटना को याद करते हैं, "इस गाँव में माओवादियों ने 42 ऊँची जाति के लोगों की हत्या कर दी थी। पूरा गाँव आक्रोशित था, जैसे ही कर्पूरी ठाकुर घटना स्थल पर पहुँचे स्थिति और ख़राब हो गयी। मैंने कर्पूरी जी को अपने स्कूटर के पीछे बैठाकर गाँव से बाहर छोड़ा, ग़ुस्साये ग्रामीण उनके साथ कुछ भी कर सकते थे।"[3]

राम मनोहर लोहिया का समाजवाद बाद के वर्षों में जातिवाद की राजनीति के आगे बौना पड़ने लगा। 1977 में लालू प्रसाद ने लोकसभा चुनाव जीतकर अपने राजनीतिक उद्भव की घोषणा कर दी थी, पिछड़ी जातियों के नेता राजनीति में अपना वर्चस्व क़ायम करने लगे थे। कर्पूरी ठाकुर की मृत्यु और मंडल आन्दोलन के तेज़ होने के बाद जातिगत विभाजन और तेज़ गति से होने लगा। राज्य में जातिगत हिंसा की बाढ़ आ गयी, कई जाति आधारित संगठन बन गये।

हम अगर कर्पूरी ठाकुर की राजनीति की बात करें, तो वह शास्त्रीय संगीत सरीखा है। संगीत की गहराई में कुछ ही लोग उतर पाते हैं, लेकिन इसकी प्रासंगिकता की आयु बड़ी होती है। ठीक इसके विपरीत लालू प्रसाद, राजनीति के रॉक-स्टार की तरह थे। उनके पीछे हमेशा एक बड़ा जनसैलाब रहता था। यह बात भी सच है कि लालू ने अपने राजनीतिक मुनाफ़े के लिए जातिवाद को हवा दी। पहले यादव और बाद के समय में मुसलमानों का एक बड़ा तबका उनका वोट बैंक बन गया। लेकिन कर्पूरी अपनी वैचारिकी से बँधे रहे, सही मायने में वे आख़िरी समाजवादी थे। कर्पूरी ने अपने राजनीतिक रसूख़ को बनाने के लिए नाटकीयता का कभी सहारा नहीं लिया, वे अपने वैचारिक अनुशासन के साथ पिछड़ों के हक़ की वकालत करते रहे।

कर्पूरी ठाकुर की जीवन-यात्रा को तीन हिस्सों में बाँटा जा सकता है : पहला हिस्सा 1930 से 1967 तक का है, यह वह समय है जब कर्पूरी ने स्वतन्त्रता आन्दोलन में भाग लिया और समाजवादी नेता के रूप में अपनी पहचान बनायी। दूसरा हिस्सा 1967 से 1979 का है, इस दौर में कर्पूरी दो बार मुख्यमन्त्री बने, उन्होंने पिछड़ों और वंचितों के हित को लेकर कई ऐतिहासिक सुधार किये, इस दौरान कर्पूरी बिहार की राजनीति के केन्द्र-बिन्दु बने रहे। आख़िरी हिस्सा 1979 से 1988 तक का है, यह कर्पूरी का आख़िरी दौर था, वे थक चुके थे। राजनीति की कलाबाज़ियों ने उन्हें पराजित कर दिया था। समाजवाद की ओट में जातिवाद को पलते देखकर कर्पूरी का समाजवाद से मोहभंग भी होने लगा था। कर्पूरी ने अपने आख़िरी समय में कई पार्टियों को छोड़ा और नयी पार्टी भी बनायी, और 1985 का विधानसभा चुनाव जीत गये।

तब तक लालू यादव, यादवों के नेता के रूप में उभर चुके थे। राजनीति अब विचार की जगह जाति आधारित हो चुकी थी। कर्पूरी चुनावी रूप से तो मात खा गये, लेकिन अपनी वैचारिक ईमानदारी के कारण इतिहास ने इस जननायक के साथ न्याय किया।

कर्पूरी ठाकुर का जन्म 24 जनवरी 1924 (दसवीं के प्रमाणपत्र के अनुसार) को समस्तीपुर के पितौंझिया गाँव में हुआ। इनका मूल नाम कपूरी था, लेकिन समाजवादी नेता रामनन्दन मिश्र ने एक जुलूस के दौरान कपूरी को 'कर्पूरी' में बदल दिया। उनकी शादी 1932 में चंदनपट्टी गाँव की फुलेश्वरी देवी से हुई, यह बाल विवाह था, दोनों दम्पती ही बच्चे थे। शादी के बाद भी कर्पूरी ठाकुर ने अपनी पढ़ाई नहीं छोड़ी, उन्होंने अपने माता-पिता से कहा कि देश के आज़ाद होने के बाद वे अपनी पत्नी को घर ले आयेंगे क्योंकि कर्पूरी चाहते थे कि उनके बच्चे आज़ाद भारत में पैदा हों। कर्पूरी के सबसे बड़े बेटे और केन्द्रीय मन्त्री रामनाथ ठाकुर मुस्कुराते हुए कहते हैं, "आज़ाद भारत में पैदा होना हमारे लिए ख़ुशी की बात है।"[4]

कर्पूरी ठाकुर ने बीएमई स्कूल, ताजपुर (समस्तीपुर) में छठी कक्षा तक पढ़ाई की। 1935 में उन्हें तिरहुत अकादमी में सातवीं कक्षा में दाख़िला मिल गया। समस्तीपुर शहर से महज़ सात किलोमीटर दूर पितौंझिया में जन्मे कर्पूरी को सामाजिक भेदभाव का सामना बचपन से ही करना पड़ा। इनका परिवार उच्च जाति के भूमिहारों के यहाँ हजामत का पारम्परिक पेशा करता था।

पितौंझिया के उच्च जाति टोले में एक गुरुजी उच्च जाति के लड़कों को निजी ट्यूशन देते थे। कर्पूरी भी यहाँ कोचिंग करना चाहते थे। लेकिन उनके पिता गोकुल ठाकुर ना तो ट्यूशन की फ़ीस दे सकते थे, और ना तो गुरुजी एक नाई के लड़के को पढ़ाने की हिमाकत कर सकते थे। पूरे गाँव में ऊँची जाति का दबदबा था, गुरुजी कर्पूरी को बड़ा पसन्द करते थे। उन्होंने एक रास्ता निकाला। गुरुजी ने कर्पूरी को उस जगह छिपने को कहा, जहाँ वह ट्यूशन पढ़ाया करते थे। कर्पूरी ने वैसा ही किया। गुरुजी ज़ोर-ज़ोर से पढ़ाते, ताकि छिपे हुए कर्पूरी भी पढ़ सकें। यहाँ तक कि कर्पूरी के पिता गोकुल ठाकुर गाँव के स्कूल में जाकर शिक्षकों से अनुरोध किया करते थे कि उनके बेटे को पढ़ाई से दूर रखा जाये ताकि वह अपना पैतृक पेशा अपना ले।[5]

1977 से 1979 के बीच मुख्यमन्त्री कर्पूरी ठाकुर के प्रधान सचिव रहे यशवन्त सिन्हा याद करते हैं, "कर्पूरी जी ने एक क़िस्सा बताया था, जब उन्होंने दसवीं पास कर लिया तो उनके पिता गाँव के एक ज़मींदार के यहाँ लेकर उन्हें गये। ज़मींदार ने जब ये सुना कि लड़का दसवीं पास कर गया है तो पहले तो प्रसन्न होने का नाटक किया और फिर कर्पूरी को अपने पैर की मालिश करने के लिए कहा। कर्पूरी ठाकुर ने उस ज़मींदार के पैर की मालिश की।"[6]

कर्पूरी की राजनीतिक समझ और नेतृत्व कौशल से लोग तब वाक़िफ़ हुए जब उन्होंने 1938 में अपने गाँव में नवयुवक संघ की स्थापना की और एक छोटा पुस्तकालय बनाया। उन्होंने 1942 में सीएम कॉलेज, दरभंगा से कक्षा 12 की पढ़ाई की। पढ़ाई पूरी करने के बाद स्नातक पाठ्यक्रम में दाख़िला भी लिया, लेकिन भारत छोड़ो आन्दोलन में भाग लेने के लिए उन्होंने अपनी पढ़ाई छोड़ दी। वे गाँव से निकटतम रेलवे स्टेशन तक 15 किलोमीटर पैदल चलते थे और हर दिन दरभंगा के लिए ट्रेन पकड़ते थे, और उतनी ही दूरी पैदल चलकर घर लौटते थे।

कर्पूरी ने पितौंझिया मिडिल स्कूल में शिक्षक के रूप में भी काम किया। बाद में वे जेपी की स्वतन्त्रता ब्रिगेड या 'आज़ाद दस्ता' का हिस्सा बन गये। जेपी से कर्पूरी की पहली मुलाक़ात भी कम दिलचस्प नहीं है। भारत छोड़ो आन्दोलन के दौरान जब कर्पूरी को पता चला कि जेपी हजारीबाग जेल से भागने के बाद कहीं छिपे हुए हैं, तो उन्होंने उनकी तलाश करने का फ़ैसला किया। जेपी नेपाल में छिपे हुए थे, लेकिन अफ़वाह यह भी थी कि जेपी बनारस में हैं। आख़िरकार कर्पूरी नेपाल पहुँच गये। आज़ाद दस्ता नेपाल के बरसायन कोलियरी से चलाया जा रहा था। गुलाब चन्द्र गुप्ता गुलाली नाम के एक नेउरा गाँव के निवासी सेना की वर्दी पहने हुए निगरानी कर रहे थे। पहले तो कर्पूरी को जेपी से मिलने की इजाज़त नहीं दी गयी, लेकिन बाद में कुछ कड़े सवाल पूछने के बाद उन्हें जेपी से मिलने की इजाज़त मिल गयी। जेपी ने कर्पूरी को आज़ाद दस्ता के क्रान्तिकारी कार्यों से अवगत कराया। जेपी के प्रभाव में आकर कर्पूरी कांग्रेस सोशलिस्ट पार्टी के सदस्य बन गये।

कर्पूरी ठाकुर ने उस समय एक कविता लिखी थी। बाद में यह कविता समाजवादी आन्दोलन का नारा बन गया :

*हम सोये वतन को जगाने चले हैं*
*हम मुर्दा दिलों को जिलाने चले हैं*
*ग़रीबों को रोटी ना देती हुकूमत*
*ज़ालिमों से लोहा बजाने चले हैं...*[7]

कर्पूरी ठाकुर को पहली बार 23 अक्टूबर 1943 को गिरफ़्तार किया गया था। नवम्बर 1945 में उन्हें भागलपुर सेंट्रल जेल से रिहा किया गया था। उसी वर्ष कर्पूरी जी दरभंगा ज़िले के कांग्रेस सोशलिस्ट पार्टी के महामन्त्री बने। 1948 में वे जेपी, लोहिया और नरेन्द्र देव द्वारा गठित सोशलिस्ट पार्टी के राज्य मन्त्री बने। कर्पूरी जी ने 1948 से 1953 के बीच बिहार में पार्टी के विस्तार के लिए काम किया। उन्होंने 1949 में ताजपुर से पटना तक किसान मार्च का नेतृत्व किया।

ठाकुर की लोकप्रियता इतनी बढ़ चुकी थी कि पार्टी कार्यकर्ता चाहते थे कि महेन्द्र नारायण राय, शत्रुघ्न शरण सिंह और हरिवंश तरुण जैसे नेताओं के बजाय ताजपुर विधानसभा क्षेत्र से कर्पूरी ही चुनाव लड़ें। पार्टी के ज़िला नेता, मन्त्री सियाराम शर्मा ने औपचारिक रूप से कर्पूरी ठाकुर के नाम का प्रस्ताव रखा, कर्पूरी ने एक शर्त पर सहमति जतायी। वह शर्त थी कि वे सिर्फ़ एक और दो रुपए की राशि ही चन्दे के रूप में स्वीकार करेंगे। केवल प्रभावती देवी से ही उन्होंने पाँच रुपये स्वीकार किये। उनके बेटे और राज्यसभा सांसद रामनाथ ठाकुर याद करते हैं, "प्रभावती देवी ने मेरे पिता को चुनाव लड़ने के लिए मनाने में अहम भूमिका निभायी थी। वे प्रभावती जी का इतना सम्मान करते थे कि उन्होंने हमारे गाँव के स्कूल का नाम प्रभावती जी और उनकी माँ के नाम पर रख दिया।" गाँव के स्कूल का नाम प्रभावती रामदुलारी हाई स्कूल है।[8]

1952 में अपने पहले चुनावी अभियान के दौरान कर्पूरी साइकिल से क्षेत्र में घूमकर वोट माँग रहे थे। इस दौरान वे सारसौना गाँव पहुँचे, कर्पूरी ने देखा कि कुछ महिलाएँ सड़क किनारे उपला बना रही हैं। जब उन्होंने उन महिलाओं से वोट माँगा तो एक बुजुर्ग महिला बिफर कर कहने लगी, "गरमरवना, इहे गोबर से मुँह रंग देहब। हम सब कर्पूरी ठाकुर के वोट देहब, आउरी कौनो माथा पटक के रह जाई, हम वोट ना देब।"[9] जब कर्पूरी ठाकुर

ने अपना परिचय दिया, तो महिला ने उन्हें गले लगा लिया और ढेर सारा आशीर्वाद दिया। ठाकुर ने कांग्रेस की दिग्गज रामसुकुमारी देवी को 2,431 वोटों से हराया, और अपनी पहली ही कोशिश में एक मज़बूत राजनीतिक हस्तक्षेप किया। चुनाव जीतने के बाद उनकी राजनीतिक ताक़त बढ़ने लगी। 24 नवम्बर 1955 को बिहार मेंटेनेंस ऑफ़ पब्लिक ऑर्डर बिल के पक्ष में बोलते हुए कर्पूरी ठाकुर ने कहा, "लोकतन्त्र में सरकार, पुलिस पर नहीं बल्कि लोगों की सहमति और सहयोग पर निर्भर करती है।" उन्होंने हेराल्ड लास्की को भी उद्धृत करते हुए कहा, "हर राज्य में असंख्य मूर्ख लोग होते हैं जो अपरम्परागत विचारों में सामाजिक शान्ति के आसन्न विनाश को देखते हैं।"[10]

कर्पूरी के भाषण की कला से मुग्ध होकर बिहार के तात्कालिक मुख्यमन्त्री श्रीकृष्ण सिंह ने अपने सहयोगी को निर्देश दिया कि कर्पूरी ठाकुर ने जो भी सवाल सदन में उठाया है, उसका जवाब वे ख़ुद देंगे। श्री बाबू और कर्पूरी ठाकुर के बीच का रिश्ता जवाहरलाल नेहरू और अटल बिहारी वाजपेयी जैसा था, दोनों एक-दूसरे के प्रति गहरी प्रशंसा का भाव रखते थे। उस दौर के हिन्दी के प्रसिद्ध हिन्दी कवि आचार्य जानकी बल्लभ शास्त्री, कर्पूरी ठाकुर के बारे में लिखते हैं, "मैंने उन्हें पहली बार 1952 में सुना था। वह ऐसे बोलते थे जैसे आम जन को अपनी बात से तौल रहे हों। कोई अगर उन्हें ध्यान से सुने तो जीवन का फलसफ़ा ही बदल जाये। मैं पूरे विश्वास के साथ यह कहता हूँ कि लोकनायक जेपी के बाद अगर नायक होगा तो वह जननायक कर्पूरी ठाकुर ही होंगे।"[11]

जब सोशलिस्ट पार्टी का विभाजन हुआ, तो कर्पूरी, जेपी और आचार्य नरेन्द्र देव की 'प्रजा सोशलिस्ट पार्टी' में शामिल हो गये। 1957 में प्रजा सोशलिस्ट पार्टी के उम्मीदवार के रूप में उन्होंने कांग्रेस के नन्दलाल शर्मा को 10,826 मतों से हराया। 1962 में उन्होंने कांग्रेस के रामस्वरूप प्रसाद राय को 18,157 मतों से हराया। 1963 में वे परिसीमन आयोग के अध्यक्ष बने। 1966 में प्रजा सोशलिस्ट पार्टी का लोहिया की 'सोशलिस्ट पार्टी' में विलय हो गया और संयुक्त सोशलिस्ट पार्टी बन गयी। 1967 में संयुक्त सोशलिस्ट पार्टी के

उम्मीदवार के रूप में उन्होंने कांग्रेस के भुवनेश्वर सिंह को 16,462 मतों से हराया। संयुक्त सोशलिस्ट पार्टी ने बिहार सहित देश के आठ अन्य राज्यों में कांग्रेस को करारी शिकस्त दी। बिहार में SSP, 67 सीटों के साथ सबसे बड़ी पार्टी थी। मुख्यमन्त्री पद के लिए सबसे योग्य विकल्प कर्पूरी ठाकुर ही थे। लेकिन आख़िरी समय में राजा कामाख्या नारायण सिंह ने अपनी राजनीतिक चाल चली और कर्पूरी मुख्यमन्त्री बनते-बनते रह गये।

कर्पूरी ठाकुर के मित्र कपिलदेव सिंह के बेटे डॉ. अर्जुन सिंह इस ऐतिहासिक बैठक के प्रत्यक्षदर्शी थे, सिंह याद करते हैं :

"मेरे पिता उन दिनों बड़हिया से विधायक हुआ करते थे, उन्हीं के आवास के आर ब्लॉक, पटना में संयुक्त विधायक दल (SVD) की बैठक बुलायी गयी थी। जन क्रान्ति दल के नेता महाराजा कामाख्या नारायण सिंह और उनके भाई बसन्त नारायण सिंह भी उस बैठक में शामिल थे। उनकी पार्टी ने 36 सीटें जीती थीं। ज़मीन पर कम्बल बिछाया गया था और सारे नेता ज़मीन पर ही बैठे थे। SSP गैर-कांग्रेसी दलों में सबसे बड़ी पार्टी थी, इसलिए हर कोई अनुमान लगा रहा था कि कर्पूरी ठाकुर ही अगले मुख्यमन्त्री बनने जा रहे हैं। जब जनसंघ, सीपीआई और SSP के नेता बोल रहे थे, महाराज चुपचाप सुनते रहे। महाराज और उनके भाई बसन्त सिंह (जिन्होंने ऑक्सफोर्ड से पढ़ाई की थी) ने सबसे आख़िरी में बोलना चुना। महाराज ने कहा कि वे कर्पूरी को अपना नेता नहीं मान सकते। उन्होंने मुख्यमन्त्री पद के लिए अपनी पार्टी के विधायक और वरिष्ठ नेता महामाया प्रसाद सिन्हा का नाम सुझाया। चूँकि अन्य लोग पहली कांग्रेस विरोधी सरकार बनाने का ऐतिहासिक अवसर खोना नहीं चाहते थे, इसलिए वे सिन्हा के नाम पर सहमत हो गये। सभा के बीच-बीच में बसन्त नारायण सिंह भी बोलते रहे और अगर कोई उन्हें टोकता तो वे उन्हें यह कहकर चुप करा देते, "क्या आप मेरी अंग्रेज़ी समझते हैं?" पूरे बैठक के दौरान कर्पूरी ठाकुर ज़मीन की ओर देखते रहे, उन्होंने एक शब्द भी नहीं बोला। मेरे पिता ने राजा के विचार का समर्थन किया। रामानन्द तिवारी ने भी सहमति जताते हुए कहा, "ठीक बा, ठीक बा।"[12]

इस राजनीतिक घटना से कर्पूरी ठाकुर बेहद आहत हुए, उन्होंने 5 अप्रैल 1967 को उपमुख्यमन्त्री पद की शपथ ली। लेकिन उनके मन में मुख्यमन्त्री न बन पाने की टीस हमेशा मौजूद रही। कर्पूरी ने इस राजनीतिक कलाबाज़ी को ऊँची जाति के नेताओं की साज़िश के रूप में लिया। उनके दो मित्र रामानन्द तिवारी और कपिलदेव सिंह के साथ उनका मनमुटाव भी हो गया। कामाख्या नारायण सिंह के पार्टी के नेता ने के बी सहाय को गिरिडीह और पटना पश्चिमी दोनों जगह से हराया था, जिसके कारण राजा कामाख्या नारायण सिंह का राजनीतिक रसूख बढ़ गया था। पटना पश्चिमी से तो सहाय को महामाया प्रसाद सिन्हा ने ही मात दी थी। राजा कामाख्या और उनके भाई बसन्त दोनों लोग गठित सरकार में मन्त्री बने। CPI की ओर से चन्द्रशेखर सिंह और इन्द्रदीप सिंह को मन्त्री बनाया गया। SSP से कर्पूरी ठाकुर, रामानन्द तिवारी और भोला प्रसाद सिंह सहित पाँच कैबिनेट मन्त्री बने। सभापति सिंह और उपेन्द्रनाथ वर्मा को राज्यमन्त्री के रूप में शामिल किया गया था।

एक बातचीत के दौरान जब मैंने कर्पूरी ठाकुर के बेटे और कैबिनेट मन्त्री रामनाथ ठाकुर से पूछा कि कर्पूरी जी की अंग्रेज़ी कैसी थी? रामनाथ ठाकुर मेरी बात समझ गये। वे थोड़े नाराज़ दिखे लेकिन उन्होंने विनम्रतापूर्वक अपने असिस्टेंट उमाकान्त से कर्पूरी जी के बारहवीं के मार्कशीट लाने को कहा, "प्रमाण पत्र में कर्पूरी के अंग्रेज़ी में प्राप्त अंक को दिखाया"। उन दिनों 300 अंकों की अंग्रेज़ी की परीक्षा होती थी, जिसमें कर्पूरी को 156 अंक प्राप्त हुए थे। उस समय इतना अंक प्राप्त करना कोई मामूली बात नहीं थी। रामनाथ ठाकुर कहते हैं, "उपमुख्यमन्त्री और बाद में मुख्यमन्त्री के रूप में, मेरे पिता आईएएस अधिकारियों द्वारा तैयार की गयी फ़ाइलों में सुधार करते थे। उनकी कक्षा 12 की कॉपियों में से कुछ नोट्स उनकी अच्छी अंग्रेज़ी के प्रमाण हैं। मेरे पिता ने कक्षा 10 में अंग्रेज़ी को अनिवार्य विषय के रूप में हटा दिया था, क्योंकि वे ग़रीब ग्रामीणों का दर्द जानते थे, जिन्हें अंग्रेज़ी सीखना और अंग्रेज़ी ट्यूटर का ख़र्च उठाना मुश्किल होता था।"

पहले दसवीं की परीक्षा में अंग्रेज़ी अनिवार्य विषय हुआ करता था, कर्पूरी ठाकुर ने अंग्रेज़ी की अनिवार्यता को ख़त्म कर दिया। यह एक राजनीतिक साहस का काम था, आभिजात्य वर्ग ने इस फ़ैसले का उपहास भी उड़ाया।

लेकिन कर्पूरी इस फ़ैसले की व्यावहारिकता से परिचित थे। कर्पूरी ख़ुद ग्रामीण पृष्ठभूमि से ताल्लुक रखते थे। उन्होंने देखा था कि गाँव के लोग कैसे अंग्रेज़ी के कारण दसवीं की परीक्षा पास ही नहीं कर पाते थे। इस फ़ैसले के बाद मैट्रिक पास छात्रों का बढ़ता आँकड़ा कर्पूरी के इस ऐतिहासिक निर्णय की सफलता को दर्शाता है। पहले मैट्रिक पास न होना एक कलंक जैसा था, ग्रामीण भारत के अधिकांश युवा केवल इसलिए बेरोज़गार रह जाते थे, क्योंकि वह 'इंग्लिश चैनल' को पार ही नहीं कर पाते थे।

मेरे पिता संजय प्रसाद सिंह और चाचा मृत्युंजय प्रसाद सिंह दोनों अंग्रेज़ी के शिक्षक थे। दोनों लोगों को अक्सर सर्दियों में अंग्रेज़ी बोलने के लिए बुलाया जाता था और एक जोड़ी धोती भी दी जाती थी। बिहार के ग्रामीण इलाक़ों में अंग्रेज़ी को लेकर ऐसा जादू था कि दूर-दराज़ से लोग मेरे पिता और चाचा से मिलने आते थे। एक शिक्षक के रूप में मेरे पिता ने अंग्रेज़ी को लेकर ग्रामीण छात्रों की समस्याओं को महसूस किया था और अंग्रेज़ी भाषा सिखाने के लिए सरल तरीक़े तैयार किये थे। आरपी सिन्हा की किताबें, कैसे सही अंग्रेज़ी लिखें और कैसे अंग्रेज़ी में अनुवाद करें, उस ज़माने में ख़ूब बिकती थीं। यह किताब आज भी बिहार के छात्रों में ख़ूब लोकप्रिय है।

कर्पूरी वैचारिक रूप से लोहिया से प्रभावित थे, लोहिया ने हमेशा अंग्रेज़ियत के ख़िलाफ़ आवाज़ बुलन्द की थी। कर्पूरी को भी अंग्रेज़ी से नहीं अंग्रेज़ियत से दिक़्क़त थी। अंग्रेज़ी विषय की अनिवार्यता का ख़त्म होना, शिक्षा का लोकतन्त्रीकरण जैसा था। 1970 के दशक के शुरुआत में अंग्रेज़ी हटाने का यह प्रशासनिक क़दम बाद के दिनों में सामाजिक–शैक्षणिक सशक्तीकरण के रूप में देखा जाने लगा। इस निर्णय के सबसे सफल व्यावहारिक उदाहरण ख़ुद लालू प्रसाद हैं, जिन्होंने गोपालगंज के एक गाँव फुलवरिया से चलकर पटना विश्वविद्यालय तक का सफ़र तय किया। और बाद में पटना विश्वविद्यालय छात्र संघ का अध्यक्ष भी बने। यह राजनीतिक जीवन में लालू का पहला क़दम था।

कर्पूरी ने उपमुख्यमन्त्री रहते हुए एक और महत्त्वपूर्ण बदलाव किया। उन्होंने देखा राज्य सचिवालय में जो लिफ्ट है, उसका उपयोग केवल अधिकारी

ही कर सकते हैं। कर्पूरी ने लिफ्ट की सुविधा सबके लिए खोल दी। यहीं से उन्होंने कार्यस्थल पर समानता और समाजवाद की शुरुआत की।

महामाया प्रसाद सिन्हा की सरकार 28 जनवरी 1968 को बिन्देश्वरी प्रसाद मंडल की साज़िश के कारण गिर गयी। मंडल लोकसभा सांसद थे, लेकिन उन्हें बिहार सरकार में मन्त्री बनने की घोर लालसा थी। उन्होंने सांसद का पद छोड़ दिया। मंडल की यह राजनीति लोहिया के विचार के एकदम ख़िलाफ़ थी। नाराज़ मंडल ने मुख्यमन्त्री पद के लिए SSP को ही तोड़ने का मन बना लिया। पहले मंडल ने महामाया प्रसाद सिन्हा की सरकार को गिराया, फिर कठपुतली सतीश प्रसाद सिंह को एक दिन के लिए मुख्यमन्त्री भी बनवाया ताकि वे ख़ुद को विधान परिषद के सदस्य के रूप में नामित करवा सकें। मंडल 1 फरवरी 1968 को मुख्यमन्त्री बने, लेकिन उस कुर्सी पर केवल 50 दिन ही टिक सके।

यूपी के पूर्व मुख्यमन्त्री हेमवती नन्दन बहुगुणा ने याद किया कि कैसे कर्पूरी ने 1963 में एक बातचीत के दौरान सवाल उठाया था कि आईपीएस अधिकारियों के लिए एक अर्दली क्यों होना चाहिए? उन्होंने इसे "ब्रिटिशों की एक ख़राब प्रथा" बताया। 1973 में जब बहुगुणा मुख्यमन्त्री बने, तो उन्होंने एक डीआईजी को सिर्फ़ इसलिए सस्पेंड कर दिया था क्योंकि वह उनके अर्दली से जूते पॉलिश करवा रहा था। मंडल सरकार के गिरने के बाद कर्पूरी ने भोला पासवान शास्त्री को मुख्यमन्त्री बनने में मदद की थी। उन्होंने शास्त्री को रैयतों (किराएदार किसानों) को बासगीत पर्चा (सरकारी ज़मीन पर बसने का पर्चा) देने के लिए प्रेरित किया था। आज़ादी के बाद यह पहली बार था जब रैयतों को अपनी ज़मीन पर किसी तरह का अधिकार मिला।

जब तक रामनन्दन मिश्र और जेपी के नेतृत्व वाले समाजवादी सक्रिय थे, सोशलिस्ट पार्टी एक संगठित इकाई थी। लेकिन 1960 के दशक में बिहार के समाजवादी नेता दो गुट में बँट गये। पहला गुट बसावन सिंह और सूरज नारायण सिंह का था, इस गुट का PSP संगठन के ऊपर नियन्त्रण था। वहीं दूसरा गुट, कर्पूरी ठाकुर, रामानन्द तिवारी और कपिलदेव सिंह जैसे उभरते समाजवादी नेताओं का था। कर्पूरी ने भी रामनन्दन मिश्र और जेपी

से समाजवाद का पाठ पढ़ा था। एक बार 1960 के दशक की शुरुआत में बसावन सिंह ने किसी बहस के बाद कर्पूरी पर फेंकने के लिए अपना जूता उठा लिया था! कर्पूरी परेशान थे और उस समय समाजवादी समूह छोड़ने के बारे में सोच रहे थे। यह रामानन्द तिवारी ही थे जिन्होंने उन्हें शान्त किया। बाद के वर्षों में कर्पूरी और तिवारी, राम मनोहर लोहिया के साथ SSP में चले गये।

बिहार के ग़ैर-कांग्रेसवाद की राजनीति जल्द ही कर्पूरी के इर्द-गिर्द घूमने लगी, बसावन और सूरज जैसे नेता अप्रासंगिक हो गये। लोहिया कांग्रेस विरोधी मुहिम का नेतृत्व कर रहे थे, इस मुहिम ने 1965 में गति पकड़ी और 1967 में आठ राज्यों से कांग्रेस को उखाड़ फेंका।

आठ राज्यों की सत्ता अपने हाथ से जाने के बाद कांग्रेस की नींव हिल गयी। कर्पूरी बिहार SSP का सबसे बड़ा चेहरा थे। PSP हाशिए पर चली गयी।

1969 के चुनाव में कर्पूरी ठाकुर ने कांग्रेस के राजेन्द्र महतो को 13,485 वोटों के बड़े अन्तर से हराया। इसके बाद, 1970 के दशक की शुरुआत में संयुक्त सोशलिस्ट पार्टी (SSP) के जबलपुर अधिवेशन में एक दिलचस्प मोड़ आया। जहाँ कर्पूरी ठाकुर सर्वसम्मति से SSP के राष्ट्रीय अध्यक्ष बनने वाले थे, वहीं भोजपुर के एक नेता ने चुनाव लड़ने की इच्छा जतायी। लोकतान्त्रिक सिद्धान्तों का सम्मान करते हुए, पार्टी ने चुनाव कराने की अनुमति दी। कर्पूरी ठाकुर ने पहले तो अपना नामांकन वापस लेने की सोची, लेकिन वरिष्ठ नेताओं के समझाने पर वे मैदान में उतरे और उन्होंने जीत हासिल की।

1970 में दरोगा प्रसाद राय की सरकार के पतन के बाद, बिहार की राजनीति में उथल-पुथल मची हुई थी। कांग्रेस (O) के नेता सत्येन्द्र नारायण सिंह को राजभवन के विश्वसनीय सूत्रों से यह जानकारी मिली कि यदि 21 दिसम्बर की शाम तक कोई भी गठबन्धन सरकार बनाने का दावा प्रस्तुत नहीं करता है, तो राज्य में राष्ट्रपति शासन लागू कर दिया जायेगा। इस महत्त्वपूर्ण समय में, कर्पूरी ठाकुर की अनुपस्थिति ने राजनीतिक गलियारों में खलबली मचा दी।

समाजवादी नेता उमेश प्रसाद सिंह उस घटना को याद करते हुए बताते हैं, "मैं पूर्व मुख्यमन्त्री सरदार हरिहर सिंह के आर ब्लॉक स्थित आवास से

गुज़र रहा था। तभी कर्पूरी ठाकुर के क़रीबी समाजवादी नेता प्रणव चटर्जी ने मुझे बुलाया और उनसे ठाकुर की तलाश में अपनी जीप में चलने को कहा। एक सहज अनुमान के आधार पर, हम गांधी मैदान के पास रामदेव राय के घर पहुँचे। राय के घर के आँगन में पहुँचने पर, मैंने रामानन्द तिवारी और कर्पूरी ठाकुर, दोनों के समर्थकों को वहाँ देखा। मैंने तिवारी के समर्थक रामदयाल सिंह से पूछा कि क्या कर्पूरी जी वहाँ मौजूद हैं। उन्होंने भोजपुरी में उत्तर दिया, 'देखत नइखे, कुत्ता-बिल्ली जइसन लड़े ता लोग (क्या आप शोर नहीं सुन रहे हैं? रामानन्द तिवारी और कर्पूरी ठाकुर, सरकार गठन को लेकर बिल्ली और कुत्ते की तरह लड़ रहे हैं)।' मैं साहस जुटाकर कर्पूरी जी के पास गया और उनके कान में फुसफुसा कर कहा कि सत्येन्द्र बाबू उनकी तलाश कर रहे हैं।"[13]

अन्ततः, 22 दिसम्बर 1970 को कर्पूरी ठाकुर बिहार के मुख्यमन्त्री बने। अपने संक्षिप्त कार्यकाल के दौरान, उन्होंने एक महत्त्वपूर्ण जनहितकारी निर्णय लिया और 1971 में नदियों को पार करने पर लगने वाले कर को समाप्त कर दिया। बिहार में यह एक अमानवीय प्रथा थी, जिसके तहत नवविवाहित दुल्हनों को भी बिना कर चुकाए सूखी नदी के रास्तों से गुज़रने की अनुमति नहीं थी। स्वयं कर्पूरी ठाकुर को भी कई बार इस कर का सामना करना पड़ा था। एक घटना उनके मन पर गहरी छाप छोड़ गयी थी, जब एक ठेकेदार ने नदी पार करने के शुल्क के बदले एक ग़रीब मछुआरे की टोकरी से मछली छीन ली थी। मुख्यमन्त्री बनने के बाद, कर्पूरी ठाकुर ने इस क्रूर व्यवस्था को जड़ से उखाड़ फेंका। हालाँकि, उनका यह कार्यकाल अल्पकालिक रहा और वे केवल 2 जून 1971 तक ही मुख्यमन्त्री के पद पर रहे।

1972 के विधानसभा चुनाव में SSP के उम्मीदवार के तौर पर कर्पूरी ठाकुर ने निर्दलीय कमलेश राय को 10,568 वोटों के अन्तर से पराजित किया। विपक्ष का नेता बनने की सम्भावना को देखते हुए, वे अपने निजी सचिव के लिए एक योग्य व्यक्ति की तलाश में थे। इस पद के लिए सुरेन्द्र अकेला सबसे उपयुक्त उम्मीदवार थे, अकेला अपनी किशोरावस्था से ही SSP से जुड़े थे।

कर्पूरी ठाकुर अपने निजी सचिव के लिए एक ईमानदार और बुद्धिमान व्यक्ति की तलाश में थे। सुरेन्द्र किशोर इस मुलाक़ात का वृत्तान्त देते हैं, "मैं एक समाजवादी विचारधारा का व्यक्ति था और 'दिनमान' तथा लोहिया जी की पत्रिका 'जनता' के लिए लेख लिखता था। छपरा के एक नेता, अम्बिका शरण सिंह ने मेरी मुलाक़ात कर्पूरी ठाकुर से करवायी थी। 1970 में ठाकुर छपरा आये थे। SSP के सारण कार्यालय के सचिव के रूप में मेरी कार्यशैली और रिपोर्ट से वे काफ़ी प्रभावित हुए। इसी दौरान उन्होंने मुझसे पूछा कि क्या मैं उनके निजी सचिव के रूप में कार्य कर सकता हूँ?" कर्पूरी ठाकुर ने किशोर में ईमानदारी और बुद्धिमत्ता दोनों देखी। किशोर ने बताया कि स्नातक की परीक्षा देने के बाद वे यह ज़िम्मेदारी सँभाल सकते हैं। 1972 में सुरेन्द्र किशोर कर्पूरी ठाकुर से जुड़ गये और उनके गार्डिनर रोड स्थित सरकारी आवास में रहने लगे। उन्हें मुफ़्त भोजन और आवास के अतिरिक्त वेतन के तौर पर 100 रुपये प्रतिमाह मिलते थे।

कर्पूरी ठाकुर के आवास पर पर्याप्त पलंग की कमी के कारण, उनके पुत्र रामनाथ ठाकुर और सुरेन्द्र किशोर अक्सर एक ही पलंग साझा करते थे। सुरेन्द्र किशोर एक घटना का उल्लेख करते हैं, "एक बार समस्तीपुर से एक शिक्षक ठाकुर जी के आवास पर रात बिताने आये। ऐसी स्थिति में, ठाकुर जी ने सुरेन्द्र और रामनाथ को कालीन पर सोने के लिए कहा। सुरेन्द्र को इससे कोई आपत्ति नहीं थी, लेकिन रामनाथ इस बात से परेशान थे, क्योंकि एक पूर्व मुख्यमन्त्री और वर्तमान विपक्ष के नेता के पुत्र होने के नाते उन्होंने ऐसी अपेक्षा नहीं की थी। उस रात उन्हें फ़र्श पर ही सोना पड़ा, क्योंकि कोई और विकल्प मौजूद नहीं था। हालाँकि, अगले दिन रामनाथ ने वह आवास छोड़ दिया और एक विधायक के फ्लैट में रहने चले गये। जब कर्पूरी ठाकुर को इस घटना के बारे में पता चला, तो उन्होंने एक कठोर निर्णय लिया। उन्होंने आदेश दिया कि अब से घर के सभी सदस्य फ़र्श पर ही सोएँगे और सभी पलंग को लोक निर्माण विभाग को वापस कर दिया जाये। कर्पूरी ठाकुर की पत्नी, फुलेश्वरी देवी, किसी तरह एक पलंग को बाहरी शौचालय में छिपाकर बचाने में सफल रहीं।"[14]

विपक्ष के नेता होने के बावजूद, कर्पूरी ठाकुर के पास अपनी कोई कार नहीं थी। वास्तव में, विपक्ष के नेताओं को कैबिनेट मन्त्री का दर्जा भी 1977 के बाद मिला, जब मोरारजी देसाई की सरकार ने इस पद को कैबिनेट मन्त्री के समकक्ष माना और बाद में राज्यों ने भी इस नियम का अनुसरण किया। पटना में कहीं भी आने-जाने के लिए कर्पूरी ठाकुर के लिए आमतौर पर रिक्शा ही एकमात्र साधन होता था। एक बार, जब उन्हें समस्तीपुर में एक असन्तुष्ट पार्टी विधायक को मनाने के लिए जाना पड़ा, तो उन्होंने पूर्व मुख्यमन्त्री और कांग्रेस विधायक (1972 में) महामाया प्रसाद सिन्हा से मदद माँगी, सिन्हा एक बड़े ज़मींदार थे। सिन्हा ने उन्हें ₹400 दिये, जो ठाकुर को कार से पटना वापस आने के लिए पर्याप्त थे। अन्य अवसरों पर, पटना से बाहर की यात्राओं के लिए, कुछ डॉक्टर या शुभचिन्तक बिना किसी अपेक्षा के उनकी सहायता करते थे। कर्पूरी ठाकुर डॉ. राम मनोहर लोहिया के विचारों से बहुत प्रभावित थे, लेकिन इसके बावजूद वे कभी-कभी सुरेन्द्र किशोर से कहा करते थे, "अगर हमारे पास एक तेज़ गाड़ी होती, तो जनता की सेवा करना कितना आसान होता।"

कर्पूरी ठाकुर हमेशा इस बात का ध्यान रखते थे कि उनके पुत्र रामनाथ, उनके प्रभावशाली सम्पर्कों का कोई अनुचित लाभ न उठाएँ। रामनाथ, अपनी युवावस्था में, अक्सर अपने पिता के प्रति नाराज़गी व्यक्त करते थे, क्योंकि उन्हें लगता था कि उनके पिता उन्हें एक आरामदायक जीवन नहीं दे रहे हैं। कर्पूरी ठाकुर अपनी पत्नी से भी कहा करते थे कि वे अपना अधिकांश समय गाँव में ही बिताएँ, क्योंकि उन्हें अक्सर पटना से बाहर यात्रा करनी पड़ती थी।

जनसत्ता के वरिष्ठ पत्रकार गंगा प्रसाद, जिन्होंने कर्पूरी ठाकुर के दो कार्यकालों को कवर किया, याद करते हैं कि 1973 में संयुक्त सोशलिस्ट पार्टी (SSP) अपने सबसे कठिन राजनीतिक दौर से गुज़र रही थी। कर्पूरी ठाकुर जैसे नेता राज नारायण का समर्थन कर रहे थे, जबकि कृष्ण पटनायक, यमुना सिंह और दिनेश दासगुप्ता जैसे नेताओं के एक अन्य गुट ने जॉर्ज फर्नांडीस के मौन समर्थन से पार्टी के भीतर 'लोहिया विचार मंच' का गठन कर लिया था।

प्रसाद उस कठिन दौर में भी कर्पूरी ठाकुर की लोकप्रियता को याद करते हुए बताते हैं, "लोग पटना में कर्पूरी ठाकुर के आवास पर चावल और सत्तू

लेकर आते थे। ठाकुर उन्हें केवल आराम करने के लिए जगह देते थे। उनके पास आने वाले लोगों को भोजन कराने के लिए पर्याप्त संसाधन नहीं थे, लेकिन लोग इस बात की शिकायत भी नहीं करते थे। उस समय राजनीतिक नेताओं के आवासों में निजी और सार्वजनिक स्थान के बीच शायद ही कोई अन्तर होता था।"[15]

सुरेन्द्र किशोर, जिन्होंने कर्पूरी ठाकुर के साथ डेढ़ वर्ष तक कार्य किया, कहते हैं, "नीतीश कुमार में लालू प्रसाद यादव की दबंगई और कर्पूरी ठाकुर की ईमानदारी का मिश्रण है। उन्होंने अति पिछड़ा वर्ग (EBC) और महिलाओं को आरक्षण प्रदान करके कर्पूरी ठाकुर की विरासत को आगे बढ़ाया है। कर्पूरी ठाकुर भूमि सुधार जैसे कुछ कठोर फ़ैसले लेने से कतराते रहे और नीतीश कुमार भी अपने कोर वोट बैंक, कोइरी और कुर्मी, के दबाव के कारण इस विषय को छूने से बचते रहे हैं।"[16]

जयप्रकाश नारायण के आह्वान पर कर्पूरी ठाकुर ने 1974 में विधायक के पद से त्यागपत्र दे दिया। हालाँकि, इस निर्णय को लेकर कर्पूरी ठाकुर के मन में कुछ प्रश्न थे। उन्होंने अपने इन प्रश्नों को सर्वप्रथम 21 दिसम्बर 1975 को आचार्य विनोबा भावे को लिखे एक पत्र में व्यक्त किया था। कर्पूरी लिखते हैं : "ब्रिटिश शासन के दौरान भी उतनी हत्याएँ नहीं हुई थीं, जितनी इन्दिरा गांधी द्वारा लगाये गये आपातकाल के दौरान हुईं। ब्रिटिश शासन के समय में अभिव्यक्ति की स्वतन्त्रता अधिक मज़बूत थी, जिसके बाद भी महात्मा गांधी को सत्याग्रह जैसे आन्दोलन शुरू करने की आवश्यकता पड़ी। क्या एक वरिष्ठ गांधीवादी विचारक होने के नाते उन्हें वर्तमान परिस्थितियों में एक और सत्याग्रह की आवश्यकता महसूस नहीं होती है?"[17]

9 जनवरी 1976 को कर्पूरी ने विनोबा भावे को एक और पत्र लिखा, और अपनी वैचारिक असहमति दर्ज करायी। कर्पूरी ने लिखा : "अपने भाषण में, आपने गम्भीर ख़तरों का ज़िक्र किया है। यह कुछ-कुछ प्रधानमन्त्री के शब्द मालूम पड़ते हैं। यह उचित नहीं है, और इस तरह का बयान देना आपको शोभा नहीं देता। आप एक प्रभावशाली व्यक्ति हैं, देश को आपके मौलिक विचार से लाभ होना चाहिए।"[18]

कर्पूरी ठाकुर ने 6 दिसम्बर 1976 को जयप्रकाश नारायण (जेपी) को भी पत्र लिखा था। उस पत्र में उन्होंने पूछा था, "क्या आप यह मानते हैं कि जब तक कोई सम्पूर्ण क्रान्ति की शपथ नहीं लेता है, तब तक यह एक राष्ट्रीय विकल्प के रूप में नहीं उभर सकता? मैं स्वयं सम्पूर्ण क्रान्ति का कट्टर समर्थक हूँ। लेकिन मेरा यह मानना है कि नागरिक स्वतन्त्रता और गांधीवादी विचारों को पहले आत्मसात किया जाना चाहिए, क्योंकि 'सम्पूर्ण क्रान्ति' की अवधारणा अभी तक पूरी तरह से स्पष्ट नहीं हो पायी है।"[19]

30 जनवरी 1977 को कर्पूरी ठाकुर ने पटना के गांधी मैदान में एक सार्वजनिक सभा में भाग लिया और उसी दिन उन्हें गिरफ़्तार कर लिया गया। इसके बाद, 1977 में उन्होंने पहली बार लोकसभा का चुनाव लड़ा और जनता पार्टी के उम्मीदवार के रूप में समस्तीपुर से कांग्रेस (1) के यमुना प्रसाद मंडल को भारी मतों के अन्तर, 327,434 वोटों से हराकर एक ऐतिहासिक विजय प्राप्त की। हालाँकि, इस जीत के बावजूद, वे मुख्यमन्त्री बनने के लिए बिहार लौट आये। कर्पूरी का मुख्यमन्त्री बनने के लिए बिहार लौटना लोहिया के सिद्धान्तों के बिल्कुल विपरीत था।

उनके मित्र और प्रतिद्वन्द्वी रामानन्द तिवारी भी सांसद निर्वाचित हुए थे, लेकिन उन्होंने लोहिया के उस सिद्धान्त का पालन किया कि जिस सदन के लिए चुना गया है, उसी में रहना चाहिए। स्वयं कर्पूरी ठाकुर ने 1967 में इसी तर्क के साथ बीपी मंडल के ख़िलाफ़ कार्रवाई की थी। लेकिन, अब कर्पूरी भी उसी राह पर थे। मुख्यमन्त्री पद की लालसा के मामले में वे मंडल से अलग नहीं थे। इस बार उन्हें जनता पार्टी के तत्कालीन बिहार प्रमुख सत्येन्द्र नारायण सिन्हा के कड़े विरोध का सामना करना पड़ा, लेकिन वे किसी तरह मुख्यमन्त्री बनने में सफल रहे और बाद में फुलपरास से उपचुनाव में कांग्रेस के राम जयपाल सिंह यादव को 69,000 वोटों से पराजित किया।

24 जून 1977 को कर्पूरी ठाकुर एक बार फिर बिहार के मुख्यमन्त्री बने और जनता पार्टी की सरकार का नेतृत्व किया। सत्ता में वापसी के साथ ही, उन्होंने कुछ महत्त्वपूर्ण बदलाव लाने का निश्चय किया। इसी क्रम में, 11 अक्टूबर को उन्होंने कक्षा एक से लेकर कक्षा दस तक की स्कूली शिक्षा को पूरी तरह से मुफ़्त कर दिया। यह एक ऐसा दूरदर्शी क़दम था, जिसका

अनुसरण बाद में नीतीश कुमार की सरकार ने भी किया, नीतीश सरकार ने 2015 से अनुसूचित जाति और अनुसूचित जनजाति की लड़कियों के लिए कक्षा एक से स्नातकोत्तर तक की शिक्षा निःशुल्क कर दी। कर्पूरी ठाकुर ने स्वयं अपने बचपन में बड़ी संख्या में ऐसे बच्चों को स्कूल छोड़ते हुए देखा था, जिनके माता-पिता स्कूल की फ़ीस भरने में असमर्थ थे।

पूर्व विधान पार्षद, समाजवादी विचारक और साहित्यकार प्रेम कुमार मणि का कहना है, "कर्पूरी ठाकुर ने 1967 में शिक्षा मन्त्री के रूप में स्कूली शिक्षा मुफ़्त करके सामाजिक सशक्तीकरण का मार्ग खोला था। वे स्वयं इस दौर से गुज़रे थे और भलीभाँति जानते थे कि एक छोटे किसान और उससे भी ज़्यादा एक भूमिहीन परिवार के लिए स्कूल की फ़ीस चुकाना कितना कठिन होता है। उन्होंने स्कूल की फ़ीस न दे पाने के कारण छात्रों को शिक्षा छोड़ते हुए देखा था। उनका यह क़दम स्कूल छोड़ने वाले छात्रों की समस्या का समाधान करने और सभी छात्रों के लिए अपनी शिक्षा पूरी करने का मार्ग प्रशस्त करने के उद्‌देश्य से था। यह निर्णय किसी विशेष जाति या वर्ग के लिए नहीं था, बल्कि ग़रीब छात्रों के हित में लिया गया था, चाहे उनकी जाति और धर्म कुछ भी रही हो।" कर्पूरी ने उसी साल गांधी मैदान में 6000 इंजीनियरों को नियुक्ति पत्र भी दिया था, और सरकारी काम को हिन्दी भाषा में करना अनिवार्य कर दिया था।[20]

शैक्षणिक संस्थानों में पिछड़े वर्ग के छात्रों को 26 प्रतिशत आरक्षण देने के उनके निर्णय ने एक बड़ा राजनीतिक विवाद खड़ा कर दिया था। उन्होंने जगन्नाथ मिश्रा के शासनकाल में प्रस्तावित मुंगेरी लाल आयोग की सिफ़ारिशों को लागू कर दिया। यद्यपि जनता पार्टी के भीतर भारतीय जनसंघ ने आधिकारिक तौर पर कोई रुख़ नहीं अपनाया, लेकिन उनके विधायकों ने इस फ़ैसले का विरोध करना शुरू कर दिया, क्योंकि भारतीय जनसंघ का वोट बैंक अगड़ी जातियाँ ही थीं। कर्पूरी ठाकुर को जातिवादी गालियों और अपशब्दों से भरे नारों का सामना करना पड़ा, जैसे कि "ई आरक्षण कहाँ से आई, कर्पूरी की माँ...?" (यह आरक्षण कहाँ से आया, क्या कर्पूरी की माँ ने किसी बच्चे को जन्म दिया है?)। यह विडम्बना ही है कि आज भाजपा कर्पूरी

ठाकुर की जयन्ती मना रही है और उनकी कुछ विरासतों पर अपना अधिकार जताने का प्रयास कर रही है। यहाँ तक कि सरकार ने उन्हें 'भारत रत्न' से भी सम्मानित किया है।

यशवन्त सिन्हा कर्पूरी ठाकुर की हिन्दी को आधिकारिक भाषा के रूप में प्रयोग करने के प्रति उनके प्रेम को याद करते हैं। वे यह भी बताते हैं कि कर्पूरी ठाकुर को अपने निर्धारित कार्यक्रम पर टिके रहने के लिए कैसे मजबूर रहना पड़ता था, वे हमेशा लोगों से मिलने के लिए तत्पर रहते थे। सिन्हा जी एक घटना का स्मरण करते हैं, जब उन्होंने मुख्यमन्त्री को वाल्मीकि नगर के शान्त और एकान्त गेस्ट हाउस में ले जाकर ढेर सारी लम्बित फ़ाइलों पर हस्ताक्षर करवाये थे। वे कर्पूरी ठाकुर के पैतृक गाँव पितौंझिया स्थित उनके घर की यात्रा का भी वर्णन करते हैं, जो अत्यन्त सामान्य सा घर था। सिन्हा बताते हैं कि जब वे मुख्यमन्त्री की पत्नी से मिले, तो उनके बैठने के लिए कोई कुर्सी तक उपलब्ध नहीं थी, और उन्होंने मिट्टी के चूल्हे पर उनके लिए चाय बनायी थी।[21]

सिन्हा एक घटना को याद करते हैं, जब कर्पूरी ने मज़बूत तर्क देते हुए यह साबित किया कि पंजाब और हरियाणा की तुलना में पूर्वी राज्य पिछड़े क्यों हैं। सिन्हा याद करते हैं :

"दिल्ली में एक चर्चा के दौरान कर्पूरी ठाकुर शीघ्र ही भारत के पिछड़े और ग़रीब राज्यों के एक प्रमुख नेता और प्रवक्ता के रूप में स्थापित हो गये। इन राज्यों के मुख्यमन्त्री अक्सर बिहार भवन में महत्त्वपूर्ण मुद्दों पर अपनी राय तय करने के लिए एकत्रित होते थे, विशेष रूप से केन्द्र सरकार द्वारा धन आवंटन से सम्बन्धित विषयों पर।"

मुझे दिल्ली में हुई राष्ट्रीय विकास परिषद की एक बैठक विशेष रूप से याद है, जहाँ हरियाणा के वित्त मन्त्री ने अपने भाषण में कहा था कि हरियाणा अपने नागरिकों की कड़ी मेहनत के कारण एक विकसित राज्य है। उन्होंने यह भी तर्क दिया कि बिहार और अन्य राज्य इसलिए पिछड़े हैं क्योंकि वहाँ के लोग उतने परिश्रमी नहीं हैं। स्वाभाविक रूप से, उनके इस तर्क से हम आहत हुए थे।

भोजन अवकाश के दौरान कर्पूरी ठाकुर बिना किसी को बताये गायब हो गये। जब बैठक पुनः आरम्भ हुई, तो वे नहीं लौटे थे, और जब मुझे चिन्ता होने लगी, तभी मैंने उन्हें एक चपरासी के साथ हॉल में प्रवेश करते देखा। चपरासी के हाथों में कई पुस्तकें थीं। कर्पूरी ठाकुर ने बोलने की अनुमति माँगी और अपने द्वारा एकत्रित की गयी पुस्तकों के सन्दर्भों का उपयोग करते हुए यह सिद्ध करने का प्रयास किया कि पूर्वी राज्यों के लोग भी उतने ही मेहनती थे, लेकिन उन्हें वंचित रखा गया क्योंकि अंग्रेज़ों ने उन्हें दंडित किया था, विशेष रूप से सिंचाई सुविधाओं और अन्य बुनियादी ढाँचे के विकास के मामले में, अंग्रेज़ों ने पूर्वी राज्यों को इसलिए दंडित किया क्योंकि इन राज्यों ने ब्रिटिश सत्ता के ख़िलाफ़ बग़ावत की थी। उन्होंने आगे यह भी स्पष्ट किया कि कैसे पंजाब और हरियाणा को लाभ पहुँचाया गया, क्योंकि उन्होंने अंग्रेज़ों का समर्थन किया था। उन्होंने अपने साथ लायी विभिन्न पुस्तकों से उद्धरण प्रस्तुत किये और अपने विद्वत्तापूर्ण तथा वैचारिक हस्तक्षेप से विरोधियों को निरुत्तर कर दिया। जब सत्र समापन हुआ, तो मुझे याद है कि सभी लोग, विशेषकर पिछड़े राज्यों से आये हुए, कर्पूरी को बधाई देने के लिए उनके चारों ओर एकत्र हो गये थे।"[22]

सिन्हा, कर्पूरी ठाकुर के शासनकाल में हुए आरक्षण विरोधी प्रदर्शनों को याद करते हैं, "इन आन्दोलनों को वास्तविकता से कहीं अधिक बढ़ा-चढ़ाकर पेश किया गया था। मुझे याद है कि एक बार जब एक अमेरिकी मीडिया समूह कर्पूरी जी कार्यालय में कैमरा लेकर ज़बरदस्ती घुस गये, और पूछने लगे, "युद्ध क्षेत्र कहाँ है?", कर्पूरी जी ने उस पत्रकार से विनम्रता से कहा था कि ऐसा कोई क्षेत्र नहीं है और आपको बिहार से कोई सनसनीखेज कहानी नहीं मिलने वाली।" सिन्हा, कर्पूरी को भावभीनी श्रद्धांजलि अर्पित करते हुए कहते हैं, "उनके इस्तीफ़े ने बिहार के इतिहास में एक युग का अन्त कर दिया। अपनी साधारण वेशभूषा और बोझिल दिनचर्या के बावजूद, कर्पूरी ठाकुर एक महान मुख्यमन्त्री थे। वे हृदय से ईमानदार थे, कर्पूरी ठाकुर के साथ काम करना मेरे जीवन के सबसे अविस्मरणीय अनुभवों में से एक है।"[23]

सुरेन्द्र किशोर के अनुसार, लालू प्रसाद का एकमात्र उल्लेखनीय योगदान वीपी सिंह सरकार द्वारा मंडल आयोग की सिफ़ारिशों को लागू करने के निर्णय का दृढ़तापूर्वक समर्थन करना था। लालू प्रसाद ने विरोधियों का डटकर सामना किया था। इस घटना ने उन्हें एक नेता के रूप में स्थापित किया, लेकिन इसने भारत में जातिगत विभाजन को और गहरा कर दिया। कर्पूरी ठाकुर को भी अपनी आरक्षण नीति के कारण विरोध का सामना करना पड़ा था, लेकिन उन्होंने विरोध को दबाया नहीं। कर्पूरी ठाकुर के अहिंसक वैचारिक दृष्टिकोण ने जातिगत विभाजन को रोका, जबकि लालू प्रसाद ने इसी मुद्दे का उपयोग करके अपनी राजनीतिक शक्ति को बढ़ाया।

आज़ादी के बाद, देश में अनुसूचित जातियों के लिए 14 प्रतिशत और अनुसूचित जनजातियों के लिए 10 प्रतिशत आरक्षण की व्यवस्था लागू थी। बढ़ती सामाजिक अपेक्षाओं को देखते हुए, कर्पूरी ठाकुर ने महसूस किया कि यह पर्याप्त नहीं है। उन्होंने अन्य पिछड़ा वर्गों (ओबीसी) के लिए उप-कोटा का एक नया फ़ॉर्मूला तैयार किया। बिहार में 113 अत्यन्त पिछड़ा वर्ग (ईबीसी) समुदाय होने के कारण, उन्होंने आरक्षण को विभाजित करने का निर्णय लिया, ईबीसी के लिए बारह प्रतिशत, अन्य ओबीसी के लिए आठ प्रतिशत, तथा महिलाओं और सामान्य वर्ग के आर्थिक रूप से कमज़ोर वर्गों के लिए तीन-तीन प्रतिशत आरक्षण का प्रावधान किया गया। इसी आरक्षण नीति के विरोध ने आगे चलकर मंडल आयोग की स्थापना का मार्ग प्रशस्त किया। यदि कर्पूरी ठाकुर का यह फ़ॉर्मूला स्वीकार कर लिया गया होता, तो 'मंडल प्लस' जैसे आन्दोलनों की आवश्यकता ही नहीं पड़ती। मुख्यमन्त्री के रूप में अपने कार्यकाल के दौरान, उन्होंने दलितों को हथियार लाइसेंस प्राप्त करने की अनुमति भी दी, जो लम्बे समय से उच्च जातियों के उत्पीड़न का शिकार थे।

कर्पूरी ठाकुर के राजनीतिक जीवन में पंचायत स्तर पर चुनाव कराने का निर्णय एक मील का पत्थर साबित हुआ। इस क़दम ने ग्रामीण क्षेत्रों में उच्च जातियों के दबदबे को कम किया और सामाजिक असमानता को दूर करने में महत्त्वपूर्ण भूमिका निभायी। बाद में, नीतीश कुमार ने भी कर्पूरी जी के

इस दृष्टिकोण को अपनाया और 2006 से न केवल नियमित पंचायत चुनाव कराये, बल्कि महिलाओं को 50 प्रतिशत आरक्षण देकर उन्हें सशक्त भी किया। नीतीश कुमार ने शराबबन्दी लागू करके भी कर्पूरी ठाकुर के पदचिह्नों पर चलने का प्रयास किया।

1984 के लोकसभा चुनाव में हारने तक कर्पूरी ठाकुर विपक्ष की राजनीति के केन्द्र में बने रहे। यह उनके राजनीतिक जीवन की पहली और आख़िरी चुनावी हार थी। अपने पूरे जीवन में, वे यादव नेताओं को लेकर दुविधा में रहे। 1977 में सांसद बने लालू प्रसाद, कर्पूरी ठाकुर को पसन्द नहीं करते थे। यह श्रीनारायण यादव ही थे, जिन्होंने 1987 में तत्कालीन विधानसभा अध्यक्ष शिवचन्द्र झा के माध्यम से कर्पूरी ठाकुर को विपक्ष के नेता के पद से हटाने की पृष्ठभूमि तैयार की थी। और लालू प्रसाद समेत कई यादव नेताओं ने लोकदल (कर्पूरी) छोड़कर लोकदल (चरण सिंह) का दामन थाम लिया था।

1984 के लोकसभा चुनाव में समस्तीपुर से अपनी हार का विश्लेषण करते हुए कर्पूरी ठाकुर ने स्थानीय प्रोफ़ेसर से अपनी पीड़ा व्यक्त की थी। उन्होंने कहा था, "लोग मुझे सिर्फ़ ओबीसी का नेता मानते हैं। आपके गाँव में एक भी ऊँची जाति का परिवार नहीं है। मैंने तो आपको प्रोफ़ेसर बनने में भी सहायता की थी। फिर भी, मेरी हार कैसे हुई?"[24] इस हार से वे इतने व्यथित हुए कि उन्होंने समस्तीपुर से अपना विधानसभा क्षेत्र बदलकर सोनबरसा कर लिया और 1985 में कांग्रेस के कड़े विरोध के बावजूद विजय प्राप्त की।

सीतामढ़ी के रहने वाले मनोज कुमार आज भी उस पल को याद करते हैं जब कर्पूरी ठाकुर उनके घर पर चुनाव प्रचार के दौरान ठहरे थे। वे बताते हैं कि एक बार एक सफ़ाईकर्मी अपनी परेशानी लेकर कर्पूरी जी के पास आया। उस वक़्त कर्पूरी जी ने जो किया, वह उनकी महानता का उदाहरण है। उन्होंने सबसे पहले उस सफ़ाईकर्मी को कुर्सी पर बैठने के लिए कहा। फिर बड़े ध्यान से उसकी शिकायत सुनी, स्वयं उसका आवेदन पत्र लिखवाया और यह सुनिश्चित किया कि उस व्यक्ति का काम हो जाये। यह घटना कर्पूरी ठाकुर की संवेदनशीलता और समाज के हर वर्ग के प्रति उनके सम्मान को दर्शाती है।[25]

एक बार कर्पूरी ठाकुर की जान को नेपाल के माओवादियों से ख़तरा होने की गुप्त जानकारी मिली थी। इस सूचना के बाद, सुरक्षा के लिहाज़ से पुलिस एस्कॉर्ट उन्हें सुरक्षा प्रदान करने के लिए तैनात की गयी। हालाँकि, कर्पूरी ठाकुर ने पुलिस सुरक्षा लेने से साफ़ इनकार कर दिया। जब पुलिस एस्कॉर्ट फिर भी उनकी गाड़ी के पीछे चलती रही, तो उन्होंने अपनी गाड़ी रुकवाई और पुलिसकर्मियों को वापस लौट जाने का आग्रह किया। इस बारे में पूछे जाने पर उन्होंने कहा, "हम 10-12 लोग एक कार्यकर्ता के घर पर भोजन करने जा रहे हैं। यदि पुलिसकर्मी भी हमारे साथ होते, तो हमारे मेज़बान पर अतिरिक्त बोझ पड़ता।" यह घटना कर्पूरी ठाकुर की सादगी, कार्यकर्ताओं के प्रति उनके स्नेह और सुरक्षा की परवाह न करते हुए लोगों से जुड़े रहने की उनकी अदम्य इच्छा को दर्शाती है।[26]

कर्पूरी ठाकुर की बौद्धिकता, उनकी हाज़िरजवाबी और उनके विनम्र मानवीय स्वभाव से जुड़ी कहानियाँ बिहार की लोककथाओं का अभिन्न अंग बन चुकी हैं, और कई बार तो ये इतनी असाधारण लगती हैं कि विश्वास करना भी मुश्किल हो जाता है। ऐसी ही एक घटना का ज़िक्र आता है। एक बार, जनवरी की भीषण ठंड में, कर्पूरी ठाकुर सुबह 3 बजे पटना स्थित अपने आवास से समस्तीपुर के लिए स्टीमर पकड़ने के लिए निकले थे। रास्ते में उन्होंने एक व्यक्ति को देखा जो कड़कड़ाती ठंड में अपने बच्चे को अपनी छाती से चिपकाये हुए था। उस व्यक्ति और उसके बच्चे की हालत देखकर कर्पूरी ठाकुर का हृदय द्रवित हो गया और उन्होंने बिना किसी हिचकिचाहट के अपना कम्बल उस व्यक्ति को दे दिया।

आपातकाल के दौरान की एक दिलचस्प घटना एक सेवानिवृत्त नौकरशाह आज भी याद करते हैं। एक बार एक नेताजी ट्रेन के प्रथम श्रेणी के डिब्बे में सवार हुए। उनके चढ़ने के कुछ ही समय बाद, पुलिस ट्रेन में तलाशी के लिए आ गयी। पुलिस के आने की भनक लगते ही, वह मैले-कुचैले कपड़ों वाला नेता अपनी सीट के नीचे छिप गया। जब पुलिस ने डिब्बे में यात्रा कर रहे उस अफ़सर से पूछा कि क्या उन्होंने इस डिब्बे में किसी कुर्ता पहने व्यक्ति को देखा है, तो उस अधिकारी ने, (जिन्हें हिन्दी समझने में थोड़ी कठिनाई होती

थी) कहा, "नहीं मैंने किसी व्यक्ति को नहीं देखा"। दो वर्ष, वही नेता बिहार के मुख्यमन्त्री बन गये। एक समारोह के दौरान, जब कर्पूरी ठाकुर अफ़सरों से मिल रहे थे, तो वे उस दक्षिण भारतीय अधिकारी के सामने रुके और सहजता से पूछा, "आप कैसे हैं?" अन्य अधिकारी इस बात से हैरान थे कि मुख्यमन्त्री उस अधिकारी को कैसे पहचानते हैं? केवल वह अधिकारी ही उस पुरानी घटना को याद कर सका कि कैसे एक बार उसने एक संकट में फँसे नेता की अनजाने में मदद की थी।

1987 में जब कर्पूरी ठाकुर के पिता का निधन हुआ, तो तत्कालीन बिहार के मुख्यमन्त्री चन्द्रशेखर सिंह उन्हें श्रद्धांजलि अर्पित करने के लिए ठाकुर के पैतृक गाँव, पितौंझिया गये। कर्पूरी ठाकुर ने अपने पिता के श्राद्धकर्म के दौरान अपना सिर मुंडवा लिया था और एक गांधी टोपी पहने हुए थे। चन्द्रशेखर सिंह ने उन्हें देखकर मज़ाक़ में कहा, "ठाकुरजी, इस गांधी टोपी में तो आप बिल्कुल असली कांग्रेसी लग रहे हैं!" अपनी हाज़िरजवाबी लिए प्रसिद्ध कर्पूरी ठाकुर ने तुरन्त उत्तर दिया, "मैं निश्चित रूप से आज़ादी से पहले के दौर का कांग्रेसी हूँ, लेकिन आज का कांग्रेसी नहीं हूँ, आज की कांग्रेस असली कांग्रेस नहीं है।"[27]

कर्पूरी ठाकुर के पुत्र, रामनाथ ठाकुर, ने बड़े अफ़सोस के साथ कहा, "मुझे अपने पिता के फूँस के घर को नहीं तोड़ना चाहिए था। यह उनके स्मृति का अनादर है। दूसरी बात, मुझे राजनीति में नहीं आना चाहिए था, क्योंकि मेरे पिता वंशवाद की राजनीति के सख़्त ख़िलाफ़ थे।"[28]

आज, पितौंझिया में स्थित कर्पूरी का पैतृक घर एक स्मारक के रूप में परिवर्तित हो चुका है। प्रवेश-द्वार पर कर्पूरी ठाकुर की एक प्रतिमा स्थापित की गयी है, जिसमें वे अपने मोटे चश्मे पहने हुए दिखाई देते हैं। उनकी जयन्ती के अवसर पर, विभिन्न राजनीतिक दलों के नेता यहाँ एकत्रित होकर उन्हें श्रद्धांजलि अर्पित करते हैं। रामनाथ ठाकुर ने अपनी माताजी के नाम पर एक कॉलेज बनाया है। इसके अतिरिक्त, उन्होंने गाँव में एक सामुदायिक भवन का निर्माण भी करवाया है, जो अब पक्की सड़कों से अच्छी तरह से जुड़ा हुआ है।

राज्यसभा सांसद के रूप में, रामनाथ ठाकुर को नयी दिल्ली के स्वर्ण जयन्ती सदन में एक सुविधाजनक फ्लैट आवंटित किया गया है। वे अपनी पत्नी, आशा रानी के साथ इस फ्लैट में रहते हैं। उनकी तीन बेटियों का विवाह हो चुका है। मधुबनी ज़िले के फुलपरास निवासी उमाकान्त राय, रामनाथ ठाकुर के निजी सहायक के रूप में कार्यरत थे। उमाकान्त राय का परिवार से गहरा जुड़ाव रहा है, और वे उस समय से उनके साथ हैं जब कर्पूरी ठाकुर ने 1977 में फुलपरास विधानसभा उपचुनाव में जीत हासिल की थी और बिहार के मुख्यमन्त्री बने थे। उस समय कर्पूरी ठाकुर सांसद थे, और देवेन्द्र प्रसाद यादव ने उनके लिए अपनी विधायकी की सीट ख़ाली कर दी थी, ताकि कर्पूरी ठाकुर विधायक के रूप में मुख्यमन्त्री पद पर बने रह सकें।

रामनाथ ठाकुर, जो 1965 से ही अपने पिता के साथ राजनीतिक यात्राओं पर जाने लगे थे, अपने पिता द्वारा सिखाये गये आत्मनिर्भरता के पहले पाठ को याद करते हुए कहते हैं, "मैंने अपनी दसवीं कक्षा की बोर्ड परीक्षा दी थी। बाक़ी विद्यार्थी की तरह मैं भी छुटियाँ मनाना चाहता था। मेरे पिता उस समय महामाया प्रसाद सिन्हा की सरकार में उपमुख्यमन्त्री थे। उन दिनों, समस्तीपुर में हमारे घर के पास गंगा नदी पर कोई पुल नहीं था। मैं पटना नाव से पहुँचा। मेरे पिता उस समय बाहर गये हुए थे। जब वे अगली सुबह पटना आये, तो उन्होंने मुझे वापस घर जाने के लिए कहा। उन्होंने कहा, "जाकर दादाजी की खेती करने में मदद करो"। मुझे बहुत बुरा लगा। मैं एक उपमुख्यमन्त्री का बेटा था, लेकिन मुझे कोई विशेष सुविधा नहीं दी गयी। मैं वापस पितौंझिया गया और अपने दादाजी की चार कट्ठा ज़मीन पर कद्दू उगाने में उनकी मदद की। यह मेरी पहली कमाई थी, मेरे पिता ने मुझे सिखाया कि मैं जो करता हूँ वह महत्त्वपूर्ण है, इससे कोई फ़र्क़ नहीं पड़ता कि मेरे पिता का क्या ओहदा है और वे क्या करते हैं?"

रामनाथ ठाकुर एक क़िस्सा सुनाते हैं, "1972 की बात है, माँ के पेट में अचानक दर्द हुआ, पिताजी किसी का कार माँगकर लाये थे, मैं उसी कार से माँ को हॉस्पिटल लेकर चला गया। पिताजी को जब इस बात की जानकारी हुई तो उन्होंने मुझे ख़ूब डाँटा।"

रामनाथ ठाकुर अपने पिता की एक ख़ास आदत के बारे में बताते हैं। उनके पिता चुनाव में नामांकन दाख़िल करने के बाद हमेशा अपने माता-पिता से आशीर्वाद के रूप में कुछ पैसे माँगते थे। यह परम्परा उनके पिता ने ही शुरू की थी। 1952 में ताजपुर से नामांकन भरने के बाद, कर्पूरी अक्सर नौ किलोमीटर पैदल चलकर पितौंझिया अपने माता-पिता का आशीर्वाद लेने जाते थे, जहाँ उन्हें एक या दो आना मिलता था। एक बार ऐसा भी हुआ जब कर्पूरी ठाकुर के पिता गोकुल ठाकुर के पास अपने बेटे को देने के लिए पैसे नहीं थे। मुख्यमन्त्री बनने के बाद, कर्पूरी ने वृद्धावस्था पेंशन योजना की शुरुआत की ताकि यह सुनिश्चित हो सके कि हर पिता के पास कुछ पैसे हों और उनका सम्मान बना रहे। रामनाथ यह भी कहते हैं कि उनके पिता भ्रष्टाचार के आरोपों को बिल्कुल बर्दाश्त नहीं कर सकते थे। 1969 में पटौरी प्रखंड के चकसलेम गाँव में एक खुली सभा में, जेपी की उपस्थिति में महेन्द्र शर्मा नामक व्यक्ति ने कर्पूरी ठाकुर पर नौ आरोप लगाये, जिनमें सम्पत्ति अर्जित करने का आरोप भी शामिल था। जब आरोप लगाये जा रहे थे, तब कर्पूरी चुप रहे। जब जेपी ने कर्पूरी से जवाब देने को कहा, तो उन्होंने कहा, "मैंने कभी अपने बहनोई को 'साला' नहीं कहा, न ही अपनी बहन के पति से कभी मज़ाक़ किया। मैं इन आरोपों की जाँच के लिए महेन्द्र शर्मा को ही न्यायाधीश नियुक्त करने को तैयार हूँ। उनका जो भी फ़ैसला होगा, मुझे मंज़ूर होगा।"[29]

कर्पूरी हमेशा चाहते थे कि उनके बेटे सरकारी नौकरी करें और परिवार का भरण-पोषण करें। इस बात को लेकर उन्होंने रामनाथ ठाकुर को एक पत्र लिखा था, रामनाथ ठाकुर उस समय पटना साइंस कॉलेज में पढ़ रहे थे और दरियापुर में एक लॉज में रह रहे थे।

17 फ़रवरी 1988 की सुबह, कर्पूरी ठाकुर को अपने मित्र कपिलदेव सिंह के घर नाश्ते पर जाना था। लेकिन नियति को कुछ और ही मंज़ूर था। उस दिन एक दुखद घटना घटी। कुछ समय पहले, एक आयुर्वेद चिकित्सक ने उन्हें नमक का घोल दिया था, जिसके कारण उनका रक्तचाप अचानक बढ़ गया। इसी के चलते उन्हें घातक हृदयाघात हुआ। जब कपिलदेव सिंह उनके घर पहुँचे, तो उन्हें एमएलसी धनिक लाल मंडल का फ़ोन आया, जिसमें कर्पूरी

जी के निधन की सूचना दी गयी। कपिलदेव सिंह अपने बेटे डॉ. अर्जुन सिंह के साथ तुरन्त पटना मेडिकल कॉलेज एवं अस्पताल पहुँचे। वहाँ, डॉक्टरों ने कर्पूरी ठाकुर को मृत घोषित कर दिया। वे स्ट्रेचर पर ऐसे लेटे हुए थे, जैसे गहरी नींद में सो रहे हों। कुछ समय तक उनके आसपास परिवार का कोई सदस्य मौजूद नहीं था। लेकिन, एक घण्टे के भीतर ही सभी लोग इकट्ठा हो गये। और, कर्पूरी जी की विरासत को हड़पने की चाह रखने वाले लालू प्रसाद भी वहाँ पहुँचे और मगरमच्छ के आँसू बहाने लगे।

कर्पूरी ठाकुर की मृत्यु को लेकर यह भी कहा जाता है कि यह साज़िश थी। कई नेताओं ने, अपनी पहचान गुप्त रखने की शर्त पर, यह दावा किया है कि उस आयुर्वेद साधु को किसी विरोधी नेता ने कर्पूरी जी का रक्तचाप बढ़ाने के लिए भेजा था। इस बारे में रामनाथ ठाकुर का कहना है, "यह सच है कि उस आयुर्वेद चिकित्सक ने उन्हें नमक का घोल दिया था। मैं इस साज़िश के बारे में निश्चित रूप से कुछ नहीं कह सकता, लेकिन कुछ लोग इसके बारे में बातें करते हैं।"[30] यह समझना मुश्किल नहीं है कि रामनाथ ठाकुर ने अपने पिता की मौत के पीछे की इस कथित साज़िश पर कोई कार्रवाई करने का साहस क्यों नहीं दिखाया? इसकी एक बड़ी वजह यह थी कि विधायक बनने की उनकी राजनीतिक महत्त्वाकांक्षा। आश्चर्य की बात यह है कि कर्पूरी ठाकुर की मौत की जाँच का कभी कोई आदेश नहीं दिया गया, क्योंकि किसी ने इसकी माँग ही नहीं की।

कर्पूरी ठाकुर के मन्त्रिमंडल में रहे एक पूर्व मन्त्री के बेटे ने 1992 की एक घटना साझा की। उन्होंने बताया कि बिहार के दो दिग्गज समाजवादी नेता पटना के एक अस्पताल में उनके बीमार पिता को देखने आये थे। उनके अनुसार, "जब वे अस्पताल की लिफ्ट से वापस जा रहे थे, तो उन दो शक्तिशाली नेताओं में से एक ने कहा, "वह औघड़ (उस आयुर्वेद चिकित्सक का कथित नाम जिसने कर्पूरी ठाकुर को अतिरिक्त नमक का घोल दिया था) आया था। उसकी कुछ राजनीतिक अपेक्षाएँ हैं।" उस समय, दोनों नेताओं ने कोई प्रतिक्रिया नहीं दी, शायद मेरी मौजूदगी के कारण।"

ठाकुर की मृत्यु से ठीक एक शाम पहले, पटना के तत्कालीन नवभारत टाइम्स के संवाददाता गंगा प्रसाद लोकदल के एक नेता के साथ गरमागरम बहस कर रहे थे। गंगा प्रसाद का तर्क था कि उनकी पार्टी हमेशा बड़े-बड़े दावे करती रही है, लेकिन शक्तिशाली कांग्रेस के सामने अपनी मज़बूत उपस्थिति दर्ज कराने के लिए कुछ ख़ास नहीं कर पायी है। इसी बातचीत में गंगा प्रसाद ने ठाकुर को 1977 की एक घटना भी याद दिलाई, जब वे मुख्यमन्त्री थे और एक दलित लड़की के एक राजपूत लड़के से शादी करने के बाद लापता होने के मामले को कथित तौर पर दबा दिया गया था। सामाजिक कार्यकर्ता इन्दुमती केलकर उस समय मौजूद थीं, लेकिन बाद में पुलिस ने राजपूत लड़के को यह कहने के लिए मना लिया कि केलकर ने ही उस शादी में मध्यस्थता की थी। ठाकुर ने गंगा प्रसाद को भरोसा दिलाया कि उनकी पार्टी सभी महत्त्वपूर्ण मुद्दों पर दोबारा विचार करेगी। यह कहकर उन्होंने अपना फ़ोन एक तरफ़ रख दिया और कहा कि वे अगले दिन इस बारे में और बात करेंगे। गंगा प्रसाद को उस समय ज़रा भी अन्दाज़ा नहीं था कि करिश्माई कर्पूरी ठाकुर के साथ यह उनकी आख़िरी बातचीत होगी। उन दिनों ठाकुर अपने दो बेटों, रामनाथ और बीरेन्द्र को लेकर कुछ परेशान भी थे, और उनका रक्तचाप भी कुछ समय से ठीक नहीं चल रहा था।

जैसे ही कर्पूरी ठाकुर के निधन की ख़बर रेडियो पर प्रसारित हुई, बिहार के दूर-दराज के इलाक़ों से लोग पटना की ओर उमड़ने लगे। भागलपुर, मुंगेर, समस्तीपुर, दरभंगा और मुजफ़्फ़रपुर जैसे क्षेत्रों से लोग जिस किसी साधन से बन पड़ा, पटना पहुँचने की कोशिश कर रहे थे।[31] गंगा प्रसाद याद करते हुए बताते हैं, "हर कोई बांस घाट की ओर जा रहा था, जहाँ ठाकुर का अन्तिम संस्कार होना था। एक बूढ़ी महिला, जिसे एक वरिष्ठ पुलिस अधिकारी ने घाट की ओर जाने से रोका, ने ग़ुस्से में आकर उसे थप्पड़ मार दिया और कहा, 'मेरा बेटा मर गया है और तुम मुझे रोक रहे हो?' इस अप्रत्याशित घटना से स्तब्ध, लेकिन फिर भी शान्त, पुलिस अधिकारी ने महिला से कहा कि वह उसे रोक नहीं रहा था, बल्कि केवल यह सुनिश्चित कर रहा था कि भीड़भाड़ के कारण वह गिर न जाये।" जॉर्ज फर्नांडीस ने उनकी मृत्यु के बाद कहा था,

"यह सच है कि दूसरा कर्पूरी ठाकुर मिलने की कोई उम्मीद नहीं है, कम से कम उन लोगों के जीवन में तो नहीं जो आपको खोने का दुख झेल रहे हैं।"[32]

सालों बाद भी, कर्पूरी ठाकुर को याद करते हुए आशा रानी की आँखें नम हो जाती थीं। रानी (अब इस दुनिया में नहीं रहीं) बताती थीं कि घर की सभी महिलाएँ मेहमानों को भोजन परोसने के लिए रसोई में व्यस्त रहती थीं। उन्हें अच्छी तरह याद था कि कर्पूरी ठाकुर को चने के साग के साथ मक्के की रोटी कितनी पसन्द थी और छोटी मछलियाँ उनकी पसन्दीदा व्यंजन थीं। आशा रानी पुरानी यादों में खो जाती थीं, "मेरी बेटी नमिता कुमारी, जिसे हम प्यार से पम्मी कहते थे, अपने दादाजी से हमेशा दस पैसे माँगती थी। वह कभी ग्यारह या बारह पैसे नहीं लेती थी। फिर वह उन दस पैसों के सिक्के को अपनी दादी को दे देती थी।" रामनाथ ठाकुर बताते हैं कि उनके पिता का अद्भुत मानवीय पहलू हमेशा कुछ न कुछ सीख दे जाता था। एक बार, उनके गाँव का एक विकलांग लड़का मुख्यमन्त्री कर्पूरी ठाकुर के घर आया और उसने पाँच सिक्के माँगे। जब कर्पूरी जी ने उसे सिक्के दिये, तो उनकी पत्नी फुलेश्वरी देवी ने उन्हें रोकते हुए कहा कि यह लड़का बहुत गाली-गलौज करता है और उनके घर के सामने अक्सर उपद्रव मचाता है। इस पर कर्पूरी जी ने लड़के को बीस और सिक्के दिये और उसे समझाया कि वह अभद्र भाषा का प्रयोग न करे। लड़के के जाने के बाद, कर्पूरी जी ने अपनी पत्नी से कहा, "जब कोई तुम्हारे पास आता है, तो इसका मतलब है कि तुम भाग्यशाली हो।"

कर्पूरी ठाकुर, जिनका शायद ही कभी भाग्य में विश्वास रहा हो, एक बार ज्योतिष के चक्कर में पड़ गये थे। पूर्व सांसद रामजीवन सिंह कर्पूरी जी द्वारा अँगूठी पहनने का एक दिलचस्प क़िस्सा साझा करते हैं। वे बताते हैं, "मैंने उनसे कहा था कि अगर आपको कुछ बाँधना ही है, तो वह शरीर नहीं, बल्कि मन होना चाहिए। कर्पूरी जी ने मेरी बात सुनी और तुरन्त अपनी अँगूठी निकाल दी। उसके बाद उन्होंने अपने जीवन में कभी कोई अँगूठी नहीं पहनी।"[33]

जेकेपी कॉलेज कर्पूरी ग्राम के पूर्व प्रिंसिपल अशोक कुमार पांडे एक घटना याद करते हैं। एक बार, समस्तीपुर के एक अनुमंडल अधिकारी, जो मणिपुर से थे, कर्पूरी ठाकुर का घर देखने की इच्छा व्यक्त की। जब पांडे जी

ने उन्हें पितौंझिया (जो अब कर्पूरी ग्राम के नाम से जाना जाता है) में ठाकुर का साधारण फूँस का घर दिखाया, तो वह अधिकारी भावुक होकर रो पड़े। अशोक कहते हैं, "कर्पूरी ठाकुर ने एक बार मुझसे कहा था, अगर कोई सरकारी कर्मचारी अपने घर में एक भी ईंट जोड़ता है, तो उसे उसका हिसाब देना चाहिए।"

प्रेम कुमार मणि को पटना में निषाद (ईबीसी नाविक समुदाय) मंच से कर्पूरी ठाकुर द्वारा दिया गया अन्तिम भाषण आज भी याद है। उस भाषण में, कर्पूरी जी ने सामाजिक परिवर्तन के इतिहास पर बात की थी और जवाहरलाल नेहरू तथा भीमराव अम्बेडकर के विचारों को विस्तार से समझाया था, बिल्कुल एक प्रोफ़ेसर या इतिहासकार की तरह, न कि किसी साधारण राजनेता की तरह। प्रेम कुमार मणि बताते हैं, "उन्होंने महाभारत के एकलव्य का उदाहरण दिया, जो एक निषाद भी थे, और सवाल उठाया कि क्या होता अगर द्रोणाचार्य ने अर्जुन के बजाय एकलव्य को प्राथमिकता दी होती और गुरुदक्षिणा में उनसे उनका अँगूठा न माँगा होता, तो महाभारत की कहानी बिल्कुल अलग हो सकती थी। उन्होंने इस बात पर आश्चर्य जताया कि जब दुर्योधन जैसे नीच व्यक्ति ने कर्ण को स्वीकार कर लिया था, तो द्रोणाचार्य ने एकलव्य को क्यों अस्वीकार कर दिया। कर्पूरी ठाकुर का मानना था कि एकलव्य को स्वीकार करके द्रोणाचार्य एक अधिक उज्ज्वल और उदार चरित्र के रूप में सामने आ सकते थे।"[34]

1987 में बिहार विधानसभा में कर्पूरी ठाकुर का दिया गया अन्तिम भाषण इस बात का प्रमाण है कि वे आजीवन आम आदमी और उत्पीड़ितों के अधिकारों के लिए संघर्ष करते रहे। स्थगन प्रस्ताव पर बोलते हुए, उन्होंने मोहनपुर पुलिस स्टेशन (देवघर) के इंस्पेक्टर हरमा लाल सिंह द्वारा दिनेश्वर राउत को हिरासत में प्रताड़ित करने का गम्भीर मुद्दा उठाया था। कर्पूरी जी ने बताया कि राउत को कथित तौर पर 27 घण्टे तक बिना भोजन के पुलिस हिरासत में रखा गया था और उसके हाथ-पैर बाँधकर उसे उल्टा लटका दिया गया था। इस अमानवीय कृत्य पर क्षोभ व्यक्त करते हुए उन्होंने मार्मिक सवाल पूछा, "जुल्म का नंगा नाच होगा तो न्याय कैसे होगा?"

कर्पूरी ठाकुर की मृत्यु के साथ ही बिहार में समाजवाद का पतन शुरू हो गया था। वे भले ही नरेन्द्र देव, राम मनोहर लोहिया या जयप्रकाश नारायण जैसे महान विचारक नहीं थे, लेकिन वे एक ऐसे कर्मठ व्यक्ति थे जिन्होंने आम लोगों को सशक्त बनाने के लिए ज़मीनी स्तर पर अथक प्रयास किया और लोगों की भावनाओं को गहराई से समझा।

शायद कर्पूरी ठाकुर को उनके जीवनकाल में पूरी तरह से नहीं समझा गया। अक्सर, कुछ व्यक्तियों का महत्त्व उनकी अनुपस्थिति के बाद और अधिक स्पष्ट होता है। कर्पूरी ठाकुर को दो कार्यकालों में लगभग ढाई वर्षों तक बिहार पर मुख्यमन्त्री के रूप में शासन करने, बल्कि सेवा करने का अवसर मिला। इसके अलावा, उन्होंने 1967 में छह महीने के लिए उप-मुख्यमन्त्री का पद भी सँभाला। लेकिन उनके द्वारा किये गये कार्य, चाहे वह स्कूल फ़ीस माफ़ी हो, छात्रों के लिए आरक्षण हो, या पंचायत चुनाव कराना हो, सभी का दूरगामी प्रभाव पड़ा। मंडल आयोग वास्तव में ठाकुर द्वारा अपने शासनकाल में पहले से किये गये कार्यों की ही पुनरावृत्ति थी। और मंडल आन्दोलन, जिसकी जड़ें कर्पूरी ठाकुर से गहराई से जुड़ी थीं, ने भारतीय राजनीति की दिशा बदल दी और राष्ट्रीय स्तर पर वीपी सिंह तथा बिहार में लालू प्रसाद और नीतीश कुमार जैसे नेताओं को जन्म दिया।

बिहार की राजनीति में यदि आज भी समाजवाद की कुछ झलक दिखाई देती है, तो इसका श्रेय नीतीश कुमार को जाता है। संयोगवश, नीतीश कुमार ने ही कर्पूरी ठाकुर के आरक्षण फॉर्मूले का मसौदा तैयार किया था। उन्होंने पंचायत स्तर पर अति पिछड़े वर्गों के लिए 20 प्रतिशत आरक्षण, महिलाओं के लिए 50 प्रतिशत आरक्षण, और सरकारी नौकरियों में उनके लिए 35 प्रतिशत कोटा लागू किया है। नीतीश वास्तव में कर्पूरी ठाकुर की विरासत को आगे बढ़ाने का काम कर रहे हैं।

हालाँकि, समाजवादी नेता उमेश प्रसाद सिंह का मानना है कि अपनी महानता के बावजूद कर्पूरी ठाकुर मानवीय कमज़ोरियों से परे नहीं थे और एक चतुर राजनेता की तरह सोचते और व्यवहार करते थे। सिंह को 1971 के विधानसभा चुनावों का एक क़िस्सा याद है। कर्पूरी जी ने उनसे अलग-अलग

राजनीतिक नेताओं को 40 पोस्टकार्ड लिखवाये थे, जिनमें यह बताया गया था कि रामानन्द तिवारी के कारण कुछ लोगों को टिकट नहीं मिल पाया और अन्य मामलों में दूसरे नेताओं को दोषी ठहराया गया। सिंह कहते हैं, "मुझे आश्चर्य हुआ कि उन्होंने ऐसा क्यों किया, लेकिन उस समय कर्पूरी एक व्यावहारिक राजनेता की तरह व्यवहार कर रहे थे, जिनमें चतुराई के साथ-साथ राजनीतिक कलाबाज़ी भी थी।"[35] जनसत्ता के पूर्व संवाददाता गंगा प्रसाद भी इस बात से सहमत हैं। उनका कहना है, "वे सत्ता को लेकर थोड़े लालची थे।" अपने जीवन के अन्तिम दिनों में वे लालू प्रसाद को रोकने के तरीक़े खोज रहे थे, जिन्हें वे तुच्छ मानते थे और उन्होंने लालू को अपने आवास पर न आने के लिए भी कह दिया था।"[36] लेकिन कर्पूरी का सत्ता को लेकर मोह एक मानवीय प्रवृत्ति ही थी।

साहित्यकार और बिहार विधानसभा के पूर्व अध्यक्ष जाबिर हुसैन ने इस मातहत के मसीहा के लिए कुछ पंक्तियाँ लिखी हैं :

*वो आदमी जो भीड़ से घिरा है*
*बहुतों के नज़र में सिरफिरा है*
*वो जो आदमी भीड़ से घिरा है, परमात्मा नहीं*
*भीड़ की आत्मा है...*[37]

*नोट—संतोष सिंह ने कर्पूरी ठाकुर की जीवनी The Jannayak Karpoori Thakur : Voice of the voiceless (हिन्दी अनुवाद—कर्पूरी ठाकुर : बेज़ुबानों की आवाज़) नाम से लिखी है। अगर आप कर्पूरी ठाकुर के जीवन और समाजवादी राजनीति में दिलचस्पी रखते हैं तो यह किताब ज़रूर पढ़ें।*

## सन्दर्भ-सूची


1. Saptkranti ke Samvahak/ Jannayak Karpoori Thakur, chief editor : Naresh KumarVikal, editor : Harinandan Sah, Prabhat Prakashan, Delhi.
2. Bihar Mein Samajik Parivartan Ke Kuchh Aayam (Prasanna Kumar Choudhary and Shrikant, Vani Prakashan).
3. Interview/ Senior photojournalist Deepak Kumar (5 March 2020).

4. Interview/ Rajya Sabha MP and Karpoori Thakur's son Ramnath Thakur (22 December 2019).
5. Saptkranti ke Samvahak/ Jannayak Karpoori Thakur, chief editor : Naresh Kumar Vikal, editor : Harinandan Sah, Prabhat Prakashan, Delhi.
6. Interview/ Yashwant Sinha (Former Union minister and ex principal secretary to CM Karpoori Thakur) (10 April 2020).
7. Interview/ Rajya Sabha MP and Karpoori Thakur's son Ramnath Thakur (22 December 2019).
8. Ibid.
9. Saptkranti ke Samvahak/ Jannayak Karpoori Thakur, chief editor : Naresh Kumar Vikal, editor : Harinandan Sah, Prabhat Prakashan, Delhi.
10. Ibid.
11. Ibid.
12. Interview/ Dr. Arjun Singh (son of Socialist leader Kapildeo Singh) (10 March 2020).
13. Interview/ Socialist leader Umesh Prasad Singh (8 March 2020).
14. Interview/ Senior journalist and former personal assistant of Karpoori Thakur, Surendra Kishore (15 March 2020).
15. Interview/ Former Jansatta correspondent Ganga Prasad (10 February 2020).
16. Interview/ Senior journalist Surendra Kishore (15 April 2020).
17. Saptkranti ke Samvahak/ Jannayak Karpoori Thakur, chief editor : Naresh Kumar Vikal, editor : Harinandan Sah, Prabhat Prakashan, Delhi.
18. Ibid.
19. Ibid.
20. Interview/ Socialist leader Prem Kumar Mani (15 December 2019).
21. Autobiography of Yashwant Sinha, Relentless, Bloomsbury.
22. Ibid.
23. Ibid.
24. Saptkranti ke Samvahak/ Jannayak Karpoori Thakur, chief editor : Naresh Kumar Vikal, editor : Harinandan Sah, Prabhat Prakashan, Delhi.
25. Ibid.

26. Ibid.
27. Ibid.
28. Interview/ Rajya Sabha MP and Karpoori Thakur's son Ramnath Thakur (22 December 2019).
29. Interview/ Former Jansatta correspondent Ganga Prasad (10 February 2020).
30. Saptkranti ke Samvahak/ Jannayak Karpoori Thakur, chief editor : Naresh Kumar Vikal, editor : Harinandan Sah, Prabhat Prakashan, Delhi.
31. Ibid.
32. Interview/ Socialist leader and author Prem Kumar Mani (10 March 2020).
33. Interview/ Socialist leader Umesh Prasad Singh (5 March 2020).
34. Interview/ Former Bihar Jansatta correspondent Ganga Prasad (10 February 2019).
35. Interview/ Socialist leader Umesh Prasad Singh (10 March 2020).
36. Interview/ former Jansatta correspondent Ganga Prasad (11 March 2020).
37. Former Bihar Assembly Speaker and poet Jabir Hussain's poem (Saptkranti ke Samvahak/ Jannayak Karpoori Thakur, chief editor : Naresh Kumar Vikal, editor : Harinandan Sah, Prabhat Prakashan, Delhi).

# 4
# गुमनाम समाजवादी
## रामानन्द तिवारी और कपिलदेव सिंह

*1969 में संसोपा के विधायक दल के नेता चुने जाने के बावजूद रामानन्द तिवारी को मुख्यमन्त्री नहीं बनाया गया। क्या सवर्ण होना ही इसकी सबसे बड़ी वजह थी?*

*रामानन्द तिवारी ने अपनी मृत्युशैया पर कर्पूरी ठाकुर से मुँह क्यों फेर लिया?*

*आपने बिहार के लोगों के बारे में ग़लत राय बना ली है। आप पूर्वाग्रह से ग्रसित दिखते हैं। आप बिहार के अफ़सरों को चोर कैसे कह सकते हैं?*

## रामानन्द तिवारी

अक्टूबर 1966 की बात है, राम मनोहर लोहिया आरा के रमना मैदान में एक रैली को सम्बोधित करके आरा रेलवे स्टेशन पर आराम कर रहे हैं। संयुक्त सोशलिस्ट पार्टी के दिग्गज नेता रामानन्द तिवारी पटना रवाना होने से पहले अपने केन्द्रीय नेता से मिलने आते हैं। दोनों समाजवादियों के बीच कुछ दिलचस्प संवाद होता है।

**तिवारी :** डागडर साहब *(वे डॉक्टर का उच्चारण नहीं कर पाते थे)*, मैं पिछड़ों और अनुसूचित जातियों के लिए आपके 'विशेष अवसर सिद्धान्त' से पूरी तरह सहमत नहीं हूँ। मैं ख़ुद तथाकथित एक उच्च जाति के ब्राह्मण परिवार से हूँ, लेकिन मैंने बहुत ग़रीबी में जीवन जिया है। किशोरावस्था

के दौरान रेलवे स्टेशन पर यात्रियों को पानी पिलाया करता था, जिसके कारण लोग मुझे 'पानी पांडे' कहने लगे। सारे सवर्ण सम्पन्न नहीं होते हैं।

**लोहिया :** क्या पिछड़े समुदाय *(ओबीसी)* से ताल्लुक रखने वाला आपका कोई मित्र रहा है?

**तिवारी :** हाँ! बहुत से मेरे दोस्त पिछड़ी जाति से थे। हम साथ खेलते थे और एक ही तरह की लँगोटी तक पहनते थे।

**लोहिया :** जब आप कहीं बाहर जाते हैं तो पिछड़े या दलित लोग आपके साथ कैसा व्यवहार करते हैं?

**तिवारी :** हाँ, सम्मान करते हैं। प्रणाम बबुआ भी कहते हैं।

**लोहिया :** और आप जवाब में क्या कहते हैं?

**तिवारी :** मैं कहता हूँ "जय, जय"।

**लोहिया :** अपने एक पिछड़े *(ओबीसी)* दोस्त का नाम बताइए।

**तिवारी :** बुधराम।

**लोहिया :** जब बुधराम आपके घर आता है, तो क्या वह आपके बिस्तर या कुर्सी पर बैठता है?

**तिवारी :** नहीं। वह खड़ा रहता है।

**लोहिया :** और क्या आप उसके घर जाते हैं?

**तिवारी :** हाँ, कभी-कभी। लेकिन वह मुझे अपने बिस्तर पर बैठाता है और उसका पूरा परिवार मेरे साथ बहुत सम्मान से पेश आता है।

**लोहिया :** क्या आप उनके साथ होली खेलते हैं?

**तिवारी :** हाँ। लेकिन जब पिछड़े *(ओबीसी)* हमारे यहाँ आते हैं, तो वे सम्मानपूर्वक व्यवहार करते हैं और अश्लील होली गीत गाने से परहेज करते हैं।

**लोहिया :** जब ऊँची जाति के लोग बुधराम के घर जाते हैं, तो क्या गाया जाता है?

**तिवारी :** वे लोग "होलरी, होलरी, बुधराम के माई की..." *(अपशब्द)* गाते हैं।

इस प्रसंग के बाद लोहिया का चेहरा ग़ुस्से से लाल हो गया। थोड़ी देर बाद वे शान्त हुए और रामानन्द तिवारी से कहा, "जीवन में सामाजिक स्वीकार्यता और समानता का अवसर ज़्यादा महत्त्वपूर्ण है। लेकिन इसकी शुरुआत आर्थिक समानता से ही होनी चाहिए, जो कि पिछड़े वर्गों को विशेष अवसर देकर ही हासिल किया जा सकता है।"

समाजवादी नेता उमेश सिंह इस क़िस्से को सुनाते हुए कहते हैं, "रामानन्द तिवारी उन दिनों युवा थे, समाजवाद के प्रतीक कहे जाने वाले लोहिया से मिली यह एक बड़ी सीख थी। 'विशेष अवसर' जिसे बाद के दिनों में 'आरक्षण' की संज्ञा दी गयी, के बारे में तिवारी जी की समझ एकदम स्पष्ट हो गयी। 1964 तक तिवारी प्रजा सोशलिस्ट पार्टी के नेता थे, इसी समय प्रजा सोशलिस्ट पार्टी और लोहिया की सोशलिस्ट पार्टी का विलय हुआ और एक नयी पार्टी 'संयुक्त सोशलिस्ट पार्टी' का जन्म हुआ। तिवारी SSP का हिस्सा हो गये।[1]

एक तरफ़ कर्पूरी ठाकुर 1960 के दशक की शुरुआत से लेकर 1988 में अपनी मृत्यु तक बिहार की समाजवादी राजनीति में हावी रहे, वहीं दूसरी तरफ़ रामानन्द तिवारी और कपिलदेव सिंह, जैसे दिग्गज समाजवादी नेता राज्य की राजनीति में गुमनाम ही रहे। रामानन्द तिवारी, कर्पूरी ठाकुर के मित्र थे। हालाँकि दोनों के बीच राजनीति को लेकर प्रतिस्पर्धा ज़रूर थी। वहीं कपिलदेव सिंह, कर्पूरी के बौद्धिकता के क़ायल थे। ये दोनों नेता कर्पूरी ठाकुर के राजनीतिक नींव की तरह थे। दोनों ने ज़रूरत पड़ने पर कर्पूरी का समर्थन किया, उनका साथ दिया और उनकी आलोचना भी की। रामानन्द तिवारी ने तो मुख्यमन्त्री बनने के दो मौक़ों को जाने दिया। एक दफा तो उनके मित्र कर्पूरी ठाकुर ने ही अपनी राजनीतिक कलाबाज़ी से तिवारी को मुख्यमन्त्री नहीं बनने दिया। कपिलदेव सिंह को 1977 में कर्पूरी ठाकुर की सरकार गिरने के बाद मुख्यमन्त्री बनने की सम्भावना थी, लेकिन इस सम्भावना को भी कर्पूरी ठाकुर ने ही ख़त्म कर दिया।

रामानन्द तिवारी भोजपुर के रामदीहरा गाँव के नाथुन तिवारी के पुत्र थे, जो जीविका के लिए बैलगाड़ी चलाते थे। रामानन्द के पिता की मृत्यु बचपन में ही हो गयी। पिता की मृत्यु के बाद गाँव के ही एक मित्र जो आरा

में पोस्टमास्टर का काम करते थे, तिवारी को अपने साथ ले गये। एक दिन पोस्टमास्टर दो धोती ख़रीद लाये, एक धोती अपने बेटे के लिए और दूसरी धोती रामानन्द तिवारी के लिए। पोस्टमास्टर के बेटे को यह बात बुरी लगी कि घर के मालिक के बेटे और नौकर की धोती एक जैसी हो, तिवारी इस बात से बहुत आहत हुए, उन्होंने नौकरी छोड़ दी। वे बक्सर रेलवे स्टेशन पर यात्रियों को पानी पिलाने लगे।

बाद के दिनों में तिवारी कोलकाता चले गये जहाँ उनके मामा हॉकर का काम करते थे, तिवारी मामा का हाथ बँटाने लगे। इसी दौरान अख़बार पढ़ते हुए तिवारी की रुचि राजनीति में बढ़ी। 'द स्टेट्समैन' और 'स्वतन्त्रता' जैसे अख़बार तिवारी के सबसे पसन्दीदा अख़बार थे। तिवारी की पुलिस में नौकरी लग गयी, लेकिन राजनीति में उनकी दिलचस्पी कम नहीं हुई। वे ड्यूटी के दौरान तो वर्दी में रहते लेकिन जैसे ही ड्यूटी ख़त्म होती खादी के कपड़े पहने नज़र आते। उन दिनों खादी ब्रिटिश साम्राज्य के विरोध का प्रतीक था, इसलिए तिवारी के ख़िलाफ़ जाँच भी बैठाई गयी।

1932 का वह साल था जब गिरिडीह में छुआछूत के ख़िलाफ़ गांधीजी का आन्दोलन चल रहा था, तिवारी इस आन्दोलन में शामिल हो गये। वे नालियों की सफ़ाई करने लगे और सफ़ाईकर्मियों के साथ खाने भी लगे। इस कारण से उन्हें पुलिस मेस में खाने से निलम्बित कर दिया गया। 1942 में, जब वे जमशेदपुर में तैनात थे, तो उन्होंने अपनी पुलिस वर्दी में भारत छोड़ो आन्दोलन के विरोध मार्च में भाग लिया। उन्हें गिरफ़्तार कर लिया गया और हजारीबाग जेल भेज दिया गया। जेल में तिवारी को एक अलग कोठरी में रखा गया, जेपी भी इसी जेल में क़ैद थे, जो बाद में अपने साथियों के साथ जेल से भाग गये थे।

तिवारी के पुत्र और पूर्व सांसद शिवानन्द तिवारी बताते हैं, "मेरे पिता ने मुझे जेल के दिनों का एक क़िस्सा बताया था। जब वे जेल में थे तो जेपी को किसी तरह यह जानकारी मिली कि पुलिसवालों का नेता भी इसी जेल में है। जेल में एक कुआँ था, कुएँ का आधा हिस्सा जेल के अन्दर था और आधे हिस्से को बाहरी लोग इस्तेमाल करते थे। जेपी कुएँ के पास गये, बीच

में दीवाल होने के कारण कुएँ के दूसरी तरफ़ कोई दिखाई नहीं दे सकता था, जेपी ने सन्देश देकर पिताजी को बुलाया, जेपी ने अपना परिचय देने के बाद पिताजी से पूछा, "आप जेल क्यों गये?" पिताजी का जवाब था, "देश को आज़ाद कराने के लिए।" जेपी ने फिर पूछा, "देश को आज़ाद कराने के बाद आप क्या करेंगे?" मेरे पिताजी के लिए समाजवाद का यह पहला पाठ था। सच पूछिए तो जेपी ने उन्हें समाजवादी बनाया था।"[2]

साल 1946 की बात है, बिहार के प्रधानमन्त्री (तात्कालिक मुख्यमन्त्री) श्रीकृष्ण सिंह थे। देश विभाजन के मुद्दे पर गया पुलिस ने विद्रोह कर दिया। प्रशासन ने रामानन्द तिवारी की गिरफ़्तारी के लिए इनाम की घोषणा की, एक समारोह के दौरान पुलिस की नज़र तिवारी पर पड़ी, पुलिस ने उनका पीछा किया लेकिन तिवारी छत से कूदकर भागने में सफल रहे।

उसी समय गांधीजी नोआखली से लौट रहे थे, इसी क्रम में पटना आये। वे हड़ताल पर गये पुलिसकर्मियों के नेता रामानन्द तिवारी से मिलना चाहते थे। प्रशासन को उम्मीद थी कि तिवारी, गांधीजी से ज़रूर मिलने आयेंगे। इसलिए भारी पुलिसबल की भी तैनाती की गयी। लेकिन तिवारी यहाँ भी पुलिस को चकमा देने में सफल रहे। उनकी घनी मूँछें हुआ करती थीं, अपनी मूँछों को उन्होंने छोटा कर लिया और गन्दे कपड़े पहनकर भीड़ में शामिल हो गये। थोड़ी मशक्कत करने के बाद आख़िरकार वे गांधीजी के पास पहुँच ही गये। गांधीजी ने उन्हें आत्मसमर्पण करने के लिए कहा। रामानन्द ने आत्मसमर्पण कर दिया, उन्हें सात साल की जेल की सज़ा सुनाई गयी।

शिवानन्द तिवारी कहते हैं, "मैं 10 साल का हो चुका था, लेकिन मैंने अपने पिता का चेहरा भी नहीं देखा था। 1952 के चुनाव से ठीक पहले मेरे गाँव में यह बात फैल गयी कि मेरे पिता को रिहा किया जाने वाला है और वे घर आ जायेंगे। जब वे गाँव आये तो पूरा गाँव उन्हें लेने गया था। मैं भी उस भीड़ में था, एक रिश्तेदार के माध्यम से मैंने अपने पिता को पहचाना। ज़रा कल्पना कीजिए कि उस बच्चे की मानसिक स्थिति क्या होगी? जो 10 साल की उम्र में पहली बार अपनी पिता को देख रहा हो।"[3]

1952 में रामानन्द तिवारी शाहपुर से विधायक बने और 1972 तक चार बार इस क्षेत्र का प्रतिनिधित्व करते रहे। 1967 में महामाया प्रसाद सिन्हा सरकार में वे पुलिस के प्रभारी गृह मन्त्री बने।

शिवानन्द तिवारी याद करते हैं, "1965 का समाजवादी आन्दोलन एक बड़ी परिघटना थी, इस आन्दोलन का प्रभाव था कि 1967 में कई राज्यों में कांग्रेस की हार हुई। 1965 के आन्दोलन के दौरान लोहिया को गिरफ़्तार किया गया, साथ-साथ मेरे पिता, चन्द्रशेखर और अन्य समाजवादी नेताओं को भी गिरफ़्तार किया गया। कर्पूरी ठाकुर फ्रैक्चर हो गये। मैंने अपने पिता को पुलिस की लाठी से बचाने के लिए गले लगाया, लेकिन उन्होंने मुझे वहाँ से हट जाने के लिए कहा।"

1964 में प्रजा सोशलिष्ट पार्टी का सोशलिस्ट पार्टी में विलय हो गया, नयी बनी पार्टी का नाम था, 'संयुक्त सोशलिस्ट पार्टी'। PSP में सूरज नारायण सिंह और बसावन सिंह का गुट बहुत प्रभावशाली था, ये लोग चन्द्रशेखर आज़ाद की क्रान्तिकारी विचारधारा से प्रभावित होने का दावा करते थे। कर्पूरी ठाकुर और रामानन्द तिवारी को पार्टी में लगातार किनारे किया जा रहा था। बसावन सिंह, कर्पूरी ठाकुर को अपमानित करने का कोई मौक़ा नहीं छोड़ते थे। नाराज़गी के बाद भी कर्पूरी वैचारिक प्रतिबद्धता के कारण पार्टी में बने रहे। बसावन एक तेज़- तर्रार वक्ता थे, उन्होंने स्वतन्त्रता आन्दोलन में हिस्सा लिया था और जेपी जैसे बड़े समाजवादी नेताओं के साथ राजनीति भी की थी। सूरज नारायण सिंह के भी गांधीजी से गहरे सम्बन्ध थे।

वरिष्ठ पत्रकार सुरेन्द्र किशोर कहते हैं, "सूरज और बसावन की धौंस के कारण ही कर्पूरी ठाकुर ने 1960 के दशक की शुरुआत में PSP छोड़कर कांग्रेस में जाने का मन बना लिया था। इस बात की भनक जब रामानन्द तिवारी को लगी, वे ठाकुर के पास गये और उन्हें गले लगाया, और पार्टी ना छोड़ने के लिए राजी किया।[4]

सूरज और बसावन PSP में बने रहे और रामानन्द और कर्पूरी SSP में चले गये। बाद में सूरज और बसावन के साथ-साथ एक और कद्दावर नेता भूपेन्द्र नारायण सिंह का राजनीतिक रसूख भी कम होता गया। धीरे-धीरे SSP

समाजवादियों की प्रतिनिधि पार्टी बनती चली गयी और PSP अपनी गौणता की ओर चली गयी। 1964 के बाद से तो बिहार की समाजवादी राजनीति में कर्पूरी-रामानन्द युग की शुरुआत हो चुकी थी।

1969 में रामानन्द तिवारी मुख्यमन्त्री बनते-बनते रह गये। इसके बाद कर्पूरी ठाकुर के साथ उनके रिश्ते ख़राब हो गये। हालाँकि तिवारी को SSP के विधायक दल का नेता चुना गया। MLC इन्द्र कुमार ने एक बयान जारी कर कहा कि SSP को सरकार बनाने के लिए जनसंघ की मदद नहीं लेनी चाहिए। तिवारी ने इस बयान का समर्थन किया। बाद में यह पता चला कि तिवारी के ही मित्र कर्पूरी ठाकुर उन्हें मुख्यमन्त्री नहीं बनने देना चाहते थे। कर्पूरी ख़ुद उपमुख्यमन्त्री थे और मुख्यमन्त्री बनने की महत्त्वाकांक्षा रखते थे।

जैसे ही दरोगा प्रसाद राय की सरकार गिरी, कर्पूरी जनसंघ का समर्थन लेकर मुख्यमन्त्री बन गये। तिवारी को पता था कि वे बिहार के मुख्यमन्त्री बनने का ऐतिहासिक मौक़ा गँवा चुके हैं।

1969 के मध्यावधि विधानसभा चुनाव के लिए, SSP (52 विधायकों वाली), कांग्रेस (O), जनसंघ और स्वतन्त्र पार्टी के साथ संयुक्त विधायक दल का गठन किया गया था। SVD ने SSP के वरिष्ठ नेता रामानन्द तिवारी को अपना नेता चुना। SSP के वरिष्ठ नेता सुरेन्द्र मोहन और एसएम जोशी पटना आये। SSP बिहार में सरकार बनाने के लिए जनसंघ का समर्थन लेने के पक्ष में नहीं थी। शुरुआत में कर्पूरी ठाकुर भी इस बात से सहमत थे। कर्पूरी को पता था कि जनसंघ, पिछड़ा आरक्षण के समर्थन में नहीं है। SSP पहले भी महामाया सरकार में जनसंघ के साथ काम कर चुकी थी। लेकिन बाद में कर्पूरी ने पाला बदल लिया और जनसंघ के समर्थन से मुख्यमन्त्री बन गये।

31 जुलाई 1972 को कर्पूरी ठाकुर को लिखे पत्र में रामानन्द तिवारी ने अपनी नाराज़गी ज़ाहिर करते हुए लिखा :

"आपको याद होगा कि SSP के सोनपुर अधिवेशन में संयुक्त विधायक दल की सरकार बनाने की सम्भावना पर चर्चा हुई थी। मुझे मुख्यमन्त्री बनाने के प्रस्ताव के साथ SVD का नेता चुना गया था, लेकिन आपने कहा था कि हमें प्रतिक्रियावादी कांग्रेस (O) और स्वतन्त्र पार्टी तथा साम्प्रदायिक जनसंघ

के साथ सरकार नहीं बनानी चाहिए। जब बाद में वाराणसी में SSP की बैठक हुई, तो मुझ पर इन पार्टियों के साथ सरकार बनाने का दबाव था, लेकिन मैंने आपके साथ सरकार बनाने के ख़िलाफ़ मतदान दिया। आप और हम इस बात से सहमत थे कि जनसंघ के साथ मिलकर सरकार बनाना उचित नहीं है।"

दिसम्बर 1970 में दरोगा प्रसाद राय की सरकार गिरने के बाद, जब फिर से SVD सरकार के गठन का सवाल उठा, तो आप मुझसे विधानसभा लॉबी में मिले थे, आपने मुझसे कहा था कि संयुक्त सोशलिस्ट पार्टी का एक गुट SVD का एक हिस्सा है, इसलिए हम इनके साथ सरकार बना सकते हैं। आपने मुझे मुख्यमन्त्री पद स्वीकारने के लिए भी कहा था, लेकिन मेरा जवाब था, "महज़ कुछ लोगों के शामिल होने से प्रतिक्रियावादी पार्टियों, कांग्रेस (O), स्वतन्त्र पार्टी और जनसंघ का चरित्र कैसे बदल सकता है?" आपने मुझे फिर भी मुख्यमन्त्री बनने की सलाह दी, जिसे मैंने अस्वीकार कर दिया था। मुझे फिर से SVD का नेता चुना गया।

कुछ दिनों बाद राज नारायण और कुछ केन्द्रीय नेता जब पटना आये और आपसे SVD नेता और मुख्यमन्त्री बनने के लिए कहा, तो आपने स्वीकार कर लिया। मुझे SVD नेता के पद से इस्तीफ़ा देने के लिए कहा गया, मैंने आपके सम्मान में इस्तीफ़ा भी दे दिया। मैंने दूसरी बार भी मुख्यमन्त्री की कुर्सी छोड़ दी।[5]

रामानन्द तिवारी भले ही कर्पूरी से राजनीतिक मात खा गये हों, लेकिन वे नैतिक रूप से कर्पूरी से जीत गये थे। इस घटना के बाद दोनों दोस्त के रिश्ते कभी पहले जैसे नहीं हो पाये। 1977 में जनता पार्टी की जीत के बाद जब कर्पूरी वापस बिहार के मुख्यमन्त्री की चाहत के साथ पटना आये तो उन्हें सत्ता के भूखे नेता की तरह देखा जाने लगा। यह वह समय था जब रामानन्द तिवारी और कर्पूरी ठाकुर दोनों सांसद थे।

कपिलदेव सिंह के बेटे और पटना के प्रसिद्ध हड्डी लोग विशेषज्ञ डॉ. अर्जुन सिंह याद करते हैं :

"सदाकत आश्रम के पास के एक भवन में चुनाव हो रहा था, मुख्यमन्त्री पद के दोनों उम्मीदवार को मतदान स्थल से बाहर रहना था। मेरे पिता को

कर्पूरी ठाकुर की उम्मीदवारी के लिए चुनाव प्रभारी बनाया गया था। सभी दलों के समर्थकों का जमावड़ा था। तब राजनीति जात-पात और अगड़ी-पिछड़ी वाली नहीं थी। यह तो लालू प्रसाद के सत्ता में आने के बाद शुरू हुई। कर्पूरी ठाकुर को ऊँची जाति के नेताओं का समर्थन प्राप्त था। विनोद नारायण सिंह, त्रिपुरारी सिंह, ठाकुर रमापति सिंह, शिवनन्दन झा, रामबहादुर सिंह और राजेन्द्र नारायण शर्मा जैसे सवर्ण नेता कर्पूरी के साथ थे। वहीं सत्येन्द्र नारायण सिन्हा को दलित नेताओं का समर्थन प्राप्त था, लेकिन राजपूत नेता बँटे हुए थे। कर्पूरी ठाकुर 60 वोटों से जीते। जैसे ही कर्पूरी ठाकुर ने चुनाव जीता, पटना का प्रशासन सक्रिय हो गया, पटना के ज़िला मजिस्ट्रेट विजय शंकर दुबे (जो बाद में मुख्य सचिव भी बने) ने नवनिर्वाचित मुख्यमन्त्री की तलाश करनी शुरू की। मैंने उनसे कहा कि मैं आपकी मदद कर सकता हूँ। पटना संग्रहालय के पीछे बक्सर के विधायक प्रणव मुखर्जी का एक टूटा हुआ घर था, कर्पूरी जी उसी घर में बिखरे ईंटों के ढेर के बीच लकड़ी के एक तख्त पर खर्राटे लेकर सो रहे थे। मैंने उन्हें नींद से जागकर कहा, "चाचा, आप जीत गये हैं।" मिठाई खाने के लिए मुझे पैसे दीजिए। उन्होंने अपने कुर्ते की जेब में हाथ डाला, कुछ देर तक टटोलने के बाद दो रुपये का नोट मिला। मैं ख़ुश हो गया। वह उस व्यक्ति की सादगी थी। वे उस समय बिहार का नेतृत्व करने के लिए सबसे उपयुक्त व्यक्ति थे।"[6]

रामानन्द तिवारी, कर्पूरी ठाकुर के मुख्यमन्त्री बनने से नाख़ुश थे। कर्पूरी के साथ उनके रिश्ते पहले से ही ख़राब थे। तिवारी का तर्क था कि एक सांसद का मुख्यमन्त्री बनना लोहिया के विचार के ख़िलाफ़ है। वे इस बात से हैरान थे कि जिस कर्पूरी ठाकुर ने, बीपी मंडल को सांसद रहते हुए राज्य सरकार में मन्त्री बनने का उपहास उड़ाया था, वे ख़ुद ऐसा कैसे कर सकते हैं?

तिवारी और कर्पूरी के रिश्ते में कड़वाहट आने से पहले एक दफा दोनों साथ आये थे, 1972 में कांग्रेस ने सत्ता में वापसी की थी। समाजवादी खेमा फिर से निराशा में डूबा था। हालाँकि तिवारी, बहुत पढ़े-लिखे व्यक्ति नहीं थे, लेकिन उनमें जीवटता कूट-कूट के भरी थी। उन्होंने जेपी द्वारा शुरू किये गये 'जनता साप्ताहिक' टैब्लॉयड का प्रकाशन फिर से शुरू किया। पत्रकार

सुरेन्द्र किशोर को 200 रुपये के वेतन पर इसके देखभाल की ज़िम्मेदारी दी गयी। तिवारी ने एक गाय भी रखी और ख़ुद का ख़र्च चलाने के लिए साथी विधायकों को दूध तक बेचा। तिवारी अपनी समाजवाद की वैचारिक प्रतिबद्धताओं से कभी समझौता नहीं कर सकते थे। भूदान आन्दोलन के दौरान चम्पारण में एक ज़मीन का टुकड़ा मिला था, रोगी महतो नाम के एक मज़दूर के साथ मिलकर तिवारी ने उस ज़मीन पर खेती करनी शुरू की। जब यह बात ज़मींदार को पता चली तो ज़मींदार के गुंडों ने तिवारी और रोगी को इतनी बुरी तरह पीटा कि तिवारी को दो महीने से ज़्यादा समय तक अस्पताल में भर्ती रहना पड़ा और रोगी महतो की मौत हो गयी। जब चम्पारण के एक नेता बीर सिंह, चनपटिया मामले में ज़मींदारों की तरफ़ से सुलह का प्रस्ताव लेकर रामानन्द के पास आये, तो रामानन्द रो पड़े और बोले, "बीर, मैं रोगी महतो की लाश पर समझौता नहीं कर सकता।"[7]

रामानन्द तिवारी को अपने दोस्त कर्पूरी ठाकुर की सरकार के ख़िलाफ़ भी प्रदर्शन करना पड़ा, एक बार तिवारी के इलाक़े में आये बाढ़ से एक व्यक्ति की मौत हो गयी, लेकिन भोजपुर ज़िला प्रशासन इसे मानने से इनकार कर रहा था। तिवारी आरा में ज़िला प्रशासन के ख़िलाफ़ धरने पर बैठ गये। जनता पार्टी के केन्द्रीय नेतृत्व को इस मामले में हस्तक्षेप करना पड़ा। भोजपुर के ज़िला मजिस्ट्रेट का तबादला किया गया। तिवारी, अपने आख़िरी समय तक कर्पूरी से नाराज़ रहे।

शिवानन्द तिवारी याद करते हैं, "मेरे पिता कैंसर से पीड़ित थे, कर्पूरी जी तब अपनी मुख्यमन्त्री की कुर्सी गँवा चुके थे, और अपना ज़्यादा समय दिल्ली में ही बिताते थे। वे रोज़ाना मेरे पिता से मिलने आते थे, वे चाय पीते और मेरे पिता से बातचीत करने की कोशिश करते। लेकिन पिताजी अपना मुँह फेर के सोने का नाटक करने लगते। वे कर्पूरी जी से बेहद नाराज़ दिखते।"

शिवानन्द तिवारी कहते हैं, "पिताजी ने शायद कर्पूरी ठाकुर को कभी माफ़ नहीं किया, एक समय दोनों की जोड़ी को राम-लक्ष्मण की जोड़ी कहा जाता था।" 1960 के दशक में जेपी के सिताब दियारा गाँव की यात्रा के दौरान, दोनों दोस्त सरयू नदी में एक साथ नहाते थे, एक-दूसरे पर मज़ाक़ में

पानी उछालते थे। जब रामानन्द तिवारी कर्पूरी को पानी में डुबकी लगाने के लिए ज़ोर देते, तो कर्पूरी मज़ाक़ में कहते थे, "देखिए तिवारी जी, डुबा मत दीजिएगा।"[8]

## कपिलदेव सिंह

8 जुलाई 1966 का साल है। नयी दिल्ली में केन्द्रीय मन्त्री जगजीवन राम की अध्यक्षता में एक आपातकालीन बैठक होती है। बिहार के खाद्य एवं प्रसंस्करण मन्त्री और बरहिया विधायक कपिलदेव सिंह, जगजीवन राम के साथ राज्य की सूखे की स्थिति पर चर्चा कर रहे हैं। जगजीवन राम कहते हैं, "बिहार के सूखे के लिए केन्द्र सरकार जो मदद करेगी, बहुत हद तक सम्भव है कि यह मदद पीड़ितों तक पहुँचे ही नहीं। बिहार की प्रशासन व्यवस्था में भ्रष्ट लोगों की संख्या अच्छी-ख़ासी है, जो इस राशि को हड़प लेंगे।" यह सुनते ही कपिलदेव सिंह अपनी कुर्सी से उठे और बिहार के वरिष्ठ दलित नेता से कहा, "आपने बिहार के लोगों के बारे में ग़लत राय बना ली है। आप पूर्वाग्रह से ग्रसित दिख रहे हैं। आप बिहार के अधिकारियों को चोर कैसे कह सकते हैं? क्या आप कोई उदाहरण दे सकते हैं?"

जगजीवन राम ने कभी उम्मीद नहीं की थी कि एक राज्य का मन्त्री उनके प्रति इतनी आक्रामकता और आत्मविश्वास के साथ प्रतिक्रिया करेगा। जगजीवन राम ने आक्रोश में कहा, "बिहारी चोर होते हैं"। इस पर जगजीवन राम और कपिलदेव सिंह के बीच बहस शुरू हो गयी। बात आगे बढ़ी तो कपिलदेव सिंह ने कहा, "माफ़ कीजिए, जगजीवन बाबू, लोग कह रहे हैं कि आपने कनाडा के इंजन सौदे में करोड़ों रुपये का घोटाला किया है। आपने ही मुझे एक व्यापारी की पैरवी के लिए कहा था, जिसका लाइसेंस हमारी सरकार ने रद्द कर दिया था? और आप हमें ईमानदारी का पाठ पढ़ाएँगे। पूरा हॉल सन्नाटे में डूब गया। जगजीवन राम अवाक् रह गये। इस बीच प्रधानमन्त्री इन्दिरा गांधी वहाँ पहुँच चुकी थीं और उन्हें दोनों बिहारियों के बीच हुई कहा-सुनी के बारे में पता चल गया था। बाद में उन्होंने कपिलदेव सिंह को चाय पर बुलाया और इस बात पर सहमति जताई कि अविश्वास के साथ सरकार नहीं चल सकती।"[9]

कपिलदेव सिंह ने राजनीति में रहते हुए अपनी नैतिकता को क़ायम रखा। कर्पूरी की तरह ही इनके वैचारिक ईमानदारी के क़िस्से भी बहुत मशहूर हैं। कपिलदेव सिंह ने कर्पूरी को कभी भी राजनीतिक चुनौती नहीं दी, लेकिन कर्पूरी हमेशा इस बात से आशंकित रहे। आम लोगों में कपिलदेव सिंह की छवि एक ग़ुस्सैल व्यक्ति की है, लेकिन जो लोग उन्हें व्यक्तिगत रूप से जानते हैं, वे उन्हें एक गर्मजोशी से भरे और सीधे-सादे व्यक्ति के रूप में याद करते हैं। साफ़गोई से बात करना कभी-कभी उनके लिए मुसीबत बन जाती थी। उन्होंने एक बार वरिष्ठ समाजवादी सहयोगी मधु लिमये को चिढ़ाते हुए कहा था कि वे आत्म-प्रशंसा में बहुत अधिक डूबे हुए हैं।

कपिलदेव सिंह, रामानन्द तिवारी की तरह ही एक ऐसे समाजवादी नेता थे जो उच्च जाति से आने के बावजूद ग़रीब पृष्ठभूमि से ताल्लुक रखते थे। कपिलदेव सिंह के पिता राम लखन सिंह के पास 32 बीघा ज़मीन थी, लेकिन नशे की लत के कारण उन्होंने अपनी सारी ज़मीन बेच दी। कपिलदेव सिंह का बचपन बेहद ग़रीबी में बीता। जब वे दसवीं कक्षा में पढ़ रहे थे, तब उन्होंने भारत छोड़ो आन्दोलन में हिस्सा लिया था।

बेटे अर्जुन सिंह याद करते हैं, "पिताजी इंडियन रिपब्लिकन आर्मी से बहुत प्रभावित थे और अंग्रेज़ों के ख़िलाफ़ विरोध प्रदर्शन में हिस्सा लेने के लिए एक दफा बड़हिया से बरबीघा (तब मुंगेर में) पैदल चले गये थे। उन्हें गिरफ़्तार करके जेल भेज दिया गया। लोगों को लगा कि वे मर चुके हैं। मेरी माँ तारा देवी के सिर का सिन्दूर धो दिया गया। कुछ दिनों बाद मेरे पिता ने मुंगेर जेल से एक पुलिसकर्मी के ज़रिए सन्देश भेजा कि वे ज़िन्दा हैं।"[10]

कपिलदेव सिंह दसवीं में थे, तो बड़हिया पुलिस ने पिस्तौल रखने के आरोप में फँसाकर जेल भेज दिया। उन्हें तीन दिन तक थाने में प्रताड़ित किया गया। जब मुंगेर के ज़िला मजिस्ट्रेट ललन सिंह ने एक छोटे लड़के को पुलिस लॉक-अप में देखा, तो बेहद नाराज़ हुए। कपिलदेव सिंह को मुंगेर जेल में भेज दिया गया। ज़िला अधिकारी हर सप्ताह अख़बार और पत्रिकाएँ लेकर सिंह से मिलने जाते थे। कपिलदेव सिंह ने 1942 के भारत छोड़ो आन्दोलन में भाग लिया, पहले उन्हें एक साल और बाद में 6 महीने की जेल हुई। बिहार में हुए साम्प्रदायिक दंगे के बाद महात्मा गांधी ने शान्ति मार्च किया, उस मार्च

में कपिलदेव सिंह ने भी हिस्सा लिया। उन्होंने पिपरिया किसान आन्दोलन का भी नेतृत्व किया था और ज़मींदारों से 900 बीघा से अधिक ज़मीन छीनकर सीमान्त किसानों में वितरित करवाने में महत्त्वपूर्ण भूमिका निभाई थी।

समय करवट लेता है, कपिलदेव सिंह 1957 में विधायक बने। एक बार इनकी मुलाक़ात राज्य सचिवालय में ललन सिंह से हुई। नवनिर्वाचित विधायक कपिलदेव सिंह ने अपने पुराने दिनों को याद किया और ललन सिंह से विनम्रतापूर्वक पूछा, "क्या मैं आपके पैर छू सकता हूँ?" 1990 के दशक के मशहूर टीवी न्यूज़ रीडर कोमल जीबी सिंह के पिता ललन सिंह ने संकोच में कहा, "यहाँ पैर मत छुए, कार्यालय के बाहर चलिए।" बाद में दिल्ली में एक मुलाक़ात के दौरान कपिलदेव सिंह ने ललन सिंह के पैर छुए।

कांग्रेस के कुशासन के ख़िलाफ़ आवाज़ उठाने के कारण कपिलदेव सिंह को अगस्त 1965 में गिरफ़्तार कर बांकीपुर जेल में डाल दिया गया, जहाँ रामानन्द तिवारी और कर्पूरी भी बन्द थे। पुलिस लाठीचार्ज में वे बुरी तरह घायल हो गये थे। कपिलदेव सिंह ने अपनी डायरी में लिखा है कि किस तरह राम मनोहर लोहिया ने फ़रवरी 1966 में बड़हिया में एक जोशीला भाषण देकर लोगों का ध्यान अपनी ओर खींचा था। बड़हिया में लोहिया ने एक बड़ी सभा को सम्बोधित किया था। भाषण के बाद लोहिया को कपिलदेव सिंह के घर दोपहर के भोजन के लिए आमन्त्रित किया गया था। सिंह की माँ और भाभी आधे घूँघट में भोजन परोस रही थीं। एक रोटी खाने के बाद लोहिया ने कपिलदेव से कहा, "मैं आपके घर नहीं खा सकता क्योंकि मैं घूँघट प्रथा को सख़्त नापसन्द करता हूँ।" इस पर कपिलदेव की माँ गयावती देवी ने हस्तक्षेप करते हुए कहा, "लोहिया जी, यह मेरा घर है और यहाँ मेरे नियम-क़ायदे चलते हैं।" लोहिया चुप हो गये, उस बुज़ुर्ग महिला की बात ने लोहिया को सोचने पर मजबूर कर दिया।

कपिलदेव सिंह अपनी डायरी लिखते हैं, "अक्टूबर 1966 में जेपी ने एक कोर रिलीफ बनाया। उस कमिटी में मुझे भी अहम ज़िम्मेदारी सौंपी गयी। घर लौटते हुए मैं जेपी के बारे में सोचता रहा। उस दिन मैंने जाना कि कोई व्यक्ति ऐसे ही महान नहीं बन जाता।"

1967 में महामाया प्रसाद सिन्हा, कर्पूरी ठाकुर को मात देकर मुख्यमन्त्री बने, कर्पूरी को उपमुख्यमन्त्री बनाया गया। कर्पूरी ठाकुर ने अपने दोनों मित्र 'तिवारी और सिंह' पर मदद न करने आरोप लगाया। हालाँकि तिवारी को मन्त्रिमंडल में शामिल किया गया, लेकिन कपिलदेव सिंह को मन्त्री भी नहीं बनाया गया। सिंह के हज़ारों समर्थक इस उम्मीद से पटना आये थे कि उन्हें मन्त्री बनाया जायेगा। सीपीआई नेता सुनील मुखोपाध्याय ने कपिलदेव सिंह को ज़ोर देकर शपथ ग्रहण समारोह में शामिल होने के लिए राज़ी किया। भारी मन से सिंह ने समारोह में भाग लिया। बाद में उन्हें स्पीकर का पद देने की पेशकश की गयी, जिसे उन्होंने यह कहते हुए अस्वीकार कर दिया कि वे स्पीकर बनने के लिए बहुत छोटे हैं।[11]

लोहिया को जब यह बात पता चली कि कपिलदेव सिंह को मन्त्रिमंडल में शामिल नहीं किया गया है, तो उन्होंने मधु लिमये को पटना भेजा। श्रीकृष्ण सिंह (जमुई से) और कपिलदेव सिंह को मन्त्री बनाया गया। सिंह ने मधु लिमये से कहा था, "जब तक मैं मन्त्री पद की शपथ नहीं ले लेता तब तक आप पटना में ही रहिए।"

कपिलदेव सिंह को खाद्य विभाग का प्रभार दिया गया। बिहार अभी भी सूखे की मार झेल रहा था। कपिलदेव सिंह ने जेपी से मदद माँगी क्योंकि जेपी उस समय 'बिहार भूदान यज्ञ समिति' के अध्यक्ष थे। उन्होंने पटना के प्रत्येक महत्त्वपूर्ण स्थान पर 'सस्ती रोटी की दुकान' खोलने का फ़ैसला किया। स्वयंसेवक अपने घरों में रोटियाँ पकाते थे और 25 पैसे में 10 रोटियाँ बेचते थे। इन स्थानों पर आम लोगों की बहुत भीड़ लगा करती थी।

कपिलदेव सिंह, जो स्वतन्त्रता आन्दोलन में भाग लेने के कारण अपनी दसवीं की परीक्षा नहीं दे पाये थे, ने गहन स्वाध्याय के माध्यम से ख़ुद को शिक्षित करने का फ़ैसला किया था। समाजवाद पर उपलब्ध सभी साहित्य का अध्ययन करने के बावजूद, 100 खंडों वाला गांधी वाङ्मय उनके पुस्तकालय में अमूल्य धरोहर थी। उन्हें विश्व बैंक, आईएमएफ और आरबीआई की रिपोर्ट पढ़ने का बहुत शौक़ था और उन्होंने वित्त और बजट में विशेषज्ञता हासिल की थी। इसके अलावा, उन्होंने लगभग सभी धार्मिक ग्रन्थों को पढ़ा था।

सिंह जब खाद्य मन्त्री थे, उन्हीं दिनों एक दफा बनारस हिन्दू यूनिवर्सिटी में 'खाद्य संकट' पर अपनी बात रखने के लिए उन्हें आमन्त्रित किया गया। जब सिंह का भाषण समाप्त हुआ, तो धोती पहने एक बुज़ुर्ग ने उनसे पूछा कि आपके इस युवा मन में इतना ज्ञान कैसे समाहित है?

सवाल पूछने वाले बुज़ुर्ग कोई आम बुज़ुर्ग नहीं थे, यह प्रसिद्ध हिन्दी साहित्यकार आचार्य हजारी प्रसाद द्विवेदी थे।

सिंह ने विनम्रता से उत्तर दिया, "बहुत ही साधारण पृष्ठभूमि से आने के बावजूद, आपने हिन्दी साहित्य के लिए जो कुछ भी किया है, उसकी तुलना में मैंने कुछ भी नहीं किया है।"

1980 के दशक में एक अन्य अवसर पर, जब सिंह को 'सार्वजनिक जीवन में भ्रष्टाचार' पर बोलने के लिए आमन्त्रित किया गया था, तो उन्होंने अपने भाषण की शुरुआत यह कहकर की थी कि यक्ष ने वर्तमान स्थिति के लिए छठा प्रश्न जोड़ दिया होगा : "भ्रष्ट व्यवस्था में कोई ईमानदार कैसे रह सकता है?"

कपिलदेव सिंह ने केन्द्र सरकार के सामने भी बिहार राज्य की दुर्गति को उजागर करने की कोशिश की। तात्कालिक केन्द्रीय मन्त्री मोरारजी देसाई से एक मुलाक़ात के दौरान सिंह ने कहा था, "अगर बिहार में भूख से किसी की भी मृत्यु होती है, तो उसके लिए केवल केन्द्र सरकार ज़िम्मेदार होगी।" जब केन्द्र सरकार पर सवाल उठाने के कारण सिंह की आलोचना की जाने लगी तो सिंह ने कहा, "संविधान और संघवाद जीवित लोगों के लिए हैं, मृतकों के लिए नहीं।"

एक बार बिहार में भयानक सूखा पड़ा, सिंह चाहते थे कि सरकार अकाल की स्थिति की घोषणा करे, लेकिन राज्य के मुख्य सचिव इस बात से सहमत नहीं थे। कर्पूरी ठाकुर उन दिनों उपमुख्यमन्त्री हुआ करते थे। मुख्य सचिव, उपमुख्यमन्त्री और कपिलदेव सिंह के बीच इस मुद्दे पर गहरी बहस हुई। योजना आयोग के उपाध्यक्ष अशोक मेहता ने सुझाव दिया कि हमें अपनी दलीलें 'फेमिंस इन इंडिया' पुस्तक के ऊपर आधारित करनी चाहिए। ठीक अगले दिन कर्पूरी ठाकुर ने अकाल की स्थिति घोषित करने के पक्ष में अपने

कैबिनेट में विस्तार से चर्चा की। चर्चा इतनी बेहतरीन थी कि अन्त में मुख्य सचिव ने अपनी कुर्सी से उठकर ताली बजाने हुए कहा, "नेताओं और अफ़सरों के बीच ऐसी स्वस्थ बहस होती रहनी चाहिए।"

कर्पूरी ठाकुर ओबीसी अफ़सरों को लेकर नरम रुख़ अख़्तियार करते थे। जब आर लाल को डीजीपी नियुक्त किया गया तो ठाकुर कपिलदेव सिंह से इस नियुक्ति का बचाव करवाना चाहते थे। ठाकुर ने जब मुख्य सचिव की नियुक्ति पर सिंह का सुझाव माँगा तो सिंह ने पीएस अप्पू का नाम सुझाया, जो आठ महीने तक मुख्य सचिव के पद पर काम कर चुके थे और बाद में आईएएस अकादमी के निदेशक बन गये। जब एक आईएएस प्रोबेशनर पर छेड़छाड़ का आरोप लगा, तो उन्होंने प्रोबेशनर को बर्ख़ास्त करने की सिफ़ारिश की थी। बिहार के कुछ राजनेताओं के दबाव में इन्दिरा गांधी उस लड़के की नौकरी बचाना चाहती थीं। अप्पू ने अपना पैर पीछे खींच लिया और प्रधानमन्त्री का आदेश मानने के बजाय इस्तीफ़ा देने का फ़ैसला किया।

कर्पूरी और कपिलदेव के बीच आपसी विश्वास और सम्मान का रिश्ता था। एक बार, 1971 के चुनावों से पहले, ठाकुर ने सिंह को बुलाया और उन्हें एक टिन का डिब्बा दिया। सिंह उसे अपने घर ले गये। उसमें दान के रूप में मिले 70 लाख रुपये नक़द थे। अगले दिन, कर्पूरी, सिंह के घर उसे लेने गये, उन्हें यक़ीन था कि यहाँ यह सुरक्षित रहेगा।

कर्पूरी ठाकुर की सादगी के चर्चे लोगों की ज़ुबान पर हमेशा रहे, एक क़िस्सा बहुत मशहूर है। सन् 1972 की बात है, तब कर्पूरी उपमुख्यमन्त्री और मुख्यमन्त्री के पद पर आसीन हो चुके थे। एक बार किसी काम के सिलसिले में उन्हें कपिलदेव सिंह के गाँव बड़हिया जाना पड़ा। सिंह ने अपने किसी आदमी को, कर्पूरी को लाने के लिए रेलवे स्टेशन भेजा। तय यह था कि कर्पूरी जी को रिक्शे पर लाया जायेगा। लेकिन कर्पूरी ठाकुर ने देखा कि जो आदमी उन्हें लेने आया है वह साइकिल से है बस फिर क्या था, कर्पूरी ने लड़के से साइकिल चलाने को कहा और ख़ुद सीट के आगे की पाइप पर बैठ गये।

कपिलदेव सिंह और कर्पूरी ठाकुर हर चुनाव में एक-दूसरे की मदद करते थे। एक बार कुछ भूमिहारों ने सिंह से पूछा कि कर्पूरी ठाकुर को वे लोग क्यों

वोट करें? सिंह का जवाब था, "अगर कर्पूरी ठाकुर नहीं होते हैं, तो यादव, भूमिहारों पर अपना वर्चस्व क़ायम कर लेंगे।"

यह बात सच है कि कर्पूरी ठाकुर एक जनप्रिय नेता थे, वे कभी खुलकर जातिवाद की वकालत नहीं करते थे। लेकिन उनके पास भी पिछड़ी जातियों से आने वाले नेताओं का एक बड़ा गुट था जो रामानन्द तिवारी और कपिलदेव सिंह जैसे उच्च जाति से ताल्लुक रखने वाले नेताओं पर राजनीतिक अंकुश लगाने का काम करता था।

कपिलदेव सिंह के बेटे अर्जुन सिंह याद करते हैं, "राम सुन्दर दास के मुख्यमन्त्री बनने से पहले, SSP के कुछ नेताओं ने मुख्यमन्त्री के लिए पिताजी के नाम का सुझाव दिया। पिताजी का नाम चर्चा में आने पर, कर्पूरी जी ने कहा था, "श्री बाबू भी भूमिहार थे वे 17 साल तक मुख्यमन्त्री रहे। कपिलदेव भाई भी भूमिहार हैं, अगर उन्हें मुख्यमन्त्री बनाया जाता है तो वे 34 साल तक शासन करेंगे।" अर्जुन सिंह आगे कहते हैं, कर्पूरी जी अपने सबसे प्रिय मित्र को मुख्यमन्त्री बनते कभी नहीं देखना चाहते थे।

कर्पूरी ठाकुर ने एक दफा एक अधिकारी से निजी बातचीत में कहा था कि वे बस मुस्लिम वोटों का अपनी ओर खिसकने का इन्तज़ार कर रहे हैं, जैसे ही मुस्लिम उन्हें वोट करने लगेंगे, ऊँची जातियों के वोट की उन्हें ख़ास ज़रूरत नहीं रहेगी। हालाँकि सार्वजनिक रूप से, कर्पूरी कभी भी ऊँची जाति के ख़िलाफ़ कुछ नहीं बोले। हाँ उनकी वैचारिकी ज़रूर पिछड़ों के साथ रही। अगड़ी-पिछड़ी जातियों की मुखर राजनीति लालू प्रसाद के कार्यकाल में ज़्यादा बलवती हुई।

1977 में कर्पूरी ठाकुर के मुख्यमन्त्री बनने के बाद, बड़हिया में एक समलैंगिकता का मामला सामने आया। इसी मामले को लेकर आम जनता और पुलिस के बीच झड़प हो गयी, इस झड़प में चार दलित सहित कुल सात लोगों की मौत हो गयी। कुछ दिनों के बाद कर्पूरी ठाकुर घटनास्थल का दौरा करने गये। जनता में अभी भी आक्रोश व्याप्त था। तमाम सुरक्षा के बावजूद, लोगों ने मुख्यमन्त्री के साथ मार-पीट करने की कोशिश की, यहाँ तक कि उनका कुर्ता भी फाड़ दिया। अर्जुन सिंह बताते हैं, "कर्पूरी उसी फटे कपड़े

में हमारे घर आये थे, उन्होंने मार-पीट का कोई ज़िक्र तक नहीं किया। मेरे पिता परेशान थे, वे बड़हिया जाना चाहते थे। पर कर्पूरी जी ने मेरे पिता को यह कहते हुए नहीं जाने दिया, "मुझे तो मार खाने की आदत है, पर आप वहाँ मत जाइए।" बाद में मुख्यमन्त्री ने न्यायिक जाँच बिठाई और प्रत्येक पीड़ित परिवार को 5 लाख रुपये मुआवज़ा देने का आदेश दिया।[12]

कर्पूरी ठाकुर और कपिलदेव सिंह के बीच बड़ी गहरी दोस्ती के साथ-साथ पारिवारिक रिश्ता भी था। कर्पूरी 10-15 दिनों के अन्तराल पर अपने गाँव पितौंझिया जाते हैं, गाँव जाकर वे अपने खेतों का निरीक्षण भी करते थे। एक क़िस्सा बहुत मशहूर है, कर्पूरी की बेटी रेणु की शादी होनी थी, कपिलदेव सिंह पितौंझियाँ अपने मित्र कर्पूरी के घर गये, उन्होंने पर्दे का ओट लेकर कर्पूरी की पत्नी से पूछा, "राक्षसवा घर आयल छैलो? गहना जेवर के इन्तजाम छाय रेणु के ब्याह खातिर?" सिंह, ठाकुर को मित्रवत सम्बन्ध के कारण राक्षसवा जैसे शब्दों से सम्बोधित करते थे। कर्पूरी की पत्नी ने पर्दे की ओट से ही जवाब दिया कि ठाकुर पिछले कई दिनों से घर नहीं आये हैं। घर में गहने ख़रीदने के पैसे भी नहीं हैं। कपिलदेव सिंह बड़हिया लौट आये और व्यापारियों से चंदा माँगकर रेणु की शादी के लिए सोने-चाँदी के गहने ख़रीदे।[13]

एक क़िस्सा कपिलदेव सिंह के बेटे अर्जुन सिंह की शादी का भी है, 1971 में भागलपुर में अर्जुन सिंह की शादी होने वाली थी। कर्पूरी ठाकुर पूरी कैबिनेट के साथ भागलपुर आये और शादी में भी भाग लिया। राजनीतिक विवाद से बचने के लिए कर्पूरी ठाकुर ने भागलपुर में ही कैबिनेट की बैठक भी की। ऐसा ही कुछ मामला रामानन्द तिवारी का भी रहा, तिवारी उस समय पुलिस मन्त्री हुआ करते थे। जब तिवारी अर्जुन सिंह की शादी में शामिल होने के लिए भागलपुर आ रहे थे तो रास्ते में उन्होंने पुलिस थानों का भी निरीक्षण किया।

कपिलदेव सिंह के जॉर्ज फर्नांडीस के साथ बहुत अच्छे सम्बन्ध थे, 1977 के लोकसभा चुनावों के दौरान जॉर्ज डायनामाइट केस में जेल में बन्द थे। जॉर्ज ने जेल से ही सिंह को एक पत्र लिखा। यह पत्र जॉर्ज का सिंह के प्रति आत्मीयता और विश्वास को ज़ाहिर करता है।

10 फ़रवरी 1977 को जॉर्ज तिहाड़ जेल से सिंह को सम्बोधित करते हुए लिखते हैं :

"आगामी लोकसभा चुनाव नज़दीक है। रामानन्द तिवारी और कर्पूरी ठाकुर सहित लगभग सभी समाजवादी मित्र और विधायक चुनावी मैदान में कूद पड़े हैं। आपने चुनाव से बाहर रहने का फ़ैसला किया है। यक़ीनन आपके मन में बेड़ियों से जकड़ी जॉर्ज की छवि उपस्थित रही होगी। आपने मेरी पत्नी और बेटे के चेहरों के बारे में सोचा होगा। दूसरों के लिए यह सिर्फ़ एक चुनाव होगा, लेकिन मेरे लिए यह फाँसी से बचने का एक अवसर है। अगर दिल्ली में तानाशाही शासन (इन्दिरा सरकार) फिर से सत्ता में आ गयी, तो मेरी फाँसी तय है। मुजफ़्फ़रपुर का चुनाव आपके नेतृत्व में ही लड़ा जा सकता है, आपका नेतृत्व मज़बूत और आत्मविश्वास से भरा हुआ है। मुझे नहीं लगता कि कोई और यह काम कर सकता है, मैं हमेशा आपका ऋणी रहूँगा।"[14]

एक दफा आपातकाल के दौरान कपिलदेव सिंह ने जॉर्ज को पुलिस गिरफ़्तारी से बचाया था। पुलिस बड़ौदा डायनामाइट मामले में जॉर्ज फ़र्नांडीस की तलाश कर रही थी। जॉर्ज बड़हिया आये थे, वे गन्ने के खेत में एक गोपनीय बैठक कर रहे थे। पुलिस को इसकी भनक लग गयी, गन्ने के खेत को पुलिस द्वारा घेर लिया गया। कपिलदेव सिंह खेत के बाहर आये और पुलिस से कहा कि जॉर्ज आये तो थे लेकिन चले गये। एसपी को कपिलदेव सिंह की बात पर यक़ीन था। लेकिन जॉर्ज अभी भी गन्ने के खेत में ही छिपे हुए थे।

यहाँ चौधरी चरण सिंह द्वारा लिखे एक पत्र का ज़िक्र करना ज़रूरी हो जाता है, जिसमें चौधरी साहब कर्पूरी ठाकुर से ख़ासे नाराज़ हैं, 22 सितम्बर 1979 को चौधरी साहब एक पत्र लिखते हैं। इसी समय कपिलदेव सिंह को लोकदल का बिहार प्रदेश अध्यक्ष बनाया गया था। चरण सिंह लिखते हैं, "बिहार लोकदल की कमान लम्बे समय तक कर्पूरी ठाकुर के हाथों में रही जिनके अपने पसन्द-नापसन्द थे। लेकिन मैंने आपको इस विश्वास के साथ पार्टी का अध्यक्ष चुना है कि आप पार्टी को इस मुकाम पर ले जायें कि पार्टी उत्तर भारत की राजनीति को एक अलग दिशा प्रदान करे।"[15]

कपिलदेव सिंह का अपने बाद के वर्षों में मुलायम सिंह यादव के साथ जुड़ाव जगज़ाहिर है। समाजवादी जनता पार्टी के प्रमुख के रूप में चन्द्रशेखर

ने अमिता मोदी उर्फ़ अमिता सिंह को राज्यसभा सांसद बनाने पर ज़ोर दिया था। उनके राजनीतिक चेले मुलायम सिंह को अमिता का राज्यसभा भेजना बेतुका लगा। यादव के चन्द्रशेखर के साथ पहले से ही कुछ मतभेद थे। उन्होंने अपनी ख़ुद की पार्टी 'समाजवादी पार्टी' बनाने का फ़ैसला किया। कपिलदेव सिंह पार्टी के प्रधान महासचिव बने और जनेश्वर मिश्रा और बेनी प्रसाद वर्मा समाजवादी पार्टी के सचिव बने। डॉ. अर्जुन सिंह कहते हैं कि उनके पिता अपने बेटों को राजनीति में नहीं लाना चाहते थे।

लालू प्रसाद ने 2005 के फ़रवरी चुनाव से पहले अब्दुल बारी सिद्दीकी से अर्जुन सिंह को टिकट का ऑफर भी भेजा था। जिसे उन्होंने विनम्रता से अस्वीकार कर दिया। कपिलदेव के कंकरबाग स्थित घर में 1967 से 1990 के बीच जॉर्ज फर्नांडीस, मुलायम सिंह यादव, रामकृष्ण हेगड़े, एसएम जोशी, चन्द्रशेखर और कर्पूरी ठाकुर जैसे नेताओं की रहबट हुआ करती थी।

कपिलदेव सिंह पर दुख का उस समय आसमान टूट पड़ा जब 17 फ़रवरी 1988 को उनके चार दशक पुराने मित्र कर्पूरी सिंह का निधन हो गया। सिंह लिखते हैं, "हम दो शरीर थे, पर एक आत्मा थे। हमारा साथ बहुत पुराना था। हम अपना सुख-दुख बाँटते थे और बिना किसी शिकायत के एक-दूसरे से लड़ते थे। बराबरी का समाज बनाने की कोशिश में हम साथ चले थे, पर कर्पूरी मुझसे आगे निकल गये। मरते हुए भी वे मुझसे आगे निकल गये। मेरे शब्द आँसुओं में भीगे हैं और मैं भावनाओं में डूबा हुआ हूँ।"[16] समाजवादी पार्टी के संस्थापक सदस्यों में से एक कपिलदेव सिंह, 2002 में अपनी मृत्यु तक पार्टी के प्रधान महासचिव रहे।

कंकरबाग के उनके घर में स्थित पुस्तकालय में इस ओजस्वी किरदार की झलक मिलती है, जो ख़ूब पढ़ता-लिखता था। जिसने काफ्का से लेकर गांधी, रामधारी सिंह दिनकर से लेकर आचार्य चतुरसेन शास्त्री तक को पढ़ा था। जिसको अपने वाक् कौशल के लिए आचार्य हजारी प्रसाद द्विवेदी से प्रशंसा मिली थी। कपिलदेव सिंह और कर्पूरी ठाकुर, दोनों दोस्त बहुत ही उत्सुक पाठक थे, कर्पूरी, सिंह को किताब देने से बचते थे क्योंकि सिंह किताब लौटाना भूल जाते थे। सिंह का ख़ामोश पुस्तकालय हज़ारों कहानियाँ सुनाता

है–महान दोस्ती, संघर्ष, गुलाब और काँटों की, लेकिन एक अच्छी तरह से बिताये गये ख़ूबसूरत जीवन की भी। उनके पोते गोल्डी (जिन्हें हरीश सिंह के नाम जाना जाता है, पटना उच्च न्यायालय के वकील हैं), जिनसे वे बहुत प्यार करते थे, कपिलदेव सिंह की तस्वीर के सामने पुस्तकालय में तस्वीरें खिंचवाने में बहुत गर्व महसूस करते हैं। "गोल्डी तुम दुबले हो गये हो" यह बात हमेशा गोल्डी के दादाजी कहा करते थे। गोल्डी के लिए दादाजी यानी कपिलदेव सिंह की आवाज़ आज भी इस पुस्तकालय की फ़िज़ाओं में गूँजती है।

## सन्दर्भ-सूची


1. Interview/ Socialist leader Umesh Prasad Singh (5 March 2020).
2. Interview/ former Rajya Sabha MP and Ramanand Tiwary's son Shivanand Tiwary (12 February 2020).
3. Ibid.
4. Interview/ Senior journalist Surendra Kishore (14 October 2019).
5. Ramanand Tiwary's letter to Karpoori Thakur (Bihar, Chitthiyon Ki Rajniti, Shrikant, Vani Prakashan).
6. Interview/ Dr. Arjun Singh (22 November 2019).
7. Interview/ Surendra Kishore (14 October 2029).
8. Interview/ Shivanand Tiwary (12 February 2020).
9. Kapildeo's notebook (Kapildeo Samagra, Volume-II, Kapildev Singh Samajik Foundation, Patna, edited by Ravindra Bharati, Vikas Computers and Printers, Navin Shahdara, Delhi.
10. Interview/ Dr. Arjun Singh (22 November 2019).
11. Ibid.
12. Ibid.
13. Ibid.
14. Kapildeo Samagra, Volume-II, Kapildeo Singh Samajik Foundation, Patna, edited by Ravindra Bharati, Vikas Computers and Printers, Navin Shahdara, Delhi.
15. Ibid.
16. Ibid.

# 5
# सम्पूर्ण क्रान्ति
## जेपी आन्दोलन और लालू-नीतीश का उदय

*आप मुझे कितना कम जानते और समझते हैं।*

*सुनी रऊआ सब, अगर हम अपना गाँव में काम करा देब, दोसर गाँव के लोग का कही।*

*लालू यादव ने चन्द्रशेखर जी को फ़ोन करके कहा, "बाबू साहब ये क्या हो रहा है, कुछ कीजिए नहीं तो वी पी सिंह का आदमी मुख्यमन्त्री बन जायेगा।"*

जयप्रकाश नारायण के पैतृक गाँव सिताब दियारा की भौगोलिक बनावट उनकी ज़िन्दगी से कम जटिल नहीं है। यह गाँव बिहार के भोजपुर-सारण और यूपी के बलिया जिलों में बँटा हुआ है। लाला टोला (कायस्थ जाति के लोगों का मुहल्ला) में स्थित जेपी के पैतृक घर को बिहार की तरफ़ सरयू नदी ने काट दिया था लेकिन बाद में उनके परिवार ने बलिया (उत्तर प्रदेश) में पड़ने वाली अपनी ज़मीन पर नया घर बनाया। यह गाँव, गंगा और सरयू (जिसे घाघरा भी कहा जाता है) नदियों के बीच में है और अक्सर बाढ़ का सामना करता है। 2011 के अन्त तक यह गाँव नज़दीकी शहरों से सड़क मार्ग द्वारा नहीं जुड़ा था। इन शहरों तक पहुँचने के लिए नदियों को पार करना पड़ता था।

गाँव में बिजली नहीं थी, लोग अरंडी के तेल का उपयोग करके ढिबरी (मिट्टी का दीया) जलाते थे। सर्दियों के दौरान, रात में पढ़ाई करते छात्र अक्सर झपकी लेते थे, ढिबरी बिस्तर पर गिर जाती थी और कई बार जलने के कारण चोट भी आती थी। आज भी गाँव के बुजुर्ग लोग छपरा के रिविलगंज अस्पताल में ले जाये जा रहे मरीज़ों की चीख़ें याद करते हैं।

बिहार के कई गाँवों की तरह सिताब दियारा ने भी आज़ादी के कई दशक बाद बैलगाड़ी, टायर गाड़ी, जीप और फिर कार तक का सफ़र तय किया। हालाँकि यह 1942 के भारत छोड़ो आन्दोलन के नायक जेपी का गाँव था, फिर भी इस गाँव की स्थिति सामान्य गाँव जैसी थी। घोर आदर्शवादी जेपी ने कभी अपने गाँव के लिए कोई विशेष काम नहीं किया। पत्रकार और राज्यसभा उपसभापति हरिवंश नारायण सिंह भी उसी गाँव की पैदाइश हैं, सिंह याद करते हैं, "जेपी अक्सर गाँव आते थे, इसलिए उनसे जुड़ी बहुत प्यारी यादें हैं। जब वे अपने ग्रामीण दोस्तों के साथ गंगा के किनारे टहलते थे, मैं बच्चा था लेकिन मैं भी उस जुलूस में शामिल हो जाता था और उनसे बातें करता था।"[1]

जगदीश सिंह, जिन्हें सोनपुर के नयाटोला में जगदीश बाबू के नाम से जाना जाता था, जेपी के क़रीबी सहयोगी थे। जगदीश बाबू सच्चे गांधीवादी थे और जेपी के प्रति हमेशा वफ़ादार रहे। छपरा के एक कम्युनिस्ट नेता सरयू भाई, जिन्होंने मार्क्सवादी नेता और भारतविद् राहुल सांकृत्यायन के साथ जेल की सजाएँ काटी थीं, गाँव में जेपी के खेतों की देखभाल करते थे। जब जेपी गाँव आते थे, तो सरयू भाई कोरे काग़ज़ पर कुछ नारे लिख देते थे जैसे "शोषकों का राज है" और "आपके आस-पास सारे लोग सही नहीं हैं" और उसे जेपी की सामने रख देते थे।

हरिवंश याद करते हैं, 1968 का साल था, जेपी गाँव आये हुए थे, ग्रामीणों ने जेपी से पूछा कि वह गाँव तक सड़क बनाने के लिए कुछ क्यों नहीं कर रहे हैं? ग्रामीणों की बात ध्यान से सुनने के बाद जेपी ने मातृभाषा भोजपुरी में कहा था, "सुनी रहुआ सब, अगर हम अपना गाँव में काम करा देब, दूसरे गाँव के लोग का कही।" जेपी का मानना था कि देश में क़रीब छह लाख गाँव हैं और किसी एक गाँव को तरजीह नहीं दी जानी चाहिए।

जेपी ने एक दफा और, कुछ ऐसा ही जवाब दिया था जब सिताब दियारा के ग्रामीणों ने जेपी से गाँव को बलिया, भोजपुर या सारण में से किसी एक ज़िले में शामिल करने का अनुरोध किया था। तब जेपी ने कहा कि नदी किनारे के कई ऐसे गाँवों के साथ ऐसी ही समस्या रही है। हमारा गाँव इन समस्याओं से जूझता अकेला गाँव नहीं है।

जेपी ने अपने गाँव के बुनियादी ढाँचे को बेहतर बनाने के लिए कुछ ख़ास नहीं किया, लेकिन उन्होंने 1949 से हर साल 12 फ़रवरी को गांधी के बारे में जागरूकता पैदा करने के लिए यहाँ गांधी स्मृति मेला आयोजित करना शुरू किया। उनके समर्थक और शिष्य चन्द्रशेखर, जो बाद में प्रधानमन्त्री बने, इस तारीख़ को बिना भूले सिताब दियारा का दौरा करते थे। यह चन्द्रशेखर ही थे जिन्होंने 1972 में गाँव में टेलीफ़ोन कनेक्शन लगवाया था क्योंकि तब जेपी ने गाँव में रहना शुरू कर दिया था। जेपी ने अपनी आत्मकथा भी लिखनी शुरू कर दी थी, लेकिन उनकी पत्नी (प्रभावती देवी) की बीमारी ने उन्हें गाँव से विस्थापित होने पर मजबूर कर दिया।

1969 के राष्ट्रपति चुनाव में जेपी, इन्दिरा के बर्ताव से ख़ासे नाराज़ थे। जेपी ने उन्हें लिखा, "मुझे राष्ट्रपति चुनाव के समय आपका व्यवहार बिल्कुल पसन्द नहीं आया, हालाँकि मुझे पता है कि वह समय आपके राजनीतिक वजूद का निर्णायक समय था।"[2]

इन्दिरा गांधी ने जवाब में लिखा, "आप मुझे कितना कम जानते और समझते हैं। मैंने कभी राजनीति या अपने भविष्य की परवाह नहीं की। उस समय मैंने अपना राजनीतिक वजूद बचाने के बजाय देश और कांग्रेस पार्टी को ज़्यादा तरजीह दी थी।"[3]

1967 में लोहिया की मृत्यु के बाद जेपी में समाजवादी आन्दोलन को लेकर एक अजीब-सी बेचैनी थी। उन्होंने समाजवादी आन्दोलन में ख़ालीपन देखा था और बिहार और देश के अन्य हिस्सों में ऐसी समाजवादी अस्थिरता को देखकर दुखी थे। वह लम्बे समय से राजनीति से बाहर थे। लेकिन वह चिन्तित दिख रहे थे। यह महज़ एक संयोग नहीं था कि जेपी ने बिहार छात्र आन्दोलन का नेतृत्व सँभाला। 18 मार्च 1974 को 50,000 से अधिक छात्रों ने बिहार विधानसभा का घेराव किया। यह आन्दोलन हिंसक हो उठा, जेपी में बेचैनी 1971 से ही थी। छात्र आन्दोलन ने जेपी को आन्दोलन का नेतृत्व करने के लिए प्रेरित किया, बाद के दिनों में यह आन्दोलन, जेपी आन्दोलन के नाम से जाना गया।

1972 में जेपी ने एक सर्वोदय स्वयंसेवक के निमन्त्रण पर मुजफ़्फ़रपुर के मुशहरी (एक पिछड़े दलित समुदाय का गाँव) गाँव की यात्रा की थी। यह गाँव

नक्सलियों के क़ब्ज़े में था। जेपी ने नक्सलियों से बातचीत की और उस गाँव का जीर्णोद्धार किया, उसी समय जेपी ने एक छोटी-सी किताब भी लिखी थी, जिसका नाम था 'फेस टू फेस'। जेपी और लोहिया के बीच बुनियादी अन्तर यही था कि जेपी विनम्र थे, वहीं लोहिया का तेवर बग़ावती था। लोहिया कई बार जेपी पर निजी टिप्पणी करते थे कि वे आसानी से भावुक हो जाते थे और जेपी अपनी बेदाग़ छवि के साथ एक सन्तुलित जीवन जीते थे।

## लालू प्रसाद

1970 के दशक में चार युवा छात्र नेताओं की पटना विश्वविद्यालय में तूती बोलती थी। इन लोगों में पहला नाम लालू प्रसाद का है। लालू पटना विश्वविद्यालय में 'समाजवादी युवजन सभा' से छात्र संघ के अध्यक्ष थे, जो संयुक्त सोशलिस्ट पार्टी (SSP) की युवा शाखा थी। पटना यूनिवर्सिटी स्टूडेंट्स यूनियन या पीयूएसयू के महासचिव सुशील कुमार मोदी और सहायक सचिव रविशंकर प्रसाद थे, दोनों अखिल भारतीय विद्यार्थी परिषद (भाजपा से सम्बद्ध) से थे। नीतीश कुमार बिहार कॉलेज ऑफ़ इंजीनियरिंग का प्रतिनिधित्व करते थे।

इन्दिरा गांधी राष्ट्रीय कला केन्द्र के अध्यक्ष और प्रमुख पत्रकार राम बहादुर राय उस समय बिहार अखिल भारतीय विद्यार्थी परिषद (एबीवीपी) के प्रभारी थे। वे बीएचयू की छात्र राजनीति में भी सक्रिय रहे थे। 1973 में अखिल भारतीय विद्यार्थी परिषद ने धनबाद में राज्य स्तरीय बैठक की, इस बैठक में युवा कांग्रेस (O) के अध्यक्ष वशिष्ठ नारायण सिंह पर्यवेक्षक के रूप में आये, इसमें लालू को आमन्त्रित नहीं किया गया था। छात्र आन्दोलन ने औपचारिक रूप तब लिया जब कई राज्य स्तरीय छात्र बैठकें हुईं। 17-18 फ़रवरी 1974 की बैठक में 500 से अधिक छात्रों ने हिस्सा लिया था। एबीवीपी की बैठक में एक छात्र सम्मेलन संघर्ष समिति और 11 सदस्यीय छात्र सम्मेलन संघर्ष संचालन समिति का गठन किया गया था। संचालन समिति में लालू प्रसाद, सुशील कुमार मोदी, रविशंकर प्रसाद, भावेश चन्द्र प्रसाद, राम बहादुर राय, मिथिलेश कुमार सिंह, अख़्तर हुसैन, विक्रम कुँवर एवं दो अन्य छात्र नेता शामिल थे।

राम बहादुर राय जेपी के साथ अपने पिछले जुड़ाव को याद करते हैं, 1974 के आन्दोलन से पहले ही जेपी से उनकी मुलाक़ात हो गयी थी। 1968 में बनारस में गांधी विद्यापीठ संगठन में 'क्रान्ति में युवाओं की भूमिका' विषय पर तीन दिवसीय अन्तरराष्ट्रीय संगोष्ठी के दौरान, राय को जेपी के साथ तीन दिनों तक रहने का अवसर मिला था। राय बताते हैं, "जेपी की जिस बात ने मेरे दिमाग़ पर अमिट छाप छोड़ी, वह थी 1971 युद्ध के दौरान युवाओं से उनका आह्वान"। उन्होंने उस समय पाकिस्तानी सेना के उत्पीड़न के ख़िलाफ़ पूर्वी पाकिस्तान का मुद्दा उठाया था और अन्तरराष्ट्रीय स्तर पर बांग्लादेश मुक्ति वाहिनी का मुद्दा उठाया था। बैठक के बाद, मैं वहीं रुक गया क्योंकि मैं जेपी से मिलना चाहता था। उन्होंने प्रभावती जी की ओर देखते हुए मुझसे कहा कि "कल मिलते हैं।"[4]

1971 में ही जेपी ने हरदनहल्ली में एक बैठक बुलायी थी, जिसमें उन्होंने रामनाथ गोयनका (इंडियन एक्सप्रेस के संस्थापक) और बीजी वर्गीस को बुलाया था। यहीं पर उन्होंने अपनी बेचैनी ज़ाहिर करने के लिए अंग्रेज़ी पत्रिका '*एवरीमैन*' और उसका हिन्दी संस्करण '*प्रजानीति*' निकालने का फ़ैसला किया। सच्चिदानन्द हीरानन्द वात्स्यायन अज्ञेय नदी पार करके रेत पर चलकर जेपी से सिताब दियारा में मिलने आये ताकि जेपी के साथ पत्रिका की स्थापना पर चर्चा की जा सके।

1972 तक जेपी के मन में देश की मौजूदा आर्थिक और राजनीतिक स्थिति और इन्दिरा गांधी के वर्चस्व को लेकर कुछ बेचैनी थी। हालाँकि जेपी ने नेहरू की कैबिनेट में जगह देने की पेशकश ठुकरा दी थी और कभी किसी पद की लालसा नहीं की थी, इन्दिरा गांधी को यह आभास था कि जेपी उनके प्रधानमन्त्री बनने से नाराज़ हैं और किसी तरह प्रधानमन्त्री बनने का सपना पाल रहे हैं, लेकिन इन्दिरा गांधी यहाँ ग़लत थी। अगर यह सच होता तो जेपी 1977 में जनता पार्टी की जीत के बाद प्रधानमन्त्री बन जाते, क्योंकि पूरा चुनाव उनके नाम पर लड़ा गया था और उनका कोई प्रतिद्वन्द्वी नहीं था। लेकिन जेपी ने फिर से कोई पद नहीं लिया।

एक क़िस्सा 1972 का है, जब बीएचयू में भाषण देते समय जेपी का माइक काम करना बन्द कर दिया, तभी कुछ छात्रों ने ताली बजा दी। नाराज़

जेपी ने कहा, "मेरा माइक ख़राब हो गया है और आप ताली बजा रहे हैं। क्या यह वही प्रौद्योगिकी संस्थान है जिसकी परिकल्पना मदन मोहन मालवीय ने की थी, क्या यह शर्म की बात नहीं है कि देश की आज़ादी के इतने सालों बाद भी हम एक माइक तक नहीं बना पा रहे हैं?"[5] जेपी, जो 1942 के आन्दोलन के नायक थे, लेकिन अब जेपी की लोकप्रियता घटने लगी थी। उसी शाम, वह बीएचयू के बिरला छात्रावास में गये और उन्हें बमुश्किल 25 छात्रों ने सुना।

ठीक दो साल बाद 1974 में उसी बीएचयू के लंका चौराहे पर जेपी ने एक लाख से अधिक छात्रों को सम्बोधित किया और सम्पूर्ण क्रान्ति में शामिल होने का आह्वान किया। उस समय भी वही कुलपति थे, केएल श्रीमाली (जो जेपी के मित्र भी थे), जिन्होंने 1972 में जेपी को आमन्त्रित किया था, लेकिन दिल्ली के दबाव के कारण इस बार जेपी को बीएचयू में छात्रों से बात करने की अनुमति नहीं दी गयी, जेपी ने तब चौराहे पर ही अपनी सभा की।

उन्हीं दिनों जेपी ने 'इंडियन एक्सप्रेस' में एक लेख भी लिखा था, जिसमें बताया गया था कि गुजरात ने किस तरह रास्ता दिखाया है। यह तब की बात है जब गुजरात विधानसभा को छात्रों के आन्दोलन के बाद भंग कर दिया गया था।

जेपी ने प्रभावती देवी के निधन के बाद 15 अप्रैल 1973 को इन्दिरा गांधी को लिखे पत्र के जवाब में 24 अप्रैल 1973 को लिखा :

"प्रिय इन्दिरा जी, प्रभा के बारे में आपकी संवेदना और आपके दयालु शब्दों के लिए धन्यवाद। इससे मुझे सांत्वना मिली है, एक बार फिर मैं आपको धन्यवाद देता हूँ। 14 अप्रैल की सुबह तक कोई भी, यहाँ तक कि उनकी देखभाल करने वाले डॉक्टर भी नहीं कह सकते थे कि उनका अन्त इतना निकट था। वह मेरे लिए बहुत मायने रखती थीं और उन्होंने मेरे और मेरे जीवन के एक बड़े हिस्से को सँभाला, उनके बिना बाक़ी का जीवन बहुत कठिन होगा। मैं जानता हूँ कि जब तक मुझमें जीवन और शक्ति है, मुझे अपने देश और दुनिया की सेवा में काम करते रहना चाहिए, यही वह काम है जो वह मुझसे चाहती थीं। लेकिन यह सिर्फ़ कर्तव्य का पालन होगा, क्योंकि मैं अपना आत्मविश्वास खो चुका हूँ।"[6]

मई 1973 में दोनों नेताओं के बीच कुछ गम्भीर चर्चा हुई। जेपी ने 27 जून 1973 को इन्दिरा गांधी को लिखा, "प्रिय इन्दिरा जी, मौलिक अधिकारों और भारत के मुख्य न्यायाधीश की नियुक्ति पर मेरे वक्तव्य का जवाब देने के लिए मैं आपको धन्यवाद देता हूँ। मैं आपके साथ किसी बहस में शामिल नहीं होना चाहता। वास्तव में, आपने अपने पत्र में जो कई मुद्दे उठाये हैं, उन सभी पर देश के कुछ योग्य वकीलों और लेखकों ने प्रेस में बहुत ही सार्थक चर्चा की है। महत्त्वपूर्ण पार्टी नेताओं ने भी संसद और बाहर उन विषयों पर चर्चा की है। हालाँकि, जहाँ तक मेरे वक्तव्य का सवाल है, आपके पत्र में उठाये गये मुद्दे बहुत कम प्रासंगिक हैं। मैंने बदलाव के ख़िलाफ़ कुछ नहीं कहा है, न ही मैंने सम्पत्ति के अधिकार की वकालत की है क्योंकि मैं इन्हें अभिव्यक्ति की स्वतन्त्रता और संघ बनाने के अधिकारों के समान मौलिक नहीं मानता। वास्तव में, मुझे ख़ुशी होगी यदि सम्पत्ति के अधिकारों को मौलिक अधिकारों से अलग कर दिया जाये, हालाँकि लोकतन्त्र के मूल्यों और मानदंडों के अनुसार अभी भी यह आवश्यक होगा कि सार्वजनिक हित में भी निजी सम्पत्ति में हस्तक्षेप करने की कार्यकारी शक्तियों को क़ानून द्वारा उचित रूप से विनियमित किया जाये।"[7]

चुनाव के दौरान ख़र्च में कटौती पर ध्यान केन्द्रित करते हुए चुनाव सुधार, जेपी के ज़हन में सबसे ऊपर थे। 1971 के युद्ध में जीत और बांग्लादेश के निर्माण के बाद, उन्हें इन्दिरा गांधी के तानाशाही रवैये का भी अहसास हो रहा था।

7 सितम्बर 1973 को जेपी ने 'एवरीमैन' में लिखा, 'काले धन के बिना चुनाव' :

"पार्टी फंड के नाम पर धन का संग्रह, विशेष रूप से चुनावों के लिए, शायद राजनीतिक और अन्य क्षेत्रों में भ्रष्टाचार का सबसे बड़ा स्रोत है। केन्द्रीय मन्त्रिमंडल के कुछ मन्त्रियों द्वारा एकत्र की गयी और प्रधानमन्त्री के अघोषित कोष में रखी गयी करोड़ों की रकम के बारे में अक्सर सुना जाता है। ये रकम कांग्रेस पार्टी की औपचारिक खाता-बही में दर्ज नहीं की जाती है, ना ही कभी ऑडिट की जाती है, कुछ ख़ास लोगों को छोड़कर कोई नहीं जानता कि कितना धन इकट्ठा किया जाता है? इसका कितना हिस्सा सम्बन्धित

मंत्रियों द्वारा जेब में डाला जाता है? और पैसा कैसे ख़र्च किया जाता है? इन निधियों का उपयोग मुख्य रूप से संसदीय और राज्य चुनावों के लिए किया जाता है, जिसमें नेतृत्व के भरोसेमन्द समर्थकों, विशेष रूप से इसके बीच के लोगों, चाहे वे केन्द्र में हों या राज्यों में, जिनके पास विशाल निधियों पर नियन्त्रण होता है, को विशेष रूप से तरजीह दी जाती है।"[8]

जेपी ने 16 मार्च 1974 को गुजरात विधानसभा भंग होने पर छात्रों को बधाई देते हुए लिखा :

"कोई भी लोकतान्त्रिक सरकार जो झूठी प्रतिष्ठा की भावना से अगर, ग्रसित नहीं होती, तो उसने बहुत पहले ही यह क़दम उठा लिया होता क्योंकि इस बात में कभी कोई सन्देह नहीं था कि गुजरात की जनता की सबसे बड़ी माँग थी, विधानसभा भंग होना। मुझे नहीं लगता कि प्रधानमन्त्री और उनकी सरकार ने देश के लिए कोई भी सार्थक काम किया है।"[9]

जेपी ने 18 मार्च 1974 के दिन को कुछ यूँ याद किया है :

"अगर कोई व्यक्ति 18 मार्च को पटना में होता और अगर वह देख पाता कि वहाँ क्या हो रहा है? तो उसके लिए अपने आँसू रोक पाना मुश्किल होता। जब मैं ये पंक्तियाँ लिख रहा हूँ तो मेरी आँखों से आँसू बह रहे हैं। न केवल स्वतन्त्रता आन्दोलन का प्रतीक 'सर्चलाइट' नष्ट हो गया, बल्कि और भी बहुत कुछ नष्ट हो गया। बिहार की आत्मा ही नष्ट और लहूलुहान हो गयी है। मुझे आश्चर्य है कि क्या बिहार को तबाह होने दिया जायेगा? आज सुबह के 'इंडियन नेशन' में प्रकाशित श्री दीनानाथ झा और श्री एसके राव (सर्चलाइट के सम्पादक) के भावुक और वाक्पटु सम्पादकीय और वक्तव्य के बाद, कुछ कहने की ज़रूरत नहीं है। प्रकाशित तथ्य शर्म और त्रासदी की अपनी भावुक कहानियाँ बयाँ कर रहे हैं। फिर भी, मैं अपने क्षोभ को दबा नहीं पा रहा हूँ। किसी भी लोकतान्त्रिक देश के लिए यह शर्म की बात है, पिछले सोमवार को पटना में प्रशासन की ऐसी बड़ी विफलता के बाद सरकार को इस्तीफ़ा दे देना चाहिए था। लेकिन हमारे देश में, हम चीज़ों को छिपाने और बहाने बनाने में माहिर हैं। लेकिन अब समय आ गया है कि हम अलग राह अपनायें। श्री अब्दुल गफ़ूर एक सम्मानित व्यक्ति हैं, जिन्हें पद के लिए कोई अत्यधिक मोह नहीं है। ऐसे में, मेरी ओर से उन्हें एक मित्रवत सलाह है, अपने और राज्य

के हित में, बिना आलाकमान की परवाह किये, अपने पद से उन्हें इस्तीफ़ा दे देना चाहिए।"[10]

एक बार जब जेपी ने बिहार के छात्र आन्दोलन की कमान सँभाली, तो उन्होंने इन्दिरा गांधी की तानाशाही नीतियों के ख़िलाफ़ सीधे हमले शुरू कर दिये। जेपी, इन्दिरा गांधी के उन पर व्यक्तिगत हमले से बहुत परेशान थे, जिसमें उनकी ईमानदारी और निष्ठा पर सवाल उठाये गये थे। जेपी ने लिखा, "इन्दिरा ने भुवनेश्वर में मेरे बारे में जो बात कही है, उस पर टिप्पणी करना उचित नहीं लगता। फिर भी, मेरी चुप्पी को कुछ लोगों द्वारा ग़लत समझा जा सकता है। इन्दिरा जी से मेरा विनम्र निवेदन है कि वे मुझे और अन्य सर्वोदय कार्यकर्ताओं को यह सिखाने का दुस्साहस न करें कि हमारा कर्तव्य क्या है? मेरे और विनोबाजी के बीच दरार डालकर सर्वोदय आन्दोलन को विभाजित करने का प्रयास न करें। मेरे और विनोबाजी के बीच अटूट प्रेम है और हम दोनों अपनी सहमति और असहमति की सीमाओं को जानते हैं। जबकि हमारे बीच सहमति का एक बड़ा क्षेत्र है, कुछ मुद्दों को लेकर हमारे विचार अलग हो सकते हैं लेकिन सिद्धान्त के मामलों में हम एक हैं। वैसे भी सर्वोदय आन्दोलन का मार्गदर्शन इन्दिराजी को नहीं बल्कि ख़ुद विनोबाजी और 'सर्व सेवा संघ' को करना है। जहाँ तक इन्दिराजी की इस टिप्पणी का सवाल है कि अमीरों से पैसे लेने वालों को भ्रष्टाचार के बारे में बात करने का कोई अधिकार नहीं है, तो मैं कहूँगा कि वह ऐसी योजना पर उतर रही हैं, जिसके नीचे मैं ख़ुद को नहीं गिरा सकता। 'निन्दा करने वालों के लिए (एवरीमैन : 13 अक्टूबर 1973)' शीर्षक वाले अपने लेख में मैंने खुलकर बताया है कि मैंने इतने सालों से ख़ुद को कैसे बनाये रखा है? मेरे पास और कुछ कहने को नहीं है, सिवाय इसके कि कोई भी पूर्णकालिक सामाजिक कार्यकर्ता जिसके पास आय का कोई स्वतन्त्र स्रोत नहीं है, वह उन निजी मित्रों की मदद के बिना नहीं रह सकता जिनके पास आवश्यक साधन हैं। (जेपी पेपर्स, MMML, 1 अप्रैल 1974 को भुवनेश्वर में एक सार्वजनिक बैठक में इन्दिरा गांधी की टिप्पणियों का जवाब)।"[11]

बिहार आन्दोलन के दौरान जेपी ने कई बार स्पष्ट किया कि उन्हें पद स्वीकार करने की कोई इच्छा नहीं है। वह इन्दिरा गांधी को बताना चाहते थे

कि दिल्ली की सत्ता की लड़ाई, इन्दिरा बनाम जेपी के बीच नहीं है। 11 अप्रैल 1974 को उन्होंने लिखा, "राजनेता भी यह समझने में असमर्थ प्रतीत होते हैं कि 'पार्टी और सत्ता' राजनीति की एकमात्र जगह नहीं है, यह तो बस राजनीति का एक भाग है। आधुनिक समाज का कोई भी नागरिक ऐसी राजनीति से बाहर नहीं निकल सकता, क्योंकि उसकी रोज़ी-रोटी भी एक राजनीतिक मुद्दा बन गयी है। यह पहली बार नहीं है कि मैं व्यापक रूप से समझी जाने वाली राजनीति और सत्ता और 'पार्टी राजनीति' के बीच यह अन्तर कर रहा हूँ। 1954 में जिस दिन मैंने पार्टी और सत्ता की राजनीति से अपने शेष जीवन के लिए हटने की घोषणा की थी, उसी दिन मैंने यह स्पष्ट क़र दिया था कि मैं राष्ट्र के राजनीतिक जीवन में सक्रिय भाग लेता रहूँगा। मेरा इसे बन्द करने का कोई इरादा नहीं है।" (जेपी पेपर्स, MMML, प्रेस को बयान, 11 अप्रैल 1974)।

यह एक अद्‌भुत विडम्बना ही थी कि 5 जून 1974 को इन्दिरा गांधी के तानाशाही शासन के ख़िलाफ़ गांधी मैदान से सम्पूर्ण क्रान्ति का आह्वान करते हुए जेपी ने अपनी बात समझाने के लिए जवाहरलाल नेहरू का भी हवाला दिया था, "मैं ग़ुस्से वाली भाषा का इस्तेमाल नहीं करने जा रहा हूँ। लेकिन मैं जो कहने जा रहा हूँ, उसमें एक क्रान्तिकारी के विचार होंगे। उन पर अमल करना आसान नहीं होगा। आपको बलिदान देना होगा, कष्ट सहना होगा, लाठियाँ और गोलियाँ खानी होंगी, जेलें भरनी होंगी। सम्पत्तियाँ कुर्क की जायेंगी। मित्रो, यह क्रान्ति है, सम्पूर्ण क्रान्ति। यह कोई आन्दोलन नहीं है, सिर्फ़ विधानसभा भंग करने का आन्दोलन नहीं है। हमें बहुत दूर जाना है, बहुत दूर। जवाहरलाल नेहरू के शब्दों में, जिस स्वतन्त्रता के लिए देश के हज़ारों युवाओं ने बलिदान दिया, जिसके लिए सरदार भगत सिंह और उनके साथियों को फाँसी पर लटका दिया गया। बंगाल, महाराष्ट्र और पूरे देश के क्रान्तिकारियों को गोली मार दी गयी। उस स्वतन्त्रता को प्राप्त करने के लिए लोगों को अभी भी कई मील की दूरी तय करनी है। लाखों देशवासियों ने स्वतन्त्रता प्राप्त करने के लिए बार-बार जेलों को भरा, लेकिन उस स्वतन्त्रता के 27 साल बाद, लोग कराह रहे हैं। भूख, बढ़ती महँगाई और भ्रष्टाचार हर

जगह व्याप्त है। लोग हर तरह के अन्याय के नीचे कुचले जा रहे हैं। शैक्षणिक संस्थान भ्रष्ट हैं। हज़ारों युवाओं का भविष्य अन्धकारमय है। बेरोज़गारी बढ़ती जा रही है। ग़रीबों को कम से कम काम मिलता है। भूमि हदबन्दी क़ानून पारित किये गये हैं, लेकिन भूमिहीन लोगों की संख्या बढ़ती जा रही है। छोटे किसान अपनी ज़मीन खो रहे हैं।"[12]

पूर्व प्रधानमन्त्री चन्द्रशेखर जेपी के क़रीबी थे और इन्दिरा के साथ जेपी की असफल बैठकों के बारे में सब कुछ जानते थे। उन्होंने जेपी को इन्दिरा की सोच के बारे में बताया था। चन्द्रशेखर ने 'यंग इंडिया' में लिखा था, "जेपी राजनीतिक सत्ता के लिए नहीं लड़ रहे हैं, उन्हें राज्य की शक्ति का इस्तेमाल करके नहीं हराया जा सकता।" चन्द्रशेखर जेपी से मिलने गये थे, जब जेपी वेल्लोर में प्रोस्टेट सर्जरी के बाद ठीक हो रहे थे। दिल्ली लौटने पर चन्द्रशेखर ने इन्दिरा गांधी से मुलाक़ात की और पूछा कि क्या वह जेपी से मिलने में रुचि रखती हैं? वह सहमत हो गयीं। जब वह जेपी से उनका सन्देश लेकर मिले, तो जेपी ने शिकायत की, कि इन्दिरा ने उन पर उद्योगपतियों से पैसे लेने का आरोप लगाया है।

इन्दिरा गांधी ने जेपी को पत्र भेजकर उनके स्वास्थ्य के बारे में जानकारी ली। गृह मन्त्री उमाशंकर दीक्षित ने भी एक बयान जारी कर कहा कि जेपी एक महान राष्ट्रीय नेता हैं और कोई भी उनकी ईमानदारी पर सन्देह नहीं कर सकता। जेपी को उम्मीद थी कि इन्दिरा गांधी, दीक्षित से बयान जारी करवाने के बजाय अपना बयान वापस ले लेंगी। जेपी छात्र आन्दोलन की कमान सँभालने के लिए पटना लौट आये। जेपी और इन्दिरा गांधी के बीच बढ़ते अविश्वास के बीच चन्द्रशेखर ने जेपी को पच्चीस अन्य लोगों के साथ दिल्ली में अपने घर पर चाय पार्टी के लिए आमन्त्रित किया। चन्द्रशेखर ने बाद में याद किया कि जेपी और इन्दिरा गांधी के बीच बैठक आयोजित करने की साज़िशों में कांग्रेस पार्टी की दरबारी संस्कृति के सभी तत्त्व शामिल थे–महलों की साज़िशें, षड्यंत्र, और राजनीति छल।[13]

घबराई हुई इन्दिरा गांधी ने कुछ कांग्रेस नेताओं को जेपी से सम्पर्क करने के लिए भेजा, जेपी चन्द्रशेखर को बताये बिना दिल्ली पहुँचे थे, जिन्हें बाद में

पता चला कि जेपी को इन्दिरा गांधी के साथ अपनी आगामी बैठक पर चर्चा न करने के लिए कहा गया था। जब जेपी ने आश्चर्य जताया कि चन्द्रशेखर को इस बैठक से बाहर क्यों रखा गया? तो चन्द्रशेखर ने मसौदा प्रस्ताव पढ़ने के बाद प्रतिक्रिया व्यक्त की। दिनेश सिंह और श्याम नन्दन मिश्रा ने ही जेपी को मसौदा सौंपा था। चन्द्रशेखर ने जेपी को समझाया कि इन्दिरा गांधी केवल इस तथ्य को प्रचारित करना चाहती थीं कि वह जेपी के साथ मतभेदों को सुलझाने की कोशिश कर रही थीं, जबकि उनका समझौते का सम्मान करने का कोई इरादा नहीं था। अगर चन्द्रशेखर इन मध्यस्थताओं का हिस्सा होते, तो वे इस बात पर ज़ोर देते कि प्रधानमन्त्री को समझौते को बनाये रखने के लिए जवाबदेह ठहराया जाये।[14]

इन्दिरा गांधी के साथ जेपी की 1 नवम्बर 1974 की असफल बैठक का विवरण उतना द्वेष नहीं दिखाता जितना कि आपातकाल से जुड़ी किताबों के कई लेखकों ने इसे अतिशयोक्ति के साथ दिखाया है, हमें जेपी द्वारा लिखे गये विवरणों पर ही यक़ीन करना चाहिए। जेपी ने लिखा, "आज सुबह मैंने प्रधानमन्त्री से मुलाक़ात की। हमारी बातचीत लगभग डेढ़ घण्टे तक चली, आख़िरी आधे घण्टे हमारे साथ सिंचाई मन्त्री जगजीवन राम भी रहे। उन्होंने बिहार आन्दोलन और इसके विभिन्न राज्यों में फैलने की सम्भावना पर अपनी स्वाभाविक चिन्ता व्यक्त की। मैंने उन्हें इसमें शामिल विभिन्न मुद्दों जैसे कि मुद्रास्फीति, चुनाव सुधार, भ्रष्टाचार, विशेष रूप से राजनीतिक, शैक्षिक पुनर्निर्माण, गफूर मन्त्रालय की बर्ख़ास्तगी और बिहार विधानसभा को भंग करने के बारे में समझाया। मैंने देश की अत्यन्त गम्भीर स्थिति की ओर भी उनका ध्यान आकर्षित किया और उन्हें इस बात पर ज़ोर दिया कि यदि लोकतान्त्रिक संस्थाओं या प्रक्रियाओं में लोगों का विश्वास क़ायम रखना है तो स्थिति को सुधारने के लिए तत्काल उपाय करने की आवश्यकता है।"[15]

पत्रकार कूमी कपूर लिखती हैं, "इन्दिरा गांधी ने एक 'समझौता फॉर्मूला' पेश किया था जिसमें जेपी के नेतृत्व में प्रस्तावित 4 नवम्बर के बिहार मार्च को वापस लेना शामिल था। जेपी ने मार्च को वापस लेने से इनकार कर दिया। इसके बजाय उन्होंने इन्दिरा को उनकी माँ कमला नेहरू द्वारा प्रभावती देवी

को लिखे गये पत्र सौंपे। कमला नेहरू और प्रभावती जी के बीच बहुत घनिष्ठ सम्बन्ध थे, इस पत्र में कमला जी ने अपने दुख को व्यक्त किया है। उन्होंने अपने पति की लगातार अनुपस्थिति और ससुराल में अकेलेपन की भावना के कारण अपने गहरे अकेलेपन के बारे में लिखा है।"[16]

कूमी कपूर, पुपुल जयकर को उद्धृत करती हैं। इन्दिरा गांधी ने अपनी मित्र पुपुल जयकर से कहा था, "आप नहीं जानतीं कि यहाँ क्या हो रहा है, मेरे ख़िलाफ़ साज़िशें हो रही हैं। जयप्रकाश और मोरारजी भाई (देसाई) हमेशा मुझसे नफ़रत करते थे। वे यह देखना चाहते थे कि मैं बर्बाद हो जाऊँ और सरकारी कामकाज ठप हो जाये। मैं इसकी अनुमति कैसे दे सकती थी?"[17]

आन्दोलन में सक्रिय भागीदार रहे सुशील कुमार मोदी, शिवानन्द तिवारी और राम बहादुर राय बताते हैं कि 4 नवम्बर 1974 को जेपी की वह क्रान्तिकारी छवि सामने आयी। पुलिस की लाठियों से बचने के लिए जेपी ने सिर पर सफ़ेद कपड़ा बाँधकर रखा था।

उस ऐतिहासिक दिन को याद करते हुए जेपी ने लिखा, "4 नवम्बर 1974 को मेरे नेतृत्व में ऐतिहासिक पटना मार्च का आयोजन किया गया था। केन्द्रीय रिज़र्व पुलिस ने प्रदर्शनकारियों पर आँसू गैस के गोले और लाठियाँ बरसाईं, जिससे सैकड़ों लोग घायल हो गये। मुझे भी पुलिस की लाठी लगी। अगर श्री नानाजी देशमुख और श्री अली हैदर तथा कुछ अन्य मित्रों (जिनमें मेरी सुरक्षा के लिए तैनात बिहार पुलिस के कुछ जवान भी शामिल थे) ने केन्द्रीय पुलिस बल की लाठियों के सामने ख़ुद को आगे करके मुझे बचाने की कोशिश नहीं की होती, तो मैं मारा जाता या कम से कम गम्भीर रूप से घायल हो जाता। यह सब केन्द्र सरकार के इशारे पर हुआ, क्योंकि बिहार सरकार अकेले ऐसा नहीं कर सकती थी।"[18]

सम्पूर्ण क्रान्ति आन्दोलन के दौरान जेपी के ख़िलाफ़ एक बात यह कही जाती है कि उन्होंने आरएसएस और भारतीय जनसंघ के साथ समझौता कर लिया था। यह संघ के ख़िलाफ़ आज़ादी के तुरन्त बाद उनके द्वारा अपनाये गये रुख़ के बिल्कुल विपरीत था। वे संघ की कट्टर राष्ट्रवादी विचारधारा को पसन्द नहीं करते थे। लेकिन 1974 के आन्दोलन के दौरान पटना में पुलिस

लाठीचार्ज के दौरान जेपी का साथ देने वाले नानाजी देशमुख जैसे नेताओं के साथ मिलकर काम करने से शायद उनके विचार में संघ के लिए थोड़ी नरमी आ गयी थी।

समाजवादी नेता और सांसद शरद यादव याद करते हैं, "जब हमें पता चला कि जेपी आरएसएस के शिविर में भाग लेने जा रहे हैं, तो समाजवादी खेमा बेचैन हो उठा, कांग्रेस के एक गुट में भी कुछ इसी तरह की बेचैनी थी। मैंने उनसे दो बार अनुरोध किया। दूसरी बार वे चिढ़ गये और अपना ग़ुस्सा ज़ाहिर करने के लिए मुझे अपनी छड़ी से एक तरफ़ हटा दिया।" यादव कहते हैं, "जेपी द्वारा भारतीय जनसंघ का न्योता स्वीकार करने से उसकी अस्पृश्यता और आरएसएस पर महात्मा गांधी के हत्यारे होने का लम्बे समय से चला आ रहा कलंक ख़त्म हो गया।"(21 दिसम्बर 2019)। हालाँकि, जेपी द्वारा संघ को स्वीकार करने पर अभी भी कई सवाल खड़े होते हैं, क्योंकि वे कभी इसके कटु आलोचक रहे थे। जेपी ने राजनीति में अपने शुरुआती दिनों में एक लेख में लिखा था, "जो लोग हिन्दू राज्य की बात करके आरएसएस में युवाओं की भर्ती कर रहे हैं, उनसे पूछिए कि क्या पहले या आज भी हिन्दू राज्य नहीं था? नेपाल में भी एक दयालु राजा था, उसकी क्या स्थिति है? दिल्ली में मुझसे मिलने आये एक व्यक्ति ने पूछा कि क्या हिन्दू राज्य का मतलब राम राज्य है? ये कौन-सी रामराज्य की अवधारणा है जिसमें पड़ोसी के घर को जलाने की बात की जाती है?" आरएसएस के तहत ग़रीब, युवा छात्र, कुछ स्कूल-कॉलेज जाने वाले, छोटे-मोटे मज़दूर भर्ती किये जा रहे हैं। इन असहाय लोगों को नहीं पता कि संघ के पीछे कौन-सी ताक़तें काम कर रही हैं। किसी राजा ने देश की आज़ादी के लिए काम नहीं किया, बल्कि अंग्रेज़ों की चाटुकारिता की है।"[19]

भाजपा के वरिष्ठ नेता और बिहार के उपमुख्यमन्त्री सुशील कुमार मोदी ने बताया था कि यह निश्चित रूप से एक ऐतिहासिक घटना थी कि जेपी न केवल संघ शिविर में आये बल्कि सम्बोधन भी किया। "यह सच है कि इससे संघ और बाद में भाजपा को आगे बढ़ने और अन्य दलों द्वारा स्वीकार किये जाने में मदद मिली। बिहार में हमारी अधिक स्वीकार्यता 1977 में परिलक्षित

हुई जब हमारे नेता कैलाशपति मिश्र, सीएम कर्पूरी ठाकुर के दूसरे नम्बर के मन्त्री थे। बाद में, 1990 में लालू ने भी सरकार बनाने के लिए हमारा समर्थन लिया था। राष्ट्रीय स्तर पर भी हमने 1989 में वीपी सिंह सरकार का समर्थन किया था। हम निश्चित रूप से इसके लिए जेपी के क़र्ज़दार हैं।"[20]

राम बहादुर राय कहते हैं, जब वे बिहार में काम करने आये थे, तब वे जेपी के लगातार सम्पर्क में थे। बिहार के कई वरिष्ठ नेता, जो छात्र आन्दोलन की सफलता को लेकर सशंकित थे, फिर भी छात्र कार्यकर्ताओं पर कड़ी नज़र रखते थे। भारतीय जनसंघ के नेता कैलाशपति मिश्र और ठाकुर प्रसाद, कांग्रेस (O) के नेता सत्येन्द्र नारायण सिन्हा और दिग्विजय नारायण सिंह और संसोपा नेता कर्पूरी ठाकुर और रामानन्द तिवारी छात्र नेताओं से मिलकर ताज़ा जानकारी लेते थे। 18 मार्च 1974 के विरोध प्रदर्शन से ठीक पहले सत्येन्द्र नारायण सिन्हा (जो 1989 में मुख्यमन्त्री बने) ने राय से कहा था कि विरोध प्रदर्शन में 7,000-8,000 से ज़्यादा छात्र नहीं आयेंगे। लेकिन वे ग़लत थे।

जेपी ही थे जिन्होंने राय को सचेत किया था कि पुलिस उन्हें ढूँढ़ रही है। उन्होंने जेपी के सचिव सच्चिदानन्द सिन्हा को फ़ोन किया, जिन्होंने बेचैन होकर पूछा, "आप कहाँ हैं? जेपी सुबह से आपको पूछ रहे हैं। सुबह क़रीब 10 बजे छह लोग–राम बहादुर राय, भवेश चन्द्र प्रसाद, शिवानन्द तिवारी, मिथिलेश कुमार सिंह और दो अन्य, क़दम कुआँ के चरखा समिति में स्थित जेपी के घर गये। जेपी, जिन्हें प्रोस्टेट की समस्या थी, अपने बिस्तर पर लेटे हुए थे। उनके तकिए के पास एक काग़ज़ था, जिस पर 10-12 सवाल लिखे थे। जब मैंने उन्हें पूरी घटना का विवरण सुनाया, तो उन्होंने पूछा कि हिंसा के लिए कौन ज़िम्मेदार है? मैंने कहा, पुलिस, सीपीआई और कुछ कांग्रेस नेता। लेकिन मैंने उनसे कोई भी बयान देने से पहले इसकी पुष्टि करने को कहा। वह सहमत हो गये, राय कहते हैं, "हमने उनसे कहा कि अगर उन्हें हमारी बातें सही लगती हैं तो वे हमारे पक्ष में बयान दें।"[21]

24 अप्रैल 1974 को जेपी ने इस घटना पर अपना पहला बयान दिया और हिंसा के लिए पुलिस, सीपीआई और कुछ कांग्रेस नेताओं को दोषी ठहराया। यह जेपी के आन्दोलन में औपचारिक प्रवेश का संकेत था। पर जेपी

ने एक ज़रूरी शर्त रखी कि वे आन्दोलन का नेतृत्व तभी करेंगे जब हिंसा नहीं होगी। 8 अप्रैल को जेपी ने अगस्त क्रान्ति मैदान से वापस आन्दोलन में आने के लिए मौन विरोध मार्च का नेतृत्व किया। लोगों ने अहिंसक विरोध को दिखाने के लिए अपने हाथ पीठ पर बाँध लिए थे। यह वास्तव में एक बड़ा जन आन्दोलन बन गया। प्रधानमन्त्री इन्दिरा गांधी ने इस पर गम्भीरता से ध्यान देना शुरू किया।

सांसद शरद यादव इन्दिरा के बारे में जेपी के साथ अपनी बातचीत को याद करते हैं, "जेपी ने कहा कि इन्दु को कोई नहीं जानता। वह एक बिल्ली की तरह है जो अगर घिर जाये तो पलटवार कर सकती है।"[22] यादव कहते हैं कि जेपी ने इन्दिरा गांधी का कितना सटीक आकलन किया था।

जेपी ने रामधारी सिंह दिनकर की इन पंक्तियों का हवाला देते हुए 'सम्पूर्ण क्रान्ति' का आह्वान किया :

*सदियों की ठंडी बुझी राख सुगबुगा उठी*
*मिट्टी सोने का ताज पहन इठलाती है।*
*दो राह, समय के रथ का घरघर नाद सुनो*
*सिंहासन ख़ाली करो कि जनता आती है...*

जेपी 1942 के भारत छोड़ो आन्दोलन के नायक बन के उभरे थे, उसी नायकत्व से प्रभावित होकर दिनकर जी ने जेपी पर एक कविता लिखी। जो वर्ष 1946 में प्रकाशित हुई :

*'जय हो' भारत के नये खड्ग; जय तरुण देश के सेनानी!*
*जय नयी आग! जय नयी ज्योति! जय नये लक्ष्य के अभियानी!*
*स्वागत है, आओ, काल-सर्प के फण पर चढ़ चलने वाले!*
*स्वागत है, आओ, हवनकुण्ड में कूद स्वयं बलने वाले!*

*मुट्ठी में लिये भविष्य देश का, वाणी में हुंकार लिये,*
*मन से उतार कर हाथों में, निज स्वप्नों का संसार लिये।*

*सेनानी! करो प्रयाण अभय, भावी इतिहास तुम्हारा है;*
*ये नखत अमा के बुझते हैं, सारा आकाश तुम्हारा है।*

*विप्लव ने उगला तुम्हें, महामणि, उगले ज्यों नागिन कोई;*
*माता ने पाया तुम्हें यथा, मणि पाये बड़भागिन कोई।*
*लौटे तुम रूपक बन स्वदेश की, आग भरी क़ुरबानी का,*
*अब 'जयप्रकाश' है नाम देश की, आतुर, हठी जवानी का।*

*कहते हैं उसको 'जयप्रकाश', जो नहीं मरण से डरता है,*
*ज्वाला को बुझते देख, कुण्ड में, स्वयं कूद जो पड़ता है।*
*है 'जयप्रकाश' वह जो न कभी, सीमित रह सकता घेरे में,*
*अपनी मशाल जो जला, बाँटता फिरता ज्योति अँधेरे में।*

*भूचाल, बवण्डर के ख़्वाबों से, भरी हुई तरुणाई का।*
*है 'जयप्रकाश' वह नाम जिसे, इतिहास समादर देता है,*
*बढ़ कर जिसके पद-चिह्नों को, उर पर अंकित कर लेता है।*
*ज्ञानी करते जिसको प्रणाम, बलिदानी प्राण चढ़ाते हैं,*
*वाणी की अंग बढ़ाने को, गायक जिसका गुण गाते हैं।*

*आते ही जिसका ध्यान, दीप्त हो प्रतिभा पंख लगाती है,*
*कल्पना ज्वार से उद्वेलित, मानस-तट पर थर्राती है।*
*वह सुनो, भविष्य पुकार रहा, वह दलित देश का त्राता है,*
*स्वप्नों का द्रष्टा 'जयप्रकाश', भारत का भाग्य-विधाता है।*[23]

4 नवम्बर 1974 को जेपी ने विधायकों के इस्तीफ़े और बिहार विधानसभा को भंग करने की माँग की। जेपी के आह्वान से कई दल ऊहापोह की स्थिति में थे। भाजपा नेता लाल मुनि चौबे ने जेपी का समर्थन किया लेकिन कुछ लोगों ने उनके आह्वान पर नाराज़गी भी जतायी और कहा कि सांसदों को भी इस्तीफ़ा दे देना चाहिए। जैसे-जैसे आन्दोलन आगे बढ़ा, कई विधायकों ने

इस्तीफ़ा दे दिया, इस्तीफ़ा देने वालों में कर्पूरी ठाकुर, रामविलास पासवान, रामानन्द तिवारी जैसे नेता प्रमुख थे। उन्होंने विपक्षी नेताओं की जन संघर्ष समिति बनायी।

छात्र आन्दोलन के दौरान जेपी ने सर्वोदय नेता विनोबा भावे के साथ अपने मतभेदों के बारे में स्पष्ट रूप से बात की थी। जेपी ने कहा था, "आपातकाल के दौरान बनी एक आम धारणा यह थी कि विनोबाजी और मैं मौजूदा स्थिति के आकलन और उसका समाधान खोजने के सवालों पर बहुत अलग-अलग विचार रखते थे। वास्तव में, बुनियादी सवालों पर, हम बहुत अलग राय और विचार नहीं रखते हैं। लेकिन हमारे दृष्टिकोण, हमारी सोच के तरीक़े अलग-अलग हैं। विनोबाजी, जैसा कि आप जानते हैं, एक सन्त और आध्यात्मिक व्यक्ति हैं। किसी प्रश्न पर उनका दृष्टिकोण आध्यात्मिक है और मेरा सामाजिक है। इससे हमारे काम करने के तरीक़ों में भी बहुत अन्तर पैदा होता है और यह अन्तर हमारे साथियों के बीच गम्भीर मतभेदों को जन्म देता है जो कुछ हद तक दे चुका है।"[24]

जब भारत के पूर्व राष्ट्रपति प्रणब मुखर्जी ने 2018 में आरएसएस के एक समारोह में भाग लिया, तो कांग्रेस पार्टी की नाराज़गी के बावजूद, आरएसएस ने कांग्रेस को याद दिलाया कि यह पहली बार नहीं है कि एक महत्त्वपूर्ण व्यक्ति ने आरएसएस के समारोह में भाग लिया है। बीआर अम्बेडकर, महात्मा गांधी और जेपी ने अलग-अलग समय पर, अलग-अलग सन्दर्भों में ऐसे कार्यक्रमों में भाग लेते रहे हैं।

आरएसएस के एक वरिष्ठ पदाधिकारी नरेन्द्र कुमार ने एक प्रेस विज्ञप्ति में कहा कि यह उनकी महानता है कि प्रणब मुखर्जी ने हमारा निमन्त्रण स्वीकार कर लिया है। "संघ को जानने और समझने वालों के लिए यह आश्चर्य की बात नहीं है, क्योंकि आरएसएस हमेशा अपने कार्यक्रमों में समाज के प्रमुख लोगों को आमन्त्रित करता रहा है। इस बार हमने डॉ. प्रणब मुखर्जी को आमन्त्रित किया है। महात्मा गांधी, पूर्व राष्ट्रपति ज़ाकिर हुसैन, जयप्रकाश नारायण, भारतीय सेना के कमांडर-इन-चीफ़ के एम करिअप्पा और अन्य प्रसिद्ध हस्तियाँ भी इससे पहले आरएसएस के विभिन्न कार्यक्रमों

में अतिथि रह चुकी हैं। पूर्व राष्ट्रपति मुखर्जी द्वारा आरएसएस के कार्यक्रम में शामिल होने की स्वीकृति देश को यह सन्देश देती है कि महत्त्वपूर्ण मुद्दों पर बातचीत होनी चाहिए और विचार से असहमति रखने वाले शत्रु नहीं होते। उनके निमन्त्रण को स्वीकार करने से आरएसएस-हिन्दुत्व पर उठ रहे सवालों का जवाब मिल गया है। 1963 में तत्कालीन प्रधानमन्त्री जवाहरलाल नेहरू के निमन्त्रण पर 3,000 स्वयंसेवकों ने वर्दी पहनकर गणतन्त्र दिवस परेड में हिस्सा लिया था। इसी तरह, 1965 के भारत-पाक युद्ध के दौरान तत्कालीन प्रधानमन्त्री लाल बहादुर शास्त्री के निमन्त्रण पर आरएसएस के पदाधिकारियों ने राष्ट्रीय एकता परिषद की बैठक में हिस्सा लिया था।"[25]

आपातकाल लागू होने से कुछ घण्टे पहले, जेपी ने 25 जून 1975 को दिल्ली में दहाड़ते हुए लोगों को इन्दिरा गांधी के देश में 'तानाशाही स्थापित करने' की कोशिश के ख़िलाफ़ चेतावनी दी थी। गिरफ़्तार होने और बाद में एम्स में क़ैदी के रूप में चंडीगढ़ ले जाये जाने के बाद, निराश जेपी ने लिखा (जेल डायरी, 21 जुलाई-4 नवम्बर 1975), "मेरी दुनिया मेरे चारों ओर के खँडहर में पड़ी है। मुझे डर है कि मैं अपने जीवनकाल में इसे फिर से एक साथ नहीं देख पाऊँगा।"[26]

इतिहासकार बिपिन चन्द्रा ने अपनी पुस्तक 'इन द नेम ऑफ़ डेमोक्रेसी : जेपी मूवमेंट' में आन्दोलन की गम्भीर आलोचना प्रस्तुत की है और कहा है कि इसमें गम्भीर स्थायी दृष्टि का अभाव था। वे लिखते हैं, "सम्पूर्ण क्रान्ति की शुरुआत कैसे की जानी थी और इसके एजेंट और साधन कौन होने थे? जेपी को चुनावों या संसदीय प्रणाली पर कोई भरोसा नहीं था। जेपी ने लोगों द्वारा की जाने वाली क्रान्ति की बात की। 'सम्पूर्ण क्रान्ति' के इस व्यापक विस्तार में, एक वैकल्पिक सामाजिक व्यवस्था या एक वैकल्पिक समाज और राजनीतिक संरचना की व्यापक रूपरेखा का अभाव है। इसे देखते हुए, यह अवधारणा सबसे अच्छी तरह से एक रोमांटिक धारणा या केवल बयानबाज़ी का विषय बनी रही। जब जेपी ने सम्पूर्ण क्रान्ति के उद्देश्यों को परिभाषित करने की कोशिश की, तो यह ऐसे सामान्य और अस्पष्ट शब्दों में था जैसे 'सामाजिक संरचना में बदलाव', 'व्यवस्था के ख़िलाफ़ लड़ाई', 'जीवन का एक तरीक़ा', 'वर्गहीन और जातिहीन समाज', 'लोगों का कल्याणकारी

राज्य', 'लोगों की इच्छाओं और ज़रूरतों की पूर्ति', 'एक सर्वांगीण क्रान्ति, राजनीतिक, आर्थिक, सामाजिक, शैक्षिक, नैतिक और सांस्कृतिक।'[27]

यह सच है कि जेपी की दुविधा उनके शब्दों में झलकती है। फिर भी, इस आन्दोलन ने समाजवादी आन्दोलन या सामाजिक धारा के आन्दोलन को प्रोत्साहन दिया और अन्ततः बिहार में कांग्रेस शासन को समाप्त करने का मार्ग प्रशस्त किया, बाद में उनके आन्दोलन से उपजे लालू प्रसाद ने राज्य की बागडोर सँभाली। जेपी आन्दोलन की तुलना 2012 के अन्ना हजारे आन्दोलन से की जा सकती है, जिसमें जन लोकपाल बिल की माँग के साथ-साथ भ्रष्टाचार विरोधी आख्यान भी था। अन्ना ने तत्कालीन सत्तारूढ़ कांग्रेस को भी यही नैतिक अधिकार दिखाने की कोशिश की थी, लेकिन वे इसे बरकरार नहीं रख सके। नतीजतन, प्रमुख विपक्षी भाजपा ने सत्ता विरोधी लहर का सबसे अधिक फ़ायदा उठाया।

जेपी आन्दोलन, जिसे 'दिशाहीन आन्दोलन' कहा जाता है, ने 1977 में इन्दिरा गांधी को सत्ता से बाहर करने के वर्षों बाद लालू प्रसाद और नीतीश कुमार को नेता के रुप में स्थापित किया, वहीं अन्ना आन्दोलन ने अरविंद केजरीवाल को नेता के रुप में स्थापित किया, जो दिल्ली में वैकल्पिक राजनीति पेश करने में सक्षम हैं। कर्पूरी ठाकुर का एक मज़बूत मुख्यमन्त्री के रूप में उदय और गठबन्धन जनता पार्टी सरकार का पहला सफल प्रयोग जेपी आन्दोलन की वजह से ही सम्भव हो सका। इस आन्दोलन के राजनीतिक फ़सल उपजाऊ रहे, हालाँकि 1980 में कांग्रेस सत्ता में लौट आयी। 1980 और 1990 के बीच कांग्रेस ने फिर से उच्च जाति की राजनीति पर ध्यान केन्द्रित किया और सामाजिक बदलाव की हवाओं को नज़रअन्दाज़ कर दिया। अपने दूसरे कार्यकाल तक लालू प्रसाद ने अपनी सफलता को व्यक्तिवादी बना दिया था, लेकिन जेपी आन्दोलन की गूँज अभी भी है, शायद समाजवादियों में से आख़िरी समाजवादी, नीतीश कुमार ने समाजवाद का झंडा बुलन्द कर रखा है।

हरिवंश कहते हैं, "विचारधारा की राजनीति का अन्त हो चुका है। अब तकनीक और पूँजी ही राजनीति और दुनिया पर राज कर रहे हैं। चन्द्रशेखर अक्सर कहते थे कि गांधी ने सिर्फ़ तीन बड़े आन्दोलन चलाये थे–1920 में (असहयोग आन्दोलन), 1930 में (सविनय अवज्ञा आन्दोलन) और 1942

में (भारत छोड़ो आन्दोलन), लेकिन उन्होंने लोगों से जुड़ने के लिए पूरे देश की यात्रा की।" इतिहासकार सुमित सरकार ने लिखा है, "कांग्रेस अंग्रेज़ों के सामने प्रार्थना और याचिकाएँ प्रस्तुत करने का एक मंच भर था, जैसे ही कांग्रेस में गांधी का प्रवेश होता है, कांग्रेस का स्वरूप ही बदल जाता है। गांधी की विचारधारा इतनी मज़बूत थी कि भारत ही नहीं दूसरे देशों ने भी साम्राज्यवाद से लड़ने के लिए गांधीवादी पद्धति का सहारा लिया।"[28]

जेपी शायद भारतीय राजनीतिक इतिहास में एक अनूठे उदाहरण हैं जिन्होंने समय-समय पर अपनी विचारधारा को प्रासंगिक बनाया है। एक वैचारिक मार्क्सवादी से, जेपी कांग्रेस सोशलिस्ट पार्टी के माध्यम से समाजवादी बन गये और बाद में आचार्य नरेन्द्र देव और लोहिया के साथ 1948 में सोशलिस्ट पार्टी की नींव रखी।

धर्मानन्द कोसाम्बी (1876-1947) और दामोदर धर्मानन्द उर्फ़ डीडी कोसाम्बी (1907-1966) की असाधारण पिता-पुत्र जोड़ी, जो दोनों ही प्रतिभाशाली विद्वान और अध्ययन के क्षेत्र में अग्रणी थे, के जीवन ने आधुनिक भारत के पहले महान परिवर्तन को स्पष्ट रूप से चित्रित किया, जो 1950 के दशक और 1960 के दशक के प्रारम्भ में–जवाहरलाल नेहरू के अधीन तीन प्रशासनों के दौरान हुआ, एक साथ और व्यक्तिगत रूप से, कोसाम्बी बौद्धिक धाराओं के संगम का उदाहरण भी देते हैं, जिसने 20वीं शताब्दी के पहले तीन दशकों में बड़ी संख्या में प्रमुख भारतीयों, पुरुषों और महिलाओं की जीवनियों को प्रभावित किया : बौद्ध धर्म, मार्क्सवाद, गांधीवाद और समाजवाद। सांस्कृतिक और समाजशास्त्रीय दृष्टि से कम अध्ययन किये गये कारणों और आधुनिक भारत के बौद्धिक इतिहास में अभी तक किसी भी तरह के व्यवस्थित उपचार को प्राप्त नहीं करने के कारण, इन वैचारिक धाराओं के कुछ मिश्रण ने बीआर अम्बेडकर से लेकर राम मनोहर लोहिया, नरेन्द्र देव से लेकर राहुल सांकृत्यायन, जयप्रकाश नारायण से लेकर हजारी प्रसाद द्विवेदी, विनोबा भावे और जेबी कृपलानी तक कई विचारकों और नेताओं को प्रभावित किया।

समाजवादी जेपी, सर्वोदय और भूदान से जुड़ने के साथ गांधीवादी बन गये। बाद में, उन्होंने भारतीय जनसंघ को स्वीकार करके गठबन्धन की

राजनीति के अग्रदूत बनने के लिए अपनी विचारधारा को प्रासंगिक बनाया। वाजपेयी और आडवाणी के साथ उनकी दोस्ती, नानाजी देशमुख के साथ उनकी दोस्ती और सुशील कुमार मोदी, वेंकैया नायडू, अरुण जेटली और रवि शंकर प्रसाद जैसे संघ परिवार से जुड़े नेताओं के प्रेरणास्रोत के रूप में उन्हें याद किया जायेगा।

जगदीश बाबू ने हरिवंश को बताया था कि कैसे जेपी, जो कांग्रेस सोशलिस्ट पार्टी की स्थापना से लेकर 1948 में सीएसपी के समाप्त होने तक इसके महासचिव रहे थे, वो 15 दिनों के प्रशिक्षण शिविर का आयोजन करते थे। जेपी, जो मार्क्सवादी से समाजवादी बने थे, ईएमएस नम्बूदरीपाद जैसे लोगों को सीएसपी में लाने में सहायक रहे थे। जेपी, वल्लभ भाई पटेल के तीखे आलोचक थे, लेकिन बाद के दिनों में भवन जर्नल (केएम मुंशी द्वारा शुरू किया गया) में लिखे एक लेख में उन्होंने क़बूल किया था कि पटेल की आलोचना करके वे कितने ग़लत थे। हजारीबाग जेल में जेपी की क़ैद की 50वीं सालगिरह पर बोलते हुए जगदीश बाबू ने याद किया कि कैसे वे जेपी के बिस्तर पर उस रात सोये थे, जब जेपी जेल से भागे थे और बाद में जेपी की मौजूदगी का नाटक करने के लिए उन्हें यातनाएँ झेलनी पड़ी थीं।

जब भारतीय राजनीति में नेहरू के उत्तराधिकार का सवाल गूंजने लगा तो जेपी को नेहरू के विकल्प के रूप में लिया गया। लेकिन जेपी कभी सत्ता की ओर आकर्षित नहीं हुए। उन्होंने एक बार लिखा था कि वे प्रधानमन्त्री बन सकते थे, लेकिन प्रधानमन्त्री बनना उनके सफल होने का मापदंड नहीं था। उन्होंने 'अच्छाई को प्रोत्साहन' नामक लेख लिखा था, इस लेख में चरित्र निर्माण पर ज़ोर दिया गया था। दरअसल, नेहरू ने एक बार उनसे राजनीति में वापस आने का अनुरोध किया था। जेपी ने नेहरू के सामने शर्त के तौर पर 14 माँगों की सूची दी थी। न तो नेहरू ने इन माँगों पर कोई जवाब दिया और ना ही जेपी ने सक्रिय राजनीति में वापसी की।

जेपी के शुरुआती दिनों को याद करना, इस महत्त्वपूर्ण स्वतन्त्रता सेनानी, मार्क्सवादी-समाजवादी और सम्पूर्ण क्रान्ति के सारथी को समझने के लिए महत्त्वपूर्ण है। USA में अपनी शिक्षा पूरी करने के बाद, वे 1929 में भारत लौट आये। जेपी यह समझ नहीं पा रहे थे कि कम्युनिस्ट और कांग्रेसी नेताओं

में विवाद क्यों है? हालाँकि वे स्वयं वैचारिकी और शिक्षा से मार्क्सवादी थे, उन्होंने नेहरू के कांग्रेस में शामिल होने के आह्वान को स्वीकार कर लिया और जल्द ही नेहरू से उनका मधुर सम्बन्ध भी स्थापित हो गया, वे उन्हें 'भाईसाहब' कहकर सम्बोधित किया करते थे। जेपी ने स्वतन्त्रता आन्दोलन में महत्त्वपूर्ण भूमिका निभायी और 1932 में सविनय अवज्ञा आन्दोलन के दौरान जेल भी गये। नासिक जेल में अपने कारावास के दौरान उनकी मुलाक़ात राम मनोहर लोहिया, अशोक मेहता, मीनू मसानी, अच्युत पटवर्धन और सी के नारायणस्वामी और अन्य समाजवादी नेताओं से हुई। इस मुलाक़ात ने उन्हें आचार्य नरेन्द्र देव की अध्यक्षता वाली 'कांग्रेस सोशलिस्ट पार्टी' (सीएसपी) में शामिल होने के लिए प्रेरित किया।

भारत छोड़ो आन्दोलन के दौरान जेपी स्वतन्त्रता संग्राम के एक बड़े नायक के रूप में उभरे। जेपी, लोहिया और अरुणा आसफ अली को इसी आन्दोलन के माध्यम से पूरा देश जानने लगा। उन्हें भारत रक्षा क़ानूनों के तहत दूसरी बार गिरफ़्तार किया गया था। जेपी को हजारीबाग सेंट्रल जेल में रखा गया था। हजारीबाग जेल से उनका भागना, भारत की स्वतन्त्रता संग्राम की लोककथा का प्रेरणाप्रद हिस्सा है–जेल से भागना जेपी को एक नये नायकत्व की ओर ले गया, बाद के दिनों में राष्ट्रकवि रामधारी सिंह दिनकर ने जेपी को केन्द्र में रखते हुए एक कविता भी लिखी थी। आन्दोलन के दौरान जेपी भूमिगत हो गये थे और नेपाल में आज़ाद दस्ता का गठन किया था, लेकिन सितम्बर 1943 में उन्हें तीसरी बार पंजाब में गिरफ़्तार किया गया था। कई महीनों तक अंग्रेज़ों द्वारा कठोर यातना के बाद, जनवरी 1945 में लाहौर क़िले से आरा जेल में स्थानान्तरित कर दिया गया था। महात्मा गांधी द्वारा अंग्रेज़ों के साथ बातचीत शुरू करने के बाद लोहिया और जेपी को अप्रैल 1946 में रिहा किया गया। जेल से बाहर आने के बाद दोनों नेताओं का नेहरू से मोह भंग हो चुका था, जो बाद के दिनों में भी क़ायम रहा।

1948 में जब जेपी ने कांग्रेस से अलग होकर सोशलिस्ट पार्टी की राजनीति को अपनाया तब उन्हें यह भी अहसास हुआ कि सामाजिक परिवर्तन के लिए हिंसा जायज़ नहीं है। चुनावी राजनीति से मोहभंग होने के बाद, जेपी ने कभी कोई चुनाव नहीं लड़ा, और समाजवादी नेताओं से अलग होकर विनोबा

भावे के भूदान और सर्वोदय के उद्देश्यों को अपनाया।

जेपी हमेशा मानते थे कि समाजवाद तभी साकार हो सकता है जब सोशलिस्ट पार्टी के हाथ में सत्ता हो। वे 1952 के चुनाव परिणामों से घोर निराश थे इस चुनाव में समाजवादियों को करारी हार का सामना करना पड़ा था। वे वयस्क मताधिकार, सहकारी समितियों की स्थापना, देश के आर्थिक क्रियाकलाप में आम जनता की सहभागिता के समर्थक थे। बाद के दिनों में ये विचार कांग्रेस सोशलिस्ट पार्टी के दर्शन और उद्देश्य बन गये।[29]

1934 में जेपी ने स्वतन्त्रता सेनानी और समाजवादी रामनन्दन मिश्र के साथ मिलकर बिहार में सोशलिस्ट पार्टी का गठन किया। कांग्रेस का हिस्सा रहते हुए उनके पास बम्बई से मीनू मसानी और कमला देवी चट्टोपाध्याय जैसे अन्य समाजवादी मित्र भी थे। जेपी ने ज़ोर देकर कहा था कि कांग्रेस को अपने मूल दर्शन में समाजवाद को शामिल करना शुरू कर देना चाहिए। कांग्रेस ने भी आख़िरकार सभी प्रकार के शोषण से लड़ने का निर्णय लिया और जाति या पन्थ से परे देश के व्यापक हित में काम करने का संकल्प लिया। जेपी अक्सर कहा करते थे, "अगर समाजवाद को ज़मीन पर वास्तव में स्थापित करना है, तो हमें सोशलिस्ट पार्टी को मज़बूत करना होगा, और इस पार्टी को ग़रीबों, मज़दूरों, छात्रों और किसानों का अपार समर्थन प्राप्त करना होगा।"[30]

बिहार की राजनीति में जेपी की गरिमा का अन्दाज़ा इस बात से लगाया जा सकता है कि लालकृष्ण आडवाणी ने जेपी की जयन्ती 11 अक्टूबर को उनके गाँव से अपनी 2011 की राजनीतिक यात्रा शुरू करके उन्हें उचित श्रेय देने का फ़ैसला किया। यह काफ़ी विडम्बनापूर्ण था कि उनके आन्दोलन से उपजे नेता लालू के मुख्यमन्त्री बनने के ठीक 11 साल बाद और उसी आन्दोलन से निकले नीतीश कुमार द्वारा बिहार की बागडोर सँभालने के छह साल बाद सिताब दियारा में पहली बार बिजली कनेक्शन लगा।

मैंने 'द इंडियन एक्सप्रेस' के लिए एक रिपोर्ट लिखा था :

"लोकनायक जयप्रकाश नारायण, जेपी की जन्मस्थली सिताब दियारा के लाला टोला से भाजपा के वरिष्ठ नेता लालकृष्ण आडवाणी द्वारा अपनी 40 दिवसीय यात्रा शुरू करने से एक दिन पहले, एक अजीब दिखावे का प्रदर्शन

किया गया। जेपी के जन्मदिन पर गाँव में बिजली का कनेक्शन लगा। गंगा और सरयू नदियों के किनारे बसा 27 टोलों वाला गाँव, सिताब दियारा बिहार के छपरा और आरा ज़िले और उत्तर प्रदेश के बलिया ज़िले में आता है। गाँव में 1.5 लाख से ज़्यादा लोग रहते हैं और जेपी का पैतृक घर, जिसे अब जेपी स्मारक में बदल दिया गया है, छपरा ज़िले के सिताब दियारा के लाला टोला में आता है। चूँकि सिताब दियारा के ज़्यादातर टोले नदी के किनारे के इलाक़े में आते हैं, इसलिए इसे मुख्य ग्रिड से नहीं जोड़ा गया था। हालाँकि, बिहार के मुख्यमन्त्री नीतीश कुमार, जो ख़ुद जेपी आन्दोलन से निकले हैं, अब जेपी के गाँव में बिजली की आपूर्ति के लिए उत्तर प्रदेश के मुख्यमन्त्री को मनाने में सफल हो गये हैं। गाँव में अब एक और प्रतीक जो देखने को मिलेगा, वह है आडवाणी यात्रा की शुरुआत। हालाँकि भाजपा ने पहले घोषणा की थी कि आडवाणी जी की यात्रा सिताब दियारा के लाला टोला से शुरू होगी, लेकिन जेपी गाँव तक जाने वाली सँकरी सड़कों और मार्ग पर जलभराव जैसी व्यावहारिक समस्याओं के कारण पार्टी को कार्यक्रम को फिर से तय करना पड़ा।"[31]

जेपी की अपने गाँव की अन्तिम बार देखने की बहुत लालसा थी। हरिवंश याद करते हैं कि कैसे जेपी ने चन्द्रशेखर से कहा था कि वह सिताब दियारा जाना चाहते हैं। यह 1979 की बात है। जेपी डायलिसिस पर थे और उन्हें हर दूसरे दिन डायलिसिस लेना पड़ता था। तब केन्द्रीय मन्त्री चांद राम ने बलिया और छपरा को जोड़ने के लिए सरयू पर एक पुल की आधारशिला रखने की योजना बनायी थी। बिहार के सीएम कर्पूरी ठाकुर और यूपी के सीएम रामनरेश यादव, बीपी कोइराला और चन्द्रशेखर जेपी के साथ हेलीकॉप्टर से गाँव गये थे। जेपी ने सभी ग्रामीणों को अपने घर बुलाया और उनसे मुलाक़ात की। जेपी अपने लोगों से मिलते हुए भावुक हो जाते थे। उन्हें आभास हो गया था कि वह गाँव वापस नहीं आयेंगे। पटना वापस जाते समय जेपी ने कहा, "चन्द्रशेखर, हमरा के गाँव घुमा द"। इस गाँव को आज जयप्रकाश नगर के नाम से जाना जाता है, जहाँ जेपी का विश्वस्तरीय स्मारक है।[32]

21 मार्च 1977 को जनता पार्टी की जीत पर जेपी ने कहा था :

"लोगों ने अपनी राय बना ली है। उन्होंने आज़ादी का विकल्प चुना है। मुझे भरोसा है कि वे कभी भी अपनी सतर्कता नहीं छोड़ेंगे। सभी की निगाहें

अब जनता पार्टी पर टिकी हैं। उसके हर क़दम पर लोगों की नज़र है। बापू ने हमें एक अद्‌भुत सूत्र दिया था, जब भी आपको कोई ख़ास फ़ैसला लेने में सन्देह हो, तो सबसे ग़रीब आदमी का चेहरा याद करें और सोचें कि इसका उस पर क्या असर होगा? यह सूत्र हमारे सभी कार्यों का मार्गदर्शन करेगा। लोग राजनीतिक शैली में बदलाव की भी उम्मीद कर रहे हैं। जबकि दबाव और खींचतान लोकतान्त्रिक राजनीति का एक सामान्य हिस्सा हैं, जोड़-तोड़ वाली राजनीति आत्म-पराजयकारी है और जनता के लिए अनुचित है।"[33]

लालू प्रसाद बताते हैं, "जेपी ने हमें लोकतन्त्र के मायने समझाये, जिसमें समानता के सिद्धान्त समाहित हैं, जेपी किसी भी अवस्था की हिंसा से दुखी थे, ख़ासकर प्रदर्शनकारियों पर पुलिस की गोलीबारी से। वे अपनी आवाज़ में बहुत दर्द के साथ कहते थे कि भारत को आज़ादी इसके लिए नहीं मिली थी। यही कारण है कि जब उन्होंने 77 के आन्दोलन का नेतृत्व करने का फ़ैसला किया, तो उनकी पहली शर्त थी कि कोई हिंसा नहीं होगी, ख़ासकर छात्रों की ओर से। उन्होंने हमें अहिंसा के भाव दिखाने के लिए चेहरे पर मास्क लगाने की सलाह दी गयी थी।"[34]

लालू प्रसाद आन्दोलन के दिनों के एक क़िस्से को याद करते हैं, "हमने PMCH के कुछ कर्मचारियों को उनके केमिकल स्टॉक से बेरियम पाउडर छुपाने के लिए राज़ी कर लिया, ताकि बेरियम की कमी के कारण एक्स-रे में देरी हो। और पाउडर खुले बाज़ार में उपलब्ध नहीं था। एक्स-रे में देरी का मतलब था कि हम क़ैदियों को अस्पताल में रहने के लिए अधिक समय मिलेगा, जहाँ हमें जेल से थोड़ी ठीक सुविधाएँ मिलती थीं। मैं साथी क़ैदियों को मसखरे सुनाकर और अपने विवाह के क़िस्से सुनाकर उनका मनोरंजन किया करता था।"[35]

## नीतीश कुमार

नीतीश कुमार अपने पिता राम लखन सिंह की सलाह को दरकिनार करते हुए, 1969 में सक्रिय राजनीति में शामिल हुए, छात्र राजनीति में आने के लिए उन्हें उनके मित्र सुरेश शेखर ने प्रेरित किया और संसोपा की युवा शाखा समाजवादी युवजन सभा में शामिल होने के लिए कहा। नीतीश कुमार के पिता ने नीतीश

के जेपी आन्दोलन में शामिल होने का समर्थन किया और एक बार जेपी से मुलाक़ात भी की। हालाँकि, नीतीश ने अपनी पढ़ाई जारी रखी और बिहार कॉलेज ऑफ़ इंजीनियरिंग से इलेक्ट्रिकल इंजीनियरिंग (1967-72) की अपनी पढ़ाई पूरी की।

नीतीश के पिता ने गांधी के साथ नमक मार्च (जिसे दांडी यात्रा भी कहा जाता है) में और 1942 के आन्दोलन में भी हिस्सा लिया था। उनके पिता को 1952 और 1967 में विधानसभा का टिकट नहीं दिया गया था। उन्होंने 1957 के चुनावों में एक निर्दलीय उम्मीदवार के रूप में चुनाव लड़ने के लिए कांग्रेस छोड़ दी थी, लेकिन वे हार गये थे। ओबीसी के कुर्मी जाति से आने वाले नीतीश कुमार जेपी आन्दोलन में देर से शामिल हुए, जेपी आन्दोलन की शुरुआत में जब नयी छात्र समिति का गठन हुआ, तभी नीतीश का झुकाव आन्दोलन की ओर हुआ। नीतीश कुमार ने इंजीनियरिंग की पढ़ाई की थी और उन्हें नौकरी भी मिल गयी थी लेकिन उन्होंने एक दिन भी काम नहीं किया। नीतीश बताते हैं कि कैसे वह 1977 में, बाढ़ से लोकसभा चुनाव लड़ने का मौक़ा चूक गये थे? क्योंकि उनके मित्र नरेन्द्र प्रसाद सिंह ज़रूरी काग़ज़ात लेकर भागलपुर सेंट्रल जेल नहीं पहुँच पाये, जहाँ उन्हें रखा गया था।

हालाँकि, नीतीश ने 1977 में नालन्दा के हरनौत विधानसभा क्षेत्र से विधानसभा चुनाव लड़ा था। जनता पार्टी ने विधानसभा चुनाव में जीत तो दर्ज की थी, लेकिन नीतीश हार गये थे। मेहनती, शालीन और हरेक शब्द को नाप-तौल के बोलने वाले नीतीश हार के बाद भी लोकप्रिय थे। वे अपने नेता कर्पूरी ठाकुर के मार्गदर्शन में जेपी आन्दोलन की विरासत को आगे बढ़ा रहे थे।

मोकामा के ताल या टाल (दलदली क्षेत्र) के निचले इलाक़े बख्तियारपुर को नीतीश ने अपना चुनावी अखाड़ा बनाया। इस इलाक़े में एक समय सिर्फ़ एक रबी की फ़सल होती थी। लालू प्रसाद 1977 में ही सारण से संसद पहुँच चुके थे और 1980 का चुनाव भी जीत चुके थे, लेकिन नीतीश कुमार 1980 का विधानसभा चुनाव फिर से हार गये। वे लालू के साथ चुनावी राजनीति में पिछड़ रहे थे। कहीं न कहीं उन्हें अपने परिवार की राजनीति से जुड़ी पुरानी यादें ताज़ा हो गयी थीं।

नीतीश हार की पीड़ा को झेल रहे थे और किसी तरह अभी भी वह करने

के लिए दृढ़ संकल्पित थे, जो उनके पिता नहीं कर पाये। लेकिन तीसरी बार नीतीश ने बाज़ी जीत ली, 1985 के चुनाव में नीतीश हरनौत से विधायक बनने में कामयाब हो गये। चुनाव से पहले नीतीश ने अपनी पत्नी (मंजू सिन्हा) से कहा था कि 1985 के चुनाव के नतीजों के बाद वे या तो पूर्ण रूप से राजनीति करेंगे या इंजीनियर बनेंगे। अब वे पूर्ण रूप से राजनीतिज्ञ बनने के लिए तैयार थे। कर्पूरी ठाकुर जैसे दिग्गज अभी भी मौजूद थे। लेकिन लालू भारत की जातिगत राजनीति का सहारा लेकर तेज़ी से आगे बढ़ रहे थे, ख़ासकर विपक्ष में साथी यादवों की बढ़ती संख्या के कारण।

नीतीश ने लालू प्रसाद का समर्थन किया। नीतीश कुमार ने मुझे एक साक्षात्कार के दौरान बताया कि लालू ही एकमात्र उभरते हुए नेता थे, जिनका वे समर्थन करने के बारे में सोच सकते थे। बाद में उन्होंने अपने आन्दोलन के दिनों के मित्र प्रेम कुमार मणि से कहा कि लालू का समर्थन करके, उन्होंने राजनीति को उनकी पीढ़ी तक पहुँचाया है। लालू का समर्थन उनके लिए समानता की राजनीति की शुरुआत थी। वे लालू प्रसाद की छाया में रहे और उनकी ओर से प्रेस बयान जारी करते रहे। 1990 के दशक के अन्त तक एक समय ऐसा था जब लालू किसी भी महत्त्वपूर्ण काम के लिए पूरी तरह से नीतीश पर निर्भर थे। यह वह समय था जब उनके राजनीतिक सम्बन्धों को परिभाषित करने के लिए 'बड़े भाई' और 'छोटे भाई' का रिश्ता राजनीतिक रूप से प्रचलित हुआ। लालू प्रसाद के छोटे बेटे तेजस्वी प्रसाद यादव ने एक तस्वीर साझा किया था जिसने ख़ूब सुर्ख़ियाँ बटोरी थीं, जिसमें नीतीश सीएम लालू के सामने एक कोने की कुर्सी पर बैठे हैं और स्टील के कटोरे से खाना खा रहे हैं। "मेरे पिता से पहले नीतीश कुमार की यही स्थिति थी" तेजस्वी ने 2018 में एक साक्षात्कार के दौरान कहा था। जब मैंने 2015 जून में लालू प्रसाद से एक साक्षात्कार में पूछा था कि राजद छोड़कर जदयू में शामिल हुए 18 लोगों को एल (लालू)-18 कहा जाता है, तो उन्होंने रहस्यमयी ढंग से जवाब दिया था, "इसे एल-19 बना दीजिए, क्योंकि नीतीश भी मेरे खेमे से ही गये हैं।"[36]

बिहार की राजनीति का एक बड़ा चेहरा रहे सांसद शरद यादव एक ऐसे व्यक्ति थे, जिन्होंने लालू और नीतीश की राजनीति को आकार देने में अहम

भूमिका निभायी। लालू को पहले विपक्ष का नेता और फिर सीएम बनवाने में उनकी अहम भूमिका रही है। चरण सिंह की मृत्यु के बाद चौधरी देवीलाल के नेतृत्व में नये लोकदल के गठन के बाद शरद यादव देवीलाल के बाद दूसरे नम्बर की हैसियत में आ गये। ऐसी कहानियाँ हैं कि 1980 के दशक के आख़िर में शरद यादव के पटना दौरे के दौरान लालू और नीतीश दोनों ही उनकी अगवानी के लिए जाते थे। शरद यादव याद करते हैं, "जब मैं पटना पहुँचा तो मैंने विपक्ष के नेता पद के लिए कई यादव दावेदार देखे। सहरसा से अनूप लाल यादव सबसे आगे चल रहे थे, लेकिन हेमवती नन्दन बहुगुणा से नज़दीकी के कारण वे यह मौक़ा चूक गये। मैंने बिहार के युवा नेताओं को सुझाव दिया कि वे विपक्ष के नेता के लिए सर्वसम्मति से कोई नाम सामने लायें। नीतीश कुमार, जगदानन्द सिंह और कई नेताओं ने लालू का नाम सुझाया। वे पहले भी संसद में थे, हालाँकि वे इस पद को लेकर उत्साहित नहीं थे, लेकिन युवा जोश से भरे हुए थे।"[37]

लालू प्रसाद को हमेशा देवीलाल का आदमी माना जाता था और इसलिए वीपी सिंह उन्हें कम पसन्द करते थे, वीपी सिंह ने बोफोर्स का मुद्दा ज़ोर-शोर से उठाया। सिंह ने फिर जनता दल के साथ हाथ मिला लिया और बाद में प्रधानमन्त्री बन गये। 1990 के विधानसभा चुनावों में जनता दल को 126 सीटें मिलने के बाद भी पार्टी बहुमत से दूर थी। हालाँकि, दोनों विरोधी वैचारिक दलों ने (भाजपा और वामपन्थियों), कांग्रेस को सत्ता से हटाने के लिए 'जनता दल' को बिना शर्त समर्थन दे दिया। ये पार्टियाँ केन्द्र में वीपी सिंह सरकार का समर्थन कर रही थीं।

वीपी सिंह चाहते थे कि बिहार में बुज़ुर्ग दलित नेता और पूर्व सीएम रामसुन्दर दास सीएम बनें।

दास की छवि बहुत शालीन थी। लेकिन लालू तब एक बड़े नेता बन चुके थे। लालू प्रसाद की आत्मकथा के सह-लेखक नलिन वर्मा याद करते हैं, लालू ने चन्द्रशेखर को फ़ोन किया और कहा, "बाबूसाहेब क्या हो रहा है? कुछ कीजिए नहीं तो वीपी सिंह का आदमी बिहार का मुख्यमन्त्री बन जायेगा।"[38] चूँकि चन्द्रशेखर का वीपी सिंह से मनमुटाव था, इसलिए उन्होंने तुरन्त अपने चेले रघुनाथ झा को बुलाया और उन्हें मुख्यमन्त्री की दौड़ में शामिल होने के

लिए कहा। सदाकत आश्रम के पास गंगा के किनारे ब्रज किशोर मेमोरियल हॉल में मतदान हुआ। लालू के लिए यह करो या मरो का मामला था। नतीजा सामने आया–लालू को 58 वोट मिले, राम सुन्दर दास को 54 और रघुनाथ झा को 14। लालू चार वोटों से जीते और अपनी पत्नी राबड़ी देवी के साथ 15 साल तक बिहार पर राज किया। शरद यादव उस घटना को याद करते हुए बताते हैं, "अजित सिंह, मुलायम सिंह यादव और जॉर्ज फर्नांडीस समेत नौ पर्यवेक्षकों में से सिर्फ़ मैंने ही लालू की उम्मीदवारी का समर्थन किया था और बाद में मुख्यमन्त्री उम्मीदवार के चुनाव का विचार सामने रखा था। लालू के सीएम चुने जाने के बाद भी अजित सिंह वीपी सिंह को ख़ुश करने में लगे रहे। बिहार के राज्यपाल यूनुस सलीम बिना किसी योजना के दिल्ली चले गये थे। बाद में कई लोगों ने वीपी सिंह को फ़ोन किया, जिन्होंने राज्यपाल को वापस बिहार भेजा और लालू को सीएम पद की शपथ दिलाई गयी।"[39]

वहीं जेपी के दूसरे राजनीतिक उत्तराधिकारी, नीतीश को 2000 में सात दिनों के लिए सीएम बनने में दस साल लग गये, जब उन्होंने एनडीए के बहुमत के बिना शपथ ली थी। इस अवसर पर 'एशियन एज' ने एक क्लासिक हेडलाइन छापी थी, "नीतीश ने शपथ ली, राज्यपाल ने गाली सुनी"। नीतीश ने लालू के पाँच साल बाद नवम्बर 2005 में पूरी तरह से सत्ता सँभाली। उनके लिए, यह इन्तज़ार सार्थक रहा। जो आज तक क़ायम है।

जेपी इस किताब के शीर्षक से जुड़े हैं। जेपी जैसे समाजवाद को परिभाषित करते हैं, वहीं उनकी राजनीति में लॉच भी है। वैसे तो भारतीय जन संघ की राजनीतिक अस्पृश्यता 1967 में ही ख़त्म हो गयी जब एम एस गोलवलकर और राम मनोहर लोहिया मिले और बिहार और अन्य प्रान्तों में गठबन्धन की सरकार बनायी, जेपी ने यही काम राष्ट्रीय स्तर पर किया। जेपी में हरा और गेरुआ दोनों समाहित था। उन्होंने भारतीय जन संघ को स्वीकार कर और जनता पार्टी का गठन कर भारतीय राजनीति को गठबन्धन और सामंजस्य का रास्ता दिखाया। लेकिन तब शायद जेपी को यह पता नहीं था कि ये रास्ता जेपी से बीजेपी तक जा रहा है। बिहार में ये यात्रा अभी पूर्ण नहीं हुई। जेपी का हरा रंग अभी भी प्रभावी है। जिसे गेरुआ आहिस्ता-आहिस्ता ढाँकने की कोशिश कर रहा है।

# सन्दर्भ-सूची


1. Interview/ Senior journalist and Rajya Sabha deputy chairperson Harivansh Narayan Singh (21 December 2019).
2. Emergency, A Personal History, Coomi Kapoor, Penguin Books Ltd.
3. Ibid.
4. Interview/ Senior journalist and JP Movement activist Ram Bahadur Rai (22 December 2019).
5. Ibid.
6. Jayaprakash Narayan, Selected Works, Volume-10, Bimal Prasad, Nehru Museum and Library, Manohar.
7. Ibid.
8. Everyman's, 7 September 1973, vol I, no 10, pp 7–12, Third and final part of the article, 'First things first', appeared in the magazine on 28 July and 1 September.
9. Jayaprakash Narayan, Selected Works, Volume-10, Bimal Prasad, Nehru Museum and Library, Manohar.
10. Ibid.
11. Everyman's 6 April, 1974.
12. Gist of JP's speech on 5 June 1974 at Patna's Gandhi Maidan, published in Everyman's, 22 June 1974.
13. Chandrashekhar : The last icon of ideological politics/ Harivansh and Ravi Dutt Bajpai/ Rupa.
14. Ibid.
15. Jayaprakash Narayan, Selected Works, Volume-10, Bimal Prasad, Nehru Museum and Library, Manohar.
16. Ibid.
17. Emergency, A Personal History, Coomi Kapoor, Penguin Books Ltd.
18. Jayaprakash Narayan, Selected Works, Volume-10, Bimal Prasad, Nehru Museum and Library, Manohar.
19. Jayaprakash ki Vichardhara, editor : Rambrikash Benipuri, Publisher—Bholanath Vimal, president Pustak Jagat, oatna-3, first edition, October 1948, printer–Ashok Press.
20. Interview/ Bihar deputy CM Sushil Kumar Modi (15 February2020).

21. Interview/ Senior journalist and JP Movement activist Ram Bahadur Rai (22 December 2019).
22. Interview/ Sharad Yadav (21 December 2019).
23. Hunkar, Ramdhari Singh Dinker.
24. Jayaprakash Narayan, Selected Works, Volume-10, Bimal Prasad, Nehru Museum and Library, Manohar.
25. ttps://m.dailyhunt.in/news/india/english/nagpur+today+english-epaper-nagpure/mahatma+gandhi+dr+ambedkar+jp+narayan+and+others+too+had+attended+our+events+says+rss-newsid-88934171
26. Prison Diary, Jayaprakash Narayan.
27. In the Name of Democracy : JP Movement, Bipan Chandra.
28. Interview/ Harivansh (21 December 2019).
29. Jayaprakash Narayan : His Life and Mission, Ratan Das, Sarup & Sons.
30. 'The Transition to Socialism', article published in Janata, 1947. (www.mainstreamweekly.net/article5991.html).
31. The Indian Express. ((http://archive.indianexpress.com/news/jp-village-to-finally-get-power-today/858396/).
32. Rajya Sabha MP Harivansh Narayan Singh (21 December 2019).
33. Jayaprakash Narayan, Selected Works, Volume-10, Bimal Prasad, Nehru Museum and Library, Manohar.
34. Ruled or Misruled : The Story a and Destiny of Bihar, Santosh Singh (Bloomsbury).'Sushil Kumar Modi, one of fellow prisoner'.
35. Ibid.
36. Interview/ Leader of Opposition and former deputy CM Tejaswi Prasad Yadav (18 April 2019).
37. Interview/ Former MP Sharad Yadav (21 December 2019).
38. Interview/ Nalin Verma, senior journalist and co-author of Lalu Prasad's autobiography, Gopalganj to Raisina (5 March 2020).
39. Interview/ Sharad Yadav (21 December 2019).

# 6
# कांग्रेस
## सामाजिक नब्ज़ पढ़ने में हमेशा असफल

*मैं 2016 की शुरुआत से ही राहुल गांधी को सचेत कर रहा था, लेकिन उन्होंने कभी नहीं सोचा था कि इस तरह का विश्वासघात हो सकता है।*

*आपको यह सुनिश्चित करना होगा कि आपके बाद कोई भूमिहार राज्य का मुख्यमन्त्री न बने।*

*कई लोग पटना कॉपरेटिव बैंक से क़र्ज़ लेते हैं। और बदले में गांधी मैदान और पटना रेलवे स्टेशन को गिरवी रख देते हैं।*

पटना के कुर्जी में गंगा के किनारे पर ढाई एकड़ में फैली एक इमारत खड़ी है। 1990 तक, पटना की सभी सड़कों की आख़िरी मंज़िल यह इमारत हुआ करती थी, इस इमारत को सदाकत आश्रम कहा जाता है। यहाँ से पूरे प्रदेश की तकदीर लिखी जाती थी। अब सदाकत आश्रम महज़ एक मुख्यालय है, उसी कांग्रेस की जो पिछले 30 वर्षों से अपनी राजनीतिक ज़मीन की तलाश रही है।

राजनीतिक जमावड़े अब बीर चंद पटेल पथ की ओर स्थानान्तरित हो गये हैं, जहाँ बिहार के प्रमुख राजनीतिक दलों, बीजेपी, जदयू और राजद के दफ़्तर हैं। यह विडम्बना ही है कि बीर चंद पटेल कांग्रेस के बड़े नेता हुआ करते थे। 1963 के कामराज प्लान के बाद जब विनोदानन्द झा की कुर्सी गयी तो बीर चंद पटेल मुख्यमन्त्री के प्रबल दावेदार थे। लेकिन कांग्रेस के अगड़े नेताओं को एक पिछड़े समुदाय से मुख्यमन्त्री बनाना रास नहीं आया। और फिर कृष्ण वल्लभ सहाय बिहार के मुख्यमन्त्री बने। अब ऐसा लगता है कि

पटेल की आत्मा कांग्रेस से बदला ले रही है। उनके नाम की सड़क पर कांग्रेस के अलावा वो सारी पार्टियाँ हैं जिसने कांग्रेस को हाशिए पर धकेल दिया है।

सदाकत आश्रम में आने वाले कार्यकर्ताओं की संख्या कम हो चुकी है। लगभग 35 कर्मचारियों की आवासीय उपस्थिति, जिनमें से कुछ के परिवार अब दो-तीन पीढ़ियों से वहाँ रह रहे हैं, उस ऐतिहासिक स्थान पर कुछ गतिविधियों की झलक देती है, अन्यथा महत्त्वपूर्ण नेताओं की जन्मतिथि और पुण्यतिथि के दौरान या कुछ महत्त्वपूर्ण पार्टी बैठकों और दिल्ली से पार्टी नेताओं की यात्राओं के दौरान ही यहाँ मजमा लगता है। या फिर चुनावी साल में यहाँ भीड़ जमा होती है।

सदाकत आश्रम में दो मीटिंग हॉल हैं, जिनमें से एक में लगभग 500 लोगों और दूसरे में 100 लोगों के बैठने की क्षमता है, इसके अलावा एक प्रेस कॉन्फ्रेंस हॉल और 18 कमरे हैं, साथ में कुछ आवासीय क्वार्टर भी हैं। कांग्रेस के सहायक कार्यालय सचिव राजकुमार झा 1995 से सदाकत आश्रम परिसर के अन्दर रह रहे हैं। उनके पिता श्रीकान्त झा 1952 से 1995 तक यहाँ रहे। राजकुमार कांग्रेस के गौरव की कहानियाँ सुनकर बड़े हुए हैं और इसके पतन के गवाह भी हैं। वे कहते हैं, "हम अपनी ढलान के लिए ख़ुद ज़िम्मेदार हैं, अब तो हार की आदत सी हो गयी है। अब सारा दारोमदार राहुल गांधी पर है जो जी तोड़ प्रयास कर रहे हैं कि कैसे इस पार्टी को खड़ा किया जाये?"[1]

मुख्य हॉल में इन्दिरा गांधी, राजीव गांधी, सोनिया गांधी और राहुल गांधी के बड़े चित्र हैं। प्रेस कॉन्फ्रेंस हॉल में मौलाना मजहरुल हक, राजेन्द्र प्रसाद, श्रीकृष्ण सिंह, अनुग्रह नारायण सिंह, केदार पांडे, बिन्देश्वरी दुबे, दारोगा राय, भोला पासवान शास्त्री और सीताराम केसरी सहित पार्टी के शीर्ष नेताओं की तस्वीरें हैं। अतीत के दिग्गज ओबीसी चेहरों, जैसे बीर चंद पटेल, राम लखन सिंह यादव और लहटन चौधरी की तस्वीरें दीवार पर कहीं नहीं दिखतीं।

सभी 38 ज़िलों में बिहार प्रदेश कांग्रेस कमेटी (बीपीसीसी) की इमारतें हैं। कई ज़िलों में कांग्रेस के पदाधिकारियों ने पार्टी कार्यालयों का एक बड़ा हिस्सा किराये पर दे रखा है। मुज़फ़्फ़रपुर कांग्रेस कार्यालय ने लगभग 40 दुकानें किराये पर दी हैं। ज़्यादातर मामलों में, इसकी कमाई कथित तौर पर

बीपीसीसी में नहीं जाती है। सदाकत आश्रम से लेकर ज़िला कांग्रेस कार्यालयों तक, इसकी सम्पत्तियों पर अतिक्रमण किया जा रहा है, ठीक उसी तरह जैसे 1990 के बाद से इस बड़े राजनीतिक दल के वोट बैंक पर बिहार के अन्य राजनीतिक दल ने क़ब्ज़ा कर लिया।

2017 में बिहार कांग्रेस के तात्कालिक प्रदेश अध्यक्ष अशोक कुमार चौधरी ने पूरे राज्य कांग्रेस की इकाई का ही नीतीश कुमार के जनता दल यूनाइटेड में विलय करने का प्रयत्न किया था, हालाँकि वे पूरी तरह से सफल नहीं हो पाये थे। बिहार कांग्रेस के अध्यक्ष पद पर आसीन चार प्रदेश अध्यक्षों–डॉ. जगन्नाथ मिश्रा, रामजतन सिन्हा, चौधरी महबूब अली क़ैसर और अशोक कुमार चौधरी ने पार्टी छोड़ दी थी और किसी और पार्टी में शामिल हो गये।

वरिष्ठ कांग्रेस नेता और विधान परिषद के पूर्व सदस्य प्रेमचन्द्र मिश्रा कहते हैं, "मैं 2016 की शुरुआत से राहुल गांधी को सचेत कर रहा था, लेकिन उन्होंने कभी नहीं सोचा था कि इस तरह का विश्वासघात हो सकता है। जब अशोक मई 2016 में बिहार के मुख्यमन्त्री नीतीश कुमार के साथ बनारस गये थे और कांग्रेस के कार्यकर्ताओं ने नीतीश कुमार का स्वागत किया था तभी यह बात ज़ाहिर हो गयी थी कि चौधरी, नीतीश के लिए काम कर रहे हैं।"[2] पर इस पार्टी विलय की योजना को विफल किया कांग्रेस के रीगा विधायक अमित कुमार टुन्ना ने, 2017 के मध्य में यह चर्चा चल रही थी कि 12 कांग्रेसी विधायकों ने दल-बदल के लिए सहमति दी है। लेकिन पूरी पार्टी को जेडीयू में शामिल होने के लिए दो तिहाई विधायकों का समर्थन ज़रूरी था, यानी अभी भी पाँच-छह विधायक की ज़रूरत थी। कांग्रेस विधायक अमित ने अशोक चौधरी को आश्वस्त किया कि वे भी जेडीयू में शामिल होना चाहते हैं, उन्हें दल-बदल वाले गोपनीय पत्र पर हस्ताक्षर करने के लिए कहा गया, उस पत्र पर पहले से 12 विधायकों के हस्ताक्षर थे। अमित ने अपना हस्ताक्षर तो किया लेकिन चुपके से उस पत्र की तस्वीर ले ली। अब उनके पास एक ऐसा सबूत था जो आलाकमान को इस गतिविधि की ठोस जानकारी दे सकता था।

अशोक प्रकरण के बीच में, कांग्रेस के तत्कालीन राष्ट्रीय उपाध्यक्ष राहुल गांधी ने सभी 27 विधायकों को दिल्ली बुलाया। जब कांग्रेस विधायक दल के

नेता सदानन्द सिंह, राहुल गांधी के कार्यालय में घुसे, तो राहुल गांधी ने अपने दराज़ से एक काग़ज़ निकाला और कहा, "सदानन्द बाबू, आप भी... पहला हस्ताक्षर आपका ही है।" सिंह दंग रह गये। उन्होंने अपनी ग़लती स्वीकार की। यह आलाकमान द्वारा एक अच्छी तरह से बिछाया गया जाल था। राहुल गांधी ने अपने दराज़ से जो क़ाग़ज़ निकाला था, वह कोरा था। अमित कुमार टुन्ना का सबूत अभी तक उनके पास नहीं पहुँचा था, लेकिन गांधी को पत्र की जानकारी मिल गयी थी। सदानन्द ने अपने कारणों का हवाला दिया और मन्त्री नहीं बनाये जाने की शिकायत की। गांधी ने पूछा कि क्या विधायक दल के नेता का पद किसी मन्त्री से बड़ा पद नहीं है? सिंह ने सहमति व्यक्त की, लेकिन ज़ोर देकर कहा कि उनके जैसे अनुभवी नेता, जो 1969 से विधायक हैं, उन्हें नीतीश के नेतृत्व वाली महागठबन्धन सरकार में मन्त्री बनाया जाना चाहिए था।

अशोक चौधरी का तख्तापलट असफल रहा था। अमित कुमार टुन्ना की जवाबी कार्रवाई के कारण वह 18 विधायकों के हस्ताक्षर प्राप्त करने में विफल रहे। बिहार कांग्रेस बच गयी। लेकिन अब अशोक चौधरी के लिए पार्टी में कोई जगह नहीं बची थी। अशोक ने अपनी 'वफ़ादारी' को साबित करने के लिए आँसू भी बहाये लेकिन सब जानते थे ये आँसू, घड़ियाली आँसू हैं। आख़िरकार अशोक 2018 में तीन एमएलसी के साथ जदयू में शामिल हुए और बाद में उन्हें मन्त्री भी बनाया गया।

प्रेमचन्द्र मिश्रा कहते हैं, "मैं लम्बे समय से राहुलजी से मिलने की कोशिश कर रहा था, लेकिन 2016 से ही मेरी मुलाक़ात नहीं हो पा रही थी। अशोक चौधरी के बेनकाब होने के बाद, मुझे उनके कार्यालय से फ़ोन आया, मुझसे कहा गया, "भैयाजी आपसे मिलना चाहते हैं।" मैं दिल्ली गया और जैसे ही मैंने उनके कक्ष में प्रवेश किया, उन्होंने कहा, "आप ठीक कह रहे थे।"[3]

मिश्रा बताते हैं, "राहुल गांधी इस घटना से बहुत दुखी हुए, क्योंकि उन्होंने एक नया नेतृत्व बनाने की कोशिश करके बिहार कांग्रेस इकाई को पुनर्जीवित करने के लिए बहुत प्रयास किये थे। उन्होंने अशोक चौधरी को प्रदेश अध्यक्ष,

शकील अहमद खान और रंजीत रंजन को राष्ट्रीय महासचिव और प्रेम चन्द्र मिश्रा को एआईसीसी मीडिया पैनलिस्ट बनाया था। अशोक और अन्य बड़े पार्टी नेताओं को बहुत छूट भी दी गयी ताकि वे पार्टी के हित के लिए काम कर सकें लेकिन अशोक ने इसका ग़लत फ़ायदा उठाया और पार्टी तोड़ने की ही योजना बना ली।"

राज्य के संगठन में नौ वरिष्ठ नेताओं का एक चुनिन्दा समूह है : मीरा कुमार, निखिल कुमार, अशोक राम, शकील अहमद, सदानन्द सिंह, के.के. तिवारी, अवधेश सिंह, अखिलेश सिंह और विजय शंकर दुबे इसमें शामिल हैं। जब कोई संगठन कमज़ोर हो जाता है, तो उसके कुछ पुराने संरक्षक महत्त्वपूर्ण हो जाते हैं। ये दिग्गज ही हैं जो लालू के साथ जाने के मामलों पर सोनिया गांधी से लेकर राहुल गांधी तक कांग्रेस आलाकमान को सलाह देते रहे हैं। और इनके सुझाव पर अमल भी किया जाता रहा है।

राहुल गांधी ने इस शक्ति केन्द्र को ध्वस्त करने और नेताओं की दूसरी पीढ़ी को आगे लाने की कोशिश की थी। 2013 में, पार्टी के वफ़ादार महावीर चौधरी के बेटे, दलित नेता अशोक कुमार चौधरी का पार्टी में आगे आना इसी योजना का हिस्सा था। राहुल गांधी ने 2025 चुनाव के पहले कांग्रेस को फिर से जीवित करने की कोशिश की है। अखिलेश प्रसाद सिंह को बिहार कांग्रेस के अध्यक्ष पद से हटाकर दलित नेता राजेश कुमार को ज़िम्मेवारी दी गयी है। उधर कृष्णा अलावरू को बिहार कांग्रेस का राष्ट्रीय प्रभारी बनाया। तीसरी तरफ़, तेज़तर्रार नेता कन्हैया कुमार को भी ज़िम्मेवारी दी पार्टी को पुनर्जीवित करने की। कांग्रेस एक तरफ़ ओबीसी और अति पिछड़ी जाति की राजनीति करने लगी है, दूसरी तरफ़ पलायन को चुनावी मुद्दा बना रही है। पर यह देखना महत्त्वपूर्ण होगा कि कांग्रेस चुनाव के बाद मैदान में रहती है कि नहीं। वर्ना, फिर वही वीरानी सदाकत आश्रम में छायी रहेगी।

कांग्रेस अपनी ज़मीन तो तलाशने की कोशिश करती है लेकिन चुनाव पास आते-आते राजद की पिछलग्गू बन जाती है। यहीं कांग्रेस मात खा जाती है। ऐसा ही कुछ 2014 के लोकसभा चुनाव से कुछ समय पहले हुआ था जब कांग्रेस की दूसरी पीढ़ी के कुछ नेता दिल्ली में राहुल गांधी से मिलने गये थे। राहुल गांधी ने सबसे पहले एक-एक करके सभी को सुना। अधिकांश युवा

नेताओं ने सुझाव दिया कि वह बिहार में अकेले चुनाव लड़ें। गांधी ने कहा कि "लेकिन बिहार के वरिष्ठ नेताओं ने मुझे कुछ दिन पहले बताया था कि राजद के साथ ही हम कुछ सीटें जीत सकते हैं।" इस पर एक युवा नेता ने कहा, "लेकिन ये दिग्गज नेता यह दावा कर रहे हैं कि आप लालू के साथ सम्बन्ध जारी रखना चाहते हैं।" राहुल गांधी इस बात पर बिफर उठे लेकिन कुछ कहा नहीं।

केन्द्रीय स्तर पर जब कांग्रेस कमज़ोर होती है तो अक्सर गठबन्धन पर फ़ैसला करने का निर्णय राज्य इकाई पर छोड़ देती है, 1998 के बाद से बिहार कांग्रेस के दिग्गजों ने पार्टी आलाकमान को राजद के साथ गठबन्धन करने के लिए राज़ी किया था। हालाँकि कई राज्यों में बदलाव भी हुए हैं । एआईसीसी सचिव चन्दन यादव, जो 2018 के छत्तीसगढ़ चुनावों के सह-प्रभारी थे, ने खुलासा किया, "केन्द्रीय आलाकमान पूर्व सीएम अजीत जोगी को मुख्यमन्त्री उम्मीदवार के रूप में पेश करने के पक्ष में था लेकिन राज्य कांग्रेस इकाई ने भूपेश बघेल का समर्थन किया, आलाकमान भी हमारे साथ खड़ी रही।"[4]

कांग्रेस को यदा-कदा नीतीश कुमार की सहानुभूति मिलती रही है। फ़रवरी 2014 में बिहार विधान परिषद के लिए एक नये सदस्य का चुनाव होना था। कांग्रेस के पास सिर्फ़ चार विधायक थे और उसके उम्मीदवार के जीतने की सम्भावना बहुत कम थी। नीतीश कुमार ने अशोक चौधरी के ख़िलाफ़ कोई उम्मीदवार नहीं उतारा, अशोक चौधरी चुनाव जीत गये। हालाँकि कांग्रेस ने 2014 के लोकसभा चुनावों में जद (यू) के साथ गठबन्धन नहीं किया था, लेकिन नीतीश ने 2015 के महत्त्वपूर्ण विधानसभा चुनावों के लिए राजद और कांग्रेस के साथ गठबन्धन किया और मोदी के ख़िलाफ़ 2014 की हार का बदला लेते हुए सत्ता में वापसी की। चौधरी को शिक्षा विभाग में मन्त्री बनाया गया। वे अब कांग्रेस में नीतीश के आदमी की तरह काम कर रहे थे। इसके बाद नीतीश कुमार के साथ उनकी खुली दोस्ती की ख़बर जब आलाकमान तक पहुँची तो यह बात आलाकमान को रास नहीं आयी। नीतीश के साथ उनकी बनारस यात्रा आने वाले विश्वासघात का पहला संकेत था।

अशोक चौधरी के बग़ावत की घटना ने पार्टी को सोचने पर मजबूर कर दिया, कांग्रेस फिर से अपने पुराने तौर तरीक़े की ओर लौटने लगी। पूर्व मन्त्री मदन मोहन झा को निष्ठा, अनुभव और उच्च जाति के ब्राह्मण होने के कारण प्रदेश कांग्रेस अध्यक्ष के रूप में चुना गया। उनके पास एक उदारवादी नेता की छवि थी जो सभी को साथ लेकर चल सकते थे। अखिलेश प्रसाद सिंह पर राजद के क़रीबी होने की तोहमत लगी। वे पहले राजद में थे भी। बिहार में कांग्रेस ने ठोस नेतृत्व दिया ही नहीं और जब कभी भी कुछ बड़ा करने की कोशिश की उसके शीर्ष नेता ही दूसरी पार्टी में चले गये।

राहुल गांधी की 2018 की पटना रैली राज्य कांग्रेस की अन्तिम बड़ी रैली थी। हालाँकि इधर जब से लोकसभा चुनाव के नतीजे आये हैं, जिसमें कांग्रेस ने अच्छा प्रदर्शन किया है, राहुल गांधी की बिहार में आवाजाही बढ़ी है।

वैसे तो 2020 के विधानसभा चुनाव में कांग्रेस को 70 सीटों में 19 सीटें ही मिलीं। कांग्रेस के कमज़ोर कड़ी साबित होने के कारण राजद नेता तेजस्वी यादव मुख्यमन्त्री बनने से चूक गये। लेकिन, कांग्रेस ने अपनी थोड़ी साख बचायी जब 2024 के लोकसभा चुनाव में तीन सीटें जीतीं, जबकि राजद भी मात्र चार ही सीट जीत पाई। अब 2025 के चुनाव के पहले जनवरी से अप्रैल तक राहुल गांधी अब तक तीन बार पटना आ चुके हैं। संविधान बचाओ सम्मेलन के साथ राहुल पिछड़ा, अति पिछड़ा और दलित वोटों को साधने की कोशिश में लगे हैं। 7 अप्रैल को पटना के सभा में राहुल ने माना कि कांग्रेस से ग़लती हुई है और वे अपनी ग़लतियों से सीख रहे हैं। उनका आशय स्पष्ट था कि अब कांग्रेस पिछड़ों की राजनीति करेगी। राहुल आजकल जाति जनगणना की पुरजोर वकालत कर रहे हैं। कमाल है जिस पार्टी ने काका कालेलकर कमीशन, मुंगेरी लाल कमीशन, मंडल कमीशन और कर्पूरी फॉर्मूला का विरोध किया, अब जाति जनगणना की वकालत कर रही है। ये नयी वाली कांग्रेस है, जिसने समाजवादियों से भी ज़्यादा समाजवाद अपनाया है। दूसरी ओर जो ख़ुद को वास्तविक समाजवादी कहते हैं, राजद, जदयू और सपा वे कांग्रेस की इस राजनीति से सकते में हैं। सन् 1929 में कभी जवाहरलाल नेहरू ने ब्रुसेल्स में कांग्रेस के सोशलिस्ट होने की वकालत की थी। अब जाकर उनकी

चौथी पीढ़ी को ये ब्रह्मज्ञान मिला है। सच तो यह है, कांग्रेस जिसने 1947 से 1990 तक, 1967 से 1972 तक के दौर को छोड़कर, बिहार में एकछत्र राज किया, जिसने ब्राह्मण, मुस्लिम और दलित वोटों के गणित को जोड़कर रखा। लेकिन जब बीजेपी और क्षेत्रीय दलों ने कांग्रेस को पटखनी दी है तो एक नये जातीय समीकरण की तलाश कर रही है।

बिहार कांग्रेस ने 1990 में सत्ता खोने के बाद से कोई लड़ाई और ज़मीनी आन्दोलन नहीं किया है। अपनी मृत्यु से कुछ महीने पहले, जगन्नाथ मिश्रा ने मुझे बताया था कि कैसे उन्हें 1982 में तत्कालीन प्रधानमन्त्री इन्दिरा गांधी के दबाव में प्रेस विधेयक लाना पड़ा था, जब उनके परिवार में तनाव चरम पर था और मेनका गांधी के साथ उनका झगड़ा मीडिया में अक्सर सुर्ख़ियाँ बटोरते रहता था। उन्होंने कहा था कि बिल को बाद में वापस ले लिया गया था, लेकिन उन्हें इन्दिरा गांधी को ख़ुश रखने के लिए यह बिल लाना पड़ा था।[5]

अब हम बिहार कांग्रेस के प्रमुख नेताओं की चर्चा करते हैं जिसके साथ कांग्रेस ने न्याय नहीं किया, वही न्याय जिसकी बात आजकल राहुल गांधी कर रहे हैं।

## सीताराम केसरी

एक तरफ़ 1989 के भागलपुर के दंगे और लालू यादव की मंडल की राजनीति, बिहार में कांग्रेस का सफाया कर रही थी तो वहीं दूसरी तरफ़ ख़ुद कांग्रेस के एक बड़े नेता सीताराम केसरी, पार्टी का जनाधार लील रहे थे। 1996 में 54 सीटों पर लड़ने वाली कांग्रेस ने 1998 में केवल 8 सीटों पर लड़ने का फ़ैसला किया। भले ही कांग्रेस के पास 1976 और 1990 के बीच केसरी (बनिया), रामशरण सिंह (कुर्मी) और लहटन चौधरी (कलवार) जैसे ओबीसी प्रदेश अध्यक्ष थे, लेकिन केसरी, लहटन चौधरी और राम लखन सिंह यादव जैसे बड़े नेताओं को कभी भी बिहार का सीएम चेहरा नहीं माना गया।

सीताराम केसरी 1980 से 1990 के बीच बिहार के मुख्यमन्त्री बनना चाहते थे। वह इन्तज़ार करते रहे क्योंकि मुख्यमन्त्री पद की जादुई कुर्सी एक सवर्ण जाति के नेता से दूसरी सवर्ण जाति के नेता के पास जाती रही, और

केसरी पार्टी की उच्च जाति-केन्द्रित राजनीति तथा उमा शंकर दीक्षित और कमलापति त्रिपाठी के कारण चूक गये।

बाद के दिनों में ऐसा प्रतीत होता है कि केसरी ने लालू का घोर समर्थन करके कांग्रेस को ख़त्म करने की क़सम ही खा ली थी। उन्होंने एनएसयूआई कार्यकर्ताओं से स्पष्ट रूप से कहा कि वे लालू के ख़िलाफ़ प्रचार न करें। उन्होंने ना केवल एनएसयूआई नेताओं से अपने कट्टर विरोधी जगन्नाथ मिश्रा की बैठकों को बाधित करने के लिए कहा बल्कि प्रेमचन्द्र मिश्रा जैसे नयी पीढ़ी के उच्च जाति के नेताओं को भी हतोत्साहित करना शुरू कर दिया क्योंकि केसरी को कांग्रेस के भीतर उच्च जाति के प्रभुत्व से नफ़रत थी।

## राम लखन सिंह यादव

कांग्रेस की उच्च जाति केन्द्रित राजनीति के कारण मुख्यमन्त्री बनने का मौक़ा गँवाने वाले एक और दिग्गज ओबीसी नेता राम लखन सिंह यादव भी थे। 9 मार्च 1920 को पटना के बिक्रम के हरिरामपुर गाँव में जन्मे राम लखन ने माध्यमिक शिक्षा अपने गाँव से पाँच किलोमीटर दूर गोना गाँव से पूरी की। बिक्रम से 10वीं कक्षा उत्तीर्ण करने के बाद वे स्वतन्त्रता आन्दोलन में शामिल हो गये, इसी दौरान 1934 में कांग्रेस में शामिल हुए।

1938 में 12वीं कक्षा पूरी करने के बाद वे श्रीकृष्ण सिंह के क़रीब आ गये। 1939 में जब सुभाष चन्द्र बोस ने विक्रम की यात्रा की तो यादव ने उनसे मुलाक़ात की। यादव उनसे फॉरवर्ड ब्लॉक की स्थापना तक सम्पर्क में रहे। वह स्वामी सहजानन्द के सम्पर्क में भी आये और किसानों का मुद्दा उठाया, सहजानन्द ने यादव की नेतृत्व क्षमता को देखकर सुखद भविष्यवाणी भी की थी। उन्होंने 1952 से 1967 तक पालीगंज विधानसभा का प्रतिनिधित्व किया। श्रीकृष्ण सिंह मुख्यमन्त्री बनने के तुरन्त बाद, यादव को प्रधानमन्त्री जवाहरलाल नेहरू से मिलाने के लिए दिल्ली ले गये। अपना मन्त्रिमंडल तय करते समय सिंह ने यादव से अपने द्वारा चुने गये मन्त्रियों के नाम लिखने को कहा। छह नाम देने के बाद, सिंह ने यादव को सातवें के रूप में अपना नाम लिखने के लिए कहा, यादव ने अपना नाम लिखने से इनकार कर दिया।

बाद में जब के बी सहाय मुख्यमन्त्री बने तो यादव ने भी मन्त्रिमंडल में जगह ली। यादव के कार्यकाल के दौरान, श्रीकृष्ण मेमोरियल हॉल और श्रीकृष्ण विज्ञान केन्द्र की स्थापना की गयी। 1967 में जब कांग्रेस को करारी शिकस्त मिली थी, तो राम लखन सिंह यादव पटना दक्षिण से जीतने में सफल रहे थे। उन्होंने 1980 में दो सीट, पालीगंज और बख्तियारपुर से जीत हासिल की और बाद में बख्तियारपुर सीट ख़ाली कर दी।

1977 के दौरान, राम लखन सिंह यादव ने ही इन्दिरा गांधी को बेलछी जाने के लिए राज़ी किया था, जहाँ दलित मारे गये थे। घटनास्थल तक पहुँचने के लिए कोई सड़क नहीं थी, इसलिए यादव ने श्रीमती गांधी को हाथी की सवारी कराकर घटनास्थल पर पहुँचाया था। उनकी वफ़ादारी के बावजूद पार्टी ने उन्हें उनका हक़ नहीं दिया। उन्होंने फिर से 1985 का विधानसभा चुनाव पालीगंज से जीता। यादव 1989 का लोकसभा चुनाव बाढ़ से लड़े लेकिन युवा नेता नीतीश कुमार से हार गये। शेर-ए-बिहार राम लखन सिंह यादव के लिए यह पहला बड़ा झटका था।

कॉलेज ऑफ़ कॉमर्स, पटना के सेवानिवृत्त प्रोफ़ेसर महेन्द्र प्रसाद यादव याद करते हैं, कि कैसे बाद के दिनों में यादव का कांग्रेस से मोहभंग हो गया? वह 'जनता दल' में शामिल हो गये और 1991 में आरा लोकसभा सीट से जीत हासिल की। कांग्रेस छोड़ने से पहले वह राजीव गांधी से मिले थे, यादव ने राजीव को उन स्मृतियों की याद दिलायी और बताया कि कैसे उन्होंने उनके दादा और माँ के साथ काम किया था। लेकिन राजनीति में भावुकता की कोई ख़ास जगह नहीं होती।

जब पीवी नरसिम्हा राव सरकार लोकसभा में अल्पमत में आ गयी, तो यादव 20 सांसदों के साथ जनता दल से अलग हो गये और राव सरकार को बचाते हुए कांग्रेस में लौट आये। इसके इनाम में उन्हें केन्द्रीय मन्त्रिमंडल में जगह दी गयी।

पटना के श्रीकृष्ण नगर में टेलीग्राफ़ कॉलोनी है, कोई भी आपको उस बहुमंज़िला इमारत का पता बता सकता है। आज वहाँ एक स्थानीय टीवी चैनल का कार्यालय है। एक सुरक्षा गार्ड इमारत के पास के एक घर की ओर

इशारा करता है, जिसके सामने एक विशाल वीरान जगह है। कुछ लकड़ी की कुर्सियों और मेज़ के साथ टाइल-छत वाला बरामदा, 1980 के दशक की फ़िल्म सेट की याद दिलाता है। देहाती परिवेश के पीछे एक पक्का घर है। पूर्व सांसद और राम लखन सिंह यादव के इकलौते बेटे प्रकाश चन्द्र सफ़ेद बनियान और पायजामा पहने पूजा के बाद बाहर आते हैं। उसका लैंडलाइन फ़ोन और मोबाइल फ़ोन बारी-बारी से तो कभी-कभी साथ में बजता रहता हैं। हॉल में एक लकड़ी का खाट है, स्थानीय बोलचाल में चौकी कहा जाता है, एक पतली बिस्तर के साथ, इसके सामने एक मेज़ रखी गयी है।

यही वह जगह है, जहाँ से बैठ के यादव बड़े-बड़े अधिकारियों और मन्त्रियों को आदेश दिया करते थे। इसका आज भी सम्मान किया जाता है और उनके आसन पर कोई नहीं बैठता। ऐसा लगता है कि माला पहने यादव की तस्वीर आज भी समकालीन राजनीति को अपनी निगाह से देख रही है।

प्रकाश चन्द्र, जिन्हें बेबी बाबू के नाम से भी जाना जाता है, हैदराबाद और मुम्बई में बॉटलिंग यूनिट के साथ एक व्यवसायी के रूप में बस गये हैं। उन्हें नहीं लगता था कि बिहार उनके व्यवसाय के लिए सही जगह है। उनके बेटे जयवर्धन यादव पालीगंज से राजद के विधायक थे और अब जद (यू) में हैं, उनके छोटे बेटे हर्षवर्धन, जो एक इंजीनियर हैं, की शादी पूर्व मुख्यमन्त्री दारोगा राय की पोती से हुई है।

प्रकाश चन्द्र दावा करते हैं कि उनके पिता को 1970 के दशक में मुख्यमन्त्री बनने का मौक़ा मिला था। प्रकाश बताते हैं, "प्रधानमन्त्री इन्दिरा गांधी ने मेरे पिता को दिल्ली बुलाया था और उन्हें मुख्यमन्त्री पद की पेशकश की थी, लेकिन उनके पिता ने यह कहते हुए इस पद को ठुकरा दिया कि उनके मुख्यमन्त्री बनने से पार्टी में टूट हो सकती है।"

चन्द्रा कहते हैं कि उनके पिता ने दारोगा राय का नाम सुझाया, जिसे आलाकमान द्वारा स्वीकार कर लिया गया।[6] उन्होंने आगे कहा कि दारोगा राय के कार्यकाल के दौरान उनके पिता को भी सीबीआई के छापों का सामना करना पड़ा था और जब उनके पिता आलाकमान के पास अपना विरोध दर्ज कराने गये तो उधर से जवाब मिला कि सीबीआई की इस छापेमारी में केन्द्र

सरकार की कोई भूमिका नहीं थी, राज्य सरकार के कहने पर सीबीआई ने छापा मारा था।

प्रकाश याद करते हैं कि कैसे लालू प्रसाद 1960 के दशक के मध्य में उनके घर आते थे और घण्टों उनके घर बैठे रहते थे? पटना छात्र संघ के नेता बनने के बाद लालू प्रसाद का मेरे घर आना-जाना और ज़्यादा हो गया था। चन्द्रा का कहना है कि 1990 के दशक के अन्त में लालू के साथ उनके पिता के सम्बन्धों में कड़वाहट आयी, जब राज्य सरकार ने राबड़ी देवी के मुख्यमन्त्री रहने के दौरान उनके घर के पास के बहुमंज़िला वाणिज्यिक परिसर को ध्वस्त करने के लिए बुलडोजर भेजे थे।

1998 में राम लखन सिंह यादव ने शरद यादव बनाम लालू यादव के मधेपुरा के ऐतिहासिक चुनाव में शरद यादव का पक्ष लिया, हालाँकि उन्होंने शरद यादव के लिए वोट नहीं माँगे लेकिन जब वे मधेपुरा में अपने एक रिश्तेदार के यहाँ गये थे और कई नेता उनसे जब मिलने आये तो उन्होंने कहा था, "वोट डालते समय अपने विवेक का उपयोग करें।" ग़ौरतलब हो कि उस चुनाव में लालू यादव हार गये थे। यह घटना राम लखन सिंह के राजनीतिक रसूख की गवाही देती है।

बाढ़ से 1989 की हार के बारे में बात करते हुए, चन्द्रा कहते हैं कि उनके पिता चुनाव लड़ने के लिए इच्छुक नहीं थे लेकिन कांग्रेस चाहती थी कि वे चुनाव लड़ें क्योंकि वीपी सिंह कांग्रेस के लिए एक राजनीतिक ख़तरे के रूप में उभर रहे थे। मेरे पिता को पहले सभी वर्गों के वोट मिलते थे, लेकिन 1989 के चुनाव में यह यादव बनाम बाक़ी का चुनाव बन गया। यह वीपी सिंह लहर और सामाजिक ध्रुवीकरण का परिणाम था जिसने मेरे पिता को हराया, और राष्ट्रीय राजनीति में नीतीश के आगमन को भी सुनिश्चित किया। यह बात सच है कि कांग्रेस अपने ओबीसी नेताओं का सम्मान करती थी, लेकिन यह भी सच है कि उन्हें मुख्यमन्त्री बनाने से कतराती थी।[7]

## दरोगा प्रसाद राय

दरोगा प्रसाद राय को एक्सीडेंटल मुख्यमन्त्री कहा जाता है। 1967 से 1972 तक बिहार के मुख्यमन्त्री की कुर्सी पेंडुलम की तरह अस्थिर थी, इस दौरान

बिहार में किसी भी पार्टी को पूर्ण बहुमत नहीं मिला था। कांग्रेस ने दरोगा राय को इसलिए मुख्यमन्त्री के रूप में चुना क्योंकि समाजवादी नेता रामानन्द तिवारी ने मुख्यमन्त्री बनने के लिए जनसंघ का समर्थन लेने से इनकार कर दिया था और कांग्रेस यह जानती थी कि अगर उसकी पार्टी का कोई मुख्यमन्त्री बनता है तो उसे पिछड़े तबके से आये विधायकों के समर्थन की ज़रूरत हो सकती है।

बेला में रेल व्हील प्लांट से एक छोटी से सड़क गुज़रती है, जो 5 किलोमीटर दूर बजहिया गाँव में ले जाती है। दरोगा प्रसाद राय, जो बीपी मंडल के बाद बिहार के दूसरे यादव मुख्यमन्त्री बने, और फ़रवरी से दिसम्बर 1970 तक इस पद पर रहे, बजहिया के ही थे। दरोगा राय, जिनकी 1981 में मृत्यु हो गयी थी, का एक चित्र उनके घर के प्रवेशद्वार को सुशोभित करता है, जबकि अन्दर, जहाँ वे लोगों से मिलते थे, पूर्व मुख्यमन्त्री द्वारा उपयोग की जाने वाली एक कम ऊँचाई वाली बिस्तर स्मृति के लिए रखी हुए है।

पुलिस राय, जो दरोगा राय के क़रीबी सहयोगियों में से एक हुआ करते थे बताते हैं, "दरोगा राय अपने शिक्षक की नौकरी से ख़ुश थे, उनके जीवन में राजनीति अचानक आ गयी।" पुलिस राय याद करते हैं, "एक स्कूल समारोह में, वरिष्ठ कांग्रेस नेता जगजीवन राम ने राय को बोलने के लिए कहा और वे राय के बोलने की कला से इतने प्रभावित हुए कि राय को राजनीति के लिए आमन्त्रित किया।"

ग्रामीणों को याद है कि राय ने गंडक के पानी से गाँव में बार-बार आने वाली बाढ़ को रोकने के लिए एक तटबन्ध बनवाया था लेकिन पक्की सड़क के लिए राय के गाँव को 2016 तक इन्तज़ार करना पड़ा।

कांग्रेस का राजनीतिक इतिहास अलग हो सकता था अगर वह राष्ट्रीय स्तर पर वीपी सिंह के उदय को बेअसर करने के लिए बिहार में उच्च जाति के नेता सत्येन्द्र नारायण सिन्हा के स्थान पर 1989 में अपने सबसे बड़े ओबीसी चेहरे राम लखन सिंह यादव को मुख्यमन्त्री के लिए चुनती। सिन्हा ने भागलपुर दंगों को लेकर लापरवाही बरती जिसका खामियाजा कांग्रेस को भुगतना पड़ा और कांग्रेस वोट बैंक का एक बड़ा हिस्सा 'जनता दल' की ओर चला गया।

जब 24 अक्टूबर 1989 को भागलपुर में दंगे हुए, तो मुख्यमन्त्री सिन्हा ने साम्प्रदायिक आग से घिरे शहर का दौरा करने की भी जहमत नहीं उठायी। वास्तव में, भागलपुर के दो प्रमुख कांग्रेस नेता, भागवत झा आज़ाद और शिव चन्द्र झा, स्थानीय नौकरशाही के नियन्त्रण पर वर्चस्व के लिए लड़ रहे थे, एक ज़िला मजिस्ट्रेट के साथ और दूसरा पुलिस अधीक्षक केएस द्विवेदी के साथ थे, ये वही केएस द्विवेदी हैं जो बाद में बिहार के डीजीपी के रूप में सेवानिवृत्त हुए। भागलपुर के दंगे के दौरान बिहार की पूरी कांग्रेस इकाई जड़वत बनी रही।

एक वरिष्ठ कांग्रेस के नेता ने नाम ना बताने की शर्त पर कहा, "भागलपुर के दंगे का दौरा करने के लिए प्रधानमन्त्री राजीव गांधी पटना आये, लेकिन मुख्यमन्त्री सिन्हा नहीं चाहते थे कि प्रधानमन्त्री भागलपुर जायें। गांधी को जिस विमान से भागलपुर जाना था उसके पायलट अभिमन्यु सिंह अचानक पटना एयरपोर्ट से ग़ायब हो गये। परेशान राजीव जो पेशे से कभी ख़ुद पायलट रहे थे, ने ख़ुद विमान से उड़ान भरी। राजीव गांधी को उसी इलाक़े में ले जाया गया जहाँ हिन्दू समुदाय रहता था, राजीव इससे ख़ासे नाराज़ हुए और दिल्ली लौट गये। दिल्ली पहुँचकर राजीव ने सिन्हा से इस्तीफ़ा माँगा।"

लेकिन तब तक बिहार कांग्रेस में दरार आ चुकी थी। वीपी सिंह राष्ट्रीय स्तर पर आगे बढ़ रहे थे। बिहार में लालू का उदय होना तय हो चुका था।

जगन्नाथ मिश्रा का मुख्यमन्त्री के रूप में होना एक राजनीतिक उपहास का विषय बन चुका था।

मुख्यमन्त्री बनने के बाद लालू ने व्यंग्यात्मक लहजे में कहा था, "ये उड़ान खतोला डॉक्टर साहब ख़रीदे थे, लेकिन अब हम उड़ा रहे हैं।"[8]

## बिहार कांग्रेस के राजनीतिक ढलान की कहानी

जब हम बिहार कांग्रेस के इतिहास का मूल्यांकन करते हैं तब हमें पता चलता है कि कैसे वह आम जनता और समाज की नब्ज़ को समझने में लगातार विफल रही? इसका परिणाम यह हुआ, कि कांग्रेस लगातार राजनीतिक ढलान की ओर बढ़ती गयी। 1937 में जब बिहार के प्रधानमन्त्री (उस समय प्रान्तों

के प्रमुख को प्रधानमन्त्री या प्रीमियर कहा जाता था) पद के लिए राजपूत समुदाय से आने वाले अनुग्रह नारायण सिंह की जगह भूमिहार जाति से ताल्लुक रखने वाले श्रीकृष्ण सिंह का चयन किया गया तभी जातीय राजनीति का बीजारोपण हो गया।

जब 1937 में बिहार में चुनावों की घोषणा की गयी, तो यह गांधीवादी और समाजवादी नेताओं के बीच सीधी लड़ाई थी। राजेन्द्र प्रसाद ने 17 मार्च 1937 को बिहार प्रदेश कांग्रेस कमेटी में चुनाव लड़ने के लिए प्रस्ताव पारित किया, तो कई समाजवादी नेता इस प्रस्ताव से असहमत थे। जयप्रकाश नारायण ने इस प्रस्ताव के विरोध में बोलते हुए तर्क दिया कि चुनाव में हमारी भागीदारी स्वतन्त्रता आन्दोलन में भटकाव लायेगा।[9]

प्रत्याशियों के चयन में जातिगत समीकरण का ख़ासा ध्यान रखा गया। कांग्रेस नेतृत्व में राजपूत, कायस्थ और भूमिहार जैसी उच्च जातियों का क़ब्ज़ा था। जातीय राजनीति का आलम यह था कि स्वामी सहजानन्द के गुट के धनराज शर्मा, किशोरी प्रसन्न सिंह और यमुना कायन को टिकट नहीं मिलने पर सहजानन्द जी ने कांग्रेस से इस्तीफ़ा दे दिया। हालाँकि, बाद में राजेन्द्र प्रसाद ने किशोरी प्रसन्ना सिंह को टिकट देकर सहजानन्द जी को इस्तीफ़ा न देने के लिए राज़ी किया।

त्रिवेणी संघ ने नवदीप चन्द्र घोष, गणपति मंडल, दासू सिंह, तपसीराम महतो, नन्द किशोर सिंह और यदुनन्दन महतो को टिकट दिया था, लेकिन वे सभी हार गये। शाहाबाद क्षेत्र में, त्रिवेणी संघ के उम्मीदवारों को कुल मिलाकर 5,000 के क़रीब वोट मिले। कांग्रेस ने 152 सीटों पर चुनाव लड़ा था जिसमें से 99 जीतने में कामयाब हुई थी। गठबन्धन दल ने 22, निर्दलीय ने 6 और मुस्लिम लीग ने 2 सीट हासिल की। 21 उम्मीदवार निर्विरोध चुनाव जीते थे जिसमें जगजीवन राम और विनोदानन्द झा शामिल थे। कांग्रेस के टिकट पर 31 ब्राह्मण और 39 अन्य उच्च जाति के नेता विधानसभा पहुँचे थे।

## श्रीकृष्ण सिंह और कांग्रेस का स्वर्ण युग

20 जुलाई 1937 को, स्वतन्त्र पार्टी के मोहम्मद यूनुस के इस्तीफ़ा देने के बाद, बिहार में श्रीकृष्ण सिंह के नेतृत्व में सरकार का गठन हुआ। प्रधानमन्त्री

के रूप में श्रीकृष्ण सिंह का चयन राजेन्द्र प्रसाद ने किया था। जीमूतवाहन सेन ने राजेन्द्र प्रसाद की भी उम्मीदवारी का सुझाव दिया, जिसे ख़ुद राजेन्द्र बाबू ने अस्वीकार कर दिया। सैयद महमूद नाम के एक और दावेदार थे लेकिन उनके नाम पर विचार नहीं किया गया, महमूद की दावेदारी को संजीदगी से न लेने के कारण मौलाना आज़ाद खफ़ा हो गये थे।[10]

1946 के चुनाव में भी सामाजिक समीकरणों में बहुत बदलाव नहीं आया। कांग्रेस ने 76 सीटों में से केवल आठ सीट ही पिछड़े समुदाय से आने वाले नेताओं को दी थीं। जवाहरलाल नेहरू ने टिकट वितरण पर मतभेद होने के दौरान श्रीकृष्ण सिंह और अनुग्रह नारायण सिन्हा को दिल्ली बुलाया। इन दोनों नेताओं के अपने-अपने गुट बन चुके थे। देश की आज़ादी के बाद जब राजेन्द्र प्रसाद को भारत का राष्ट्रपति चुन लिया गया, जयप्रकाश नारायण ने भी अपनी एक अलग पार्टी बना ली। राज्य की राजनीति में कायस्थ गुट के नेता केबी सहाय थे। सहाय अब अनुग्रह नारायण सिंह के गुट में शामिल हो गये थे। स्वाभाविक है यह गठजोड़ श्रीकृष्ण सिंह के ख़िलाफ़ काम कर रहा था।

साम्प्रदायिक दंगों के कुछ समय बाद 1946 के अन्त में गांधीजी बिहार का दौरा कर रहे थे। वे पटना के एएन कॉलेज के पास एक घर में ठहरे थे। उसी समय श्रीकृष्ण सिंह सरकार में तत्कालीन मन्त्री केबी सहाय पर भ्रष्टाचार के आरोप लगे थे। गांधीजी ने मुख्यमन्त्री श्रीकृष्ण सिंह को बुलाया और केबी सहाय पर लगे आरोपों की सच्चाई जाननी चाही। सिंह ने गांधीजी को एक मोटी फ़ाइल सौंपी, और कहा, "यह फ़ाइल आपको सच्चाई से अवगत करायेगी।" गांधीजी ने वह फ़ाइल रामनन्दन मिश्रा को पढ़ने के लिए दिया। मिश्रा ने फ़ाइल को पूरा पढ़ा और गांधीजी से कहा, "सहाय के ख़िलाफ़ जो आरोप लगे हैं वे बेहद गम्भीर हैं, लेकिन इस समय सहाय से इस्तीफ़ा माँगना उचित नहीं है। सहाय ने ज़मींदारी उन्मूलन के ख़िलाफ़ विधानसभा में विधेयक पेश किया है, मामला उल्टा पड़ जायेगा। आम जनता के पास यही सन्देश जायेगा कि केबी सहाय ने ज़मींदारी उन्मूलन का क़दम उठाया इसलिए उनसे इस्तीफ़ा ले लिया गया। हो सकता है ऐसे में आपकी छवि को भी नुक़सान पहुँचे और आपको ज़मींदार समर्थक और जन विरोधी मान लिया जाये।" गांधीजी ने मिश्रा की बात से सहमति जतायी और श्रीकृष्ण सिंह को भी यही बात समझायी।[11]

अनुग्रह नारायण सिंह ने 1937 से 1952 तक श्रीकृष्ण सिंह की खुलकर मुख़ालफ़त नहीं की, लेकिन 1952 के चुनावों में टिकट बँटवारे को लेकर दोनों नेताओं के बीच मतभेद मुखर हो गये। इस प्रकरण से जवाहरलाल नेहरू इतने नाराज़ हुए कि उन्होंने दूसरे वरिष्ठ नेता लक्ष्मी नारायण सुधांशु को सरकार बनाने के लिए कहा। बाद में नेहरू ने जगजीवन राम को प्रतिनिधि बनाकर भेजा। आलाकमान के हस्तक्षेप के बाद श्रीकृष्ण सिंह और अनुग्रह नारायण सिंह में सुलह सम्भव हो पाया।

1952 के विधानसभा चुनावों के बाद श्रीकृष्ण सिंह के अलावा दो नये राजनीतिक नेताओं का उभार हुआ, ये नेता थे महेश प्रसाद सिंह और दीप नारायण सिंह। बिनोदानन्द झा और अब्दुल कयूम अंसारी को मन्त्री पद भी नहीं मिला। बिहार विधानसभा चुनावों में कांग्रेस ने 223 सीटें और सोशलिस्ट पार्टी ने 23 सीटें जीती थीं। भोला पासवान शास्त्री कैबिनेट में नये सदस्य के रूप में शामिल हुए। 16 सदस्यीय श्रीकृष्ण सिंह की कैबिनेट में तीन ओबीसी चेहरे थे–देवशरण सिंह, बीर चंद पटेल (कुर्मी) और शिवनन्दन प्रसाद मंडल (यादव)।

श्रीकृष्ण सिंह ने केबी सहाय को अपने गुट में शामिल करने की पहल शुरू की। इस पहल से मुख्यमन्त्री पद के एक और दावेदार महेश प्रसाद सिंह नाराज़ हो गये। लेकिन जब श्रीकृष्ण सिंह और अनुग्रह नारायण सिंह के बीच मुख्यमन्त्री की कुर्सी को लेकर खींचतान शुरू हुई तो सहाय ने अनुग्रह नारायण सिंह का पक्ष लिया, पर श्रीबाबू भी राजनीति के माहिर खिलाड़ी थे। उन्होंने अनुग्रह नारायण सिंह को मात दी और एक बार फिर बिहार के मुख्यमन्त्री बने। इस बार 9 कैबिनेट और 15 उप मन्त्री बनाये गये। बीर चंद पटेल को कैबिनेट मन्त्री बनाया गया, दरोगा प्रसाद राय, सहदेव महतो और देवनारायण यादव को उप-मन्त्री बनाया गया। केबी सहाय मन्त्री बनने की दौड़ में पिछड़ गये, तब जेपी ने श्रीबाबू को (जैसा कि राजनीतिक हलकों में श्रीकृष्ण सिंह को प्यार से सम्बोधित किया जाता था) लिखा था, "महेश प्रसाद सिंह (जो कि भूमिहार जाति से थे) को खादी बोर्ड का अध्यक्ष बनाया गया, जबकि सहाय को कोई ज़िम्मेदारी नहीं दी गयी। यह मेरी समझ से परे है।"

कांग्रेस में जातियों के कुटिल खेल से जेपी दुखी थे, 27 जुलाई 1957 को सर्वोदय आश्रम, तीरिल, राँची से श्रीकृष्ण सिंह को जेपी ने पत्र लिखा–

"आप और अनुग्रह बाबू (अनुग्रह नारायण सिंह) के बीच वर्षों से जारी टकराव ही बिहार कांग्रेस की दुर्भाग्यपूर्ण स्थिति का मुख्य कारण है। बिहार को जानने वाला कोई भी व्यक्ति इस बात से इनकार नहीं कर सकता कि आप और अनुग्रह बाबू दोनों ही जातिवादी सोच रखते हैं। आपकी सरकार को 'भूमिहार राज' और अनुग्रह बाबू को 'राजपूतों का नेता' माना जाता है। आप लोग सार्वजनिक मंचों से तो जातिवाद की निन्दा करते हैं, लेकिन इसकी जड़ों की ओर मुड़कर नहीं देखते। पता नहीं मुख्यमन्त्री की कुर्सी का ऐसा क्या आकर्षण है कि आप दोनों महान नेता भी इस कुर्सी के लिए मोहित हैं। क्या यह अच्छा नहीं होता कि आप एक कार्यकाल तक मुख्यमन्त्री की कुर्सी पर रहने के बाद अनुग्रह बाबू को कुर्सी सौंप देते"?[12]

जेपी ने एक बार कहा था कि, "श्रीबाबू ही मुख्यमन्त्री की कुर्सी को छोड़ने की उदारता दिखा सकते थे, क्योंकि उन्हें 1937 से ही बहुमत प्राप्त था।"

जेपी ने श्रीबाबू को लिखे पत्र में कहा, "आप ने शुरू से ही जाति को तरजीह दी, अगर आप इन बातों में नहीं पड़ते तो और महान होते। यदि आप अपने जीवनकाल में जातिवाद के ज़हर से नहीं निपटेंगे तो कौन यह काम करेगा? आज देश में नयी पीढ़ी के नेताओं की ज़रूरत है, मैं भी चाहता हूँ कि नयी पीढ़ी के लोग राजनीति में आयें। मेरा यह दृढ़ विश्वास है कि आप जातिवाद को उखाड़ना चाहते हैं, लेकिन इसके लिए आपको यह सुनिश्चित करना होगा कि आपके बाद कोई भूमिहार राज्य का मुख्यमन्त्री नहीं बने। श्रीकृष्ण सिंह ने जेपी के पत्र का जवाब देते हुए लिखा, "मैं आपके द्वारा लगाये गये आरोपों से हैरान और दुखी हूँ, यह बात मुझे परेशान करती है कि आपने मेरे इरादों पर सन्देह किया।" श्रीबाबू ने यह भी बताया कि अनुग्रह नारायण सिंह का वे बहुत सम्मान करते हैं, और उनके समर्थकों को अपने कैबिनेट में जगह दिया है, लेकिन जातिवाद के आरोप पर श्रीबाबू ने कोई जवाब नहीं दिया।

1957 के विधानसभा चुनाव के बाद, श्रीकृष्ण सिंह या अनुग्रह नारायण सिंह में से किसी एक को मुख्यमन्त्री के रूप में चुनने के लिए मतदान हुआ था। पूरी मतदान प्रक्रिया के दौरान अनुग्रह सदाकत आश्रम में किताबें पढ़ते रहे और उन्होंने अपना वोट भी नहीं डाला। जब किसी ने उनसे वोट न देने का कारण पूछा, तो उन्होंने कहा, "अगर मुझे अपने वोट से जीतना है तो मैं हारना पसन्द करूँगा।"

पूर्व कांग्रेस के मन्त्री एलके शाही, जो राज्य के हर कांग्रेस सरकार में मन्त्री रहे। बताते हैं :

"जब दिल्ली से मुख्यमन्त्री के नाम की घोषणा की गयी, अनुग्रह नारायण सिंह ने अपने ड्राइवर भज्जू को बुलाया और उसे श्रीकृष्ण सिंह के आवास 4 केजी पर ले जाने के लिए कहा। अनुग्रह नारायण सिंह पहली मंज़िल पर पोर्टिको में गये और गर्मजोशी से श्रीकृष्ण सिंह को गले लगाया। दोनों काफ़ी देर तक रोये और बहते आँसू ने दोनों के बीच की सारी ग़लतफ़हमी को दूर कर दिया।[13] बाद में श्रीकृष्ण सिंह, अनुग्रह नारायण सिंह से कहते हैं, "चलिए कैबिनेट का गठन किया जाये।"

1957 के मन्त्रिमंडल में अनुग्रह नारायण सिंह ने बिनोदानन्द झा और बीरचंद पटेल को कैबिनेट मन्त्री बनाने की सिफ़ारिश की, भोला पासवान शास्त्री और दरोगा राय को भी मन्त्री बनाया गया।

सुरेन्द्र किशोर याद करते हैं, "श्रीकृष्ण सिंह परिवारवादी राजनीति और आत्म-प्रशंसा से कोसों दूर रहने वाले नेता थे। जब उनकी मृत्यु के बाद राज्यपाल के सामने उनका बक्सा खोला गया, तो उसमें चार लिफ़ाफ़ों में रखे केवल 24,500 नक़द थे। एक लिफ़ाफ़े में बिहार प्रदेश कांग्रेस कमेटी के लिए 20,000 रुपये, दूसरे लिफ़ाफ़े में उनके अकाउंटेंट की शादी के लिए 3,000 रुपये, सहयोगी महेश प्रसाद सिंह की बेटी के लिए 1,000 रुपये और उनके वफ़ादार नौकर के लिए 500 रुपये थे"।[14]

5 जुलाई 1957 को अनुग्रह नारायण सिंह की मृत्यु के बाद राजपूत नेतृत्व भी गुमनाम हो गया। केबी सहाय, जो सिंह के कट्टर समर्थक थे, राजपूतों का समर्थन हासिल करने में विफल रहे। कांग्रेस में 'भूमिहार' जाति का विरोध

करने वाला गुट बिनोदानन्द झा के इर्द-गिर्द लामबन्द हो गया। 1961 में झा को कांग्रेस विधायक दल का नेता चुना गया। पहली बार एक 'ब्राह्मण' राज्य का मुख्यमन्त्री बना। 1952 में 223 और 1957 में 210 सीटों वाली कांग्रेस की संख्या 1962 में घटकर 195 रह गयी। समाजवादी पहली बार बिहार की राजनीति के दरवाज़े पर दस्तक दे रहे थे। 1962 के विधानसभा चुनाव में प्रजा सोशलिस्ट पार्टी ने 29 सीटें जीतीं और सोशलिस्ट पार्टी ने सात सीटें जीतीं।

श्रीकृष्ण सिंह के ख़िलाफ़ एकमात्र आरोप यह लगता है कि उन्होंने इंडियन ऑयल कॉर्पोरेशन, बरौनी रिफाइनरी और एक थर्मल पावर स्टेशन सहित 13 औद्योगिक कारख़ानों की स्थापना अपने राजनीतिक क्षेत्र बेगूसराय में ही की। हालाँकि दक्षिण बिहार में दामोदर वैली कॉर्पोरेशन और हैवी इलेक्ट्रिकल्स लिमिटेड जैसी कुछ मेगा परियोजना की स्थापना की गयी लेकिन कई लोग यह कहते हैं कि श्रीबाबू ने पूरे बिहार के विकास को तरजीह नहीं दी।

## केबी सहाय

केबी सहाय को झा की कैबिनेट में शामिल नहीं किया गया था। 1963 में 'कामराज योजना' के तहत झा की कुर्सी जाने के बाद ही केबी सहाय को मुख्यमन्त्री बनने का मौक़ा मिला।

1963 का साल बिहार की राजनीति में एक महत्त्वपूर्ण मोड़ था, पहली बार सहाय के ख़िलाफ़ एक ओबीसी नेता बीरचंद पटेल मुख्यमन्त्री पद के लिए दावेदारी पेश कर रहे थे। जहाँ ब्राह्मणों और भूमिहारों के गुट ने पटेल का समर्थन किया था, वहीं सत्येन्द्र नारायण सिंह के नेतृत्व में राजपूतों ने केबी सहाय का समर्थन किया था। 1963 में, 11 सदस्यीय केबी सहाय कैबिनेट में तीन ओबीसी-यादव, कुर्मी और कोइरी (त्रिवेणी संघ की जातियाँ) राम लखन सिंह यादव, बीरचंद पटेल और सुमित्रा देवी को कैबिनेट मन्त्री बनाया गया। 1952 के कैबिनेट में शिवनन्दन प्रसाद मंडल (यादव) और देवशरण सिंह (कुर्मी) ओबीसी प्रतिनिधि थे, बीरचंद पटेल को राज्य मन्त्री बनाया गया था।

केबी सहाय ने ओबीसी नेतृत्व को आगे लाने की पहल की। यह घटना बिहार की राजनीति के बदलते सामाजिक परिदृश्य को दर्शाती है। एक तरफ़

ओबीसी कांग्रेस का समर्थन कर रहे थे, वहीं दूसरी तरफ़ समाजवादी भी इन्हीं जातियों के बीच अपना आधार तलाश रहे थे।

1956 में श्रीकृष्ण सिंह की मृत्यु के बाद भूमिहार नेता महेश प्रसाद सिंह को झा ने राजनीति में मात दे दिया। 1961 में झा मुख्यमन्त्री बने। उनके मन्त्रिमंडल में चार ओबीसी थे–बीरचंद पटेल कैबिनेट मन्त्री और दरोगा प्रसाद राय, देवनारायण यादव और सहदेव महतो उप मन्त्री। 1962 के चुनावों के बाद जब झा फिर से मुख्यमन्त्री बने, तो उनके मन्त्रिमंडल में केवल तीन ओबीसी मन्त्री थे, जिसमें बीरचंद पटेल एकमात्र कैबिनेट मन्त्री थे।

सहाय के दम्भ के कारण ही कांग्रेस पहली बार अपने पतन की ओर उन्मुख हुई। 1966 में बनारसी प्रसाद सिंह की मृत्यु के बाद मुंगेर में लोकसभा उपचुनाव होना था। मुख्यमन्त्री केबी सहाय ने अहंकार में कहा था, "कांग्रेस जिसे भी टिकट देगी, वह जीतेगा। यहाँ तक कि हमारे द्वारा नामित कुत्ता भी जीत सकता है।" संयुक्त सोशलिस्ट पार्टी ने दिग्गज नेता मधु लिमये को मैदान में उतारा, लिमये ने शानदार जीत दर्ज की। इस उपचुनाव में मिली जीत ने बिहार में संसोपा (SSP) के उदय की घोषणा कर दी।

## भोला पासवान शास्त्री

राजनीति के इस अस्थिर दौर का सामाजिक फ़ायदा यह हुआ कि बिहार को भोला पासवान शास्त्री के रूप में अनुसूचित जाति (दलित) से ताल्लुक रखने वाला पहला मुख्यमन्त्री मिला। कांग्रेस में एक बाग़ी समूह ने पहले ही लोकतान्त्रिक कांग्रेस का गठन कर लिया था। लोकतान्त्रिक कांग्रेस के नेता शास्त्री 2 मार्च 1968 को संयुक्त मोर्चा सरकार के मुख्यमन्त्री बने। लेकिन उनकी सरकार केवल 95 दिनों तक चली। 22 जून 1969 को शास्त्री फिर से संयुक्त मोर्चा सरकार के मुख्यमन्त्री बने, लेकिन पोर्टफोलियो को लेकर लड़ाई के कारण 4 जुलाई 1969 को यह सरकार गिर गयी। शास्त्री तीसरी बार थोड़े भाग्यशाली रहे जब उन्होंने 2 जून 1971 को 'प्रगतिशील विधायक दल' की सरकार का नेतृत्व किया और इस बार 27 दिसम्बर 1971 तक सत्ता में रहे। तीसरी बार उन्हें कांग्रेस का समर्थन भी प्राप्त था।

शास्त्री जी को जो भी समय मिला, उन्होंने उसका इस्तेमाल वृद्धावस्था पेंशन जैसी योजनाओं को शुरू करने में किया। 70 साल से ऊपर के बुज़ुर्ग को 20 रुपये प्रति माह देने का काम शास्त्री सरकार ने किया। पूर्व सांसद संजय पासवान लिखते हैं, "जब भी पटना मास्टर प्लान की चर्चा होती है, तो शायद ही कभी याद आता है कि 1955 में स्थानीय निकाय मन्त्री के तौर पर शास्त्री जी ने ही पटना मास्टर प्लान को बिहार टाउन प्लानिंग एंड इम्प्रूवमेंट ट्रस्ट एक्ट में जोड़ा था। मुख्यमन्त्री के रूप में उन्होंने भूमि सुधार क़ानून में बदलाव करते हुए चार से आठ हेक्टेयर के बीच भूमि की अधिकतम सीमा को आठ से 24 हेक्टेयर तय किया था।"[15]

पासवान लिखते हैं, मुख्यमन्त्री के रूप में उनकी दृढ़ता और निष्पक्षता के कारण ही उन्होंने 2 नवम्बर 1971 को रूपसपुर-चंदवा गाँव में हुए नरसंहार के बाद अपने पुराने मित्र लक्ष्मी नारायण सुधांशु के बेटे प्रद्युम्न सिंह की गिरफ़्तारी का आदेश देने में भी संकोच नहीं किया।[16]

अपने संक्षिप्त कार्यकाल में शास्त्री जी ने मुंगेरी लाल आयोग का गठन करके एक और उपलब्धि हासिल की थी, इसकी सिफ़ारिशों को बाद में कर्पूरी ठाकुर ने लागू किया था।

जगन्नाथ मिश्र बताते हैं कि वे क्यों नहीं मुंगेरी लाल आयोग के सिफ़ारिशों को लागू कर सके? "कांग्रेस की भोला पासवान शास्त्री सरकार ने संविधान के अनुच्छेद 340 के तहत पिछड़े लोगों की स्थिति में सुधार के उपाय सुझाने के लिए मुंगेरी लाल आयोग का गठन किया। मिश्र ने 26 दिसम्बर 1976 को आयोग की रिपोर्ट स्वीकार कर ली थी। "मैंने इसे कैबिनेट के समक्ष रखने का आदेश दिया था। 18 जनवरी 1977 को तत्कालीन प्रधानमन्त्री ने आपातकाल हटा लिया और आम चुनावों की घोषणा कर दी। मैं इसकी सिफ़ारिशों को लागू नहीं कर सका क्योंकि चुनाव से पहले आचार संहिता लागू हो गयी थी।"[17]

शास्त्री जी का सफ़र समाजवादी आइकन कर्पूरी ठाकुर के जीवन से मिलता-जुलता है। दलित समुदाय से आने वाले भोला पासवान 'शास्त्री' जी को यह उपनाम इसलिए मिला क्योंकि उन्होंने बिहार विद्यापीठ से संस्कृत में शास्त्री (स्नातक) की डिग्री हासिल की थी। उन्होंने कठिन भाषा सीखना तब शुरू किया था जब वे मवेशी चराते थे और एक स्कूल में ऊँची जाति के

लड़कों को श्लोक गाते सुनते थे। उनका जन्म 21 सितम्बर 1914 को पूर्णिया के बैरगाछी गाँव में हुआ था। उनके पिता पुसर पासवान काझा कोठी में दरभंगा महाराज की कचहरी में एक सिपाही थे।

जब एक अंग्रेज़ अधिकारी ने बालक भोला को एक स्कूल के बाहर खड़ा देखा, तो उसने उससे कुछ सवाल पूछे और बाद में उसे उस स्कूल में दाख़िला दिलाना चाहा, लेकिन ऊँची जाति द्वारा संचालित इस स्कूल में शास्त्री जी का दलित होने के कारण नामांकन नहीं हो पाया। बाद में अमचुरा गाँव के जगमोहन चौधरी ने उन्हें कांझा मध्य विद्यालय में दाख़िला दिलाया, जहाँ वे अनुसूचित जाति के एकमात्र छात्र थे। जातिगत अपमान को झेलते हुए बालक भोला ने अपनी पढ़ाई जारी रखी।

इसी क्षेत्र के प्रसिद्ध गांधीवादी वैद्यनाथ चौधरी ने उन्हें रहटा राष्ट्रीय विद्यालय में भर्ती कराया। शास्त्री को 1942 के भारत छोड़ो आन्दोलन के दौरान गिरफ़्तार किया गया। उन्होंने 1946 में अपना पहला विधानसभा चुनाव जीता और प्रधानमन्त्री श्रीकृष्ण सिंह के संसदीय सचिव के रूप में भी काम किया। वे 1972 तक धमदाहा और कोड़ा विधानसभा क्षेत्रों से जीतते रहे।

संजय पासवान कहते हैं, "पुराने लोग याद करते हैं कि कामराज योजना के तहत बिनोदानन्द झा के इस्तीफ़ा देने के बाद कामराज, शास्त्री को मुख्यमन्त्री बनाना चाहते थे, लेकिन कांग्रेस के उच्च जाति के नेतृत्व ने शास्त्री के मुख्यमन्त्री बनने का समर्थन नहीं किया।"(18)

28 फ़रवरी 1978 को शास्त्री ने केन्द्रीय मन्त्री के रूप में अपने भाषण के दौरान यह स्पष्ट किया कि "कांग्रेस ने नहीं, बल्कि राम मनोहर लोहिया ने उन्हें मुख्यमन्त्री बनाया था।" बकौल शास्त्री "कांग्रेस में रहते हुए, मैंने समझा कि कांग्रेस नहीं चाहती थी कि कोई दलित नेता मुख्यमन्त्री बने। तीसरी बार जब मैं सीएम बना, तो कांग्रेस में एक ख़ास जाति का व्यक्ति सीएम बनना चाहता था। कांग्रेस आलाकमान ने मुझे बुलाया और कहा कि मुझे मुख्यमन्त्री बनना चाहिए। उन्हें लगा कि मैं लचीला हूँ और वे अपनी इच्छानुसार मुझे हटा सकते हैं। मेरे प्रति कांग्रेस का यही नीति और रवैया रहा है।"[19] ग़ौरतलब हो भोला पासवान शास्त्री को कांग्रेस (O) ने मुख्यमन्त्री उम्मीदवार के रूप में चुना था और वे फिर से मुख्यमन्त्री बने थे।

समाजवादी लेखक प्रेम कुमार मणि याद करते हैं, "1970 के दशक के शुरुआती वर्षों में कांग्रेस में समाजवादी विचारधारा की झलक दिखाई पड़ती है, इसी दौर में प्रधानमन्त्री इन्दिरा गांधी अपने पिता नेहरू के राजनीतिक आवरण के बरअक्स अपनी एक अलग छवि बनाने की कोशिश कर रही थीं। 1970 तक, बिहार सहित आठ राज्यों में कांग्रेस की सरकार को वहाँ की जनता ने सत्ता से बेदख़ल कर दिया था। यह वह वर्ष था जब कम्युनिस्टों ने कांग्रेस पार्टी के विभाजन के बाद इन्दिरा गांधी की सरकार को बचाने में मदद की थी, जिसमें जगजीवन राम और युवा तुर्क चन्द्रशेखर जैसे दिग्गज पार्टी से बाहर हो गये थे।" इन्दिरा गांधी के सलाहकार पीएन हक्सर ने बैंकों के राष्ट्रीयकरण और प्रिवी पर्स को समाप्त करने में बड़ी भूमिका निभायी थी। मुझे 1971 में बिहार में इन्दिरा गांधी द्वारा दिया गया भाषण याद है, जब उन्होंने कहा था कि बैंक लोगों के दरवाज़े तक जायेंगे। उन दिनों यह अविश्वसनीय लग रहा था, लेकिन अब यह वास्तविकता है। उन्होंने भूमि सुधार का भी संकेत दिया और कहा कि भूमि का राष्ट्रीयकरण होगा। "क्या मैं अपने खेतों से आपकी मिट्टी दिल्ली ले जाऊँगी?" उन्होंने कुछ देर रुककर कहा, "नहीं" और आगे कहा, "ज़मीन वहीं रहेगी, जहाँ है, लेकिन उसके मालिक बदल जायेंगे।" भीड़ भड़क उठी थी। इन्दिरा गांधी द्वारा समाजीकरण की कोशिश ने समाजवादियों को और भी बेचैन कर दिया था। समाजवाद के साथ गाँधी के राब्ता तब और खत्म हो गया जब संजय गाँधी के हाथ में कांग्रेंस की कमान आ गई। संजय ने सबसे पहले प्रधानमन्त्री के मार्क्सवादी सलाहकार हक्सर को बाहर का रास्ता दिखाया।[20]

इन्दिरा गांधी 1980 में सत्ता में लौटीं और 18 फ़रवरी 1980 को बिहार में राम सुन्दर दास सरकार को बर्ख़ास्त कर दिया। कांग्रेस 167 सीटों के साथ बिहार में सत्ता में वापस आयी। हालाँकि, कांग्रेस ने इस अनुभव से कोई सबक नहीं सीखा था, लेकिन बिहार के राजनीतिक मंच पर ओबीसी आबादी ने अपनी उपस्थिति दर्ज करायी थी। 1980 से 1990 के बीच मुख्यमन्त्री पद के लिए फिर से उच्च जाति के नेताओं के बीच राजनीतिक खेल जारी रहा, जब तक कि कांग्रेस बिहार में सत्ता से बाहर नहीं हो गयी। इस अवधि में पाँच मुख्यमन्त्री हुए–जगन्नाथ मिश्र, चन्द्रशेखर सिंह, बिन्देश्वरी दुबे, भागवत

झा आज़ाद, सत्येन्द्र नारायण सिंह और फिर से जगन्नाथ मिश्रा। मिश्रा पर मुख्यमन्त्री के रूप में अपने पहले कार्यकाल के दौरान पटना रेलवे स्टेशन और गांधी मैदान को गिरवी रखने का संगीन आरोप लगा था।

पटना सचिवालय अधिकारी संघ (अब समाप्त हो गया है) के अध्यक्ष रघुवंश प्रसाद सिंह ने पूर्व मुख्यमन्त्री जगन्नाथ मिश्र और उनके मन्त्रियों के ख़िलाफ़ 26 सूत्री आरोपों पर एक ज्ञापन तैयार किया था। आरोप में कई लोगों पर पटना कोऑपरेटिव बैंक से लोन लेने, बैंककर्मियों से मिलीभगत कर लोन लेने के लिए पटना रेलवे स्टेशन और गांधी मैदान को गिरवी रखने का आरोप भी शामिल था। उमेश प्रसाद सिंह को प्रधानमन्त्री मोरारजी देसाई और केन्द्रीय गृह मन्त्री चरण सिंह को ज्ञापन सौंपने का काम दिया गया था। उमेश प्रसाद सिंह कहते हैं, "मुझे प्रधानमन्त्री की ओर से कुछ ख़ास प्रतिक्रिया मिली, गृह मन्त्री ने मुझे धैर्यपूर्वक सुना और कहा कि अगर मेरे पास कोई कॉल नहीं आया, तो इसका मतलब यह नहीं होना चाहिए कि कोई कार्रवाई नहीं हो रही है।" गृह मन्त्रालय ने तुरन्त प्रतिक्रिया दी और कर्पूरी ठाकुर सरकार ने मामला सतर्कता विभाग को सौंप दिया। लेकिन जगन्नाथ मिश्रा के क़रीबी एक सतर्कता अधिकारी ने सभी महत्त्वपूर्ण सबूतों के साथ मूल फ़ाइल उन्हें सौंप दी, विजिलेंस अधिकारी पीआर सिन्हा को सभी दस्तावेज़ी साक्ष्यों के साथ शिकायत की एक प्रति प्राप्त करने के लिए दिल्ली भेजा गया था। विजिलेंस एसपी डीपी ओझा (जो डीजीपी के पद से सेवानिवृत्त हुए) ने मामले की जाँच की और 17 मामले दर्ज किये गये। जगन्नाथ मिश्रा को दो मामलों में नामित किया गया था और उन्हें सालों बाद सुप्रीम कोर्ट से राहत मिली।[21] जिसमें कई लोगों को दोषी ठहराया गया।

ओबीसी विधायकों का बिहार विधानसभा में बढ़ता प्रभाव एक दिलचस्प सामाजिक बदलाव का आँकड़ा प्रस्तुत करता है : 1969 में 94, 1972 में 76, 1977 में 92, 1985,1990 और 1996 में 80 सीटें।

1990 तक ऊँची जातियों का दबदबा जारी रहा : 1967 में 133, 1969 में 122, 1972 में 136, 1977 में 124, 1980 में 120 और 1985 में 118। 1990 का चुनाव बिहार में ऊँची जातियों के दबदबे और ओबीसी राजनीति

के टकराव का चुनाव था। इस चुनाव में 105 ऊँची जाति के विधायकों के मुक़ाबले 117 ओबीसी विधायक थे। 1995 में 56 ऊँची जाति के विधायकों के मुक़ाबले 161 ओबीसी विधायक थे। ग़ौर करने वाली बात यह है कि 1990 में 63 यादव विधायक थे।[22]

राजीव गांधी ने ब्राह्मणों के मुक़ाबले राजपूतों को प्रमुखता देकर इस ढाँचे को बदलने की कोशिश की लेकिन यह प्रयास भी उतना सफल नहीं हो पाया। चन्द्रशेखर सिंह और सत्येन्द्र नारायण सिन्हा, राजीव के कार्यकाल में ही मुख्यमन्त्री बने। विडम्बना यह है कि वीपी सिंह को भी राजीव गांधी ने कांग्रेस और अपने मन्त्रिमंडल में महत्त्वपूर्ण जगह दी थी। सोनिया गांधी जहाँ इन्दिरा गांधी की सामाजिक व्यवस्था का लगभग पालन करती हैं, वहीं राहुल गांधी कुछ बदलाव और प्रयोग करने की कोशिश कर रहे हैं।

तमाम राजनीतिक बदलाव के बाद भी सदाकत आश्रम की सूरत नहीं बदली है। आज भी वह अपने जीर्णोद्धार की बाट जोह रहा है।

## सन्दर्भ-सूची


1. Interview/ Bihar Congress assistant office secretary Rajkumar Jha (9 March 2020).
2. Senior Congress leader and MLC Prem Chandra Mishra (1 March 2020).
3. Ibid.
4. Interview/ AICC secretary Chandan Yadav (16 February 2020).
5. Interview/ Former CM Jagannath Mishra (June 2018).
6. Interview/ former MP Prakash Chandra (son of Ramlakhan Singh Yadav) (15 March 2020).
7. Ibid.
8. https://indianexpress.com/elections/unimpressed-by-nationalism-in-seat-he-won-four-times-election-about-lalu-being-put-in-jail-5711733/.
9. Searchlight, March 1937, Bihar Mein Chunav, Shrikant, Vani Prakashan.

10. Bihar Mein Samajik Parivartan Ke Kuchh Aayam, Prasanna Kumar Choudhary and Shrikant, Vani Prakashan.
11. Sansmaran, Ramnandan (Mishra), Prabhat Prakashan.
12. Bihar : Chitthiyon Ki Rajniti. Shrikant, Vani Prakashan, Patna.
13. Bante Bihar Ka Sakshi, LP Shahi, Srikrishna Siksha Pratisthan, Calligraphy Printers, Indrapuri, Patna.
14. Interview/ Senior journalist Surendra Kishore (16 March 2020).
15. Interview/ Former MP Sanjay Paswan (12 February 2020).
16. Nispakshta Ke Pratiman, Bhola Paswan Shastri, Sanjay Paswan and Amarnath, Kabir ke Log, Janam Foundation, Danish Books, Ghazipur, Delhi).
17. Bihar Badhkar Rahega, Jagannath Mishra, Publisher : LN Mishra Business Management Institution, Muzaffarpur, Samiksha Prakashan.
18. Interview/ Former Union minister Sanjay Paswan (12 February 2020).
19. Nispakshta Ke Pratiman, Bhola Paswan Shastri, Sanjay Paswan and Amarnath, Kabir ke Log, Janam Foundation, Danish Books, Ghazipur, Delhi).
20. Interview/ Socialist literature, Prem Kumar Mani (25 January 2020).
21. Interview/ Socialist leader Umesh Prasad Singh (6 March 2020).
22. Bihar Mein Samajik Parivartan Ke Kuchh Aayam, Prasanna Kumar Choudhary and Shrikant, Vani Prakashan.

# 7
# लालू प्रसाद
## मंडल मसीहा और चारा घोटाले की अनकही कहानी

*मुफ़्ती मोहम्मद सईद ने एक बार लालू से कहा था,"आप इसकी ज़िम्मेदारी अपने ऊपर क्यों ले रहे हैं? रथ यात्रा हो रही है तो होने दीजिए।"*

*जगन्नाथ मिश्रा से लेकर बिन्देश्वरी दुबे, और भागवत झा आज़ाद से लेकर सत्येन्द्र नारायण सिन्हा तक किसी भी कांग्रेसी मुख्यमन्त्री ने कभी भी चारा घोटाले की जाँच का आदेश नहीं दिया।*

*राज्य के कई प्रमुख राजनेता पटना और राँची में चारा माफिया डॉ. श्याम बिहारी सिन्हा के दरबार में जाते थे। उनके दरबार में प्रवेश करने से पहले जूते उतारने का एक अघोषित नियम था। कई लोग, जिनमें कुछ राजनेता भी शामिल थे, उनके पैर भी छूते थे।*

जेपी आन्दोलन के दौरान जब लालू प्रसाद पटना के फुलवारीशरीफ जेल में बन्द थे, तब उन्होंने जेल में बन्द अपने साथी शिवानन्द तिवारी से कहा था, "बाबा, हमर बड़ा श्रद्धा बा की हम राम लखन सिंह यादव जइसन नेता बनी।"[1]

1977 में जेपी द्वारा छात्र नेता लालू प्रसाद को लोकसभा चुनाव लड़ने के लिए कहने के तुरन्त बाद, तत्कालीन जनता पार्टी के अध्यक्ष चन्द्रशेखर युवा लालू से मिलने गोपालगंज के फुलवरिया गाँव गये, लालू एक कम्बल में लिपटे हुए खाट पर बैठे थे, जिसकी रस्सियाँ टूटी हुई थीं और ज़मीन को छू रही थीं। चन्द्रशेखर ने अपने राजनीतिक ज्ञान के आधार पर भविष्यवाणी

करते हुए कहा था कि "यह आदमी किसी दिन बिहार का मुख्यमन्त्री ज़रूर बनेगा।"[2]

लालू प्रसाद की जीवन-यात्रा का पता फुलवरिया गाँव से लगाया जा सकता है, जो 1980 के दशक के अन्त तक एक सामान्य गाँव हुआ करता था। मीरगंज ब्लॉक शहर से एक पक्की सड़क अमरूद और आम के बाग़ों से गुज़रती हुई गाँव में जाती थी, जहाँ एक 12 वर्षीय गोल–मटोल चेहरे वाला और अस्त-व्यस्त लड़का, गाय और भैंस चराते हुए साथी ग्रामीणों के साथ शरारतें कर रहा था। उसकी माँ मरछीया देवी अपने शरारती बेटे के खेलने के सभी ठिकानों को जानती थी, जब वह सुबह के नाश्ते में पानी में घोला हुआ सत्तू (भुना हुआ चना पाउडर) पिलाने के लिए उसे खोजती थी।

कभी-कभी लालू अपने घर के बड़ों से शेखी बघारते हुए कहते थे कि वे एक दिन मशहूर हो जायेंगे। परिवार वाले इस पर हँसते थे। कई बार घरवालों ने उनके बड़े भाई से कहा कि लालू का किसी अच्छे स्कूल में एडमिशन करवा दो।

लालू गाँव के प्राथमिक विद्यालय में पढ़ रहे थे, जिसकी छत फूँस की थी। उनके शिक्षक बिरंची गुरुजी ने इसे एक खुले स्कूल में बदल दिया था, जहाँ एक ऊँचा चौकोर ईंट और मिट्टी का मंच उनकी कुर्सी थी और बच्चे या तो गाय के गोबर से लिपी हुई ज़मीन पर बैठते थे या जूट के बोरे पर जो वे अपने घरों से लेकर आते थे। एक बार, जब उनके बड़े भाई मुकुन्द राय, जो पटना में पशुपालन विभाग में चपरासी थे, गाँव आये थे, तो उन्होंने अपने छोटे भाई लालू को अपने साथ पटना ले जाने की बात की। न चाहते हुए भी, लड़का फुलवरिया छोड़कर चला गया, उसे नहीं पता था कि यह क़दम उसकी ज़िन्दगी को हमेशा के लिए बदल देगा।

पटना स्थित पशुपालन विभाग का 10 वर्गफ़ीट का छोटा-सा कमरा इस लड़के का नया ठिकाना था, लड़के को प्रसिद्ध रेडियो नाटक लोहा सिंह से बेहद प्यार था। "खदेरन की मदर, जब हम काबुल के मोर्चे पर थे, काठ के बनूख (बन्दूक) से लोहे का सलनूख (सन्दूक) तोड़ते थे।" इस रेडियो शो का यह लोकप्रिय संवाद लड़के को मुँहज़बानी याद था।

आज जब कोई उस चपरासी क्वार्टर से गुज़रते हुए, नये बने चमकदार कंक्रीट सड़क को पार करता है, तो घर के सामने के आँगन में एक सीमेंटेड चौपाल आज भी वीरान खड़ी है, जो लालू की कई राजनीतिक बैठकों, बातचीत और यात्रा की योजना बनाने की मूक गवाह है। यह अदनी जगह अन्ततः उन्हें मार्च 1990 में मुख्यमन्त्री के आधिकारिक निवास 1, अणे मार्ग तक ले गयी थी। दोनों जगहों की बीच की भौगोलिक दूरी महज़ तीन किलोमीटर है, लेकिन लालू को वहाँ तक पहुँचने में वर्षों लग गये।

उसी समय उनकी सबसे छोटी बेटी राज लक्ष्मी का जन्म हुआ था और उसका नाम राज लक्ष्मी रखा गया था, क्योंकि वह अपने पिता के लिए 'राज (सत्ता)' लेकर आयी थी, जिस पिता ने न केवल पुरानी राजनीति की भाषा को चुनौती दी, बल्कि सामाजिक सशक्तीकरण का एक नया व्याकरण भी प्रस्तुत किया।

यह कितनी बड़ी विडम्बना है कि वही पशुपालन विभाग जिसने लालू प्रसाद को शुरुआती दिनों में आश्रय दिया और उनके बड़े सपने को पूरा करने का मार्ग प्रशस्त किया, वही उनके लिए राजनीतिक दुश्मन भी साबित हुआ। उसी विभाग में हुए चारा घोटाले ने उनके राजनीतिक करियर को लगभग ख़त्म कर दिया और उन्हें सलाखों के पीछे पहुँचा दिया।

1968 में जब लालू बीएन कॉलेज के छात्र थे, तब उन्हें समाजवादी युवजन सभा का सदस्य बनाया गया था। एक तरह से लालू की शुरुआत समाजवादी छात्र नेता के तौर पर हुई थी।

समाजवादी नेता रामानन्द तिवारी के बेटे और पूर्व सांसद शिवानन्द तिवारी याद करते हैं :

"1971 में पटना विश्वविद्यालय छात्र संघ चुनाव के लिए नामांकन का आख़िरी दिन था। मैं उस समय समाजवादी युवजन सभा का संयोजक था, पटना साइंस कॉलेज से गुज़र रहा था। मैं एक स्टेशनरी की दुकान पर रुका, जो उन दिनों छात्रों, बुद्धिजीवियों और राजनेताओं के जमावड़े का अड्डा था। पटना विश्वविद्यालय की छात्र राजनीति में बड़ा दबदबा रखने वाले छात्र नेता रामप्रसाद यादव दुकान पर थे। वकील विनय सिन्हा छात्रों का एक पैनल

बनाने में व्यस्त थे, उनकी चिन्ता थी कि कैसे चुनाव जीता जाये? सिन्हा जी ने सिगरेट की राख को झटके से झाड़ते हुए, पसन्दीदा उम्मीदवार के विषय में चर्चा की। मैंने सूची माँगी और देखा कि लालू प्रसाद ने महासचिव पद के लिए अपना नामांकन दाख़िल किया है। बाद में मैंने लालू के लिए समर्थन जुटाने के लिए यूनिवर्सिटी में बैठकें करनी शुरू कर दीं। लालू, जो उस समय मेरे सामने मुश्किल से बोल पाते थे, रात के क़रीब 10 बजे दो दोस्तों के साथ मेरे घर आये और मुझे धन्यवाद कहा।"[3]

पटना यूनिवर्सिटी स्टूडेंट्स यूनियन (पीयूएसयू) चुनावों के दौरान, तिवारी का रामप्रसाद यादव के पहलवान भाई सौदागर यादव से कुछ विवाद हो गया था। तिवारी ने सौदागर की पिटाई करने की योजना बनायी और, लालू और कुछ अन्य लोगों को अपने साथ ले लिया। सभी के पास हॉकी स्टिक थी। तिवारी को सौदागर विश्वविद्यालय के पास मिल गये। तिवारी के कुछ कहने से पहले, लालू ने पहलवान पर हॉकी स्टिक दे मारी, पहलवान इन सब बातों से बिल्कुल बेख़बर था, थोड़ी ही देर में वह भाग खड़ा हुआ। इन्हीं दिनों, पुरी के शंकराचार्य ने पटना में एक बयान दिया था कि "दलित अछूत पैदा होते हैं" तिवारी ने पटना की एक अदालत में शंकराचार्य के ख़िलाफ़ मामला दायर किया जिसकी देश भर में चर्चा हुई। लेकिन क्षेत्रीय समाचार पत्र 'आर्यावर्त' शंकराचार्य का बचाव कर रहा था, तब तिवारी और उनके समर्थकों ने इस अख़बार के ख़िलाफ़ विरोध मार्च निकाला था जिसमें लालू यादव ने सक्रिय रूप से भाग लिया था। इस विरोध मार्च में लालू ने इंक़लाब ज़िन्दाबाद का नारा भी लगाया था।[4]

पीयूएसयू के महासचिव का चुनाव जीतने के बाद लालू यादव, कांग्रेस के दिग्गज नेता और पूर्व सीएम दरोगा प्रसाद राय और वरिष्ठ कांग्रेस नेता राम लखन सिंह यादव के नज़र में आ गये थे। लेकिन जेपी आन्दोलन ने लालू प्रसाद को वास्तविक पहचान दी। लालू 1973 में पीयूएसयू के अध्यक्ष बन गये थे। उन्होंने जेपी का ध्यान अपनी ओर आकर्षित किया, क्योंकि जेपी भी पीयूएसयू के पूर्व अध्यक्ष रह चुके थे और जेपी को लालू यादव की सामान्य और ग्रामीण छवि बेहद पसन्द थी।

तब अखिल भारतीय विद्यार्थी परिषद के नेता राम बहादुर राय (सम्प्रति इन्दिरा गांधी राष्ट्रीय कला केन्द्र के अध्यक्ष) याद करते हैं कि कैसे जेपी ने सभी प्रमुख छात्र नेताओं को कार्य सौंपे थे। लेकिन केवल लालू पर ही चंदे के पैसे का दुरुपयोग करने का आरोप लगा। इसके बाद भी लालू, जेपी के पसन्दीदा बने रहे।[5]

एक बार आन्दोलन के दौरान लालू यादव ने अपनी मौत की अफ़वाह ख़ुद ही फैला दी, और दूसरे दिन ही बयान जारी कर बताया कि गिरफ़्तारी से बचने के लिए उन्होंने ऐसा किया। लालू प्रसाद और नरेन्द्र सिंह (पूर्व मन्त्री) बहुत अच्छे दोस्त थे और ये लोग उन महत्त्वपूर्ण नेताओं में से थे, जिन्हें लोगों का समर्थन जुटाने के लिए राज्य में घूमने के लिए कार मिलती थी, जबकि सुशील कुमार मोदी, अश्विनी कुमार चौबे, रविशंकर प्रसाद, रघुवंश प्रसाद सिंह, (जिन्होंने संसद में दुनिया की सबसे बड़ी रोज़गार गारंटी योजना 'मनरेगा' का मार्गदर्शन किया) जैसे लोग जो आमतौर पर समाजवादी तरीक़े से सामाजिक-आर्थिक कल्याण को प्राथमिकता देते थे, बसों में घूमते थे।

नीतीश कुमार जेपी आन्दोलन के बाद में छात्र नेतृत्व में शामिल हुए। लेकिन जेपी को नीतीश की तेज़-तर्रार छवि बहुत पसन्द थी। जेपी आन्दोलन को कवर करने वाले वरिष्ठ पत्रकार गंगा प्रसाद याद करते हैं कि कैसे "नीतीश ने अपनी गिरफ़्तारी के बाद अपना नाम ग़लत बताया था, और बड़ी मुश्किल से समाजवादी नेता किशन पटनायक उनकी गिरफ़्तारी का पता लगा पाये और बाद में उन्हें जमानत मिली।"[6]

1977 की लोकसभा की चुनावी जीत ने लालू को 29 साल की उम्र में राष्ट्रीय मंच पर बड़ा मुकाम दिलाया। 1977 में ही मोरारजी देसाई की सरकार ने पिछड़ा वर्ग कमीशन बनाने का निर्णय लिया जिसे बाद के दौर में मंडल कमीशन के नाम से भी जाना गया, इसी कमीशन ने 1990 में लालू यादव को सामाजिक सशक्तीकरण का नया चेहरा बनाया। आयोग ने 1980 में अपनी रिपोर्ट सौंपी थी, जिसमें 3500 से ज़्यादा पिछड़ी जातियों की पहचान की गयी थी और उन्हें 27 फ़ीसदी आरक्षण मुहैया कराने की माँग की गयी थी। वीपी सिंह ने 1990 में इस समिति से सभी सिफ़ारिशों को लागू करने का फ़ैसला

किया। आयोग के पाँच सदस्यों में से एक दलित सदस्य एलआर नाइक ने इन सिफ़ारिशों के ख़िलाफ़ मतदान किया, क्योंकि उनका मानना था कि ओबीसी को मध्यम और निचली जातियों में वर्गीकृत किया जाना चाहिए। नाइक ने सामाजिक-आर्थिक स्थितियों के आधार पर ओबीसी की उप-श्रेणियों की भी माँग की थी।

पूर्व केन्द्रीय मन्त्री और प्रखर समाजवादी नेता शरद यादव (अब दिवंगत) याद करते हुए बताते हैं कि, "जनता दल देवीलाल द्वारा बनाया गया संगठन था, जब कांग्रेस के ख़िलाफ़ पूरे देश में माहौल बन गया तो वीपी सिंह इसमें शामिल हुए, हम उस समय हरियाणा और गुजरात में सरकार बनाने में सफल हुए थे। मुझे राष्ट्रीय स्तर पर सभी महत्त्वपूर्ण निर्णय लेने का अधिकार दिया गया था। कर्पूरी ठाकुर की मृत्यु के बाद शीर्ष नेतृत्व शून्य सा हो गया था। हेमवती नन्दन बहुगुणा अपने आदमी को नेता प्रतिपक्ष बनाना चाहते थे। अनूप लाल यादव उनके क़रीबी थे। लेकिन हिन्द केशरी यादव, रामविलास यादव और चुनचुन यादव जैसे अन्य दावेदार भी थे। अन्त में, नीतीश कुमार, जगदानन्द सिंह और वृषन पटेल जैसे दूसरी पीढ़ी के नये नेताओं ने बैठक की और नेता प्रतिपक्ष के लिए लालू के नाम पर सहमति बनी।"[7]

लालू प्रसाद के मुख्यमन्त्री बनने वाले क़िस्से को श्री यादव याद करते हुए बताते हैं, "पुराने समाजवादी और मुख्यमन्त्री रह चुके रामसुन्दर दास को वीपी सिंह मुख्यमन्त्री बनाना चाहते थे। दिल्ली से नौ पर्यवेक्षकों को पटना भेजा गया जिसमें एक मैं भी शामिल था, मैं लालू के समर्थन में था, जबकि अजीत सिंह, जार्ज फर्नांडीस और मुलायम सिंह यादव उनके ख़िलाफ़ थे। लालू यादव ने चन्द्रशेखर जी को फ़ोन किया, लालू जानते थे कि चन्द्रशेखर कभी नहीं चाहेंगे की वीपी सिंह का आदमी मुख्यमन्त्री बने। विधायक दल के नेता के लिए पार्टी में आन्तरिक चुनाव हुए, जिसमें चन्द्रशेखर के शिष्य रघुनाथ झा ने 12 वोट प्राप्त किये। इस 12 वोट ने रामसुन्दर दास को मुख्यमन्त्री कुर्सी से काफ़ी पीछे ढकेल दिया और लालू बिहार के मुख्यमन्त्री बन गये। लालू के सीएम बनने के बाद भी, उनके शपथ ग्रहण समारोह में चार दिन की देरी हुई, क्योंकि बिहार के राज्यपाल यूनुस सलीम दिल्ली चले गये और वीपी सिंह के हस्तक्षेप

के बाद वापस लौटे। लालू ने लम्बे समय तक वीपी सिंह के ख़िलाफ़ यह बात रखी थी और इसका असर मांडा राजा के प्रति उनके व्यवहार पर भी पड़ा।"[8]

वरिष्ठ पत्रकार कन्हैया भेलारी याद करते हैं, "एक बार, 1991 के चुनाव अभियान के दौरान वीपी सिंह और लालू प्रसाद एक ही हेलीकॉप्टर में यात्रा कर रहे थे, वीपी सिंह ने अनजाने में वह सीट ले ली, जिस पर लालू बैठते थे। जब लालू आये, तो उन्होंने वीपी सिंह को यह कहते हुए दूसरी सीट पर बैठा दिया कि उन्हें अपनी सीट की आदत हो गयी है।"[9]

नीतीश कुमार ने एक निजी बातचीत के दौरान समाजवादी साहित्यकार और कभी नीतीश के क़रीबी सहयोगी रहे प्रेम कुमार मणि से कहा था, "मैंने एक नये नेता के रूप में लालू यादव का समर्थन किया था, लालू प्रसाद का समर्थन करके हमने अपनी नयी पीढ़ी को सत्ता दिलायी। मुझसे इसका कोई अफ़सोस नहीं है।"[10]

## शरद यादव : एक ग़ैर बिहारी जो बिहार की राजनीति में छाया रहा

लालू प्रसाद के उदय के बाद से बिहार की राजनीति में शरद यादव के योगदान और भूमिका को बताने के लिए लालू की कहानियों को हमें थोड़ा विराम देना होगा। यह वही शरद यादव हैं, जिन्होंने 1990 में लालू को मुख्यमन्त्री बनाने में महत्त्वपूर्ण भूमिका निभायी थी और मधेपुरा से लालू के ख़िलाफ़ जीत हासिल की और उनसे हारे भी। यही शरद यादव 2014 के चुनाव में अपने एक समय के एक उभरते हुए समर्थक पप्पू यादव से हार गये थे। इसी शरद ने जॉर्ज फर्नांडीस और नीतीश कुमार की समता पार्टी का अपने जनता दल (यूनाइटेड) में विलय करवाया, ताकि इसे एक बड़ी राजनीतिक पहचान मिल सके और अन्ततः 2005 के बिहार विधानसभा चुनावों के बाद भाजपा का वरीय सहयोगी बन सके। यह भी एक विडम्बना है कि दो व्यक्ति : लालू और नीतीश, जो एक समय शरद यादव का स्वागत करने के लिए पटना हवाई अड्डे पर गुलदस्ते लेकर आते थे क्योंकि वह 1990 के दशक के अन्त में लोकदल के चौधरी देवीलाल के बाद दूसरे नम्बर के नेता थे। कालान्तर में नीतीश से बग़ावत करने के कारण यादव को अपनी राज्यसभा की सदस्यता

गँवानी पड़ी। बाद के दिनों में यादव लालू के साथ हो लिए और अपना अन्तिम समय अकेलेपन में दिल्ली के पास छतरपुर के एक मकान में गुज़ारा।

शरद यादव साफ़ तौर पर कहते थे कि वह कभी बिहार के मुख्यमन्त्री नहीं बनना चाहते थे और हमेशा राष्ट्रीय राजनीति में महत्त्वपूर्ण भूमिका निभाना चाहते थे। जब उन्होंने 1974 में जबलपुर लोकसभा उपचुनाव जीतकर सुर्ख़ियाँ बटोरी थीं, उसके बाद से शरद यादव, जेपी के सबसे प्रिय लोगों में शुमार हो गये थे।

मध्य प्रदेश के होशंगाबाद के बाबे गाँव में एक स्वतन्त्रता सेनानी के घर जन्मे, शरद ने वहीं पर आठवीं कक्षा तक शिक्षा प्राप्त की। आठवीं क्लास में पढ़ते हुए एक बार उन्होंने एक डूबती महिला को बचाने के लिए कुएँ में छलाँग लगा दी। स्थानीय मन्त्री ने उन्हें उनके असाधारण साहस के लिए 10 रुपये का पुरस्कार दिया। वह उनकी प्रसिद्धि का पहला इनाम था। इटारसी से 12वीं करने के बाद उन्होंने जबलपुर से विज्ञान में स्नातक किया फिर उसके बाद इंजीनियरिंग कॉलेज में दाख़िला लिया। यहीं पर हीरा सिंह चक्रवर्ती जैसे स्थानीय बाहुबलियों के दबदबे के कारण उन्हें छात्र राजनीति में आने के लिए मजबूर होना पड़ा।

यादव याद करते हैं, "जब मैं कुछ हद तक लोकप्रिय हो रहा था, हीरा सिंह और उनके साथी सत्तू पहलवान एक बार मुझे नाश्ते की दुकान पर ले गये और स्वादिष्ट खाना खिलाया। खाना खाने के बाद, हीरा सिंह ने कहा कि मुझे स्थानीय चुनावों में उनके उम्मीदवार का समर्थन करना होगा। मैंने कहा कि मेरा मन, मैं आपके कहने पर किसी का समर्थन क्यों करूँ? इस पर, सत्तू पहलवान ने मुझे एक तरफ़ धकेल दिया। मैं अपमानित महसूस कर रहा था लेकिन मेरे भीतर उसी घटना के बाद से एक अडिग नेता का जन्म हुआ।"[11]

यह 1970 की बात है, जब शरद यादव समाजवादी आन्दोलन और इलाहाबाद विश्वविद्यालय में अंग्रेज़ी के प्रोफ़ेसर विजय देवनारायण साही से बहुत प्रभावित थे, साही राम मनोहर लोहिया के कट्टर अनुयायी थे। शरद यादव को लोहिया को देखने का मौक़ा नहीं मिला था, लेकिन वे समाजवादी युवजन सभा से जुड़े और लोहिया पर उपलब्ध सभी साहित्य को पढ़ा।

1971 तक शरद यादव राजनीति में बहुत सक्रिय हो गये थे। उन्हें 1971 में मीसा के तहत गिरफ़्तार किया गया और सात महीने तक रीवा जेल में रखा गया था। सरकार के ख़िलाफ़ विरोध करने के लिए उन्हें एक बार फिर से गिरफ़्तार किया गया और वे 11 महीने तक जेल में रहे। उस समय तक वे जेपी के दाहिने हाथ दादा धर्माधिकारी को जान चुके थे। वे जल्द ही लोकदल के उम्मीदवार बन गये, जिन्हें कई अन्य दलों का समर्थन प्राप्त था। अशोक मेहता, जॉर्ज फर्नांडीस और मधु लिमये जैसे नेताओं ने उनके पक्ष में प्रचार किया और उन्होंने कांग्रेस के उम्मीदवार को हराकर आसानी से जीत हासिल की।

श्री यादव, जिहोंने दिल्ली और पटना को अपना राजनीतिक अखाड़ा बनाया, बताते हैं :

"मैंने अपने सात सहयोगियों को मुख्यमन्त्री बनाने में भूमिका निभायी है, लेकिन लालू प्रसाद, नीतीश कुमार और चिमनभाई पटेल सहित उनमें से किसी ने भी मुझे कभी धन्यवाद नहीं कहा। केवल सुशील कुमार मोदी ने मुझे धन्यवाद कहा है क्योंकि मैंने अरुण जेटली के साथ उन्हें बिहार का उपमुख्यमन्त्री बनाने में महत्त्वपूर्ण भूमिका निभायी थी।"[12]

## लालू की कहानी की ओर फिर लौटें

वापस हम लालू प्रसाद की कहानी की ओर लौटते हैं, इसे लालू के लिए एक दैवी संयोग ही कह सकते हैं कि कई ऐसी घटनाएँ उस दौर में हुईं जिससे लालू और उनकी राजनीति को फ़ायदा पहुँचा। 1989 के भागलपुर दंगों ने पहले ही मुसलमानों में निराशा का भाव पैदा कर दिया था, मुस्लिम समुदाय का एक बड़ा तबका लालू और उनकी राजनीति से प्रभावित हो रहा था। "मंडल आन्दोलन के विरोध के दौरान बिहार के मुख्यमन्त्री के रूप में काम करते हुए स्थिति को सख़्ती से सँभालने के कारण उन्हें एक मज़बूत ओबीसी नेता के रूप में जाना जाने लगा। अगड़े और पिछड़े की राजनीति में, लालू ने अपने ओबीसी चेहरे की छवि को आगे बढ़ाने का कोई मौक़ा नहीं छोड़ा। लालू प्रसाद ने मंडल आन्दोलन का विरोध कर रहे लोगों को असामाजिक तत्त्व तक करार दे दिया।"[13]

उच्च जातियों के ख़िलाफ़ लालू ने कड़े रुख़ अख़्तियार किये, हालाँकि यह आम जनता के लिए और मीडिया में चर्चा के लिए था, लेकिन इस नेरेटिव ने उच्च जाति के राजपूत नेता आनन्द मोहन के संक्षिप्त उदय को जन्म दिया, मोहन ने लालू को चुनौती देने की हिम्मत की। लेकिन वे पुआल की आग साबित हुए। उनके बदलते राजनीतिक लक्ष्य ने उन्हें बदनाम कर दिया।

1994 में उच्च जाति के भूमिहार बाहुबली छोटन शुक्ला की हत्या के बाद उकसायी भीड़ ने उस रास्ते से गुज़र रहे गोपालगंज के तत्कालीन डीएम जी कृष्णैया की हत्या कर दी, अदालत ने पाया कि आनन्द मोहन भीड़ का नेतृत्व कर रहे थे इसके कारण उन्हें उम्र क़ैद की सज़ा भी हुई। बाद में बिहार सरकार ने जेल के नियमों में परिवर्तन करके उन्हें रिहा किया, यह भी विवाद का विषय बना था। विडम्बना की बात तो यह है कि उस समय राज्य में लालू और नीतीश दोनों की गठबन्धन की सरकार थी।

मंडल पर लालू का रुख़ बिल्कुल स्पष्ट था। लालू प्रसाद कहते हैं, "सदियों से ऊँची जाति के ज़मींदारों और निचली जाति के किसानों के बीच मालिक-रैयत का रिश्ता रहा है। और बिहार में हमेशा ऊँची जाति के मुख्यमन्त्री रहे हैं, ये मुख्यमन्त्री इस ढांचे को बदलना नहीं चाहते थे।"[14]

लालू को कोई ख़ास चुनौती नहीं मिल रही थी। लालकृष्ण आडवाणी की रथयात्रा उन्हें और बड़ा हीरो बनाने जा रही थी। हालाँकि उनके कई साथी कहते हैं कि लालू ने प्रधानमन्त्री वीपी सिंह की सलाह पर आडवाणी को गिरफ़्तार किया था, लेकिन लालू प्रसाद ने अपनी आत्मकथा 'गोपालगंज टू रायसीना' में खुलासा किया है, "आडवाणी की योजना बिहार को 1989 के दंगों में वापस ले जाने जैसी गम्भीर सम्भावनाओं से भरी हुई थी। भागलपुर दंगों के घाव अभी भी ताज़ा थे। आडवाणी की राम रथयात्रा अयोध्या के रास्ते राज्य से गुज़रने वाली थी। भाजपा नेता द्वारा अपने कार्यक्रम की घोषणा करने के तुरन्त बाद, मैं उनसे व्यक्तिगत रूप से मिलने नयी दिल्ली गया। मुफ़्ती मोहम्मद सईद, जो उस समय केन्द्रीय गृह मन्त्री थे, ने मुझे दिल्ली बुलाया और पूछा कि क्या मैं आडवाणी को हिरासत में लेने की योजना बना रहा हूँ? जब मैंने कोई वादा नहीं किया, तो उन्होंने कहा, "आप इसे अपने ऊपर क्यों

ले रहे हैं? यात्रा जारी रहने दीजिए।" मैंने तब पलटकर कहा, "आप सब को सत्ता का नशा चढ़ गया है।"[15]

हम अपने पाठकों को बता दें कि उस समय देश में राष्ट्रीय मोर्चा की सरकार थी जिसे भाजपा ने बाहर से समर्थन दिया था। लालू ने बताया है कि शुरुआती योजना सासाराम में आडवाणी को गिरफ़्तार करने की थी, लेकिन यह बात लीक हो गयी और भाजपा नेता ने अपना रास्ता बदल दिया। लालू ने लिखा, "मैंने एक आईएएस अधिकारी आरके सिंह (जो बाद में सांसद और केन्द्रीय मन्त्री बने) और एक डीआईजी रैंक के अधिकारी रामेश्वर उरांव को बुलाया। उन्होंने यह भी बताया कि कैसे आधी रात को सुरक्षा बलों की तैनाती के ज़रिये गुप्त ऑपरेशन सफलतापूर्वक पूरा किया गया।"[16]

मीडिया के एक हिस्से में अफ़वाहें फैलने लगीं कि मेरे इशारे पर भाजपा नेता को धीरे-धीरे ज़हर दिया जा रहा है, आडवाणी जी ने भी खाना खाना बन्द कर दिया था। "मैंने डिप्टी कमिश्नर से आडवाणी जी की बेटी प्रतिभा से सम्पर्क करने और उनसे अपने पिता से मिलने का अनुरोध करने को कहा। मैंने उन्हें सरकारी हेलीकॉप्टर से गेस्ट हाउस ले जाने की व्यवस्था की। मैंने उन्हें फ़ोन पर अपनी पत्नी से बात करने की इजाज़त दी। मैं यह स्वीकार करता हूँ कि आडवाणी जी ने ख़ुद को बहुत संयम और गरिमा के साथ पेश किया। वह अपनी बात के पक्के और ज़बरदस्त ईमानदार व्यक्ति थे। लालू ने यह भी स्वीकार किया कि आडवाणी की गिरफ़्तारी ने मुसलमानों के बीच उनका विश्वास पैदा करने में काफ़ी मदद की। लालू कहते हैं, "इस गिरफ़्तारी के बाद मुसलमान समुदाय ने मुझे अपना नेता माना। बिहार में मुसलमान सबसे बड़ा अल्पसंख्यक समुदाय है, जो राज्य की आबादी का 16 प्रतिशत है। उनके प्यार और समर्थन से अभिभूत होकर मैंने उन्हें सुरक्षा देना जारी रखा और अपने पार्टी संगठन में उन्हें उचित प्रतिनिधित्व देने का फ़ैसला किया।"[17]

सामाजिक प्रवर्तक के रूप में लालू के विचार अनोखे थे। जहाँ कांग्रेस के मुख्यमन्त्री जनता दरबार में लोगों से कुछ दूरी पर और सुरक्षा प्रोटोकॉल के अनुसार मिलते थे, वहीं लालू प्रसाद नियमों और प्रोटोकॉल का बहुत कम सम्मान करते थे। वह एसपी को छोड़कर पुलिस थाना प्रभारी को बुलाते थे और उनसे, उनके पास आने वाले शिकायतकर्ताओं को तुरन्त न्याय देने के

लिए कहते थे। वह अपने कार्यकर्ताओं में मसखरे के लिए भी बहुत पसन्द किये जाते थे। वे पानी के टैंकर लेकर सड़कों पर निकल जाते थे, पटना में अनुसूचित जाति की मुसहर बस्तियों में जाते थे और बच्चों को नहलाते थे, उन्हें नये कपड़े पहनाते थे और सरकारी अधिकारियों से उनके बालों में कंघी करवाते थे। लालू ज़िलाधिकारियों को लोगों के सामने पेश करते थे और कहते थे कि डीएम मालिक नहीं बल्कि सेवक होते हैं। यह एक अलग क़िस्म की राजनीति थी जो सामाजिक सशक्तीकरण की एक नयी परिभाषा गढ़ रही थी। लालू अपनी सीएम की कुर्सी को 1-अणे मार्ग स्थित आवास से सड़क के बीचों-बीच ले आये थे। एक मुख्यमन्त्री कभी इतना सुलभ नहीं होता था, न ही कभी इतना मुखर होता था, ख़ासकर दलितों–पिछड़ों के हित के लिए।

अपने पहले कार्यकाल के दौरान मुफ़्त साड़ी और धोती बाँटने का उनका विचार अल्पकालिक था क्योंकि इसके लिए बजट नहीं बनाया गया था। उनके लोकप्रिय और बदनाम चरवाहा स्कूल, लगभग 150 थे, वे प्रयोग सफल नहीं हुआ क्योंकि अधिकांश शिक्षक नियमित स्कूलों से प्रतिनियुक्त किये गये थे। उनका विचार अच्छा था, लेकिन इसका क्रियान्वयन ठीक से नहीं हो पाया। उनके सामाजिक सशक्तीकरण के कई अभियान भले ही विफल हो गये हों, लेकिन वे फिर भी एक सन्देश देने में सक्षम थे। पूर्व डीजीपी डीएन गौतम, जो लालू प्रसाद के साथ कई यात्राओं पर साथ रहे, कहते हैं, "वे ग़रीब लोगों को उनकी झोपड़ियों में जाकर गले लगा रहे थे, किसानों के खेतों में जाकर उनसे सम्पर्क कर रहे थे और आम जनता से अच्छी तरह जुड़ रहे थे। लालू वंचितों को गर्व की अनुभूति करा रहे थे, यह राजनीति में अमूमन कम देखने को मिलता है।"[18]

हालाँकि, लालू यह आरोप लगाते हैं कि "मीडिया ने ज़मीनी स्तर पर मेरे द्वारा किये गये काम को कभी प्रचारित नहीं किया या किया भी तो नकारात्मक तरीक़े से। सामन्ती अभिजात वर्ग के वर्चस्व वाले मीडिया ने मेरे प्रयासों को लोकलुभावन और अव्यावहारिक बताकर ख़ारिज कर दिया।"[19]

उनका कहना है कि वे वंचितों के लिए जो कुछ भी करते थे, उससे वे अभी भी सन्तुष्ट हैं। उन्हें मुसहर समुदाय की नेता भगवती देवी को लोकसभा

का टिकट देने में बहुत गर्व महसूस हुआ, जिन्होंने गया ज़िले की पहाड़ियों में पत्थर खोदने वाले एक दिहाड़ी मज़दूर के रूप में अपना जीवन शुरू किया था। वे 1969 में गया से विधायक चुनी गयीं और 1996 के चुनाव में गया से ही जीतीं। सीएम के रूप में, लालू प्रसाद ने जल-स्वामियों द्वारा अपने क्षेत्रों में जल निकायों में मछली पकड़ने के लिए मछुआरों से लिया जाने वाला विशेष कर भी हटा दिया। उन्होंने ताड़ी पर लगने वाले कर को भी समाप्त कर दिया। लालू प्रसाद ने स्वीकार किया कि 1990 से 1992 के बीच उन्होंने कई अच्छे काम किये। 1991 के लोकसभा चुनावों में अविभाजित बिहार में जनता दल को 54 में से 51 सीटें मिलीं। तब तक वीपी सिंह की सरकार गिर चुकी थी। उस समय लालू ख़ुद को राष्ट्रीय नेता के रूप में देखने लगे थे और जॉर्ज फर्नांडीस, शरद यादव, रामविलास पासवान और नीतीश कुमार को किनारे कर रहे थे।

लालू स्वीकार करते हैं, "मैं आत्ममुग्ध हो गया था और अपने वरिष्ठ पार्टी के लोगों की सलाह को नज़रअन्दाज़ करना शुरू कर दिया था। मेरा राजनीतिक क़द मेरे साथी नेताओं के क़द से बड़ा हो गया था। मेरे अहंकार की वजह सार्वजनिक जीवन में लगातार मिल रही सफलताएँ थीं। मेरे साथ शुरू से ही अच्छी चीज़ें सहजता से होती रही थीं।[20]

एक बार, स्वतन्त्रता सेनानी दिनेश दासगुप्ता जब लालू के मुख्यमन्त्री के दिनों में उनसे मिलने गये, तो लालू ने उनका गर्मजोशी से स्वागत किया और उनके पैर छूने के लिए उठे। दासगुप्ता ने कहा, "आपको न तो किसी के पैर छूने चाहिए और न ही किसी को अपने पैर छूने देना चाहिए।"[21] लेकिन लालू अपने स्वर्णिम दिनों में ऐसे उपदेशों पर ध्यान नहीं देते थे।

लोहिया का समाजवाद 1990 तक एक सामाजिक धारा में बदल गया था और बहुत से महत्त्वाकांक्षी नेताओं के साथ कई टुकड़ों में विभक्त हो गया था, जिनके बीच कोई ठोस विचारधारा नहीं थी। 1990 के दशक के मध्य तक कांग्रेस-विरोध उन्हें एक साथ जोड़े हुए था। एक बार जब आईके गुजराल की सरकार गिर गयी, तो लोहिया के अनुयायियों का समाजवाद बिखर गया। जॉर्ज फर्नांडीस, नीतीश कुमार, रामविलास पासवान और शरद यादव जैसे कुछ लोग भाजपा के साथ चले गये, लालू जैसे कुछ अन्य लोग कांग्रेस के

साथ चले गये और मुलायम सिंह यादव जैसे कुछ अन्य लोग अपने राज्य की राजनीति पर ध्यान केन्द्रित करने लगे।

समाजवादी राजनीति के ढलान की तुलना बौद्ध धर्म के पतन से की जा सकती है, जब इसके समर्थकों ने मैदान छोड़ दिया और जहाँ भी गये, बौद्ध धर्म के अपने संस्करणों का अभ्यास किया। राहुल सांकृत्यायन ने भी ख़ुद को सहजयानी कहा था। लालू प्रसाद ने अपनी विचारधारा में यह सुनिश्चित किया कि वे ऐसा कुछ भी न करें जो ग़रीबों के ख़िलाफ़ हो। लेकिन वे कर्पूरी ठाकुर जैसे जननेता नहीं थे, जिन्होंने एक बार एक डोम का अन्तिम संस्कार किया था और भोजपुर की दो बलात्कार पीड़ित बहनों के घर जाकर उन्हें अपनी बेटी बताया था। लालू की राजनीति में नाटकीयता की अधिकता थी।

सुशासन की कमी और जातिगत नरसंहारों का बढ़ना लालू-राबड़ी शासन पर एक काला धब्बा है। पुलिस ने शायद ही कभी किसी नरसंहार को रोकने की कोशिश की हो और तो और उनकी तरफ़ से खुलेआम कहा गया कि उनका काम केवल घटनास्थल से शवों को ठिकाने लगाना है। एमसीसी, रणवीर सेना और पुलिस के बीच चली लम्बी लड़ाई में क़रीब 350 लोग मारे गये थे। रणवीर सेना के प्रमुख बरमेश्वर मुखिया 'सोना बेचकर हथियार ख़रीदो' का नारा दे रहे थे। फिरौती के लिए अपहरण करना राजनीतिक व्यवस्था के संरक्षण में एक फलता-फूलता उद्योग बन गया था।

## चारा घोटाले की अनकही कहानी

लालू प्रसाद का राजनीतिक ढलान चारा घोटाले के कारण हुआ। 2004 से 2009 के बीच उन्होंने कई राजनीतिक विजय हासिल कीं, उनकी पार्टी ने 2004 के लोकसभा चुनावों में झारखंड की चार सीटों सहित 26 लोकसभा सीटें जीतीं और वे केन्द्रीय रेल मन्त्री बने। हालाँकि, चारा घोटाले की फ़ाइलें उनका पीछा करती रहीं, साथ ही बीमारियाँ भी लालू प्रसाद का पीछा छोड़ने का नाम नहीं ले रही थीं, वे ब्लड प्रेशर और गुर्दे की बीमारी से परेशान रहने लगे थे। बाद के दिनों में उनकी बेटी ने अपनी एक किडनी देकर उनकी जान बचायी।

राजद प्रमुख को 25 मार्च 2018 को एक बड़ा क़ानूनी झटका लगा था, जब एक विशेष सीबीआई अदालत ने उन्हें भारतीय दंड संहिता (अब भारतीय न्याय संहिता) और भ्रष्टाचार निवारण (पीसी) अधिनियम की विभिन्न धाराओं के तहत लगातार सात साल की कठोर जेल की सज़ा सुनायी थी। इसका मतलब था कि लालू को 14 साल जेल में बिताने होंगे और उन पर 60 लाख रुपये का जुर्माना भी लगाया गया था। मामला (RC-38A/96) अविभाजित बिहार के पशुपालन विभाग के अधिकारियों द्वारा 1995 से 1996 के बीच दुमका कोषागार से 23.76 करोड़ रुपये की कथित धोखाधड़ी से जुड़ा था, उस समय लालू प्रसाद मुख्यमन्त्री थे।

इस मामले में, विशेष सीबीआई न्यायाधीश शिवपाल सिंह ने कहा कि सजायें "एक साथ नहीं बल्कि लगातार चलेंगी"। लालू प्रसाद को सबसे पहले चाईबासा कोषागार मामले में दोषी ठहराया गया था और सरकारी ख़ज़ाने से 37.7 करोड़ रुपये की धोखाधड़ी से निकासी के लिए 23 अक्टूबर 2013 को सीबीआई अदालत ने उन्हें पाँच साल क़ैद की सज़ा सुनायी थी। राँची की विशेष सीबीआई अदालत ने 23 दिसम्बर 2017 को देवघर कोषागार मामले में लालू को साढ़े तीन साल के कठोर कारावास की सजा सुनायी। चारा घोटाले में उनकी तीसरी सज़ा 24 जनवरी 2018 को हुई, जब उन्हें 1992 और 1993 के बीच 35.62 करोड़ रुपये की धोखाधड़ी से निकासी के मामले में पाँच साल की जेल की सज़ा सुनायी गयी। उनकी चौथी सज़ा मार्च 2018 में हुई, जब उन्हें दुमका कोषागार मामले में दोषी ठहराया गया। हालाँकि, लालू कभी भी इस घोटाले के सरगना नहीं थे, बस यह उनके कार्यकाल के दौरान हुआ था।

चारा घोटाले की जड़ 1978-79 में बिहार (जब रामसुन्दर दास सीएम थे) में लिए गये नीतिगत फ़ैसले में निहित थी, इसके प्रावधानों का माफिया गिरोह द्वारा शोषण किया गया, जिसका नेतृत्व पशु चिकित्सक डॉ. श्याम बिहारी सिन्हा कर रहे थे, जो पशुपालन विभाग के विशेषज्ञ थे। राकेश अस्थाना, जो घोटाले की जाँच कर रहे थे, ने 2013 में मीडिया को बताया, "सिन्हा ही वह व्यक्ति थे जिन्होंने घोटाले की योजना बनायी और उसे अंजाम दिया। घोटाले को आगे बढ़ाने के लिए उन्होंने वरिष्ठ और कनिष्ठ अधिकारियों, क्षेत्रीय नेताओं और शीर्ष राजनीतिक नेताओं को पैसे दिए।"

बिहार सरकार, पशुपालन विभाग के माध्यम से ही पूरे राज्य में पशुओं के लिए चारा, दवाइयाँ, कृत्रिम गर्भाधान उपकरण की आपूर्ति करती थी। अस्थाना ने खुलासा किया, "वे काग़ज़ पर दिखाये गये दवाइयों से कम आपूर्ति करते थे या वे कुछ भी आपूर्ति नहीं करते थे, लेकिन सरकारी अनुदान के आँकड़ों में हेराफेरी करके इसे काग़ज़ पर दिखा देते थे।"

पशुओं के लिए दो तरह की दवाइयाँ ख़रीदी जाती थीं। अंग्रेज़ी दवा और हर्बल दवा, जो 1970 के दशक तक लोकप्रिय हो गयी थीं, इन आपूर्तियों के लिए धन आवंटित किया गया था, जिसका अधिकांश हिस्सा श्याम बिहारी सिन्हा के गिरोह द्वारा हड़प लिया जाता था। ख़रीद में मुख्य व्यक्ति राँची पशुपालन विभाग के क्षेत्रीय निदेशक पास्कल लकड़ा थे। सिन्हा के एक और साथी, कृष्ण मोहन प्रसाद जो पर्दे के पीछे काम कर रहे थे। वे बिना ख़रीदे चारे और दवाओं के लिए बिल बनाते थे। चूँकि फंड ट्रांसफर क्षेत्रीय निदेशकों के स्तर पर किया जाता था, इसलिए यह रुपये की चोरी करने का एक अच्छा तरीक़ा था।

मार्च 1980 में बिहार पशु चिकित्सा संघ के महासचिव चुने गये बिरेश सिन्हा याद करते हैं : "हमने वेतन समानता और अन्य सुविधाओं की माँग करते हुए हड़ताल पर जाने का फ़ैसला किया। नवम्बर 1980 से फ़रवरी 1981 तक हड़ताल जारी रही और नये सिरे से धन आवंटन का समय आ गया, माफिया बेचैन हो रहे थे क्योंकि हड़ताल के कारण नये बजट के आवंटन से धन हड़पने की उनकी योजना विफल हो जाती। हमारी कुछ माँगें पूरी होने के बाद हड़ताल वापस ले ली गयी।"[22]

चाईबासा के अन्तरिम मवेशी विकास खंड (ICDB) विंग में डिप्यूटेशन पर तैनात बिरेश को इस बात का नया सुराग मिला कि कैसे फंड की हेराफेरी की गयी है? ICDB विंग मवेशियों के कृत्रिम गर्भाधान का समर्थन करता था। आवश्यक वीर्य 'सरकारी वीर्य बैंकों' से ख़रीदा जाता था और इसलिए, किसी भी विभाग को ब्लॉक स्तर पर कोई जानवर रखने की आवश्यकता नहीं थी। लेकिन सिन्हा वहाँ पशु आहार का स्टॉक देखकर दंग रह गये। उन्होंने एक कर्मचारी से इस बारे में पूछा, जिसने उन्हें सलाह दी कि इस कर्मचारी से पूछे

बिना किसी भी दस्तावेज़ पर हस्ताक्षर न करें। उन्होंने बिरेश से यह भी पूछा कि क्या वह कुछ अतिरिक्त पैसे कमाने में दिलचस्पी रखते हैं? सिन्हा का शक सही साबित हुआ। यह चारा निधि को ठगने की एक और चाल थी।

ICDB प्रमुख से 25 लाख रुपये के पशु आहार के आवंटन की माँग की गयी थी, और उस पैसे से उन्हें केवल आधे हिस्से का चारा ख़रीदने के लिए कहा गया था, जिसके लिए धन आवंटित किया गया था। इस प्रकार यहाँ 2.5 लाख की स्पष्ट कमाई हुई। सम्बन्धित अधिकारी को यह भी आश्वासन दिया गया था कि क्षेत्रीय निदेशक का कार्यालय बाद में उन्हें बतायेगा कि पशु आहार का क्या करना है? लेकिन ऐसा नहीं हुआ।

अगले साल, उसी विभाग को फिर से पशु चारा ख़रीदने के लिए कहा गया, इस बार राशि 10 लाख रुपये थी, जिसमें 50 प्रतिशत आपूर्ति कम थी। जब अधिकारी ने कहा कि उनके पास पिछले दो साल का स्टॉक पहले से ही बचा हुआ है, तो क्षेत्रीय निदेशक कार्यालय ने जानकारी न होने का नाटक किया और आवंटन पत्र माँगा, जो कार्यालय की फ़ाइलों में नहीं था। घोटाले की योजना अच्छी तरह से सोची-समझी थी, कोई भी आपत्तिजनक दस्तावेज़ नहीं रखा गया था, इस बात का कोई सबूत नहीं था कि चारा ख़रीद के लिए धन आवंटित किया गया था। क्षेत्रीय निदेशालय और अधीनस्थ कार्यालयों के बीच एक साँठगाँठ शुरू हो गयी थी, सभी आवंटन पत्र (बिल पारित होने और धन वापस लेने के बाद) क्षेत्रीय निदेशक कार्यालय द्वारा वापस ले लिए जाते थे और अधिकांश काग़ज़ात नष्ट कर दिये जाते थे। अधीनस्थ अधिकारियों को अब चारा माफिया की बात माननी पड़ती थी या निलम्बन का सामना करना पड़ता था। कोषागार से लेकर बैंकों तक के अधिकारियों को मैनेज किया जाता और उन्हें उनका हिस्सा दिया जाता। लेखा परीक्षकों को भी कथित तौर पर मैनेज किया गया था। या तो आँकड़े ऑडिट नहीं किये गये या कोई प्रतिकूल रिपोर्ट सामने नहीं आयी। माफ़िया डॉन श्याम बिहारी सिन्हा अब लकड़ा का महत्त्व कम करना चाहते थे इसलिए भ्रष्टाचार के आरोप में उन्हें निलम्बित करवा दिया। माफिया अब नये निदेशकों की नियुक्ति में भूमिका निभाना चाहते थे। एके प्रसाद हाल ही में एएचडी निदेशक के पद से सेवानिवृत्त हुए

थे। एएचडी निदेशक का चयन मुख्य सचिव, विकास आयुक्त और एएचडी सचिव तथा अन्य वरिष्ठ अधिकारियों के एक पैनल द्वारा किया गया था, जो आम तौर पर वरिष्ठ संयुक्त निदेशकों और क्षेत्रीय निदेशकों में से निदेशकों का चयन करते थे। डॉ. एसके झा, जो तत्कालीन मुख्यमन्त्री डॉ. जगन्नाथ मिश्रा के क़रीबी बताये जाते थे, को चयन पैनल ने 'बहुत अच्छा' रेटिंग दिया था। संभावित क्षेत्रीय निदेशक (बिहार लोक सेवा कैडर) आर सिंह, जो माफिया के आदमी बताये जाते थे, को भी 'अच्छा' रेटिंग मिला था। चारा माफिया के ताक़त का अन्दाज़ा इस बात से लगाया जा सकता है कि आर सिंह को निदेशक की कुर्सी मिली।

अब श्याम बिहारी सिन्हा का प्रभाव राज्य के राजनीतिक हलकों में अच्छी तरह स्थापित हो चुका था, भले ही वे अभी भी राँची कार्यालय में कार्यरत एक साधारण पशु चिकित्सक थे। माफिया का अगला क़दम बिहार पशु चिकित्सा संघ पर नियन्त्रण करना था। वे अपनी पसन्द का अध्यक्ष पाने में कामयाब रहे, लेकिन संघ की कार्यकारिणी अभी भी सरकारी ख़ज़ाने से धन की हेराफेरी के ख़िलाफ़ थी। हालाँकि, एएचडी निदेशक और बीवीए अध्यक्ष को अपने पाले में करने के कारण चारा माफिया ने और भी बेशर्मी से काम करना शुरू कर दिया था। अब चारा घोटाले को राजनीतिक संरक्षण मिलना शुरू हो गया था। बहुत कम ख़रीद के ख़िलाफ़ अधिक आवंटन और कभी-कभी केवल काग़ज़ों पर पशु चारा और दवाओं की ख़रीद बहुत आम हो गयी थी।

1985-86 में एएचडी निदेशक हरि शरण सिन्हा के कार्यकाल के दौरान सिन्हा ने भ्रष्टाचार के अपने साम्राज्य में एक नया हथकंडा जोड़ा। निदेशक जहाँ 25 लाख रुपये के आवंटन पर हस्ताक्षर करते थे, वहीं उनके जाली हस्ताक्षर वाले निर्गम पत्र में इसकी राशि तीन गुनी दिखाई जाती थी। माफिया के साथ मिलीभगत रखने वाले कोषागार और बैंक इसे पास कर देते थे। सिन्हा के पास हमेशा किसी भी जाँच के मामले में बचने का रास्ता होता था। उसने किसी भी जारी दस्तावेज़ पर हस्ताक्षर नहीं किया था। जगन्नाथ मिश्रा से लेकर बिन्देश्वरी दुबे, भागवत झा आज़ाद से लेकर सत्येन्द्र नारायण सिन्हा तक किसी भी कांग्रेसी मुख्यमन्त्री ने कभी भी चारा घोटाले की जाँच का आदेश

नहीं दिया, जो उनकी नाक के नीचे चल रहा था और बस फूटने का इन्तज़ार कर रहा था।

चारा घोटाले की कहानी बताने से पहले हमें इस घोटाले के सरगना श्याम बिहारी सिंह की कहानी को जानना बेहद ज़रूरी है। 1980 और 1990 के दशक में सिन्हा बिहार के सबसे प्रभावशाली व्यक्ति हुआ करते थे। पटना और राँची में लगने वाले उनके दरबार में कई बड़े राजनेता हाज़िरी लगाते थे। उनके दरबार में प्रवेश करने से पहले जूते उतारने का अघोषित नियम था। कई लोग जिनमें कुछ राजनेता भी शामिल थे, उनके पैर भी छूते थे। बक्सर ज़िले के चौसा के रहने वाले सिन्हा को उनके चाचा ने सहारा दिया, जो राँची में बिजली विभाग में काम करते थे। सिन्हा के पिता भारतीय रेलवे में कर्मचारी थे। बिहार वेटनरी कॉलेज से पढ़ाई पूरी करने के बाद उनकी पोस्टिंग हजारीबाग और बाद में राँची में हुई। उनके मन में हमेशा बड़ी महत्त्वाकांक्षा रही। वे सूफ़ी विद्वान रूमी के बहुत बड़े प्रशंसक थे और जेम्स बॉन्ड और गॉडफादर भी पढ़ना पसन्द करते थे। एक तरह से वे रूमी और जेम्स बॉन्ड का मिश्रण थे। सिन्हा के उत्थान और पतन की कहानी पर नज़र रखने वाले समाजवादी नेता उमेश प्रसाद सिंह कहते हैं, "उन्होंने पैसे ठगे, लेकिन उन पैसों को ग़रीबों पर ख़र्च भी किया।"[23]

1980 के दशक में सिन्हा पटना के मेघदूत होटल में ठहरते थे। वे शराब नहीं पीते थे लेकिन ब्रांडेड सिगरेट पीना पसन्द करते थे। जैसे-जैसे उनका रसूख बढ़ने लगा, वे चाणक्य होटल में ठहरने लगे। 1990 के दशक की शुरुआत तक AHD का बजट 75 करोड़ रुपये से भी कम था। लेकिन उन दिनों भी, जब भी वे पटना आते, लाखों ख़र्च करते और बाँटते। जब AHD में उनके सीनियर पास्कल लकड़ा ने एक बार उनके होटल का बिल चुकाने से इनकार कर दिया, तो उन्होंने राजनीतिक दिग्गजों के साथ मिलकर उन्हें निलम्बित करवाने की साज़िश रची। और सफल भी हुए।

सिन्हा के दो बेटे और एक बेटी थी। जब उनकी बेटी की शादी राँची में हो रही थी, तो वेटिकन सिटी की तर्ज़ पर एक भव्य विवाह पंडाल बनाया गया था। लेकिन कुछ अति उत्साही समर्थकों ने इतने पटाखे फोड़े कि पंडाल में आग लग गयी। मेहमानों को भागना पड़ा और कुछ को अपनी जान बचाने

के लिए बाहर कूदना पड़ा। नियति ने फिर साबित कर दिया कि वह हमेशा सन्तुलन बनाये रखती है, पंडाल के जलने के कारण सिन्हा की बेटी की शादी सड़क पर हुई।

जब सीबीआई सिन्हा के बेटे से पूछताछ करती थी तो सिन्हा परेशान हो जाया करते थे। सिन्हा ने अपने छोटे बेटे को किसी भी तरह के अपने अपराधों में भागीदार नहीं बनाया था इसलिए वह चाहते थे कि सीबीआई उनके छोटे बेटे को छोड़ दे। डॉ. सिन्हा की जब तूती बोलती थी तब उनका यह लड़का पैदा हुआ था लेकिन लड़का सीबीआई की कड़ी पूछताछ का सामना नहीं कर सका और मर गया। इससे चारा माफिया का सरगना सिन्हा बुरी तरह टूट गये। सिन्हा अपनी सेवानिवृत्ति के बाद भी अपने रसूख का आनन्द लेते रहे। जब वे किडनी ट्रांसप्लांट के लिए ऑस्ट्रेलिया जा रहे थे, तो कोलकाता एयरपोर्ट पर बिहार विधानसभा के पूर्व अध्यक्ष सहित कई लोग उन्हें विदा करने गये थे। किडनी ट्रांसप्लांट के बाद वापस लौटने पर भी वे अपने साथियों से घिरे हुए थे।

उमेश प्रसाद सिंह कहते हैं, जो उनके अन्तिम संस्कार में भी शामिल हुए थे, "लेकिन जब 1998 में उनकी मृत्यु हुई, तो मुझे याद है कि राँची में सिन्हा के अन्तिम संस्कार में केवल सुबोध कान्त सहाय ही शामिल हुए थे। उनके अन्तिम संस्कार में कई चतुर्थ श्रेणी कर्मचारी शामिल हुए, लेकिन उनसे लाभान्वित होने वाले सभी लोग ग़ायब थे, जीवन की नियति यहीं है।"[24]

बिरेश सिन्हा चारा घोटाले की कहानी को बताते हुए कहते हैं, "हमने विभिन्न राजनीतिक दलों के नेताओं से सम्पर्क किया, कई नेता प्रत्यक्ष या अप्रत्यक्ष रूप से चारा घोटाले में शामिल थे। सीपीआई विधायक रमेंद्र कुमार ने 1991 में सीएम लालू प्रसाद को पत्र लिखकर सीबीआई जाँच की माँग की थी। मुख्यमन्त्री ने सतर्कता विभाग से जाँच कराने का आदेश दिया। लेकिन जब माफिया को पता चला कि ईमानदार आईपीएस अधिकारी रामचन्द्र खान सतर्कता आईजी हैं, तो वे घबरा गये और जाँच को रोकने के तरीक़े खोजने लगे। तत्कालीन विपक्ष के नेता जगन्नाथ मिश्रा ने पत्र लिखकर कहा कि जाँच की कोई ज़रूरत नहीं है। खान के कार्यालय से फ़ाइल वापस मँगायी गयी। अब, लालू प्रसाद ने कांग्रेस विधायकों पर यह कहकर हमला करके

राजनीतिक लाभ उठाने की कोशिश की कि उनके नेता मिश्रा ने ही किसी भी जाँच की माँग वापस ले ली है।"[25]

बिरेश सिन्हा कहते हैं कि उन्होंने तत्कालीन भाजपा विधायक सुशील कुमार मोदी से भी मुलाक़ात की थी, जिन्होंने अपनी राजनीतिक बाध्यताओं का हवाला देते हुए विधानसभा में मामला उठाने से इनकार कर दिया था। बिरेश सिन्हा कहते हैं कि उनके असफल प्रयासों के बीच उन्हें ऑडिट रिपोर्ट की एक प्रति मिली, जिसमें दिखाया गया था कि किस तरह से स्कूटर के रजिस्ट्रेशन नम्बर वाले वाहनों पर बैलों को ढोया जा रहा था और दोपहिया वाहनों के नम्बर वाले वाहनों पर भूसा ढोया जा रहा था। एसोसिएशन ने पशुपालन विभाग के प्रभारी मन्त्री रामजीवन सिंह से मुलाक़ात की, जिन्होंने विष्णु के गरुड़ और भगवान शिव के साँप की कहानी सुनायी और कहा कि साँप को गरुड़ पर फुफकारने की हिम्मत केवल इसलिए हुई क्योंकि उसे भगवान शिव का संरक्षण प्राप्त था। मन्त्री ने घोटाले के बारे में पर्याप्त संकेत दिये कि इस घोटाले में मुख्यमन्त्री की भी सहमति शामिल है। लेकिन उन्होंने चारा फ़ाइल पर एक नोट लिखा, जिसमें सीएम को मामले की सीबीआई जाँच करने की माँग की गयी। मुख्यमन्त्री को इसके बारे में पता था लेकिन वे इसे दबाये बैठे रहे।[26]

उस समय तक दुमका, राँची और चाईबासा के कोषागारों से बिना किसी ख़रीद के भारी निकासी हो रही थी। निकासी अब कई गुना हो गयी थी और कटौतियाँ और कमीशन कई स्तरों तक पहुँच रहे थे। चारा घोटाले के दोषियों में से एक आरके राणा, श्याम बिहारी सिन्हा और लालू प्रसाद के बीच एक माध्यम के रूप में काम कर रहे थे, जिन्होंने अभी भी यह जानने की जहमत नहीं उठाई कि घोटाला कैसे हो रहा है?और क्या इसके तौर-तरीक़े बाद के वर्षों में उन्हें नुक़सान पहुँचा सकते हैं। यह लालू प्रसाद का मुख्यमन्त्री के रूप में दूसरा कार्यकाल था।

नीतीश कुमार, ललन सिंह और शिवानन्द तिवारी 1995 के विधानसभा चुनाव में मिली हार के बाद पटना के एक घर में बैठे थे, जिसमें समता पार्टी को सिर्फ़ सात सीटें मिलीं थीं, लेकिन उससे भी महत्त्वपूर्ण बात यह थी कि सात प्रतिशत वोट मिले थे। बीरेश सिन्हा याद करते हैं, "मैंने कहा, पशुपालन

विभाग लालू यादव के पास है और अगर हम इस पर काम करें तो यह उनकी राजनीतिक क़ब्रगाह साबित हो सकता है। लेकिन किसी ने मेरी बात को गम्भीरता से नहीं लिया।"

बीरेश सिन्हा याद करते हैं, "चाईबासा कोषागार मामले के दायर होने के बाद सुप्रीम कोर्ट के समक्ष जनहित याचिका पर चर्चा हुई। नीतीश कुमार नहीं चाहते थे कि जनहित याचिका दायर करने वालों में उनका नाम भी शामिल हो। शिवानन्द तिवारी और मैं दिल्ली के लिए रवाना हुए और नीतीश कुमार के दिल्ली आवास पर रुके, नीतीश बाहर थे। श्याम बिहारी सिन्हा (सरगना) जो चारा फ़ाइलों का पीछा करने वाले लोगों की गतिविधियों पर नज़र रख रहा था, उसने उमेश सिंह और शिवानन्द तिवारी को करोलबाग के एक होटल में खोज निकाला। सिन्हा ने तब उनसे जनहित याचिका दायर करने का विचार छोड़ने को कहा। सिन्हा ने बड़ी रकम देने की सीधी पेशकश की। शिवानन्द तिवारी ने सिन्हा से साफ़ कहा कि, "अब किसी भी क़ीमत पर जनहित याचिका दायर की जायेगी।"

अगली सुबह शिवानन्द तिवारी, बीरेश सिन्हा और उमेश प्रसाद सिंह जॉर्ज फर्नांडीस से मिलने उनके कृष्णा मेनन मार्ग स्थित आवास पर गये। जॉर्ज ने इस बात पर नाख़ुशी ज़ाहिर की कि नीतीश जनहित याचिका में याचिकाकर्ता बनने के लिए तैयार नहीं हैं। बीरेश सिन्हा कहते हैं, "जब हम इस पर चर्चा कर रहे थे, तब भाजपा नेता लालकृष्ण आडवाणी ने जॉर्ज को फ़ोन किया और कहा कि भाजपा भी लालू के ख़िलाफ़ लड़ाई का हिस्सा बनन: चाहती है और उन्होंने भाजपा को जनहित याचिका में पक्ष बनाने की इच्छा जताई।" जॉर्ज सहमत हो गये। सुशील कुमार मोदी को अगले ही दिन जनहित याचिका दायर करनी थी। शिवानन्द सह-याचिकाकर्ता बनने के लिए पटना के लिए रवाना हो चुके थे। ललन सिंह पटना में ही थे।[27]

बीरेश सिन्हा ने कहा कि जनहित याचिका दायर होने के बाद नीतीश कुमार ने शिवानन्द से पूछा कि क्या इसमें कुछ दम है या यह सिर्फ़ काग़ज़ी शेर ही साबित होगा? शिवानन्द ने उन्हें काग़ज़ात सौंप दिये। "जब नीतीश ने दस्तावेज़ों को पलटा, तो उनकी आँखें चमक उठीं। नीतीश ने कहा, "लालू यादव तो फँस गये।" बाद में, बिहार पशु चिकित्सा संघ ने एएचडी फ़ाइलों

से सभी आवश्यक काग़ज़ात उपलब्ध कराये। दबाव में, बिहार सरकार ने इस मामले की जाँच के लिए एसआईटी गठित करने का आदेश दिया था। एसआईटी ने श्याम बिहारी सिन्हा का नाम लिया था, जो सीएम लालू से नाराज़ चल रहे थे। जनहित याचिका का मामला 1996 के उत्तरार्ध में सुप्रीम कोर्ट पहुँचा था।"[28]

उमेश सिंह इस मामले के सिलसिलें में फिर दिल्ली आये। जिस होटल में वे ठहरे थे, वहाँ की रिसेप्शनिस्ट ने उमेश प्रसाद सिंह को एक पर्चा दिया, जिस पर लिखा था, "आपको सर्वप्रिया विहार आना होगा।" यह चारा माफिया सिन्हा का पता था। हिम्मत जुटाकर सिंह माफिया से मिलने गये। उमेश सिंह याद करते हैं, "जब मैं उनके हॉल में दाख़िल हुआ, तो चारा आपूर्तिकर्ता दिनेश चन्द्रा भी वहाँ मौजूद थे। सिन्हा किसी से फ़ोन पर बात कर रहे थे, कभी-कभी वे भड़क भी जाते थे। बातचीत आगे बढ़ी तो साफ़ हो गया कि दूसरी तरफ़ सीएम लालू प्रसाद ही थे। सिन्हा ने पूछा कि एसआईटी ने अपनी रिपोर्ट में उनका नाम कैसे शामिल किया और एक धमकी दी–अगर उन्हें आरोपी बनाया गया, तो वह किसी को नहीं छोड़ेंगे।" संक्षिप्त बातचीत के बाद, सिन्हा मेरी ओर मुड़े और धमकी के अन्दाज़ में कहा, आप अपने बचने का उपाय देख लीजिएगा।"[29]

सिंह कहते हैं, सिन्हा के घर से बाहर आने के बाद उनका सिर घूम रहा था और वह लगभग बेहोश हो गये थे। लेकिन उमेश सिंह की मुश्किलें अभी शुरू ही हुई थीं। पटना हाईकोर्ट ने आख़िरकार जनहित याचिका पर सुनवाई की अनुमति दे दी। 11 जून 1996 को सीबीआई की एक टीम ने सिंह के कंकरबाग स्थित आवास पर छापा मारा। वे क़रीब 30,000 रुपये नक़द और कुछ काग़ज़ात ले गये। बाद में उनके दफ़्तर पर भी छापा मारा गया। सिंह 45 दिनों तक सीबीआई की हिरासत में रहे। सिन्हा ने आरोप लगाया था कि मैंने उनसे पैसे लिए हैं। मैंने सीबीआई को मेरे ख़िलाफ़ कोई भी सबूत इकट्ठा करने की चुनौती दी और उनसे कहा कि मामले की अन्दरूनी कहानी सिर्फ़ मैं ही जानता हूँ। मुझे यह भी पता चला कि बिहार पशु चिकित्सा संघ में दो समूह थे, एक स्पष्ट रूप से लालू के पक्ष में और दूसरा निष्पक्ष जाँच के पक्ष

में। अपने प्रवास के दौरान मैंने सीबीआई को चार्जशीट तैयार करने में मदद की। मैंने क़रीब छह महीने जेल में बिताये।

मेरे ख़िलाफ़ लगे मुक़दमे को बाद में हटा दिया गया क्योंकि यह एक राजनीतिक प्रतिशोध था, लालू प्रसाद ने मुझे सन् 2000 के आस-पास एक दफा बुलाया था और जब मैं उनके कमरे में गया तो उन्होंने कहा, "का हो उमेश बाबू, हमरा के प्रधानमन्त्री न बने देल।" यह लालू जी की दरियादिली है, जिनके दिल में आज भी मेरे लिए दुर्भावना नहीं है।[30]

## सन्दर्भ-सूची


1. Bihar, Chhithiyon ki Rajniti, Shrikant, Vani Prakashan.
2. Interview/ Senior journalist Ganga Prasad (15 February 2020).
3. Interview/ Former MP Shivanand Tiwary (30 November 2019).
4. Ibid.
5. Interview/ Senior journalist Ram Bahadur Rai (21 December 2019).
6. Interview/ Senior journalist Ganga Prasad (15 February 2020).
7. Interview/ Former MP Sharad Yadav (21 December 2019).
8. Ibid.
9. Interview/ Senior journalist Kanhaiya Bhelari (15 February 2020).
10. Interview/ Socialist litterateur Prem Kumar Mani (21 March 2020).
11. Interview/ Former MP Sharad Yadav (21 December 2019).
12. Ibid.
13. Lalu Prasad's autobiography, Gopalganj To Raisina, co-authored by Nalin Verma, Rupa.
14. Ibid.
15. Ibid.
16. Ibid.
17. Ibid.
18. Interview/ Former DGP DN Gautam (20 January 2020).
19. Lalu Prasad's autobiography, Gopalganj To Raisina, co-authored by Nalin Verma, Rupa.
20. Ibid.
21. Interview/ Senior journalist Ganga Prasad.

22. Interview/ Biresh Sinha, former secretary, Bihar Veterinary Association (18 March 2020).
23. Interview/ Umesh Prasad Singh (6 March 2020).
24. Ibid.
25. Interview/ Biresh Sinha (18 March 2020).
26. Ibid.
27. Ibid.
28. Ibid.
29. Interview/ Socialist leader Umesh Prasad Singh (6 March 2020).
30. Ibid.

# 8
# नीतीश कुमार
## समाजवाद के आख़िरी स्तम्भ

*नीतीश कुमार ने कुर्मी चेतना रैली के आयोजन के लिए कुछ नहीं किया। फिर भी, उन्होंने इसे हाईजैक कर लिया।*

*अगर मुझे अपने शासनकाल की तस्वीर बनानी हो तो मैं साइकिल चलाकर स्कूल जाती लड़कियों की तस्वीर बनाऊँगा।*

*ऐसा लगता है कि बिहार राज्य में शिक्षा व्यवस्था बद से बदतर हो चुकी है और कोई भी शिक्षा व्यवस्था की समस्या के प्रति गम्भीर नहीं है। यह व्यवस्था केवल भावी पीढ़ी को बर्बाद कर रही है, क्योंकि राज्य में स्कूली शिक्षा की केवल औपचारिकता ही पूरी की जाती है। जब तक अधिकारियों को अपने बच्चों को बिहार राज्य से बाहर पढ़ाने की अनुमति रहेगी, तब तक इस व्यवस्था में सुधार नहीं हो सकता।*

नालन्दा के हरनौत प्रखंड क़स्बे से घुमावदार कंक्रीट सड़क पर सात किलोमीटर का सफ़र कल्याणबीघा गाँव में ले जाता है। गाँव के प्रवेश-द्वार पर एक मन्दिर पहली पहचान है। गाँव में अब एक आईटीआई केन्द्र, एक अस्पताल, एक बिजली उपकेन्द्र और दो स्कूल हैं। गाँव का तालाब आधा भरा हुआ है। तालाब के ठीक दूसरी तरफ़ एक घर है, जिसकी दीवार कुछ समय पहले तक गोबर के उपलों से लीपी जाती थी। अब यह एक पक्का घर है और गाँव का आख़िरी घर है जिसमें बिजली का कनेक्शन लगा है। घर में एक गौशाला भी है। ये नीतीश कुमार का पैतृक घर है।

घर के केयरटेकर सीताराम, जो उम्र के साथ कमज़ोर हो गये हैं, बाहर चारपाई पर बैठे हैं और घर के मालिक नीतीश कुमार के बेटे निशान्त का बेसब्री से इन्तज़ार कर रहे हैं। सफ़ेद कुर्ता और पायजामा पहने यह युवक अपने पैतृक गाँव, अपनी माँ मंजू सिन्हा को उनकी पुण्यतिथि पर श्रद्धांजलि देने आता है, अपने पारिवारिक पार्क में जहाँ उसके दादा राम लखन सिंह वैद्य और दादी परमेश्वरी देवी की भी प्रतिमाएँ हैं। निशान्त वहाँ क़रीब 20 मिनट रुकते हैं, कुछ ग्रामीणों से हाथ मिलाते हैं और पटना के लिए निकल जाते हैं। निशान्त मीडिया से बातचीत नहीं करते, उन्हें और उनके पिता नीतीश कुमार को यही पसन्द है। हालाँकि भविष्य के गर्भ में कुछ और छुपा है, जिसे आगे हम देखेंगे। आज मीडिया में चर्चा चल रही है कि निशान्त अपने पिता की राजनीति विरासत को सँभालने वाले हैं। वे लगातार मीडिया को बयान भी दे रहे हैं। समाजवाद के आख़िरी नायक नीतीश कुमार अब समय के ज़ब्त में हैं। उनका स्वास्थ्य गिर रहा है। इस नायक के पुराने भाषणों को दिखाया जा रहा है। बिहार जो समाजवाद का आख़िरी स्तम्भ है अब बिल्कुल दोराहे पर है। नारा अब भी बुलन्द है, दो हज़ार पच्चीस, फिर नीतीश। शायद समाजवाद की यह अन्तिम हुंकार है।

कल्याणबीघा और पटना में मुख्यमन्त्री के आवास 1, अणे मार्ग के बीच की दूरी सिर्फ़ 70 किलोमीटर है, लेकिन नीतीश कुमार ही जानते हैं कि दिग्गज लालू प्रसाद को मात देकर वहाँ पहुँचने और उससे भी महत्त्वपूर्ण बात यह है कि इतने लम्बे समय तक अणे मार्ग में रहने के लिए कितनी चुनौतियों का सामना करना पड़ा।

यह 1980 की बात है। मुन्ना सरकार, नीतीश के शुरुआती दिनों के मित्र, नालन्दा ज़िले के हरनौत के अन्तर्गत रहुई में एक सार्वजनिक सभा के बाद नीतीश कुमार के साथ थे। अँधेरा हो चुका था और उनकी मोटरसाइकिल की रौशनी कम हो रही थी। उन्होंने बाइक एक ग्रामीण के घर पर छोड़ने और हरनौत पहुँचने के लिए किसी सार्वजनिक वाहन से जाने का फ़ैसला किया। लम्बे इन्तज़ार के बाद, उन्होंने एक भीड़ भरी जीप को आते देखा। नीतीश कुमार और मुन्ना सरकार किसी तरह जीप में सवार हो गये और आगे की

यात्रा जीप में खड़े होकर की। यह एक युवा नीतीश का संघर्ष था जो बाद में बिहार का मुख्यमन्त्री बनने वाला था।

यह छोटी-सी यात्रा नीतीश कुमार की दृढ़ता के बारे में बहुत कुछ बताती है, जो अपने तीसरे प्रयास में, 1985 में विधानसभा पहुँचे। मुन्ना सरकार कहते हैं, "उन्हें इस बात का बिल्कुल भी अन्दाज़ा नहीं था कि नीतीश कुमार बिहार के मुख्यमन्त्री होने वाले हैं।" सरकार याद करते हैं कि कैसे 1980 में लगातार दूसरी हार के बाद नीतीश कुमार ने कुछ व्यवसाय करने के बारे में सोचा था और वास्तव में, कुछ समय के लिए पीयरलेस इंश्योरेंस में एक डमी निवेशक बन गये थे?

लेकिन वक़्त ने करवट ली बाइक पर पीछे बैठकर यात्रा करने वाले इस व्यक्ति ने राज्य की राजनीति में सबसे आगे की सीट पर क़ब्ज़ा कर लिया। और पिछले 19 वर्षों से इस पर क़ाबिज हैं।

मुन्ना सरकार याद करते हैं कि कैसे 1977 के विधानसभा चुनावों में दिग्गज भोला प्रसाद सिंह के ख़िलाफ़ अपनी चुनावी हार के बाद भी नीतीश ने हिम्मत नहीं हारी। नीतीश, ज़्यादातर अपने बख़्तियारपुर वाले घर से काम करते हुए, नालन्दा के हरनौत विधानसभा क्षेत्र में घूमते थे और जनता से जुड़ते थे। सरकार कहते हैं कि कर्पूरी ठाकुर का नीतीश कुमार पर बहुत प्रभाव था। एक बार जब सभी लोग खेल मन्त्री को क्रिकेट टूर्नामेंट के मुख्य अतिथि के रूप में आमन्त्रित करना चाहते थे, तो नीतीश ने एक दलित रिक्शा चालक को मुख्य अतिथि के रूप में आमन्त्रित करने का विचार पेश किया। बाद में अनुसूचित जाति के महादलितों के बीच अपने निर्वाचन क्षेत्र को विकसित करने वाले इस व्यक्ति ने नालन्दा में अपने वैचारिक बीज बोये थे। जो बाद के दिनों तक फ़सल देता रहा।

नीतीश कुमार राजनीति में धन और बाहुबल से सावधान रहते थे और कई बार कहते थे कि वे राजनीति में फिट नहीं बैठते। लेकिन सरकार कहते हैं कि उनकी माँ परमेश्वरी देवी को अपने बेटे की क्षमता पर किसी और से ज़्यादा भरोसा था। वे हर चुनाव में नीतीश के नामांकन के लिए अपनी पेंशन की बचत का एक हिस्सा देती थीं। नीतीश कुमार को उनकी माँ प्यार से मुन्ना

कहकर बुलाती थीं। मुन्ना सरकार याद करते हैं, "कभी-कभी जब वे उन्हें नीतीश कहकर बुलाती थीं, तो वे बीच में टोककर अपनी माँ से कहते थे कि वे उन्हें मुन्ना कहकर ही बुलायें।" मुन्ना सरकार ने नीतीश के हरनौत से विधायक बनने के बाद ही उन्हें अपनी गाड़ी में पीछे बैठाना बन्द किया।[1]

एक विधायक को महीने में दो दिन सरकारी गाड़ी मिलती थी और नीतीश यह सुनिश्चित करते थे कि वे उन दिनों ज़िले और ब्लॉक की सभी महत्त्वपूर्ण बैठकों में शामिल हों। बख्तियारपुर में नीतीश कुमार के पड़ोसी मुन्ना सरकार जेपी आन्दोलन के समय से ही नीतीश कुमार से जुड़े हुए थे। सरकार के अलावा, नीतीश कुमार के क़रीबी लोगों में बख्तियारपुर के दिनों के माणिकचंद सरोज कुमार और जनार्दन शर्मा भी शामिल थे। लालू प्रसाद के विपरीत, नीतीश कुमार ने कभी भी जाति की राजनीति नहीं की, भले ही वे पर्दे के पीछे अपने जातिगत गणित को लेकर बहुत सतर्क रहे हों। नीतीश कुमार 1994 की कुर्मी चेतना रैली के बारे में ज़्यादा बात करना पसन्द नहीं करते हैं, जो उनके करियर की सबसे बड़ी राजनीतिक घटनाओं में से एक थी, जिसने उन्हें पूरे बिहार में एक छवि दी और लालू प्रसाद की छाया से बाहर आने का आत्मविश्वास भी दिया। लेकिन यह रैली नीतीश कुमार का विचार नहीं था, न ही इसमें नीतीश कुमार के चेहरे का इस्तेमाल किया गया था। न ही रैली के लिए नीतीश कुमार का कोई पोस्टर इस्तेमाल किया गया था। यह बहुत ही दुर्लभ संयोग है कि जिस नीतीश का जिस सभा में कोई योगदान नहीं था वो इस सभा के सबसे बड़े नेता बन गये और जिस कुर्मी नेता सतीश कुमार ने इस सभा का आयोजन किया था उन्हें कुछ हासिल नहीं हो पाया। कुर्मी चेतना रैली ग़ैर-राजनीतिक व्यक्तियों के एक चुनिन्दा समूह द्वारा ओबीसी कुर्मियों को राजनीतिक सशक्तीकरण की भावना देने का एक विचार था, जो अन्यथा यादवों सहित अन्य ओबीसी समूहों की तुलना में सामाजिक और शैक्षणिक रूप से काफ़ी अच्छा प्रदर्शन कर रहे थे। लेकिन रैली का असली सच यह था कि उस समय के सबसे बड़े कुर्मी नेता और लालू प्रसाद के बाद राज्य के दूसरे सबसे शक्तिशाली नेता नीतीश कुमार इसका समर्थन करने को तैयार नहीं थे। "आप लोग दिन में तारे देख रहे हैं। लोग कहाँ से आयेंगे?" रैली को

लेकर नीतीश का यह जवाब था, बिरेश सिन्हा याद करते हैं, जो रैली के विचार के साथ नीतीश कुमार से मिलने गये कुर्मी नेताओं के समूह का हिस्सा थे।[2]

नीतीश ने इस रैली में सक्रिय रूप से भाग लेने से इनकार कर दिया, उन्होंने प्रस्तावित कुर्मी रैली में 'चेतना' (चेतना या जागृति) शब्द जोड़ने का सुझाव दिया, जिसे बाद में कुर्मी चेतना रैली के रूप में जाना गया। जबकि अखिल भारतीय कुर्मी महासभा ने बाद में रैली के लिए अपना बैनर दिया, व्यवसायी विनय सिंह जैसे लोगों ने इसे आर्थिक रूप से समर्थन दिया। वामपन्थी पृष्ठभूमि वाले विधायक सतीश कुमार इसमें शामिल हुए। वे एकमात्र ज्ञात राजनीतिक चेहरा थे। वास्तव में, अजय सिंह रॉकेट जैसे 15 कुर्मी नेताओं का एक युवा समूह कुर्मी चेतना रथ का नेतृत्व कर रहा था, जबकि अनिल कुमार, बिरेश सिन्हा और सतीश कुमार पटना मुख्यालय से टीम के साथ समन्वय कर रहे थे।

हमारी यात्रा से पहले उस रास्ते से प्रचार करती हुई कोई गाड़ी जाती थी और लोग अपने आप हमारी बैठकों में आ रहे थे, भले ही हमारे पास कोई स्टार वक्ता न हो। बिरेश सिन्हा आगे कहते हैं, "लालू के ख़िलाफ़ ऊँची जाति के भूमिहार लोग हमें बसें मुहैया कराकर अप्रत्यक्ष रूप से हमारा समर्थन कर रहे थे।"[3]

रैलियों के लिए, उन्होंने बैनर और पोस्टरों पर शरद पवार और उमा भारती की तस्वीरें लगायीं। जैसे-जैसे आमन्त्रण सभाएँ और जागरूकता रथ बिहार भर में घूम रहे थे, तत्कालीन पुलिस महानिरीक्षक, खुफिया, आशीष रंजन सिन्हा को प्रस्तावित रैली में बहुत अच्छी भीड़ जुटाने की प्रतिक्रिया मिलनी शुरू हो गयी थी।

बिरेश सिन्हा याद करते हैं, "रैली से तीन दिन पहले नीतीश कुमार ने एक बयान जारी कर कहा कि वे इसमें शामिल नहीं होंगे। लेकिन रैली से एक दिन पहले उन्होंने हमें फ़ोन किया और रैली के बैनरों पर बाहरी लोगों (पवार और उमा भारती) की तस्वीरों पर असन्तोष जताया। लेकिन हमने कहा कि हम इसे बदल नहीं सकते। शायद नीतीश कुमार को अच्छी भीड़ का आभास हो गया था।"

कहा जाता है कि नीतीश कुमार ने लालू की बात मानी, क्योंकि लालू नहीं चाहते थे कि कुर्मी समुदाय का कोई और नेता खड़ा हो। पूर्व सांसद शिवानन्द तिवारी ने मुझे बताया कैसे उन्होंने नीतीश को रैली में जाने के लिए राज़ी किया, उन्होंने कहा, "जनता गांधी मैदान में है और नेता यहाँ बैठा है।" शिवानन्द ख़ुद ही कार ड्राइव करते हुए नीतीश को गांधी मैदान ले गये। नीतीश इस सभा के बाद एक बड़े नेता के रूप में उभरे। नीतीश कुमार ने इस रैली के लिए कुछ नहीं किया, लेकिन सारा श्रेय उन्होंने ले लिया। इस रैली का सबसे बड़ा नतीजा यह रहा कि नीतीश ने 'समता पार्टी' का गठन किया।[4]

रैली ने उन्हें 1995 के विधानसभा चुनाव जीतने का भरोसा दिलाया था, इसलिए कई नेताओं ने मन्त्रिमंडल गठन और मन्त्री के तौर पर सँभाले जाने वाले विभागों पर भी चर्चा शुरू कर दी थी। 1995 के विधानसभा चुनाव के नतीजों में समता पार्टी को सिर्फ़ सात सीटें मिलीं। नीतीश हार गये। पार्टी की अन्दरूनी बैठकों में उन्होंने कांग्रेस या भाजपा के साथ गठबन्धन पर चर्चा की। ज़्यादातर नेता कांग्रेस के साथ जाना चाहते थे। कुछ महीने पहले लालकृष्ण आडवाणी भाजपा के मुम्बई अधिवेशन में जॉर्ज फर्नांडीस और नीतीश कुमार को साथ लेकर गये थे। नीतीश कुमार ने ओबरा (औरंगाबाद) में सरदार वल्लभभाई पटेल की प्रतिमा का अनावरण करने के लिए बिहार भाजपा के दिग्गज नेता कैलाशपति मिश्र के साथ मंच साझा करने से इनकार कर दिया था।

2004 के लोकसभा चुनाव अभियान की बात करें, उस समय नीतीश कुमार बाढ़ से चुनाव लड़ रहे थे। एक ग्रामीण ने नीतीश को अजीब नज़र से देखा, मुश्किल से आधे मिनट के लिए उनके पास रुका और कहा, "आपको इस इलाक़े में एक अस्पताल बनाना चाहिए" और कुमार के कुछ कहने से पहले ही वहाँ से चला गया। नीतीश कुमार अक्सर यह छोटी-सी कहानी सुनाते थे कि कैसे लालू-राबड़ी शासन (या कुशासन) के बाद एक आम आदमी को विकास की ज़रूरत महसूस हुई। नीतीश कुमार पहले ही बाढ़ में एनटीपीसी इकाई लाने में महत्त्वपूर्ण भूमिका निभा चुके थे। उन्होंने केन्द्रीय रेल मन्त्री के रूप में अपने कार्यकाल के दौरान अपने गृहनगर हरनौत में एक रेलवे व्हील फ़ैक्टरी भी लायी थी।

जब वे 2004 के लोकसभा चुनाव में वाजपेयी के 'इंडिया शाइनिंग' अभियान पर सवार होकर गये थे, तो उन्हें बाढ़ (2009 के लोकसभा चुनावों से पहले परिसीमन के बाद अस्तित्व में न रहने वाला लोकसभा क्षेत्र) से अपनी जीत का पूरा भरोसा था। वे नालन्दा से भी चुनाव लड़ रहे थे। बाढ़ में राजद उम्मीदवार विजय कृष्ण ने नीतीश को हराया, क्योंकि राजद ने सामाजिक समीकरण के कारण बिहार में 22 सीटें जीतकर सबको चौंका दिया था।

बाढ़ की हार के बाद, मोकामा जेडी (यू) नेता और वर्तमान में बिहार के सूचना एवं जनसम्पर्क विभाग के मन्त्री नीरज कुमार, नीतीश कुमार से मिलने उनके पटना आवास पर गये थे और हताश होकर कहा था, 'विकास चुनाव नहीं जिता सकता'। शान्त नीतीश कुमार ने कहा : "राजनीति में कभी धैर्य नहीं खोना चाहिए। तुम देखना विकास जल्द ही में बिहार में चुनावी एजेंडा बन जायेगा।"[5] नीतीश कुमार इस योजना पर टिके रहे जब उन्होंने 2005 के विधानसभा चुनाव अभियान के लिए न्याय यात्रा शुरू की, वे "न्याय के साथ विकास" की थीम के साथ राज्य भर में घूमे। गया ज़िले के माओवाद प्रभावित क्षेत्र में ऐसी ही एक यात्रा से लौटते समय उन्होंने अपने समर्थकों से पूछा कि रात 8 बजे तक दुकानें क्यों बन्द हो जाती हैं। उनमें से एक ने कहा कि माओवादी क्षेत्रों में यह आम बात है। नीतीश कुमार ने संकल्प लिया कि इसमें जल्द ही बदलाव लाना होगा। उनकी पूरी न्याय यात्रा में क़ानून और व्यवस्था की स्थिति के अलावा ख़राब सड़कें और शासन-व्यवस्था का नामोनिशान नहीं था।

फ़रवरी 2005 के बिहार विधानसभा चुनाव में त्रिशंकु जनादेश आया था, जिसमें रामविलास पासवान की पार्टी लोजपा को 29 सीटें मिली थीं, इसलिए जेडी (यू) द्वारा एनडीए या आरजेडी-कांग्रेस के साथ मिलकर सरकार बनाने के सभी प्रयास विफल हो गये थे। पासवान ने ख़ुद को 'किंग मेकर' घोषित कर दिया था और बिहार में सरकार बनाने की 'कुंजी' अपने पास रखने की बात कही थी। पासवान ने समर्थन देने के लिए एक शर्त रखी थी–एक मुस्लिम को मुख्यमन्त्री बनाया जाये। लालू प्रसाद के लिए यह साबित करना एक चुनौती थी कि क्या वह वास्तव में मुसलमानों के समर्थक हैं या फिर सत्ता के

लिए वह अपने परिवार से चिपके रहेंगे। भाजपा-नीतीश गठबन्धन इसे स्वीकार नहीं कर सकता था। सबसे बड़ी पार्टी होने के बावजूद आरजेडी सरकार नहीं बना सकी। पासवान की राजनीतिक ज़िद ने 2005 में बिहार में राष्ट्रपति शासन के एक संक्षिप्त कार्यकाल के बाद एक और चुनाव को मजबूर कर दिया। राष्ट्रपति शासन लगाने का निर्णय भी सवालों के घेरे में आ गया था, लेकिन राज्य ने वैसे भी सरकार बनाने के सभी विकल्प समाप्त कर दिये थे।

एक वरिष्ठ भाजपा नेता कहते हैं, "यह बहुत सम्भव था कि हम पासवान को सीएम के रूप में स्वीकार कर लेते, लेकिन उन्होंने ऐसा कभी नहीं कहा, बल्कि मुस्लिम मुख्यमन्त्री पर ज़ोर दिया। लोजपा ने सरकार बनाने का ऐतिहासिक मौक़ा गँवा दिया, जिसमें उन्होंने अब तक की सबसे ज़्यादा सीटें जीती थीं।"

नवम्बर 2005 में बिहार में फिर से चुनाव हुए। इस बार, नीतीश बीजेपी के साथ गये। एनडीए ने अभी तक अपना सीएम चेहरा घोषित नहीं किया था। पहले चरण के मतदान से उत्साहजनक फील्ड रिपोर्ट के बाद ही बीजेपी के केन्द्रीय नेतृत्व, ख़ासकर अरुण जेटली ने अटल बिहारी वाजपेयी और लाल कृष्ण आडवाणी को, नीतीश कुमार को एनडीए के मुख्यमन्त्री चेहरे के रूप में पेश करने के लिए राज़ी किया।

सुशील कुमार मोदी (अब दिवंगत) याद करते हैं : "मैंने केन्द्रीय नेतृत्व के मिज़ाज को भाँप लिया और पटना में नीतीश कुमार की उम्मीदवारी की घोषणा की। नीतीश कुमार ज़ाहिर तौर पर अभिभूत थे और उन्होंने मुझे फ़ोन करके कहा कि वे किसी दिन इस एहसान को चुकाएँगे लेकिन नीतीश को मुख्यमन्त्री के रूप में पेश करने में अभी भी कुछ अड़चनें थीं।"[6]

लालू-राबड़ी शासन के दौरान जातिगत हिंसा (1990 से 2003 के बीच 33 नरसंहारों में 380 लोग मारे गये) आम बात थी, लेकिन 2006 में पंचायत चुनाव करवाकर महिलाओं के लिए 50 प्रतिशत और ईबीसी के लिए 20 प्रतिशत आरक्षण लागू किया गया। यह एक मास्टर स्ट्रोक साबित हुआ। चुनावों के बाद, ओबीसी और ईबीसी के कई लोगों को सत्ता में हिस्सेदारी और शासन में भाग लेने का मौक़ा मिला। गाँवों में कई योजनाओं को लागू करने

के लिए मुखियाओं को केन्द्र और राज्य के ख़ज़ाने से धन दिया गया। ग्रामीण स्तर पर सत्ता के विकेन्द्रीकरण ने माओवादी समस्याओं को अपने आप हल कर दिया, जो 2003 से कम होती जा रही थीं और 2009 में सिर्फ़ एक बार फिर उभरी थीं, जब खगड़िया के अलौली में 16 ओबीसी और दलितों की हत्या कर दी गयी थी।

यह अनुसूचित जाति के लोगों के लिए कई योजनाओं का भी सकारात्मक प्रभाव था, जिन्हें नीतीश ने महादलित नाम दिया था, जिससे दलित नेता रामविलास पासवान काफ़ी नाराज़ थे। ओबीसी-खगड़िया के कोइरी और कुर्मी नीतीश की योजनाओं से परेशान थे और उन्होंने नीतीश कुमार पर निशाना साधते हुए कहा कि नीतीश ने अनुसूचित जाति के महादलितों के प्रति अपने नये प्रेम में अपनी जाति को हल्के में लिया है, और नीतीश एक वोट बैंक की राजनीति कर रहे हैं।[7]

सुशील कुमार मोदी कहते हैं : "एनडीए के पहले कार्यकाल की सबसे बड़ी सफलता पंचायत स्तर पर महिलाओं का सशक्तीकरण था। कई ग्रामीण महिलाएँ अपने आधे घूँघट से निकलकर मुखिया (ग्राम पंचायत प्रमुख) बन गयीं और सशक्त महसूस करने लगीं। उनमें आत्मविश्वास बढ़ा और महिलाओं का वोट जातिगत वोट से अधिक संगठित हुआ।"[8]

पंचायतों में महिलाओं और अति पिछड़ा वर्ग के लिए आरक्षण निश्चित रूप से नीतीश कुमार का सामाजिक सशक्तीकरण को लेकर एक ऐतिहासिक क़दम था। महिलाओं को शासन में 50 प्रतिशत आरक्षण देना एक राजनीतिक समझदारी भरा क़दम था, केन्द्र सरकार अभी भी लैंगिक समानता पर चर्चा कर रही थी, लेकिन कुछ भी ठोस नहीं कर पा रही थी। महिला मुखियाओं ने बैठकों में भाग लेना शुरू कर दिया, जबकि उनमें से अधिकांश के पति वास्तव में मुखिया थे। यह वह दौर था जब मुखिया पति (एमपी) और सरपंच पति (एसपी) जैसे शब्दों का इस्तेमाल बातचीत में उपहास के तौर पर किया जाता था। लेकिन निश्चित रूप से, गाँवों की महिलाओं ने पहली बार किसी तरह की सत्ता का स्वाद चखा था। 2007 में पटना के एसके मेमोरियल हॉल में मुखियाओं की एक बैठक के दौरान एक महिला मुखिया ने एक दिलचस्प

माँग रखी। उन्होंने कहा था, "महिला मुखिया के लिए 'मैडम' सम्बोधन बहुत ही घटिया लगता है, हमें 'सर' कहकर सम्बोधित किया जाना चाहिए", जिस पर श्रोता हँस पड़े।"[9] लेकिन यह मज़ाक़ उन्हीं लोगों पर था जो हँसे थे।

जब पत्रकार नीतीश कुमार से मुखिया पति और सरपंच पति जैसे अपमानजनक शब्दों के बारे में पूछते थे, तो वे कहते थे, "पहले कार्यकाल में उनके पतियों को परोक्ष रूप से कुछ शक्ति का इस्तेमाल करने दें, लेकिन दूसरे कार्यकाल तक महिला मुखियाओं को अपनी शक्ति का एहसास होने लगेगा।" पंचायती राज ने विशेष रूप से जेडी (यू) के लिए ज़मीनी स्तर पर कैडर बनाने में मदद की। वैसे भी इसकी गठबन्धन सहयोगी बीजेपी कैडर आधारित पार्टी रही है। पंचायती राज व्यवस्था ने नीतीश कुमार को अपनी पार्टी का संगठन बनाने का एक बड़ा अवसर दिया। नीतीश कुमार ने इसके बाद लड़कियों के लिए साइकिल योजना, स्कूलों में गैर-उच्च जाति के छात्रों के लिए छात्रवृत्ति जैसी सफल योजनाएँ शुरू कीं। राज्य की आबादी में 16 प्रतिशत हिस्सा रखने वाले महादलितों और अनुसूचित जातियों के लिए 19 कल्याणकारी और शिक्षा तथा आवास जैसी योजनाओं की घोषणा भी की गयी।

नीतीश, जो प्रशिक्षण से इलेक्ट्रिकल इंजीनियर थे, एक कुशल सोशल इंजीनियर बन गये थे। उन्होंने 1977 में पटना के एक कॉफ़ी हाउस में विधानसभा में हार के बाद कहा था कि वे एक दिन बिहार की सत्ता हासिल कर लेंगे, चाहे किसी भी तरह से। वे सही थे। उनके पास कई तरह के राजनीतिक हथकंडे थे। मोकामा के बाहुबली अनन्त सिंह, मनोरंजन सिंह धूमल और सुनील पांडे जैसे राजनीतिक बाहुबली भी नीतीश का समर्थन करते रहे। अपनी सामाजिक इंजीनियरिंग को चतुराई से अंजाम देते हुए, नीतीश ने शासन और राजनीति के बीच बेहतरीन सन्तुलन बनाये रखा। जबकि उनकी महादलित राजनीति कभी-कभी बहुत स्पष्ट हो जाती थी, उनके शैक्षिक सुधारों ने माध्यमिक विद्यालय स्तर पर स्कूल छोड़ने वालों की संख्या को कम करना शुरू कर दिया। साइकिल पर जाती लड़कियों का नज़ारा एक पिक्चर पोस्टकार्ड की तरह था। नीतीश कुमार ने एक बार कहा था, अगर उन्हें अपने शासन में बिहार की तस्वीर बनानी हो, तो वे स्कूल जाती हुई लड़कियों की

साइकिल की तस्वीरें बनायेंगे। सब कुछ इतना अच्छा चल रहा था, इतना अच्छा दिख रहा था क्योंकि नीतीश, लालू प्रसाद और राबड़ी देवी की तुलना में बेहतर काम कर रहे थे।

2009 के लोकसभा और 2010 के विधानसभा चुनाव ने नीतीश कुमार को बिहार की राजनीति में शिखर पर पहुँचा दिया। 2009 के लोकसभा चुनावों में नीतीश कुमार की लोकप्रियता इतनी थी कि उन्होंने एनडीए के पीएम उम्मीदवार लालकृष्ण आडवाणी के साथ सिर्फ़ एक सार्वजनिक मंच साझा किया था। उन्होंने यह भी सुनिश्चित किया था कि उनके तत्कालीन समकक्ष और वैचारिक विरोधी नरेन्द्र मोदी बिहार में प्रचार करने न पायें। उन्होंने यहाँ तक कहा था कि "जब बिहार में एक मोदी (सुशील) है, तो दूसरे मोदी की कोई ज़रूरत नहीं है।"[10]

यह चोट इतनी मारक थी कि मोदी 2016 में आरएसएस समर्थित गोपाल नारायण सिंह से राज्यसभा की दौड़ में हार गये। जब नारायण सिंह को चुना गया तो सुशील मोदी के कार्यालय को विश्वास नहीं हुआ। चर्चा थी कि सिंह को आरएसएस के साथ उनके अच्छे सम्बन्धों के कारण राज्यसभा में जगह मिली है। चूँकि सुशील मोदी अरुण जेटली के क़रीबी थे, इसलिए उन्हें राज्यसभा में जगह मिलना तय था और शायद केन्द्र में मन्त्री पद भी। लेकिन ऐसा कुछ नहीं हुआ।

सुशील मोदी ने लालू परिवार से जुड़े मिट्टी घोटाले का पर्दाफ़ाश करके अपने पुनरुद्धार की योजना पर काम करना शुरू कर दिया था और अन्ततः जुलाई 2017 में लालू के घर पर सीबीआई का छापा पड़ा। इसने महागठबन्धन को टूटने पर मजबूर कर दिया और नीतीश एनडीए के पाले में लौट आये। नरेन्द्र मोदी 2015 के चुनावों में बिहार में रैलियों की झड़ी लगाकर जो नहीं कर पाये, वह सुशील मोदी ने लालू परिवार के ख़िलाफ़ 30 से अधिक प्रेस कॉन्फ्रेंस और नये खुलासे करके कर दिखाया।

## 2009 से नीतीश

बिहार में 2009 के लोकसभा चुनाव का खाका राष्ट्रीय परिदृश्य से बिलकुल अलग था। एनडीए ने मनमोहन सिंह की यूपीए की सरकार का डटकर

मुक़ाबला नहीं किया। फिर भी, बिहार में नीतीश कुमार ने अपना राजनीतिक वर्चस्व क़ायम रखा। नीतीश कुमार के इस बयान से ख़ूब राजनीतिक हो-हल्ला हुआ जब नीतीश ने कहा कि जो सरकार बिहार को विशेष राज्य का दर्जा देगी हम उसी का समर्थन करेंगे।

2009 के चुनाव अभियान का एक दृश्य जो मुझे याद है, वह है हाजीपुर से जेडी (यू) उम्मीदवार राम सुन्दर दास का नामांकन दाख़िल करना, जो कि दिग्गज लोजपा उम्मीदवार रामविलास पासवान के ख़िलाफ़ था। नीतीश की रैलियों में लोगों की भीड़ उमड़ पड़ी थी। यह पासवान के क्षेत्र में नीतीश कुमार के लिए भीड़ थी। अधिकांश राजनीतिक विशेषज्ञों को सन्देह था कि 89 वर्षीय दास, पासवान को मज़बूत चुनौती देंगे, पासवान ने अपने अभियान के दौरान मुझसे कहा था कि नीतीश को बूढ़े व्यक्ति के बजाय किसी युवा व्यक्ति को मैदान में उतारना चाहिए था। पासवान पूर्व मुख्यमन्त्री दास को लेकर बहुत ही नकारात्मक थे। लेकिन दिग्गज और 'राजनीतिक मौसम वैज्ञानिक' पासवान का अपना पूर्वानुमान ग़लत साबित हुआ। वे अपना हाजीपुर हार गये, जिस हाजीपुर को केले और पासवान पर्यायवाची माना जाता था। उस गढ़ को नीतीश कुमार ने ध्वस्त कर दिया था। नीतीश ने लालू की पार्टी को मात देने के साथ-साथ पासवान को भी मात दे दीया।

उस समय नीतीश अपने राजनीतिक सफ़र के शिखर पर थे। 1977 के विधानसभा चुनाव में एक हारे हुए नौजवान से लेकर 2009 के लोकसभा चुनाव में सबसे बड़े और शक्तिशाली नेता के रूप में, नीतीश का सफ़र किसी उपन्यास की कहानी जैसा प्रतीत होता है। 2010 के विधानसभा चुनाव ने नीतीश को बिहार और देश के बड़े नेताओं की फ़ेहरिस्त में स्थापित कर दिया।

2010 में पटना में हुई भाजपा की राष्ट्रीय कार्यकारिणी की बैठक नीतीश के हिसाब से नहीं हुई थी। दरअसल, नीतीश की सहमति के बिना ही भाजपा की बैठक आयोजित करने की योजना पहले से ही बनायी गयी थी। उस समय गुजरात के मुख्यमन्त्री और अब प्रधानमन्त्री नरेन्द्र मोदी भी बैठक में शामिल होने आये थे। भाजपा ने बिहार के अख़बारों में प्रमुख विज्ञापन दिये थे, जिसमें 2009 में हरियाणा की रैली में नरेन्द्र मोदी और नीतीश की हाथ ऊपर उठाये तस्वीरें दिखाई गयी थीं। इसमें गुजरात सरकार द्वारा बिहार बाढ़ राहत कोष

में 15 करोड़ रुपये के योगदान की ओर भी ध्यान आकर्षित किया गया था। यह नरेन्द्र मोदी की केन्द्रीय राजनीति में दख़ल की पहली शुरुआत थी। यह नीतीश को पसन्द नहीं आया, वो पटना के एक होटल में मीडिया से बातचीत के दौरान थोड़े तनाव में दिखे।

नीतीश के साथ आये शिवानन्द तिवारी कहते हैं : "नीतीश इस विज्ञापन से बहुत नाराज़ थे। हरियाणा की तस्वीर दिखाने और नरेन्द्र मोदी द्वारा बिहार को बाढ़ राहत के रूप में 15 करोड़ देने का श्रेय लेने का कोई औचित्य नहीं था। बहुत से लोग अब भी मानते हैं कि मोदी के ख़िलाफ़ उन्हें भड़काने में मेरी भूमिका थी। लेकिन मैंने सिर्फ़ उनकी सोच का समर्थन किया था।"[11]

नीतीश द्वारा रात्रिभोज के निमन्त्रण को रद्द करने की बदनामी, जिसके बाद नीतीश ने शर्त रखी कि नरेन्द्र मोदी को रात्रिभोज में नहीं आना चाहिए, ने भाजपा के शीर्ष नेताओं को एक तरह से असमंजस में डाल दिया। अन्त में, लालकृष्ण आडवाणी और सुषमा स्वराज ने यह निर्णय लिया कि या तो सभी जायेंगे या कोई भी नहीं आयेगा। रात्रिभोज के रद्द होने से दोनों गठबन्धन सहयोगियों के बीच सम्बन्धों में और खटास आ गयी। 2010 के चुनावों में भी इसका असर दिखा, जब सुशील मोदी ने एक बार नीतीश के साथ मंच साझा करने से इनकार कर दिया। लेकिन दोनों खेमे अभी भी साथ में सरकार चला रहे थे।

'द इंडियन एक्सप्रेस' के तत्कालीन प्रधान सम्पादक शेखर गुप्ता बिहार आये थे। जाते समय उन्होंने मुझसे पूछा, "आपकी क्या राय है?" मैंने जवाब दिया था, "एनडीए को 150 से ज़्यादा सीटें मिलनी चाहिए", उन्होंने पलक झपकाते हुए कहा, "यह इससे भी ज़्यादा हो सकती है।" वे बिल्कुल सही थे, एनडीए ने 243 सीटों में से 206 सीटें जीतीं–जेडी (यू) को 115 और बीजेपी को 91 सीटें मिलीं। संख्याओं को ध्यान से पढ़ने पर पता चला कि जेडी (यू) को अपने दम पर साधारण बहुमत के लिए सिर्फ़ सात सीटें ही कम थीं। इस जीत ने नीतीश कुमार की राष्ट्रीय राजनीति महत्त्वाकांक्षा को पैदा किया। 2012 जून तक, नीतीश कुमार ने अपनी भावना भी ज़ाहिर करना शुरू कर दीया, उन्होंने कहा कि पीएम उम्मीदवार 'धर्मनिरपेक्ष छवि' वाला होना चाहिए।

जब पत्रकारों ने उनसे स्पष्टीकरण माँगा, तो नीतीश ने कहा : "सुनहरे शब्द दोहराये नहीं जाते।"

गुजरात विधानसभा चुनावों में नरेन्द्र मोदी की जीत और 2013 में भाजपा द्वारा उन्हें चुनाव प्रचार समिति का प्रमुख बनाये जाने से 2014 के लोकसभा चुनावों की तैयारी में भाजपा की राजनीति में एक नया मोड़ आया। नीतीश अब महागठबन्धन छोड़ने के लिए तैयार थे। सुशील कुमार मोदी कहते हैं, "नीतीश कुमार ने हमारे मतभेदों के बारे में कुछ भी नहीं छिपाया था और हम जानते थे कि वे अलग हो रहे हैं। वे चाहते थे कि भाजपा के मन्त्री सीएम हाउस में आख़िरी बार मिलें। पार्टी ने फ़ैसला किया कि हमें चले जाना चाहिए। विचार यह था कि हमें इस्तीफ़ा नहीं देना चाहिए। इस्तीफ़ा देना या बने रहना उनका फ़ैसला था, हमारा नहीं।"[12]

2014 के लोकसभा चुनावों में राजद-कांग्रेस, एनडीए गठबन्धन और जेडी (यू) के बीच त्रिकोणीय मुक़ाबला देखने को मिला था। 2010 के नीतीश और 2014 के नीतीश में बहुत अन्तर था। वे अपने पूरे चुनाव अभियान के दौरान निराश और अनिश्चित दिखे। उन्होंने अभियान के दौरान 216 जनसभाओं में भाग लिया, जिसमें 15 लाख रुपये के आश्वासन का ऑडियो चलाया गया। उन्होंने भाजपा को 'बड़का झूठा पार्टी' कहकर ताना मारा और बिहार को विशेष राज्य का दर्जा न देने के लिए कांग्रेस के नेतृत्व वाली केन्द्र सरकार पर हमला किया। लेकिन 2014 में नरेन्द्र मोदी का जादू चला। हर जगह उन्मादी भीड़ थी, जो उनके हर शब्द पर ध्यान दे रही थी और हर सवाल का जवाब हाँ और ना में दे रही थी। भाजपा ने चुनाव से पहले ही लड़ाई जीत ली थी। लालू प्रसाद को उम्मीद के मुताबिक़ निर्वाचन क्षेत्र से अच्छी भीड़ मिली। नीतीश को जनता का कम समर्थन मिला। सामाजिक समीकरण के लिहाज़ से यह त्रिकोणीय मुक़ाबला भाजपा के लिए पूरी तरह से अनुकूल था। नीतीश कुमार की पार्टी को करारी हार मिली। उनकी पार्टी 20 सीटों से घटकर दो सीटों पर आ गयी।

एलजेपी और आरएलएसपी जैसी छोटी पार्टियों के पास छह और तीन सीटें थीं। आरजेडी ने चार सीटें बरकरार रखीं। नीतीश कुमार 2009 के शीर्ष से

उतरकर 2014 में अपने वाटरलू का सामना करने के लिए उतरे। वे राज्य के मुख्यमन्त्री के रूप में निराश थे और जेडी (यू) की हार की नैतिक ज़िम्मेदारी ले रहे थे। उन्होंने आधिकारिक सीएम आवास ख़ाली कर दिया और 7, सर्कुलर में रहने लगे। यह, लालू के 10, सर्कुलर रोड स्थित घर के क़रीब था। उन्हें पता था कि उन्हें अपनी राजनीति को फिर से शुरू करना होगा, जो कि सिर्फ़ तीन घरों की दूरी पर था। और ऐसा ही हुआ।

नीतीश ने मुझे दिये एक साक्षात्कार में लालू के साथ अपने सम्बन्धों को स्वीकार किया, उन्होंने बताया, "मेरा विकास काम नहीं आया। नरेन्द्र मोदी के सभी वादों को जनता ने स्वीकार किया। मुझे अपने राजनीतिक गणित को पुनर्जिवित करने के लिए लालू प्रसाद के जनाधार की आवश्यकता थी।"[13]

2014 का साल है, तीसरा कार्यकाल (आधिकारिक तौर पर चौथा, यदि सात दिवसीय 2000 का कार्यकाल भी शामिल कर लिया जाये) समाप्त होने के क़रीब था, नीतीश को अपने विकास के मुद्दे पर कठिन सवालों का सामना करना पड़ रहा था। तीसरे कार्यकाल (2015-2020) में बिहार की असली कहानी लालटेन युग से बिजली की ओर जाने की है। नीतीश और लालू में बिना किसी तर्क के अन्तर करने वाली दो चीज़ें हैं सड़क और बिजली। नीतीश कुमार को 2005 तक पता चल गया था कि बिहार को समाजवादी और सामाजिक सशक्तीकरण के नारों से नहीं चलाया जा सकता है यहाँ के लोगों को कुछ ठोस विकास चाहिए। उन्होंने अपने पहले कार्यकाल के दौरान सड़कें और पुल बनवाये और अपने दूसरे और तीसरे कार्यकाल में हज़ारों स्कूल, अस्पताल और अन्य सरकारी इमारतें बनाकर बुनियादी ढाँचे में सुधार किया। लेकिन एक बात जो उन्हें परेशान करती रही, वह थी ख़राब बिजली आपूर्ति, 2013 के अन्त तक आधे ग्रामीण बिहार में बिजली नहीं थी।

## बिजली

15 अगस्त 2012 को पटना के गांधी मैदान में बोलते हुए, नीतीश कुमार ने बड़े ही तीखे अन्दाज़ में घोषणा की, अगर वे 2015 के विधानसभा चुनाव तक बिहार के हर घर में बिजली नहीं पहुँचा पाये तो वे वोट नहीं माँगेंगे। इस घोषणा

ने लोगों को झकझोर दिया, यहाँ तक कि विपक्ष और प्रधानमन्त्री नरेन्द्र मोदी को भी, जिन्होंने 2015 के विधानसभा चुनाव के दौरान नीतीश पर बिजली के मोर्चे पर हमला करने की कोशिश की पर वो कामयाब नहीं हो पाये, नीतीश ने बिजली की समस्या को लगभग दूर कर दिया था।

बिहार की बिजली की कहानी बताने से पहले एक दिलचस्प कहानी है, जिसका ज़िक्र करना यहाँ ज़रूरी है। यह वह समय था जब लालू यादव ने अभी तक नीतीश कुमार को महागठबन्धन के सीएम उम्मीदवार के तौर पर स्वीकार करने का फ़ैसला नहीं किया था। मैं लालू प्रसाद के पैतृक गाँव फुलवरिया, गोपालगंज गया था, ताकि यह जान सकूँ कि लालू के गाँव वाले इस राजनीतिक स्थिति के बारे में क्या सोचते हैं? लालू प्रसाद के गाँव वालों और कुछ रिश्तेदारों ने मुझे बताया कि नीतीश को आगे करने में कुछ भी ग़लत नहीं है क्योंकि लालू को सत्ता पाने में ध्यान देना चाहिए न कि यह सोचने में कि गठबन्धन का नेतृत्व कौन करेगा?

'द इंडियन एक्सप्रेस' में छपी मेरी रिपोर्ट में यह भी बताया गया था कि फुलवरिया को सिर्फ़ कुछ घण्टों की बिजली मिल रही थी, जो सिर्फ़ मोबाइल फ़ोन रिचार्ज करने के लिए ही पर्याप्त थी। और जब मैंने अपनी पहली किताब, 'रूल्ड ऑर मिसरूल्ड : द स्टोरी एंड डेस्टिनी ऑफ़ बिहार' (ब्लूम्सबरी) (हिन्दी अनुवाद–'कितना राज, कितना काज') के लिए नीतीश कुमार से एक लम्बे साक्षात्कार के लिए मुलाक़ात की, तो नीतीश कुमार ने कहा, "आपकी रिपोर्ट में फुलवरिया में कम बिजली आपूर्ति के बारे में एक पंक्ति ने मेरा तुरन्त ध्यान खींचा और मैंने अधिकारियों को फुलवरिया की बिजली आपूर्ति में सुधार करने के लिए कहा।" यह एक अच्छा काम दूसरे अच्छे काम की तारीफ कर रहा था।

यह उस समय एक राजनीतिक कारण से था लेकिन बाद में उनकी सरकार ने बिजली सुधार के लिए जो कुछ किया उसका सकारात्मक प्रभाव पूरे बिहार पर पड़ा। एक कहानी जो शायद बिजली के महत्त्व को बताती है। यह भागलपुर के कोयली और खुटाहा जुड़वाँ गाँवों की कहानी है। 2007 तक, इन जुड़वां गाँवों को उनके प्रयासों के लिए जो मिला वह बिना तार के

25 खम्भे और 20 हत्याएँ थीं। पहली हत्या दो यादव बहुल गाँवों में प्रशासन द्वारा बिजली पहुँचाने का फ़ैसला करने के तुरन्त बाद हुई। कोयली में पहली बार खम्भे 1991 में लगाये गये थे। लेकिन आधी रात को खुटाहा के युवाओं के एक समूह ने गाँवों को अलग करने वाले नाले को पार किया, खम्भे उखाड़ दिये और उन्हें अपने गाँव ले गये। खुटाहा के 10,000 की आबादी वाले गाँव ने कोयली के अपमान को बर्दाश्त नहीं किया। कोयली ने चार साल बाद अपना बदला लिया, अगस्त 1995 में खुटाहा के तीन लोगों की गोली मारकर हत्या कर दी गयी। (बिजली के खम्भों के लिए 20 लोगों की जान, 'द टेलीग्राफ', 6 अक्टूबर 2007)। तब से अब तक 16 और लोगों की हत्या हो चुकी है।[14]

एक बार बिहार मिलिट्री पुलिस-5 ने बिजली का बिल नहीं भरा तो ऊर्जा विभाग ने पुलिसकर्मियों की बिजली काट दी, जिससे पुलिसकर्मी बिजली विभाग के अधिकारियों से नाराज़ हो गये। पुलिसकर्मियों को जल्द ही ऊर्जा विभाग के अधिकारियों से बदला लेने का मौक़ा मिल गया, जब विद्युत भवन के कुछ कर्मचारी आपस में लड़ पड़े और पुलिस को बुलाना पड़ा। पुलिसकर्मी मुख्यालय में घुस गये और कई कर्मचारियों की पिटाई कर दी। यह विभाग के इतिहास का सबसे बुरा दौर था।

वरिष्ठ नौकरशाह और बिहार के मुख्य सचिव प्रत्यय अमृत, जो 10 जून 2014 को ऊर्जा विभाग के प्रधान सचिव के रूप में शामिल हुए थे, बताते हैं :

"हमें दीनदयाल उपाध्याय ग्राम ज्योति योजना (पहले राजीव गांधी ग्रामीण विद्युतीकरण योजना) को फिर से शुरू करने में पहली चुनौती का सामना करना पड़ा, क्योंकि 16 और 25 केवीए के ट्रांसफार्मर, जो मूल रूप से बीपीएल परिवारों के लिए थे, अक्सर ओवरलोडिंग के कारण ठप हो जाते थे। एपीएल परिवार भी अवैध कनेक्शन ले लेते थे। हमें पता चला कि 16/25 केवीए के क़रीब 40,000 ट्रांसफॉर्मर ख़राब हो गये हैं। हमारी चिन्ता का दूसरा कारण यह था कि डिस्कॉम द्वारा उद्धृत की जा रही ऊँची दरों के कारण किसी भी डिस्कॉम नीलामी को स्वीकार नहीं किया गया था। तीसरा, हमारे पास ट्रांसमिशन निकासी क्षमता नहीं थी। चौथा, चुनौती लेने के लिए कोई संगठित फील्ड सेट-अप नहीं था।"[15]

यह वह समय था जब नीतीश कुमार ने बीएसईबी की बागडोर जीतन राम मांझी को सौंप दी थी, जिन्होंने अपने नेता की योजना को आगे बढ़ाने के लिए बिजली सुधारों को अपनाया। अमृत, जो सम्प्रति विकास आयुक्त हैं, और उनकी टीम ने समस्याओं की पहचान करनी शुरू कर दी थी। उन्होंने विश्व बैंक की एक टीम को यह आकलन करने के लिए भेजा कि ऊर्जा विभाग को किसी ऊर्जा कम्पनी का बकाया चुकाने में कितने दिन लगते हैं और किस स्तर पर नौकरशाही की उलझनों में फ़ाइलें अटकी रहती हैं। उनके बेहद निराश करने वाले काम के लिए विश्व बैंक की टीम ने पाया कि इसमें 127 दिन लग गये। बिजली वितरण कम्पनियों द्वारा बोली लगाने के दौरान अधिक दरें उद्धृत करने का मुख्य कारण सितम्बर 2014 तक, नयी भुगतान नीति लागू हो गयी जिसके तहत किसी कम्पनी द्वारा बनाये गये बिल का 75 प्रतिशत भुगतान 15 दिनों में करना अनिवार्य था और 25 प्रतिशत भुगतान किये गये काम के भौतिक सत्यापन के बाद लेकिन निश्चित रूप से कम्पनी द्वारा अगला बिल पेश करने से पहले करना था। इसने बोलीदाताओं को कम दरें उद्धृत करने में मदद की और देश की शीर्ष कम्पनियों को नियोजित बिजली प्रणाली के लिए निविदाओं में भाग लेने के लिए आकर्षित किया।

ट्रांसफार्मर बदलने का काम उन्हीं कम्पनियों को दिया गया जिन्हें टेंडर के ज़रिये काम मिला था। हालाँकि, तत्कालीन डिप्टी सीएम सुशील कुमार मोदी ने इसे 'ट्रांसफार्मर घोटाला' कहा था, लेकिन बाद में सीएजी ऑडिट या सतर्कता विभाग द्वारा कोई प्रतिकूल टिप्पणी नहीं की गयी। 'हर घर बिजली' 2015 के चुनावों में नीतीश सरकार के सात संकल्पों में से एक था। बिजली ने उन्हें अपने शक्तिशाली प्रतिद्वन्द्वी के ख़िलाफ़ किसी तरह सत्ता में वापस ला दिया था। 2014 में सिर्फ़ 21 लाख उपभोक्ताओं के साथ शुरू हुआ यह सफ़र दिसम्बर 2018 तक 1.5 करोड़ उपभोक्ताओं तक पहुँच गया था। बिहार की सफलता की कहानियों को केन्द्र सरकार ने भी दोहराया, जिसने राज्य के सुधारों को पहली बार तब स्वीकार किया जब केन्द्र ने सितम्बर 2018 में पूरे देश में सौभाग्य योजना शुरू की, जिसमें कार्यान्वयन के 'हर घर को बिजली' के बिहार मॉडल को शामिल किया गया। अगस्त 2018 में अमृत द्वारा पटना

में 17 राज्यों के प्रतिनिधियों के समक्ष एक प्रेजेंटेशन देने के बाद तत्कालीन केन्द्रीय ऊर्जा सचिव अजय भल्ला और उनकी टीम ने बिहार का दौरा किया था।

इसके बाद के बिजली सुधारों में एक ऐप के माध्यम से काग़ज़ रहित नये बिजली कनेक्शन शामिल थे, जिसके लिए उपभोक्ता से किसी भी दस्तावेज़ की आवश्यकता नहीं थी। नये मीटर के शुल्क को उपभोक्ताओं के बिलों में किश्तों में समायोजित किया गया। अगली बड़ी बात प्रीपेड स्मार्ट मीटर का कार्यान्वयन है, जिससे ऊर्जा विभाग का घाटा कम होगा। 2018 में, नीतीश कुमार ने ऊर्जा विभाग को 3,000 करोड़ रुपये की लागत से 72,000 सर्किट किलोमीटर घिसे-पिटे तारों को बदलने का काम सौंपा था, जिसे दिसम्बर 2019 तक पूरा कर लिया गया था।

## शराबबन्दी

अप्रैल 2016 में शराबबन्दी लागू करने का नीतीश कुमार का फ़ैसला महिलाओं के अपने निर्वाचन क्षेत्र को व्यापक बनाने और राष्ट्रीय राजनीति में अपनी छाप छोड़ने की उनकी राजनीतिक योजना का हिस्सा था, ख़ासकर तब, जब एनडीए से अलग होने के बाद वे विश्वसनीय चुनाव परिणाम से थक चुके थे। उनका सुशासन का नारा ख़त्म हो चुका था और केन्द्र से बिहार के लिए विशेष श्रेणी का दर्जा माँगने की माँग भी कारगर साबित नहीं हो रही थी। नीतीश कुमार इस सद्भावना का लाभ उठाने में सक्षम हैं, इसका एक संकेत यह है कि बिहार में विधानसभा चुनावों में महिलाओं की भागीदारी, 2000 के दशक में बढ़ने के बाद, 2010 में पुरुषों से आगे निकल गयी, जब मुख्यमन्त्री ने अपने पहले पूर्ण कार्यकाल के अन्त में फिर से चुनाव लड़ा। 'द इंडियन एक्सप्रेस' द्वारा विश्लेषित चुनाव आयोग के आँकड़ों से पता चलता है कि फ़रवरी 2000, फ़रवरी 2005 और अक्टूबर 2005 के चुनावों में महिलाओं का मतदान पुरुषों से पीछे रहा, लेकिन इस अवधि में यह अन्तर 17.43% से घटकर केवल 2.53% रह गया। अक्टूबर-नवम्बर 2010 में हुए चुनावों में यह महत्त्वपूर्ण मोड़ आया, जब महिला मतदाताओं का मतदान प्रतिशत पुरुषों की

तुलना में 3.37 प्रतिशत अधिक था (54.49% से 51.12%)। और अक्टूबर-नवम्बर 2015 के चुनावों में महिलाओं का मतदान प्रतिशत पुरुषों की तुलना में 7.16 प्रतिशत अधिक था (60.48% से 53.32%)।

सत्ता में आने के बाद, नीतीश ने 2008 में सरकार की शराब नीति को उदार बनाया था, लाइसेंस प्राप्त शराब की दुकानों का प्रसार किया था, राजस्व 2005 में 500 करोड़ रुपये से बढ़कर 2014-15 में लगभग 4,000 करोड़ रुपये हो गया। लेकिन शराब की अधिक पहुँच ने ग्रामीण ग़रीबों और महिलाओं को सीधे प्रभावित किया, घरेलू हिंसा को बढ़ावा मिला। इसलिए नीतीश ने महिलाओं को एक वोट बैंक के रूप में लिया और शराबबन्दी क़ानून लागू किया।

शराबबन्दी के बाद, सफलता की कई रोमांचक कहानियाँ मिलीं। ऐसा ही एक उदाहरण एक गाँव में मिला था, वह था लगभग 5,500 की आबादी वाला गाँव मंझियामा (अरवल)। निषेध के बाद प्रगति के सबसे अधिक दिखाई देने वाले संकेत 20 नये पक्के घरों की पंक्तियाँ हैं, ये घर पिछड़े और अनुसूचित जाति से ताल्लुक रखने वाले लोगों का था। ग्रामीणों ने जो पैसा बचाया है, उससे हमने घरेलू आय में वृद्धि देखी। उदाहरण के लिए, शराबबन्दी से पहले इस गाँव से हर दिन लगभग 700 लीटर दूध बेचा जाता था। छह जर्सी गायों के मालिक उमेश शर्मा ने कहा कि अब, बिक्री लगभग 1,000 लीटर है, जिसमें कम से कम 25 प्रतिशत अधिक लोगों ने गायों का रखरखाव शुरू कर दिया है। यह वही गाँव था जहाँ 20 से 50 वर्ष की आयु के लगभग 40 प्रतिशत पुरुष हर शाम शराब की दुकान पर क़तार में खड़े होते थे। एक स्थानीय अधिकारी ने बताया कि दुकान सुबह से आधी रात तक खुली रहती थी।[16]

लेकिन शराबबन्दी की कहानी का एक और पहलू है जिसने नीतीश कुमार की योजनाओं को नुक़सान पहुँचाना शुरू कर दिया। जैसे ही राज्य सरकार ने शराबबन्दी लागू करना शुरू किया, 2019 के अन्त तक 1.6 लाख से अधिक लोगों को गिरफ़्तार किया गया, जिनमें से अधिकांश को बाद में रिहा कर दिया गया। गिरफ़्तार किये गये लोगों में बड़ी संख्या में अनुसूचित जाति और ईबीसी पुरुषों और महिलाओं के अलावा ग़रीब महिलाएँ और बच्चे थे, जिनमें

से अधिकांश को शराब पीने के जुर्म में गिरफ़्तार किया गया था। मुंगेर की 45 वर्षीय माया देवी, अति पिछड़ी बिन्द जाति से ताल्लुक रखती हैं, जो नये निषेध क़ानून के तहत दोषी ठहराये जाने वाली पहली महिला थीं की कहानी से लेकर मोतिहारी ज़िले के एक दलित मज़दूर 65 वर्षीय हरि दास तक, 'द इंडियन एक्सप्रेस' ने असहायता और निराशा की त्रासद कहानी को एक साथ जोड़ने के लिए (निषेध) कुछ महत्त्वपूर्ण चेहरों की पहचान की।

माया के बेटे, जितेन्द्र, जो ऑटो चलाते हैं ने हमें बताया, "कुछ साल पहले मेरे विकलांग पिता की मृत्यु के बाद, मेरी माँ 2015 में कुछ महीनों के लिए पंजाब में काम करने गयी थी। जब वह लौटी तो महुआ बनाने लगी। जब अगले साल शराबबन्दी लागू की गयी, तो हमने उसे चेतावनी दी, लेकिन उसने हमारी बात नहीं मानी। यहाँ अवैध शराब बनाने वाली अधिकांश महिला विधवा हैं, जिन्हें कुछ और करने के लिए प्रशिक्षित नहीं किया गया है।"[17]

एक्सप्रेस की जाँच से पता चला है कि अनुसूचित जातियों की गिरफ़्तारी 27.1 प्रतिशत है, जबकि आबादी में उनकी हिस्सेदारी सिर्फ़ 16 प्रतिशत है। अनुसूचित जनजातियाँ गिरफ़्तार किये गये लोगों में से 6.8 प्रतिशत हैं, लेकिन जनसंख्या का केवल 1.3 प्रतिशत हैं। और ओबीसी की हिस्सेदारी 34.4 प्रतिशत और बिहार की आबादी का 25 प्रतिशत है। ये आँकड़े बिहार के गृह विभाग के जेल निरीक्षणालय के तहत जेल के वरिष्ठ अधिकारियों द्वारा संकलित किये गये थे। एक केन्द्रीय जेल के प्रभारी ने कहा कि उन्हें 12 मार्च को 'मुख्यालय' से एक लिखित सन्देश मिला, जिसमें निषेध क़ानून के तहत हिरासत में लिए गये सभी क़ैदियों के श्रेणी-वार सामाजिक ब्रेक-अप जनरल, ओबीसी, ईबीसी, एससी, एसटी के लिए कहा गया था। अधिकारियों ने कहा कि आँकड़े संकलित किये गये थे और आठ जेल मंडलियों द्वारा अपने-अपने लेटरहेड के तहत औपचारिक संचार के रूप में विभाग को भेजे गये थे।[18]

## शिक्षा

राज्य शिक्षा बोर्ड की कक्षा 10 की परीक्षा के बीच में वेतन समानता की माँग करने वाले कुछ अतिथि शिक्षकों की बर्ख़ास्तगी के बाद, कौशल किशोर और

अन्य बनाम बिहार राज्य और अन्य में सीडब्ल्यूजेसी संख्या 23/2020 में न्यायमूर्ति अनिल कुमार उपाध्याय द्वारा पटना उच्च न्यायालय के 17 फ़रवरी 2020 के मौखिक आदेश ने राज्य में शिक्षा प्रणाली पर सवालिया निशान लगा दिया। न्यायालय के लिए चिन्ता की बात यह नहीं है कि जिस तरीक़े से याचिकाकर्ताओं की निन्दा की गयी है और न्याय के सिद्धान्त के अनुपालन के बिना उनकी सेवा का निर्वहन किया गया है, बल्कि इस तरह की मनमाना कार्रवाई का परिणाम प्रभावी है। पूर्णकालिक शिक्षकों की भारी कमी के कारण शिक्षा की तीव्र आवश्यकता को पूरा करने के लिए अतिथि शिक्षकों को लगाया गया था। ऐसा प्रतीत होता है कि बिहार राज्य में शिक्षा प्रणाली बदतर हो गयी है और कोई भी शिक्षा प्रणाली की समस्या को लेकर गम्भीर नहीं है। यह भी प्रतीत होता है कि यह व्यवस्था केवल आने वाली पीढ़ी को ख़राब कर रही है, क्योंकि इस राज्य में स्कूली शिक्षा की केवल औपचारिकता ही की जाती है। इस प्रणाली में सुधार नहीं किया जा सकता है, जब तक कि अधिकारियों को बिहार राज्य के बाहर अपने बच्चों को शिक्षित करने की अनुमति है। व्यवस्था में सुधार तभी हो सकता है जब राज्य के सभी अधिकारी अपने बच्चों को सरकार द्वारा संचालित शैक्षणिक संस्थानों में रखने के लिए मजबूर हों, तभी अधिकारी शिक्षा के स्तर में सुधार देखेंगे। योग्य और समर्पित शिक्षकों द्वारा गुणवत्तापूर्ण निर्देश शिक्षा प्रणाली में सुधार की अपरिहार्यता है। परीक्षा की शुद्धता दिये गये निर्देश की गुणवत्ता पर निर्भर करती है। ग़रीब लोगों के पास अपने बच्चों को सरकार द्वारा संचालित शैक्षणिक संस्थान में पढ़ने भेजने के अलावा कोई चारा नहीं है।[19]

लेकिन यहाँ कुछ आँकड़े हैं जो हमें बताते हैं कि लालू की तुलना में बिहार के 'टर्नअराउंड मैन' नीतीश कुमार भी वास्तविक विकास से चूक गये हैं। 99 प्रतिशत स्कूलों में आदर्श छात्र-शिक्षक अनुपात के साथ सिक्किम देश भर में सबसे अच्छा प्रदर्शन करने वाला राज्य है। इसकी तुलना में, बिहार में केवल 21.75 प्रतिशत स्कूल लक्ष्य को पूरा करते हैं (नीति आयोग, एसडीजी इंडिया-इंडेक्स डैशबोर्ड (2019-20, पेज-65, पैरा-9)। राज्यों में, महिला श्रम बल की भागीदारी के मामले में हिमाचल 39.70 प्रतिशत के साथ सबसे आगे है।

जबकि बिहार में यह 2.8 फ़ीसदी है (नीति आयोग, एसडीजी इंडिया-इंडेक्स एंड डैशबोर्ड (2019-20) पेज-79, पैरा-7)। बिहार में माध्यमिक विद्यालय स्तर पर स्कूल छोड़ने की दर सबसे अधिक 39.73 प्रतिशत है (नीति आयोग, एसडीजी इंडिया-इंडेक्स डैशबोर्ड (2019-20) पेज-65, पैरा-6)।

बिहार में पाँच साल से कम उम्र के बच्चों की अविकसित वृद्धि दर सबसे अधिक 42 प्रतिशत है (नीति आयोग, एसडीजी इंडिया-इंडेक्स एंड डैशबोर्ड (2019-20) पेज-41, पैरा-2)। मानव संसाधन विकास मन्त्रालय (एमएचआरडी) के आँकड़ों के अनुसार, बिहार देश में मानव विकास सूचकांक के मामले में 21वें स्थान पर है, जीवन प्रत्याशा में 14वें स्थान पर, महिला साक्षरता प्रतिशत में दूसरे स्थान पर और प्राथमिक विद्यालय स्तर पर अधिकतम ड्रॉप-आउट में तीसरे स्थान पर है। बिहार सबसे ख़राब ग़रीबी अनुपात वाले तीन राज्यों में से एक है।

लेकिन इसी बिहार के पास उम्मीद की कहानियाँ भी हैं–राज्य की राजधानी के बीच में स्थित हज भवन से ऐसी ही एक कहानी बयान करती है। मुस्लिम लड़कों और लड़कियों के सशक्तीकरण की एक मूक कहानी, धीरे-धीरे और लगातार सामने आ रही है। बिहार अल्पसंख्यक कल्याण विभाग और गृह विभाग के अतिरिक्त मुख्य सचिव आमिर सुभानी (जो मुख्य सचिव होकर अब सेवानिवृत्त हैं), कहते हैं, "जब वर्दी पहनी मुस्लिम महिलाएँ अपने जीवन के संघर्ष की कहानियों को बयां करती हैं तो हम भी गर्व से भर उठते हैं।"

हज भवन का मौसमी उपयोग होता था, इसलिए राज्य सरकार ने उन मुस्लिम उम्मीदवारों के लिए कोचिंग (लिखित, शारीरिक और मुख्य) शुरू करने का फ़ैसला किया, जिन्होंने या तो स्क्रीनिंग टेस्ट के बाद हज भवन कोचिंग सेंटर में दाख़िला लिया है या पीटी या पुलिस कांस्टेबल, सब-इंस्पेक्टर, आबकारी निरीक्षक या बिहार लोक सेवा (बीपीएससी) प्रारम्भिक या लिखित परीक्षा में उत्तीर्ण हुए हैं। मुख्यमन्त्री अल्पज्ञक शिक्षा योजना के तहत आने वाली इस योजना को अब छह ज़िला मुख्यालयों तक बढ़ा दिया गया है। बिहार में वर्दी सेवाओं में मुसलमानों की उपस्थिति 2.5 प्रतिशत से कम है (उनकी 17 प्रतिशत आबादी के मुक़ाबले), इसलिए लड़कियों के लिए

उन्हें और अधिक सामने लाने का विचार है। सरकार का यह छोटा-सा प्रयास दूरदराज के गाँवों किशनगंज, अररिया, दरभंगा, वैशाली, मुज़फ़्फ़रपुर और बक्सर में भी क्रान्ति लाना चाहता है।

पश्चिम चम्पारण के पिपरा में आबकारी पुलिस कांस्टेबल शबाना आज़मी से मुलाक़ात हुई। भूगोल स्नातक शबाना, अपने गाँव की एकमात्र मुस्लिम लड़की है जो बाहर आती है और हज भवन में कोचिंग लेने की हिम्मत करती है। वह वर्दी में गाँव लौटी, गाँव वाले ख़ुश तो थे, लेकिन इस बदलाव को स्वीकार नहीं कर पा रहे थे। शबाना, जो अंग्रेज़ी में अच्छी हैं, सेंट मेन्स के लिए अर्हता प्राप्त कर चुकी हैं और हज भवन में काम कर रही हैं, और उन्होंने अपना प्रशिक्षण शुरू कर दिया है। हज भवन एक जीवन बदलने वाला अनुभव है। बहुत कम लोगों को इस बात की जानकारी है कि राज्य सरकार इसे लगभग मुफ़्त में प्रदान कर रही है। शबाना अपने चेहरे पर गर्व की भावना के साथ अपनी टोपी को ठीक करते हुए कहती हैं, "मुझे गर्व है कि मैंने हज़ भवन में पढ़ाई की है, और भी बहुत छात्र इसका हिस्सा बनना चाहते हैं।"

आरा की रोजी बताती हैं, कि वह समाज के प्रतिरोध से लड़ते हुए हज भवन में कोचिंग के बाद सब-इंस्पेक्टर बन गयी हैं। पटना की रजिया सुल्ताना कहती हैं कि भले ही उनकी माँ पटना उच्च न्यायालय की वकील हैं, लेकिन उन्हें वर्दी में नौकरी करने के लिए संघर्ष करना पड़ा। पूर्णिया में सिपाही के रूप में तैनात चंदा खातून, बिहार के पर्वतारोही दशरथ मांझी के गाँव के आसपास के अत्रि, गया की रहने वाली हैं। वह कहती हैं : 'मैंने अपने परिवार को बताये बिना कांस्टेबल की परीक्षा के लिए एक फॉर्म भरा था। जब मुझे हज भवन से फ़ोन आया तो मैंने अपने माता-पिता को अपने फ़ैसले के बारे में बताया। मेरे किसान पिता ख़ुश थे, हालाँकि अधिकांश गाँव वालों को यह पसन्द नहीं आया।

आपराधिक मनोविज्ञान में डॉक्टरेट की पढ़ाई करते हुए, पादरी वर्ग से बहुत कठिन प्रतिरोध का सामना करना पड़ा। 150 छात्रों के वर्तमान बैच में, जिनमें से 20 लड़कियाँ हैं, जो अपने एसआई मेन्स की तैयारी कर रही हैं, वाल्मीकि नगर, पश्चिम चम्पारण के शाहीन फिरदौस हैं। उनके पिता, जो

कम आय वाले एक छोटे से समय के सामाजिक कार्यकर्ता थे, लकवाग्रस्त होने के बाद सात महीने से कोमा में हैं। मुश्किल से 10,000 रुपये कमाने वाले एक निजी बैंक में काम करने वाली फिरदौस अपने छह भाई-बहनों का पालन-पोषण कर रही हैं। "मुझे यह वर्दी गर्व के लिए चाहिए।" वह कहती हैं कि यह हज भवन के अनुभव के कारण सम्भव हुआ है। मुस्लिम लड़कों की गाँव से हज भवन तक की यात्रा की कहानियाँ भी कम चुनौतीपूर्ण नहीं थीं। हैदर उन्हें ग़लत साबित करने के संतोष के साथ कहता है, "ज़्यादातर ग्रामीणों का मानना था कि सरकारी व्यवस्था में कोचिंग लेना समय की बर्बादी है।"

अमीर सुभानी का कहना है कि हज भवन सबसे अधिक पेशेवर तरीक़े से कोचिंग संस्थान चला रहा है और धीरे-धीरे ज़िलों में इस सुविधा का विस्तार कर रहा है। हम परिणाम चाहते हैं, हम चाहते हैं कि कम ही विद्यार्थी पढ़ें पर वो सफल हों। अपने पहले कार्यकाल से नीतीश कुमार की टीम के प्रमुख नौकरशाहों में से एक सुभानी कहते हैं, "हम अपना पैसा और प्रयास लगा रहे हैं जहाँ परिणाम आ सकें और हमारा समर्थन करने वाले लोग हमारे प्रयासों पर विश्वास करें।"[20] सुभानी का कहना है कि यह विचार 2010 में आया जब सरकार का मानना था कि मुस्लिम लड़कों और लड़कियों को बन्धंन तोड़ने के लिए समर्थन और प्रेरणा की आवश्यकता है। बिहार प्रशासनिक सेवा के अधिकारी मोहम्मद राशिद हुसैन मौलाना आज़ाद अरबी और फ़ारसी विश्वविद्यालय से सम्बद्ध कोचिंग केन्द्र के शैक्षणिक निदेशक हैं। बिहार पुलिस हवलदार लियाकत अली केन्द्र में पुलिस कोच हैं। अतिथि संकाय में प्रसिद्ध गणित और रीजनिंग शिक्षक शागिर अहमद और सीबीपी श्रीवास्तव, सेंटर ऑफ़ एप्लाइड रिसर्च इन गवर्नेंस के अध्यक्ष और संविधान और राजनीति विशेषज्ञ शामिल हैं।

जैसा कि राशिद हुसैन हमें कोचिंग सेंटर के आसपास दिखाते हैं, बड़े कोचिंग हॉल, एक केन्द्रीकृत वातानुकूलित व्यवस्था में गद्दे के साथ आराम कक्ष, एक बड़ा पढ़ने का कमरा, एक समृद्ध पुस्तकालय, एक अच्छी तरह से बनाये रखा भोजन कक्ष और इससे भी महत्त्वपूर्ण बात, लड़कियों के लिए एक अलग प्रार्थना कक्ष, कुछ ऐसा जो अधिकांश मस्जिदों में उपलब्ध नहीं है, यह

सब देखना एक सुखद आश्चर्य सरीखा है। पूरी जगह को सीसीटीवी निगरानी में रखा गया है। बक्सर के एक नये बैच की छात्रा खुशबू ने कहा, "हज भवन एक ब्रांड है।" "यह प्रयास पारम्परिक सोच में बदलाव लाने के लिए है।" लड़की कोच हारून सर और वार्डन बिलकिस बानो को धन्यवाद देते हुए कहती है। अब तक 500 से अधिक मुस्लिम लड़कों और लड़कियों को पुलिस सेवाओं और बीपीएससी में नौकरी मिली है। लेकिन संख्या महत्त्वपूर्ण नहीं है, दृष्टिकोण में परिवर्तन महत्त्वपूर्ण है।

बिहार को अब विकास के नये आयाम गढ़ने होंगे। विकास की राजनीति को नये ढंग से परिभाषित करने की ज़रूरत है।

## सन्दर्भ-सूची


1. Interview/ Munna Sarkar, close aide of Nitish Kumar during his formative years as a politician (15 February 2020).
2. Interview/ Biresh Sinha, an organizer of Kurmi Chetna rally and former secretary of Bihar Veterinary Association (18 March 2020).
3. Ibid.
4. Ibid.
5. Interview/ MLC and Information and Public relations department minister Neeraj Kumar (14 January 2020).
6. Interview/ Bihar deputy CM Sushil Kumar Modi (10 February 2020).
7. Interview/Bihar CM Nitish Kumar (June 2015).
8. Interview/ Sushil Kumar Modi (12 February 2020).
9. The Telegraph https://www.telegraphindia.com/states jhar khand/madam-too-lame-call-us-sir-women-members-of-panchayat-samiti-want-an-expression-of-power-parity/cid/711079.
10. The Indian Express http://archive.indianexpress.com/news/nitish-surely-pm-material-bjp-s-sushil-kumar-modi/996887/.
11. Interview/ Former MP Shivanand Tiwary (30 November 2019).
12. Interview/ Bihar deputy CM Sushil Kumar Modi (12 February 2020).
13. Interview/ Bihar CM Nitish Kumar (June 2015).

14. The Telegraph https://www.telegraphindia.com/india/20-lives-for-powerless-poles/cid/971588.
15. Interview/ Pratyaya Amrit, principal secretary, Bihar disaster management department (16 February 2020).
16. The Indian Express. https://indianexpress.com/article/india/where-prohibition-has-a-silver-lining-safer-homes-more-money-nitish-kumar-liquor-ban-5196489/.
17. The Indian Express https://indianexpress.com/article/india/prohibition-in-bihar-nitish-kumar-widows-and-elderly-jailed-children-picked-up-for-ferrying-liquor-5194979/.
18. The Indian Express https://indianexpress.com/article/india/bihars-prohibition-crackdown-two-years-later-obc-ebc-sc-st-face-brunt-nitish-kumar-liquor-ban-5193755/.
19. A 17 February 2020 verbal order of Patna High Court by Justice Anil Kumar Upadhyay in CWJC No 23 of 2020 in Koushal Kishor and others versus State of Bihar.
20. Interview/ Additional chief secretary (home) Amir Subhani (22 February 2020).

# 9
# रामविलास पासवान
## शहरबन्नी से संसद तक

*जब एचडी देवेगौड़ा ने प्रधानमन्त्री पद से इस्तीफ़ा दिया था, तब तीन नाम चर्चा में थे–मुलायम सिंह यादव, इन्द्र कुमार गुजराल और रामविलास पासवान।*

*शपथ ग्रहण के दिन, मुझे सोनिया गांधी के यहाँ से फ़ोन आया, दूसरी तरफ़ से अहमद पटेल की आवाज़ थी। मुझे बताया गया कि लालू यादव रेल मन्त्रालय के लिए अड़े हुए हैं, यह जानकर मैं दंग रह गया क्योंकि मेरी जानकारी में लालू यादव गृह या रक्षा मन्त्रालय की माँग कर रहे थे।*

*यह राजनीतिक कलाबाज़ी ही थी कि पासवान ने गोधरा पर अपनी वैचारिक अवधारणा को त्यागकर, 2014 में एनडीए के साथ गठबन्धन किया।*

रामविलास पासवान की जीवन-यात्रा की कहानी की शुरुआत हम एक क़िस्से से करते हैं। यह बात तब की है जब पासवान को क़ानून की पढ़ाई पूरा किये कुछ ही दिन बीते थे। एक दिन पासवान ने देखा कि खगड़िया के शहरबन्नी गाँव का एक दबंग व्यक्ति, एक दलित मज़दूर को पेड़ से बाँधकर पीट रहा है, पासवान ने कारण पूछा तो दबंग आदमी ने कहा कि अमुक व्यक्ति उससे दुबारा मज़दूरी माँग रहा है। वहीं मज़दूर का कहना था कि मालिक ने सरकारी अस्पताल में इलाज करवाया था और दवाइयाँ भी दिलवायी थीं, लेकिन मज़दूरी नहीं दिया था। पासवान ने, न सिर्फ़ उस बन्धक दलित मज़दूर को

छुड़ाया बल्कि दबंग आदमी को दुबारा ऐसी हरकत ना करने की चेतावनी भी दी। यह क़िस्सा पासवान के राजनीतिक कौशल की गवाही देता है।

पासवान में कोसी नदी की विद्रोही प्रकृति और करेह का ठहराव, दोनों था। शायद दोनों नदियों से पासवान ने चुनौतियों से जूझने और उनका सामना करने की कला सीखी थी। अपने गाँव की भौगोलिक जटिलता ने पासवान को शायद राजनीतिक पेंच को समझने में मदद की होगी। नदियाँ पुल से दो भूभागों को जोड़ती हैं, पासवान ने भारतीय राजनीति में गठबन्धन के सेतु की महत्ता भी ख़ूब पहचानी।

अलौली से एक पतली सड़क पर चलते हुए और करेह नदी पर बने फुलतोहड़ा पुल पार करने के बाद, शहरबन्नी की भौगोलिक स्थिति का व्यापक नज़ारा मिलता है। हरे-भरे मक्के के खेत हल्की हवा में झूम रहे होते हैं। शहरबन्नी कोसी और करेह के तलहटी में बसा है। यह खेती वाला इलाक़ा है, जहाँ हर साल बाढ़ आती है। चूँकि गाँव ऊँचे इलाक़ों में बसा है, इसलिए नदी का पानी गाँव में नहीं घुसता है, गाँव में 6,000 से ज़्यादा घर हैं, जिनमें ज़्यादातर अनुसूचित जाति के लोग हैं, उसके बाद ओबीसी से ताल्लुक रखने वाले यादव हैं, जो हमेशा वर्चस्व की लड़ाई में अनुसूचित जाति के लोगों से भिड़ जाते हैं।

फुलतोहड़ा पुल के बाद, छोटी-छोटी झोपड़ियों और ईंट तथा अर्ध-पक्के मकानों की एक क़तार गाँव में आपका स्वागत करती है। रामविलास पासवान, गाँव की पहचान का पर्याय बन गये हैं। दो टेलीफ़ोन टावर, जिनमें से एक बीएसएनएल का है, यह एहसास कराते हैं कि संचार मन्त्री के रूप में अपने कार्यकाल के दौरान पासवान ने अपने गाँव के लिए बहुत कुछ किया है, मन्त्रीजी टोला को यह नाम इसलिए दिया गया क्योंकि पासवान लम्बे समय तक केन्द्रीय मन्त्री रहे। तीन कमरों वाले एक साधारण से पक्के घर के बरामदे में लकड़ी की एक खाट रखी है। दो बुज़ुर्ग ग्रामीण दोपहर की झपकी ले रहे हैं। 1998 तक यह एक मिट्टी का घर हुआ करता था। पासवान की पूर्व पत्नी राजकुमारी देवी इस घर में रहती हैं। पासवान के रिश्तेदार उनकी देखभाल करते हैं। हैरानी की बात यह है कि घर में पासवान या उनके माता-पिता की

कोई तस्वीर नहीं है, न ही गाँव के घर में पासवान की कोई शुरुआती दिनों की तस्वीर है। रामविलास पासवान और उनके बेटे चिराग साल में एक या दो बार गाँव आते हैं। रामविलास पासवान की मृत्यु के बाद चिराग पासवान गाँव अक्सर जाते हैं। बड़ी माँ की पूरी ज़िम्मेवारी अब उन्होंने ले रखी है। राजकुमारी देवी जीवनभर जिस सम्मान के लिए तरस रही थीं, चिराग ने वो सम्मान उन्हें दिया है। यह चिराग की राजनैतिक प्रौढ़ता को भी दिखाता है।

रामविलास पासवान के बड़े भाई (चचेरे भाई) और बचपन के दोस्त अर्जुन पासवान कहते हैं, पासवान के पिता जामुन दास, जिनके पास तीन भाइयों में तीन बीघा ज़मीन थी, ने यह तय कर रखा था कि उनके बेटे और भतीजे ग़रीबी से बाहर निकलने के लिए ज़रूर पढ़ें।

अर्जुन पासवान कहते हैं, "हम चार लोगों की टीम थी–रामविलास, पशुपति कुमार पारस (पासवान के छोटे भाई), बीरेन्द्र और मैं (चचेरे भाई)। हमें जगमोहरा स्कूल में भर्ती कराया गया था, जहाँ करेह नदी पार करके ज़ाना पड़ता था। बारिश के दिनों में हम नाव से नदी पार करते थे। एक साल बाद मेरे चाचा जामुन दास ने हमारे घर पर कन्हैया प्रसाद नामक एक शिक्षक को पढ़ाने के लिए रख लिया। वे हमें स्कूल ले जाते और शाम को हमें पढ़ाते। मेरे चाचा ने हम चारों और शिक्षक के लिए खाना बनाने का ज़िम्मा अपने ऊपर ले लिया था, और मिडिल स्कूल में जाने तक हमारी देखभाल करते रहे।"[1] बाद में चारों पासवान भाइयों को खगड़िया के पीडब्ल्यूडी हाई स्कूल में भर्ती कराया गया, जहाँ वे स्कूल के छात्रावास में रहते थे।

अर्जुन पासवान कहते हैं कि छात्रावास की बैठकों में रामविलास बहुत सक्रिय रहते थे, नेता बनने के गुण तो उनमें पहले से मौजूद थे ही। स्थानीय नेता लक्ष्मी आर्य ने रामविलास को राजनीति से परिचित कराया था। जब रामविलास पुलिस उपाधीक्षक की परीक्षा में उत्तीर्ण हुए थे, तब आर्य ने ही रामविलास से कहा था कि वे "सरकार और नौकर (मन्त्री बनने और पुलिस की नौकरी करने के बीच) में से किसी एक को चुनें।" 1969 के विधानसभा चुनाव नज़दीक थे। पटना में वरिष्ठ संयुक्त सोशलिस्ट पार्टी (SSP) नेताओं के साथ रामविलास के बारे में चर्चा करने में आर्य की महत्त्वपूर्ण भूमिका थी।

पासवान ने राजनीति को चुना, वहीं अर्जुन पंचायत सेवक बन गये। बीरेन्द्र और पारस भी शिक्षक बन गये। रामविलास के राजनीति में अच्छी तरह से जम जाने के बाद ही पारस ने राजनीति में आने के लिए अपनी नौकरी छोड़ दी और सासंद बन गये। पारस, पासवान की मृत्यु के बाद केन्द्रीय मन्त्री भी बने।

अर्जुन कहते हैं कि उनके किसी भी चचेरे भाई ने राजनीति की ओर कोई झुकाव नहीं दिखाया, लेकिन रामविलास ने जो हासिल किया, उस पर उन्हें बहुत गर्व है। रामविलास लगातार अर्जुन पासवान के सम्पर्क में रहे और शहरबन्नी की ख़बरों को जानते रहे। पासवान शहर जाकर भी शहरबन्नी के रहे। ये अलग बात है कि उन्हें एलीट दिखने का बहुत शौक़ था। जाड़े के दिनों में उनका काला ओवरकोट 'सिग्नेचर पासवान' परिधान था।

रहीमपुर गाँव के निवासी और शिक्षक मनोज कुमार (अब दिवंगत), जिन्होंने पासवान की राजनीति को क़रीब से देखा है, कहते हैं : "शहरबन्नी में मुसहर, तियार और पासवान जाति की आबादी बहुत ज़्यादा है, यहाँ से पासवान का उदय एक अभूतपूर्व घटना है और इसलिए भी क्योंकि उनके परिवार का राजनीति में कोई रसूख नहीं था। हम उनकी कहानियाँ सुनते हुए बड़े हुए हैं। ऐसी ही एक कहानी मैंने सुनी है कि हाई स्कूल के दिनों में ट्रेन में चढ़ने की इच्छा को पूरा करने के लिए पासवान मूँगफली बेचने लगे थे। और यही शख़्स आगे चलकर केन्द्रीय रेल मन्त्री बना।"[2]

लेकिन अक्सर रामविलास पासवान एक ऐसे व्यक्ति के रूप में सामने आते थे जो सर्दियों में काले रंग का प्रिंस सूट और गर्मियों में बेदाग सफ़ेद कुर्ता-पायजामा पहनना पसन्द करते थे। वे खाने के शौक़ीन थे और मांसाहार पसन्द करते थे। दिल की बीमारी के कारण उनका खान-पान सीमित था, लेकिन वे जीवन को शाही अन्दाज़ में जीने में यक़ीन करते थे। शायद वे राम मनोहर लोहिया की समाजवाद की परिभाषा में सबसे बेहतर ढंग से फिट बैठते हैं, जिसमें लोहिया ने कहा था कि "समाजवाद ग़रीबी का समान वितरण नहीं, बल्कि समृद्धि है और अवसर का विचार है।" वे जॉर्ज फर्नांडीस या कर्पूरी ठाकुर की तरह समाजवादी होने की सख़्त परिभाषा के अनुसार सादा जीवन जीने के आदी नहीं थे। वे अपने समाजवाद का दिखावा नहीं करते थे और

अपनी सम्पत्ति और अपने शानदार कपड़ों के लिए खेद नहीं जताते थे। जेपी आन्दोलन के समाजवादी खेमे में रामविलास पासवान और नीतीश कुमार अपने पहनावे के मामले में सबसे अव्वल रहे हैं। पासवान अम्बेडकरवादी थे, सूट-बूट वाले। वे लालू प्रसाद की तरह अस्त-व्यस्त नहीं थे। लेकिन शहरबन्नी के इस शख़्स को यह मुकाम हासिल करने के लिए कड़ी मेहनत करनी पड़ी। एक मामूली किसान जामुन दास के सबसे बड़े बेटे को हमेशा अलग सोच रखने में यक़ीन था। उन्होंने अपने पिता से कहा कि वह विधायक बनना चाहते हैं। उनके पिता रामविलास से बहुत नाराज़ थे, लेकिन उन्होंने अपने बेटे पर भरोसा रखा। रामविलास पासवान ने उस भरोसे को कभी टूटने नहीं दिया।

सन् 1952 के पहले चुनाव से ही खगड़िया के अलौली विधानसभा क्षेत्र में कांग्रेस के मिसरी सदा का दबदबा रहा था। वामपन्थी दल उनके ख़िलाफ़ उम्मीदवार उतारते रहे, लेकिन कभी भी सदा को मात नहीं दे पाये। 1969 में संयुक्त सोशलिस्ट पार्टी (SSP) ने एक दुबले-पतले युवा पासवान को टिकट देने का फ़ैसला किया। इस युवक ने अपने पिता से मिले 250 रुपये से एक साइकिल ख़रीदी थी। वह और उसका दोस्त जगदीश मोची बारी-बारी से साइकिल चलाते थे, जबकि दूसरा, साइकिल के अगले रॉड पर बैठकर पासवान के लिए प्रचार करता था। उनका चुनाव चिह्न बरगद का पेड़ था। तब उन्हें भविष्य में बिहार की दलित राजनीति में बरगद होने का कतई एहसास नहीं था।

संसोपा (SSP) की अलौली सीट के लिए रामविलास पासवान का चयन महज़ संयोगवश हुआ था। रामानन्द तिवारी, रामजीवन सिंह और कपिलदेव सिंह जैसे संसोपा नेताओं ने युवा पासवान के जोश और ऊर्जा को देखते हुए उन्हें टिकट देने का फ़ैसला किया था। अलौली वैसे भी कांग्रेस का गढ़ था और संसोपा को नये चेहरे के साथ मैदान में उतरने में कोई नुक़सान नहीं लगा। दरअसल, समाजवादी पहली बार इस सीट से चुनाव लड़ रहे थे।

एक बार रामविलास पासवान ट्रेन में सफ़र कर रहे थे। उसी डिब्बे में उन्होंने मिसरी सदा को देखा और बातचीत शुरू कर दी। सदा अपने नये प्रतिद्वन्द्वी को नहीं पहचान पाये, रामविलास ने भी अपना परिचय नहीं दिया।

सदा ने ख़ुद पर गर्व करते हुए कहा कि एक युवा 'लौंडा' उनके गढ़ में उन्हें चुनौती देने की कोशिश कर रहा है। 'लौंडा' एक ऐसा सन्दर्भ था, जिसने रामविलास को आहत किया। उस समय संसोपा के सबसे बड़े नेता कर्पूरी ठाकुर, पासवान को नहीं जानते थे। केवल मुंगेर के तत्कालीन सांसद मधु लिमये और वरिष्ठ नेता रामजीवन सिंह ही पासवान के लिए अलौली प्रचार करने गये थे, पासवान ने अपने प्रचार के लिए घर-घर साइकिल चलाने की अपनी अनूठी शैली से लोगों का ध्यान खींचा था। मतगणना के दिन तक किसी ने इस नौजवान को कोई तवज्जो नहीं दी थी। लेकिन जैसे-जैसे मैन्युअल मतगणना के दौर आगे बढ़े, पासवान सदा के क़रीब पहुँच गये और आख़िरकार उन्होंने कांग्रेस के दिग्गज नेता को 700 से अधिक मतों से हरा दिया। अपने पहले ही चुनाव में जायेंट किलर बन गये।

विधायक पासवान पटना पहुँचे। वे अपने भाई रामचन्द्र पासवान (समस्तीपुर से सांसद रहे, जिनका 2019 में निधन हो गया) के साथ विधायक आवास में रह रहे थे। एक वरिष्ठ नेता अलौली के नवनिर्वाचित विधायक की तलाश में आये। रामविलास, जो उस नेता को नहीं पहचानते थे, ने कहा कि नये विधायक घर पर नहीं हैं। वरिष्ठ राजनेता ने कहा, "एक बार रामविलास पासवान आ जायें, तो उन्हें बस इतना बता देना कि कर्पूरी ठाकुर आये हैं"। पासवान शर्मिन्दा हो गये। उनके आदर्श नेता उनके सामने थे और वे उन्हें पहचान नहीं पाये। उन्होंने कर्पूरी ठाकुर के पैर छुए और अपनी पहचान बताने के बाद माफ़ी माँगी।

कर्पूरी ठाकुर संयुक्त विधायक दल के नेता चुने गये। अब संसोपा के नेता का चुनाव होना था। नवनिर्वाचित विधायकों की बैठक में से वरिष्ठ नेताओं रामानन्द तिवारी और श्रीकृष्ण सिंह को चुनने का प्रस्ताव रखा गया। नवनिर्वाचित विधायक रामविलास पासवान ने लोहिया के उस नारे को दुहराते हुए कहा, "उपयुक्त दोनों नाम अगड़ी जाति से ताल्लुक रखने वाले नेताओं के हैं फिर "पिछड़ा पावे सौ में साठ" नारे का क्या मतलब है"?[3]

वरिष्ठ नेता राम इक़बाल सिंह ने उनका समर्थन किया और संसोपा नेता के पद के लिए पासवान का नाम प्रस्तावित किया, अब संसोपा के प्रदेश अध्यक्ष उपेन्द्र वर्मा दुविधा में फँस गये। उन्हें चुनाव लड़ने की अनुमति देने के नियमों का पालन करना पड़ा। पासवान को 11 वोट मिले। रामानन्द तिवारी जीते और पार्टी के नेता बने। फिर भी, राम इक़बाल सिंह, राम अवधेश सिंह, भगवती देवी, कपिलदेव सिंह और हुकुमदेव नारायण यादव जैसे बड़े नेताओं वाली पार्टी में पासवान ने अपने पहले कार्यकाल में ही अपनी अलग पहचान बना ली थी।

रामविलास पासवान ने मुझे बताया, "मैं लड़ाकू क़िस्म का नेता था। मेरा दिमाग़ नक्सली क़िस्म का था। संसदीय लोकतन्त्र में मेरी ज़्यादा आस्था नहीं थी। जेपी आन्दोलन के दौरान ही मैंने संसदीय लोकतन्त्र के महत्त्व को जाना और समझा।"[4]

रामविलास पासवान के बाद बिहार में उनके बराबर का कोई दूसरा दलित नेता नहीं उभरा। रमई राम, उदय नारायण चौधरी और श्याम रजक जैसे मज़बूत क्षेत्रीय नेता तो हुए, लेकिन उनमें दलितों की मुकम्मल आवाज़ नहीं दिखी। भाजपा नेता संजय पासवान केन्द्रीय मन्त्री तो बने, लेकिन मन्त्री रहते हुए अपने गले में साँप लटकाने का उनका एक स्टंट उन्हें महँगा पड़ गया। जगजीवन राम की बेटी मीरा कुमार लोकसभा अध्यक्ष बनीं, लेकिन वे भी 'बाबूजी की बेटी' की छवि से कभी बाहर नहीं निकल पायीं। जीतन राम मांझी को तब तक दलित नेता नहीं माना गया, जब तक नीतीश कुमार ने उन्हें मुख्यमन्त्री नहीं बना दिया। लेकिन वे अपनी छवि नहीं बना पाये। लेकिन दलित राजनीति के बल पर केन्द्रीय मन्त्री ज़रूर बन गये। भोला पासवान शास्त्री से लेकर राम सुन्दर दास तक जो भी दलित नेता मुख्यमन्त्री बने, उनमें दलितों की आवाज़ नहीं दिखी। हालाँकि जगजीवन राम और रामविलास पासवान दोनों ने राष्ट्रीय राजनीति में दलितों की आवाज़ को प्रतिबिम्बित किया। लेकिन बिहार अभी भी ओबीसी से दलितों के हाथ में सत्ता के स्वाभाविक हस्तान्तरण के तीसरे चरण से नहीं गुज़रा है।

श्रीकान्त के साथ मिलकर 'स्वर्ग पर धावा' नामक किताब लिखने वाले प्रसिद्ध लेखक प्रसन्न कुमार चौधरी कहते हैं : "1930 के दशक से लेकर आपातकाल तक बिहार के दलित नेता कांग्रेस के साथ थे। आपातकाल के बाद, वे या तो समाजवादी या फिर भगवा खेमे में चले गये।"[5] बिहार में दलित नेता बीआर अम्बेडकर और भोला पासवान शास्त्री के प्रतीकवाद का उपयोग करने से आगे नहीं बढ़ पाये हैं। बिहार में दलित राजनीति में शायद ही कोई उथल-पुथल हुई हो क्योंकि सारे दलित नेता एनडीए या यूपीए के नेतृत्व वाले सत्ता केन्द्रों के हिस्सा हो गये हैं।

पासवान याद करते हैं, "कर्पूरी ठाकुर से मेरे अच्छे सम्बन्ध थे। मुझे जल्द ही संसोपा (SSP) का संयुक्त सचिव बना दिया गया, जो कि वरिष्ठ नेता राम बहादुर आज़ाद को नापसन्द था। एक बार आज़ाद, राज नारायण और जॉर्ज फर्नांडीस से बात कर रहे थे। मुझे संयुक्त सचिव बनाये जाने पर उनके सामने अपना विरोध दर्ज कराते हुए कहा कि आज़ाद ने इस स्तर तक पहुँचने के लिए पार्टी को अपने कई साल दिये हैं। मैं ग़ुस्से में था और मैंने कहा कि यह ऐसा है जैसे कोई चपरासी लम्बे अनुभव के कारण ज़िला मजिस्ट्रेट बनना चाहता है। एक युवा आईएएस ज्वाइन करता है और डीएम बन जाता है। यह सब सुनकर जॉर्ज और नारायण, आज़ाद के सामने अपनी मुस्कान छिपाने की कोशिश कर रहे थे, आज़ाद ने फिर कभी पासवान के बारे में चर्चा नहीं की।"[6]

जेपी चाहते थे कि पासवान हाजीपुर से लोकसभा चुनाव लड़ें, लेकिन जनता पार्टी ने पहले ही वरिष्ठ नेता राम सुन्दर दास को टिकट दे दिया था। पासवान जेपी के पास गये और कहा कि जनता पार्टी ने पहले ही हाजीपुर से अपने उम्मीदवार की घोषणा कर दी है। जेपी परेशान हो उठे। उन्होंने कहा कि उन्हें नहीं पता कि हाजीपुर से जनता पार्टी का उम्मीदवार कौन है, लेकिन जेपी के उम्मीदवार रामविलास पासवान ही रहेंगे। दास को चुनावी दौड़ से हटना पड़ा। पासवान ने रिकॉर्ड वोट से जीत हासिल की और सबसे बड़े अन्तर से जीतने के लिए गिनीज बुक ऑफ़ वर्ल्ड रिकॉर्ड में भी उनका नाम दर्ज हुआ। लेकिन रामविलास पासवान का दलित नेता राम सुन्दर दास से टकराव तय था। बत्तीस साल बाद, 2009 में दास ने जेडी (यू) के उम्मीदवार के रूप में हाजीपुर से पासवान को हराकर अपना बदला लिया।

पासवान कहते हैं, "1977 की जनता पार्टी सरकार में जेपी, चौधरी चरण सिंह और राज नारायण चाहते थे कि मुझे केन्द्रीय मन्त्रिमंडल में शामिल किया जाये। लेकिन जगजीवन राम के दिमाग़ में कोई और दलित नेता था।" चूँकि पासवान युवा नेता थे और उनका राजनीतिक क़द भी मन्त्री बनने लायक नहीं था, इसलिए उन्होंने कर्पूरी ठाकुर की सलाह ली। चरण सिंह और कर्पूरी ठाकुर के बीच मतभेद होने के बाद सिंह ने एक बार पासवान से कहा था कि वे केन्द्रीय मन्त्री नहीं बन सकते, क्योंकि जगजीवन राम और कर्पूरी ठाकुर नहीं चाहते थे कि वे मन्त्री बनें।

एक वरिष्ठ समाजवादी नेता याद करते हैं, "पासवान 1980 के चुनावों के बाद मुख्य विपक्षी दल लोकदल के संसदीय दल के उपनेता थे। 1980 में पासवान ने 'दलित सेना' नामक एक विशेष दलित विंग का गठन किया। कर्पूरी ठाकुर की राजनीति अति पिछड़ा और दलित राजनीति के इर्द-गिर्द घूमती थी, इसलिए उन्हें पासवान का यह विचार पसन्द नहीं आया, और कर्पूरी ठाकुर ने इसे आगे नहीं बढ़ाया।"

1986 में कर्पूरी ठाकुर के साथ पासवान के मतभेद सामने आये, जब पासवान को राज्यसभा में नहीं भेजा गया। पासवान 1984 के लोकसभा चुनाव हार गये थे। कर्पूरी ने पासवान की जगह राम अवधेश सिंह को तरजीह दी थी। पासवान और ठाकुर के बीच पत्र युद्ध हुआ। कर्पूरी ठाकुर के निजी सहायक के रूप में काम करने वाले वरिष्ठ पत्रकार सुरेन्द्र किशोर कहते हैं, "राम अवधेश को राज्यसभा इसलिए भेजा गया क्योंकि उन्होंने कर्पूरी ठाकुर को विपक्ष का नेता बनने में मदद की थी।"[7] पासवान ने कहा कि उन्हें दुख है क्योंकि उन्होंने कभी ठाकुर का साथ नहीं छोड़ा, तब भी नहीं जब लोकदल का विभाजन लोकदल (कर्पूरी) और लोकदल (चरण) में हुआ था।

पासवान ने यह भी बताया, "कर्पूरी ठाकुर हमेशा दबाव में रहते थे क्योंकि वे ऐसे समुदाय से आते थे जिसकी बिहार में बहुत कम आबादी थी। 1980 के बाद यादव नेताओं ने ईबीसी नेता कर्पूरी पर हावी होना शुरू कर दिया था।"[8]

वीपी सिंह के नेतृत्व में जनता दल के गठन के बाद शरद यादव और लालू प्रसाद, पासवान को किनारे लगाने की कोशिश कर रहे थे। इन दोनों नेताओं ने

1989 में हाजीपुर से पासवान को लोकसभा का टिकट देने से मना कर दिया था। उन्हें रोसरा सीट से चुनाव लड़ना पड़ा था। वीपी सिंह के प्रधानमन्त्री बनने के बाद पासवान उनके क़रीबी बन गये। पासवान ने एक बार कहा था, "वीपी सिंह मेरे भगवान हैं।" वे वीपी सिंह से बहुत प्रभावित थे।

सिंह को लेकर पासवान की श्रद्धा तब और बढ़ गयी जब सिंह ने मंडल आयोग की रिपोर्ट की सिफ़ारिशों को लागू कर दिया। यह पासवान के विभाग का मन्त्रालय था लेकिन उन्होंने इसका श्रेय लेने में कभी जल्दबाज़ी नहीं की। 1990 में बिहार में जनता दल के सत्ता में आने के बाद रामविलास पासवान को बिहार का मुख्यमन्त्री बनने का प्रस्ताव दिया गया था। बकौल रामविलास पासवान, "जब मैंने राष्ट्रीय राजनीति करने की बात की, तब राम सुन्दर दास, वीपी सिंह के गुट के उम्मीदवार बने। लालू प्रसाद केवल इसलिए मुख्यमन्त्री बन पाये क्योंकि वीपी सिंह के धुर विरोधी चन्द्रशेखर ने वोटों को विभाजित करने के लिए रघुनाथ झा को खड़ा किया था।"[9]

पासवान में एक अनोखी ख़ूबी थी कि वे जिस भी प्रधानमन्त्री के अधीन काम करते थे, उनके क़रीब हो जाते थे। लालू प्रसाद ने एचडी देवेगौड़ा को प्रधानमन्त्री बनाने में अहम भूमिका निभायी थी, लेकिन पासवान उनके क़रीब हो गये और कहा जाता है कि चारा घोटाला मामले में लालू पर मुक़दमा चलाने की अनुमति देने में देवेगौड़ा की भूमिका भी थी।

बिहार विधानसभा के पूर्व अध्यक्ष राधा नन्दन झा के बेटे और वरिष्ठ कांग्रेस नेता हरखू झा याद करते हैं कि कैसे लालू प्रसाद ने प्रधानमन्त्री गौड़ा द्वारा सीबीआई को उन पर मुक़दमा चलाने की अनुमति देने पर अपनी नाराज़गी ज़ाहिर की थी। "लालू प्रसाद तब भी बहुत शक्तिशाली हुआ करते थे, जनता दल के पास अच्छी संख्या में सांसद थे। लालू ने कहा, गौड़ा कैसे मेरे ख़िलाफ़ मुक़दमा चलाने की अनुमति दे सकते हैं? गौड़ा सरकार से समर्थन वापस लेने का पत्र मेरे आवास पर तैयार किया गया था।"[10]

पासवान की कहानी में कई सुनहरे अवसरों को जाया करने का अध्याय भी शामिल है। वीपी सिंह हमेशा से ही इस दलित नेता के प्रति विशेष सम्मान और स्नेह रखते थे। जब एचडी देवेगौड़ा ने इस्तीफ़ा दिया था, तब मुलायम सिंह यादव, इन्द्र कुमार गुजराल और रामविलास पासवान के नाम चर्चा में थे।

पासवान बताते हैं, "जब मैं अख़बार देखने गया था, तो मेरी पत्नी रीना ने एक समाचार पढ़ा कि मैं प्रधानमन्त्री पद की दौड़ में हूँ। मुझे कुछ पता नहीं था। चूँकि राजनीतिक अनिश्चितता थी, इसलिए मेरी पत्नी ने कहा कि चन्द्रशेखर की तरह चार महीने के लिए प्रधानमन्त्री बनना और बाक़ी के जीवन भर एसपीजी के साथ घूमना बेकार है। मैं वीपी सिंह से मिलने गया, सिंह ने मुझसे कहा कि वे मुझे पीएम के रूप में देखना चाहते हैं। मुलायम सिंह यादव के बारे में कोई सर्वसम्मति नहीं थी, हालाँकि हरकिशन सिंह सुरजीत उन्हें पसन्द करते थे, लेकिन लालू प्रसाद, मुलायम के ख़िलाफ़ थे। मैं अपने उत्कर्ष पर था और केन्द्रीय रेल मन्त्री था। लेकिन मैं एक अस्थिर सरकार का नेतृत्व नहीं करना चाहता था। मैंने सिंह से विनम्रतापूर्वक कहा कि वे मेरे नाम पर आगे चर्चा न करें। जनता दल खेमे में अहंकारों का टकराव होने के कारण इन्द्र कुमार गुजराल, समझौतावादी लेकिन सर्वसम्मति वाले विकल्प थे।"[11]

यह एक विडम्बना है कि बिहार के दो सबसे बड़े दलित नेता, जगजीवन राम और रामविलास पासवान केन्द्र और राज्य के बीच चयन करने की दुविधा में ताउम्र फँसे रहे। जगजीवन राम की राष्ट्रीय महत्त्वाकांक्षा बहुत बड़ी थी, वे प्रधानमन्त्री बनना चाहते थे और इन्दिरा गांधी के साथ अपने हित के टकराव के कारण उन्होंने कुछ समय के लिए कांग्रेस भी छोड़ दी थी।

एक ऐसे राज्य में जहाँ जाति अभी भी प्रमुख भूमिका निभाती है, अनुसूचित जाति के पासवानों की संख्या लगभग छह प्रतिशत है और उन्होंने रामविलास पासवान को अपना निर्विवाद नेता माना। भले ही भोला पासवान शास्त्री 1970 के दशक में मुख्यमन्त्री बनकर पासवानों के नेता के रूप में उभरे थे, लेकिन रामविलास पासवान की तरह उनका अखिल बिहार में प्रभाव कम ही रहा। तीनों तरह के चुनावी मुक़ाबलों में समाजवादी खेमे के दलित नेता पासवान ने हमेशा किसी भी गठबन्धन के लिए महत्त्वपूर्ण भूमिका निभायी।

भले ही पासवान का वोट-बेस सीमित था, लेकिन उन्हें एक ऐसे नेता के रूप में देखा जाता था, जिन्होंने लालू प्रसाद की तरह शायद ही कभी ऊँची जातियों के ख़िलाफ़ कुछ कहा हो। पासवान ने कभी भी ऊँची जातियों के प्रति शत्रुता की छवि नहीं बनायी। दरअसल, उन्होंने जेपी और वीपी सिंह जैसे ऊँची

जातियों के नेताओं को अपना आदर्श बताया और रामानन्द तिवारी, रामजीवन सिंह और कपिलदेव सिंह को अपने राजनीतिक विकास में महत्त्वपूर्ण बताया। 2000 में, जब से उन्होंने एलजेपी का गठन किया है, तब से पार्टी ने यूपीए या एनडीए के लिए अपनी भूमिका निभायी है। केवल 2009 के लोकसभा चुनाव में पासवान ने ग़लत राजनीतिक चाल चली, उस समय पासवान केन्द्र सरकार का हिस्सा भी नहीं थे।

पटना विश्वविद्यालय में राजनीतिक विश्लेषक और असिस्टेंट प्रोफ़ेसर गुरु प्रकाश कहते हैं : "जगजीवन राम के बाद दलित नेतृत्व में एक शून्यता आ गयी है। भोला पासवान शास्त्री मुख्यमन्त्री के रूप में उभरे, लेकिन कांग्रेस ने उन्हें एक कठपुतली के रूप में इस्तेमाल किया। वर्तमान दलित राजनीति बड़ी मुख्यधारा की राजनीतिक पार्टियों के सहारे रेंग रही है। राम सुन्दर दास, रामविलास पासवान और जीतन राम मांझी जैसे नेता अपनी जाति से आगे नहीं बढ़ पाये। सत्ता की लालसा और स्पष्ट राजनीतिक दृष्टि का अभाव इसके लिए मुख्य रूप से ज़िम्मेदार रहा है।"[12]

पासवान जेपी के तीसरे राजनीतिक वारिस थे, जिन्होंने सन् 2000 में अपनी ख़ुद की राजनीतिक पार्टी बनायी–लोक जनशक्ति पार्टी (LJP)। 2000 के विधानसभा चुनावों में यह एनडीए के साथ गठबन्धन में थी। 2000 में पासवान फिर दुविधा में तब फँस गये, जब एनडीए को बिहार में बहुमत न होने के बावजूद सरकार बनाने के लिए आमन्त्रित किया गया। प्रधानमन्त्री अटल बिहारी वाजपेयी चाहते थे कि रामविलास पासवान सीएम बनें। उस समय केन्द्रीय मन्त्री रहे पासवान दुविधा में फंस गये। उन्होंने एक समाजवादी मित्र को फ़ोन किया, क्योंकि मोबाइल फ़ोन पहले ही आ चुका था और संयोग से, पासवान दूरसंचार मन्त्री भी थे। राजनेता मित्र ने पूछा कि क्या पासवान बहुमत साबित कर सकते हैं, तो पासवान ने कहा, 'नहीं'। उन्होंने इस प्रस्ताव के बारे में यह भी कहा कि यह उन्हें राष्ट्रीय राजनीति से बाहर करने का एक षड्यंत्र है। हालाँकि यह प्रस्ताव जॉर्ज फर्नांडीस, लालकृष्ण आडवाणी, नीतीश कुमार, शरद यादव और यशवन्त सिन्हा सहित सभी शीर्ष नेताओं के सामने दिया गया था, लेकिन उन्होंने वाजपेयी से एक संक्षिप्त आमने-सामने

की मुलाक़ात का अनुरोध किया। पासवान ने वाजपेयी से कहा कि वह राष्ट्रीय राजनीति में बने रहना चाहते हैं। फिर नीतीश कुमार को विकल्प दिया गया। उन्होंने यह प्रस्ताव स्वीकार कर लिया, यह जानते हुए कि बहुमत साबित करना मुश्किल था।

सीएम पद की शपथ लेने के चार दिन बाद नीतीश ने अपने राजनीतिज्ञ मित्र प्रेम कुमार मणि को फ़ोन किया। मणि को बाद में नीतीश से मिलने के लिए बुलाया गया। मणि याद करते हैं : "मैंने सुशील कुमार मोदी, ललन सिंह, शरद यादव और रामविलास पासवान को देखा। मैंने नीतीश कुमार से पूछा कि क्या उन्हें बहुमत मिल गया है? उन्होंने 'ना' में जवाब दिया। थोड़ी देर बाद नीतीश कुमार और सुशील कुमार मोदी कांग्रेस नेता सदानन्द सिंह से मिलने गये, लेकिन जल्द ही वापस लौट आये। मैंने उनसे कहा कि अगर सुशील मोदी को मन्त्री पद की शपथ नहीं दिलायी जाती है, तभी कांग्रेस के समर्थन की कुछ सम्भावना है। इस पर नीतीश ने निराशा जतायी।

इसके बाद रामविलास पासवान, शरद यादव और नीतीश ने मुलाक़ात की और फ़ैसला किया कि नीतीश को इस्तीफ़ा दे देना चाहिए। "जब मैं जाने वाला था, तो मैंने देखा कि पासवान आ रहे हैं। उन्होंने मुझे अपनी कार में बैठा लिया। उन्होंने ख़ुशी से गाड़ी का गेट बन्द कर लिया। वे नीतीश के बहुमत साबित न कर पाने पर अपनी ख़ुशी नहीं छिपा नहीं पा रहे थे।"[13]

2004 के बाद पासवान को लालू यादव ने कैसे राजनीतिक मात दी? और रेल मन्त्रालय पर क़ब्ज़ा किया यह कहानी भी कम दिलचस्प नहीं है। लालू प्रसाद ने 24 सीटें जीतकर लोकसभा में वापसी की थी। अब वे यूपीए की सरकार बनाने में अहम हिस्सेदार थे। पासवान, जो पहले दूरसंचार और रेलवे मन्त्रालय सँभाल चुके थे, को सोनिया गांधी ने रेलवे मन्त्रालय की पेशकश की और पासवान ने इसे ख़ुशी-ख़ुशी स्वीकार कर लिया। पासवान अक्सर याद करते हैं कि कैसे दिल्ली में उनकी पड़ोसी सोनिया गांधी 2004 के चुनावों से पहले गठबन्धन के अनुरोध के साथ उनके आवास पर आयी थीं, उन्हें लोजपा और राजद के साथ आने से वोटों का आपसी हस्तान्तरण दिखा, लेकिन इससे राजद को ज़्यादा फ़ायदा हुआ। पासवान ने याद किया, "शपथ ग्रहण के दिन,

मुझे सोनिया गांधी के यहाँ से फ़ोन आया, दूसरी तरफ़ अहमद पटेल थे। पटेल ने कहा कि लालू प्रसाद रेलवे मन्त्रालय के लिए अड़े हुए हैं। अब तक, मुझे पता था कि लालू या तो गृह या रक्षा माँग रहे थे।"

"मैंने अपने भाई पशुपति कुमार पारस और पार्टी नेता सूरजभान को लालू से मिलने भेजा, लालू ने अपने अन्दाज़ में कहा, "ये कांग्रेसी हम दोनों भाई में लड़ाई लगाना चाहते हैं।" मैंने लालू यादव की प्रतिक्रिया को पटेल के साथ साझा किया, पर पटेल ने कोई ध्यान नहीं दिया। मैं अभी भी शपथ नहीं लेना चाहता था। लेकिन पटेल जानते थे कि कौन मुझे शपथ लेने के लिए मजबूर कर सकता है? वीपी सिंह, उस समय डायलिसिस पर थे। सिंह की, लालू और सोनिया गांधी से मुलाक़ात हुई और बाद में उन्होंने मुझसे मन्त्री पद की शपथ लेने का अनुरोध किया। मैं, सिंह को कभी मना नहीं कर सकता था, वे मेरे सच्चे नेता थे।"[14]

2002 के गोधरा दंगों के कारण एनडीए छोड़ने वाले पासवान के बारे में दो बातें कही जाती हैं। पासवान ने 2015 में मुझे दिये एक साक्षात्कार में बताया था कि किसी विचारधारा के कारण नहीं, बल्कि नीतीश कुमार की उनसे प्रतिद्वन्द्विता और केन्द्र में उनके मन्त्रालय में बदलाव के कारण उन्होंने एनडीए छोड़ा था। भाजपा और नीतीश के साथ पासवान के अदावत की कई वजहें थीं। लेकिन एक बात तो तय थी कि 2005 के फ़रवरी में हुए विधानसभा चुनाव में उन्होंने लालू प्रसाद से मुस्लिम वोटों का कुछ हिस्सा छीन लिया था और साथ ही उच्च जाति के भूमिहारों, ख़ासकर मध्य बिहार से भी उन्हें अच्छा वोट मिला था। शायद ऐसा गोधरा पर उनके द्वारा अपनाये गये रुख़ के कारण हुआ था।

लालू और एनडीए दोनों ही बहुमत से दूर थे। कांग्रेस के पास कोई भूमिका निभाने के लिए पर्याप्त संख्या नहीं थी। एलजेपी को 29 सीटें मिली थीं और पासवान के पास फिर से सरकार बनाने की कुंजी थी, चाहे लालू के साथ हो या एनडीए के साथ। पासवान ने दावा किया कि नीतीश ने उनसे दो बार मुलाक़ात की थी और उन्हें सीएम पद की पेशकश भी की थी और भाजपा नेता सुशील कुमार मोदी ने भी उनसे मुलाक़ात की थी, उन्होंने कहा था कि

अगर वे एनडीए का समर्थन करते हैं तो भाजपा बाहर से समर्थन दे सकती है। लेकिन पासवान ने मुस्लिम मुख्यमन्त्री की शर्त रखी थी और अब्दुल बारी सिद्दीक़ी और जाबिर हुसैन जैसे राजद नेताओं के नाम भी सुझाये थे। लेकिन कोई भी खेमा मुस्लिम मुख्यमन्त्री पर सहमत नहीं हुआ।

मुख्यमन्त्री के चयन पर गतिरोध जारी रहा, बिहार में राष्ट्रपति शासन लगा दिया गया। अति उत्साही पासवान के हाथ से सत्ता की चाबी चली गयी। 2005 के नवम्बर के चुनाव में उनकी पार्टी 29 सीटों से घटकर नौ सीटों पर आ गयी और अप्रासंगिक सी हो गयी। 2005 की यह घटना पासवान की ऐतिहासिक भूल साबित हुई। राज्य की राजनीति में किंगमेकर की भूमिका निभाने का यह उनका सबसे अच्छा मौक़ा था, जिसे वे चूक गये।

अपने सीमित जातिगत आधार के बावजूद पासवान ने राष्ट्रीय राजनीति में महत्त्वपूर्ण भूमिका निभायी। देश के सही राजनीतिक मिज़ाज को भाँपने के लिए उन्हें अक्सर 'मौसम वैज्ञानिक' कहा जाता है। 'इंडिया टुडे' के वरिष्ठ सम्पादक अमिताभ श्रीवास्तव कहते हैं, "पासवान की राजनीतिक हवा को पढ़ने की क्षमता ने उन्हें देश का एकमात्र राजनेता बनाया, जो 1989 से आठ केन्द्रीय मन्त्रिमंडलों का हिस्सा रहे और छह प्रधानमन्त्रियों के साथ काम किया : विश्वनाथ प्रताप सिंह (1989-90), एचडी देवेगौड़ा और आईके गुज़राल (1996-98), अटल बिहारी वाजपेयी (1999-2004), मनमोहन सिंह (2004-2009) और नरेन्द्र मोदी। किसी ऐसे व्यक्ति के लिए जिसका वोट बैंक बिहार के मतदाताओं का महज़ 6 से 8 प्रतिशत था, और जिसकी लोकसभा संख्या कभी दहाई अंक को नहीं छू पायी, यह एक असाधारण उपलब्धि है।"

केवल यूपीए के दूसरे कार्यकाल में पासवान सरकार का हिस्सा नहीं बन पाये और ऐसा इसलिए हुआ क्योंकि चुनाव के ठीक पहले पासवान ने कांग्रेस से गठबन्धन के बजाय लालू प्रसाद के राष्ट्रीय जनता दल (राजद) के साथ गठबन्धन किया था। उस चुनाव में वे न केवल हाजीपुर हार गये बल्कि नाराज़ कांग्रेस ने उन्हें राज्यसभा में जाने के बाद भी अपने साथ लेने से इनकार कर दिया। लेकिन इस फ़ैसले से पासवान को 2014 में नरेन्द्र मोदी के नेतृत्व वाले भगवा खेमे में जाने का रास्ता आसानी से खुल गया।[15]

जब तक भारत में जाति और पहचान की राजनीति प्रासंगिक रहेगी, तब तक पासवान जैसे लोग प्रासंगिक रहेंगे। पासवान अपनी सीमाओं को जानते थे और अक्सर व्यावहारिक राजनीति करते थे। यह विशुद्ध, एक हद तक स्पष्ट, व्यावहारिकता थी कि पासवान ने गोधरा पर अपनी वैचारिकी को त्यागकर 2014 में एनडीए के साथ गठबन्धन किया। उन्होंने नरेन्द्र मोदी के ख़िलाफ़ कभी भी व्यक्तिगत रूप से कोई भी आरोप नहीं लगाया था, यहाँ तक कि गोधरा पर उनके साथ मतभेदों के समय भी।

एलजेपी के पूर्व प्रवक्ता और सारण विकास मंच के संयोजक शैलेन्द्र प्रताप सिंह याद करते हैं : "पासवान की सबसे अच्छी बात उनका बड़ा दिल था। उन्होंने अपने कट्टर राजनीतिक विरोधियों के ख़िलाफ़ भी कभी कोई दुर्भावना नहीं रखी। उनकी उदारता ने उन्हें सभी खेमों में स्वीकार्य बना दिया। वह एक बेहतरीन इन्सान थे और यह भी अच्छी तरह जानते थे कि दिल का रास्ता पेट से होकर जाता है। वह दावत की कूटनीति के भी उस्ताद थे।"[16]

पासवान की राजनीति की सबसे कमज़ोर कड़ी उनका परिवार ही था। 2019 के लोकसभा चुनाव में उनका पहला ऐसा परिवार था जिसके चार सदस्य सांसद थे। उनके भाई पशुपति कुमार पारस हाजीपुर से लोकसभा सांसद बने, जबकि उनके बेटे चिराग पासवान और भतीजे प्रिंस पासवान क्रमशः जमुई और समस्तीपुर से सांसद बने। रामविलास पासवान राज्यसभा सांसद थे। एलजेपी के छह सांसदों में से तीन पासवान परिवार से थे। मैंने एक बार पूछा था कि क्या उन्हें अपने परिवार के बाहर दलित नहीं दिखते, तो पासवान का जवाब था, "दलितों ने ही तो हमें वोट दिया है।" उन्होंने यह भी कहा कि गुलाम रसूल बलियावी, नरेन्द्र सिंह और संजय सिंह को मैंने प्रमुख पद देने की कोशिश की थी, लेकिन वे सभी मुझसे दूर हो गये।

पासवान ने कहा कि बिहार में अपने प्रतिद्वन्द्वियों लालू प्रसाद और नीतीश कुमार में से वे लालू के बजाय नीतीश को ही चुनेंगे, क्योंकि राजद प्रमुख ने कभी उनकी कद्र नहीं की और लालू प्रसाद की संगति में उन्हें हमेशा असहजता महसूस होती थी। उन्होंने सुशील कुमार मोदी के प्रति अपनी विशेष पसन्द के बारे में खुलकर बात की, जिन्होंने पासवान को बहुत अच्छा इवेंट

मैनेजर बताया था। सुशील कुमार मोदी कहते हैं, "वे कम से कम प्रयास में एक रैली के लिए सैकड़ों वाहन जुटा सकते थे।"[17]

बिहार के एक नेता जिनके साथ पासवान की पटरी नहीं बैठती थी, वे हैं पूर्व सीएम जीतन राम मांझी, जिन्होंने कभी ख़ुद को पासवान से बड़ा दलित नेता घोषित किया था। चूँकि बिहार में यूपी की तरह दलित राजनीति की बड़ी गुंजाइश नहीं है, इसलिए पासवान अपने जीवनकाल में राज्य में दलित राजनीति के प्रमुख हितधारक बने रहना चाहते थे। जब दोनों एनडीए में थे, तब मांझी ने उन्हें चुनौती देने की भरपूर कोशिश की थी, लेकिन पासवान मांझी पर भारी पड़े, जिन्होंने अनुसूचित जाति के वोट बैंक को साधने की शायद ही कभी कोशिश की हो। 1990 के दशक में जब राम सुन्दर दास जनता दल के प्रदेश अध्यक्ष थे, तब दास ने बड़े दलित नेता के तौर पर राष्ट्रीय राजनीति में अपनी जगह बनाने की कोशिश की थी, लेकिन लालू प्रसाद ने उन्हें ऐसा करने नहीं दिया। जनता दल में रामविलास पासवान के रूप में एक अधिक लोकप्रिय दलित चेहरा मौजूद था। दास कभी संघर्ष की राजनीति में विश्वास नहीं करते थे, क्योंकि उन्हें एक सज्जन राजनेता के रूप में देखा जाता था। 1990 में उन्हें मुख्यमन्त्री बनने का दूसरा मौक़ा मिला, लेकिन नियति ने लालू प्रसाद को चुन लिया। दास अपने राजनीतिक लचीलेपन की वजह से 1979 में मुख्यमन्त्री बन गये थे, लेकिन पासवान लचीलेपन के लिए नहीं जाने जाते थे, और इसलिए, वे हमेशा मुख्यमन्त्री बनने से कतराते रहे।

पासवान की राजनीति तब तक प्रासंगिक रहेगी जब तक जाति हमारे चुनावों में प्रमुख भूमिका निभाती रहेगी। विकास की तमाम बातों के बावजूद, जाति अभी भी एक प्रमुख भूमिका निभाती है और यह हर बार राजनीतिक दलों द्वारा उम्मीदवारों के चयन के दौरान परिलक्षित होती है। रामविलास पासवान ने लम्बे समय तक एनडीए या यूपीए के लिए एक महत्त्वपूर्ण सहयोगी दल की भूमिका निभायी है। एलजेपी जैसी छोटी एक-राज्य की पार्टी के लिए अपने दम पर बिहार की राजनीति को प्रभावित करना मुश्किल है। रामविलास पासवान के चिराग अपनी पार्टी के आधार का विस्तार करने के लिए कड़ी मेहनत कर रहे हैं, लेकिन उन्हें अपने पिता की राजनीति के ख़ाके से ही संतोष करना पड़

सकता है। पासवान की सफलता लम्बे समय तक किसी भी वैचारिक बोझ को नहीं रखने में निहित है। जो लोग इस तरह का बोझ रखते हैं, वे शरद यादव की तरह अप्रासंगिक हो जाते हैं। लेकिन पासवान ने अपनी राजनीति कलाबाज़ी से ख़ुद को प्रासंगिक बनाये रखा।

ये भी क्या विडम्बना है कि जिस पासवान ने जिस तरह अपना पूरा जीवन परिवार को दिया, उनके अनुज पशुपति कुमार पारस ने उनकी पार्टी, लोक जनशक्ति को उनकी मृत्यु के कुछ महीनों के अन्दर ही तोड़ दिया। लेकिन पारस अपने बड़े भाई के राजनीतिक वारिस नहीं बन पाये। चिराग ने कड़ी मेहनत की और अपनी राजनीतिक ज़मीन को फिर पा लिया। 2024 के चुनाव में लोक जनशक्ति (रामविलास) ने पाँच में पाँच सीटें जीत लीं और चिराग केन्द्रीय मन्त्री बने। जब चिराग शपथ ग्रहण कर रहे थे तो बिल्कुल अपने पिता की माफिक प्रिंस कोट पहना था। मैंने जब उन्हें इस संयोग की बात पूछी तो चिराग ने कहा अगर उनके पिता जीवित होते तो वो भी उनको इसी परिधान में इस अवसर पर देखना चाहते।

और यह भी क्या ऐतिहासिक संयोग था कि जब पासवान की चिता गंगा नदी के जनार्दन घाट पर जल रही थी, उसके बिल्कुल पास बना पुल जेपी सेतु कहलाता है। जिस जेपी से प्रेरित होकर राजनीति में आये, उनकी याद में बने पुल के सानिध्य में चले गये। अन्तिम विदाई में जनसैलाब उमड़ा था। एक वृद्ध आदमी अपने हाथ में एक अख़बार को समेटे खड़ा था जिसमें पासवान की तस्वीर छपी थी। वह पासवान के अन्तिम दर्शन करना चाहता था। लेकिन भीड़ के कारण नहीं कर पाया। शायद पासवान की यही राजनीतिक पूँजी थी। श्मशान की भीड़ अक्सर बता जाती है कि आपने जीवन में क्या कमाया था।

## सन्दर्भ-सूची


1. Interview/ Arjun Paswan, cousin of Union minister Ram Vilas Paswan (17 April 2020).
2. Interview/ Manoj Kumar, a Khagaria teacher (18 April 2020).
3. Interview/ Union minister Ram Vilas Paswan (4 April 2020).
4. Ibid.

5. Swarg Par Dhawa, Prasanna Kumar Choudhary and Shrikant, Vani Prakashan.
6. Interview/ Ram Vilas Paswan (4 April 2020).
7. Interview/ Senior journalist Surendra Kishore (15 January 2020).
8. Interview/ Ram Vilas Paswan (4 April 2020).
9. Ibid.
10. Interview/ Congress leader Harkhu Jha (10 February 2020).
11. Interview/ Ram Vilas Paswan (4 April 2020).
12. Interview/ Guru Prakash, assistant professor, Patna University (10 March 2020).
13. Interview/ Socialist leader Prem Kumar Mani (15 February 2020).
14. Interview/ Ram Vilas Paswan (4 April 2020).
15. The India Today (article by senior associate editor, Bihar and Jharkhand, Amitabh Srivastava) https://www.indiatoday.in/india-today-insight/story/ram-vilas-paswan-the-weather-god-1543528-2019-06-06.
16. Interview/ Former LJP spokesperson Shailendra Pratap Singh (18 April 2020).
17. Interview/ Bihar deputy CM Sushil Kumar Modi (15 March 2020).

# 10

# जेपी से बीजेपी तक

## केसरिया रंग गाढ़ा हुआ

*वह अमित शाह के क़रीबी हैं। उन्होंने एबीवीपी से छात्र राजनीति में क़दम रखा था और आज देश के गृह राज्य मन्त्री हैं।*

*1974 के सम्पूर्ण क्रान्ति आन्दोलन ने भारतीय जनसंघ की राजनीतिक अस्पृश्यता को ख़त्म कर दिया। भारतीय सेवक समाज ने 1977 के लोकसभा चुनाव में जनता पार्टी की जीत के बाद अपने कार्यकर्ताओं और स्वयंसेवकों के साथ मिलकर पटना में आरएसएस शिविर का आयोजन किया। जनता पार्टी के भीतर, भारतीय जनसंघ के 70 सांसद थे, यह एक बड़ा गुट था। ग़ौर करने वाली बात यह है कि पटना के आरएसएस शिविर में जेपी ने आकर भाषण दिया।*

*एबीवीपी की कमान गोविन्दाचार्य को सौंपी गयी, यह फ़ैसला भी जनसंघ के उत्थान में मील का पत्थर साबित हुआ।*

कोलकाता की एक महिला भाजपा कार्यकर्ता ने बिहार भाजपा के शीर्ष नेता कैलाशपति मिश्र के लिए मछली बनाया था। लेकिन मिश्र शाकाहारी थे। जब मिश्र खाने बैठे तो प्लेट में मछली देखकर सकपकाये। जब महिला को पता चला कि मिश्र शाकाहारी हैं और मछली नहीं खायेंगे, वो रोने लगी। उस महिला ने बस मछली ही बनाया था। यह देखकर मिश्र ने कहा, "क्या हुआ जो मैं शाकाहारी हूँ, चलो मैं आज से मछली खाना शुरू कर देता हूँ।"[1]

बिहार भाजपा के राजनीतिक उत्थान की कहानी बेहद रोचक है, पहली बार 1967 के विधानसभा चुनाव में जनसंघ (भाजपा का मातृ संगठन) ने सत्ता

में भागीदारी ली। इससे पहले यह पार्टी राजनीतिक रूप से अछूत मानी जाती थी। लेकिन 1974 के आन्दोलन के बाद इसके जनाधार में ख़ूब इज़ाफ़ा हुआ। फिर भी बिहार की राजनीति में भाजपा का दायरा सीमित ही रहा।[2] 1989 में जब केन्द्र में वीपी सिंह की सरकार बनी तो बिहार में भाजपा ने लालू प्रसाद का समर्थन किया। दरअसल भाजपा के मुद्दे हमेशा से राष्ट्रीय मुद्दे रहे, या फिर यूँ कहें तो उन मुद्दों का प्रभाव पूरे देश पर पड़ा। लेकिन बिहार की राजनीति में थोड़ी जटिलताएँ हैं, एक तो बिहार हमेशा से समाजवादियों का गढ़ रहा है, दूसरा यहाँ की चुनावी राजनीति में जातिगत समीकरणों की अहम भूमिका रही है। इन्हीं कारणों से बिहार भाजपा को अपना जनाधार बनाने में थोड़ा समय लगा।

साल 2020 के विधानसभा चुनाव की बात है, जब भाजपा के राष्ट्रीय अध्यक्ष जेपी नड्डा ने पटना का दौरा किया, नड्डा ने घोषणा करते हुए कहा, "भाजपा अब आगे बढ़ती ही जायेगी।"[3] नड्डा का यह सन्देश बिहार भाजपा के लिए मायने रखता था, इसी भाजपा ने 2010 के विधानसभा चुनाव में नीतीश कुमार के साथ गठबन्धन किया था और 91 सीटों पर जीत हासिल की थी, लेकिन फिर 2015 में बिना नीतीश के 53 सीटों पर सिमट जाती है। नीतीश के समर्थन से 2019 के लोकसभा चुनाव में भी भाजपा ने 40 में से 39 सीटों पर जीत दर्ज कीया। 2020 का विधानसभा चुनाव और 2024 के लोकसभा चुनाव के परिणाम भी कुछ ऐसे ही रहे, जिसमें भाजपा और नीतीश के गठबन्धन ने एकतरफ़ा बाज़ी मारी। हाँ, 2020 के विधानसभा चुनाव में महागठबन्धन ने एनडीए को मात देने की पुरज़ोर कोशिश की थी, लेकिन वह असफल रहे।

हम बिहार भाजपा के कुछ प्रमुख किरदारों की बात करेंगे। इन महत्त्वपूर्ण किरदारों की शृंखला को मैंने दो हिस्से में बाँटने की कोशिश की है। पहला हिस्सा भाजपा के युवा चेहरों का है, जिसमें बिहार भाजपा का भविष्य अन्तर्निहित है। युवा नेताओं में सम्राट चौधरी, नित्यानन्द राय, संजय जायसवाल, गुरु पासवान और अन्य नेताओं की चर्चा की गयी है। वहीं दूसरे हिस्से में, बिहार भाजपा के 'ओल्ड गार्ड' की चर्चा की गयी है। इन नेताओं में कैलाशपति मिश्र, लालमुनि चौबे और सुशील कुमार मोदी जैसे नेता हैं। एक तरह से कहा जाये तो इन्हीं नेताओं ने बिहार भाजपा की नींव रखी है।

## भाजपा के युवा तुर्क

### नित्यानन्द राय

उजियारपुर से लगातार तीसरी बार लोकसभा सांसद बने नित्यानन्द राय, अमित शाह के विश्वासपात्र माने जाते हैं। राष्ट्रीय स्वयंसेवक संघ और (एबीवीपी) की पृष्ठभूमि से आये राय, लालू प्रसाद के गढ़, सोनपुर और राघोपुर के बीच स्थित हाजीपुर क्षेत्र में एक समर्पित भाजपा कार्यकर्ता के रूप में उभरे। उन्होंने संगठन के लिए बेहतरीन काम किया। राजद जब अपने उत्कर्ष के दिनों में थी तब लालू प्रसाद ने उन्हें पार्टी में शामिल होने का न्योता दिया था लेकिन राय ने लालू के प्रस्ताव को ठुकरा दिया। इसके बाद राय, लालू के प्रभाव वाले विधानसभा क्षेत्र से चार बार विधायक चुने गये। राय ने इस क्षेत्र के यादव समुदाय के एक बड़े हिस्से को बीजेपी के साथ जोड़ा।

नित्यानन्द राय की राजनीति को उनके शुरुआती दिनों से क़रीब से देखने वाले, 'द न्यू इंडियन एक्सप्रेस' बिहार के संवाददाता राजेश के ठाकुर कहते हैं कि नित्यानन्द भाजपा के लिए एक 'सम्पूर्ण पैकेज' की तरह हैं। ठाकुर के अनुसार, वे एक कुशल संगठनकर्ता हैं, वे कार्यक्रमों का बेहतरीन प्रबन्धन करते हैं, और राजनीतिक जोड़-तोड़ में भी माहिर हैं, प्रभावशाली वक्ता होने के साथ-साथ राय में भीड़ को जोड़ने की क्षमता भी है।

ठाकुर यह भी बताते हैं कि नित्यानन्द राय पर अपनी राजनीतिक महत्त्वाकांक्षाओं को पूरा करने के लिए विवादित तत्त्वों से मदद लेने का आरोप लगा है। इन आरोपों के बावजूद ठाकुर, राय की कुछ ख़ासियतों का उल्लेख करते हुए कहते हैं कि नित्यानन्द नाटकीयता में माहिर हैं। वे अक्सर सार्वजनिक रूप से बुज़ुर्गों के पैर धोते हुए दिखाई देते हैं, महाशिवरात्रि के अवसर पर बैलगाड़ी चलाते हैं और ज़्यादातर लोगों को आत्मीयता से 'चाचा या भैया' कहकर सम्बोधित करते हैं। उनकी सबसे बड़ी उपलब्धि यह है कि वे बिहार के राजनीतिक परिदृश्य में अन्य यादव नेताओं पर लालू प्रसाद की मज़बूत पकड़ होने के बावजूद अपनी अलग पहचान बनाने में सफल रहे हैं।[4]

राजनीतिक गलियारों में यह चर्चा है कि यदि भाजपा, जनता दल (यूनाइटेड) से अपने गठबन्धन को समाप्त करने का निर्णय लेती है, तो

नित्यानन्द राय मुख्यमन्त्री पद के प्रबल दावेदार के रूप में उभर सकते हैं। हालाँकि, बिहार जैसे राज्य में किसी यादव चेहरे को मुख्यमन्त्री के रूप में स्थापित करने में कुछ चुनौतियाँ अभी भी बनी हुई हैं। फिर भी, यह स्पष्ट है कि नित्यानन्द राय अगली पीढ़ी के नेताओं में अग्रिम पंक्ति में हैं। अनुभवी नेता जैसे सुशील कुमार मोदी, नन्द किशोर यादव और प्रेम कुमार ने अपनी सक्रिय राजनीतिक भूमिकाओं को निभाया है, और यदि राष्ट्रीय जनतांत्रिक गठबन्धन (एनडीए) सत्ता में बना रहता है, तो वे कुछ और वर्षों तक सक्रिय रह सकते हैं। ऐसे में, नित्यानन्द राय एक महत्त्वपूर्ण स्थान बना सकते हैं। सम्प्रति, राय केन्द्र सरकार में गृह राज्य मन्त्री के पद पर हैं, राष्ट्रीय राजनीति में अपना महत्त्वपूर्ण स्थान रखते हैं।

## संजय जायसवाल

पश्चिम चम्पारण के एक चिकित्सक, डॉ. संजय जायसवाल, तब सुर्ख़ियों में आये जब उन्हें पहली बार लोकसभा में भाजपा का मुख्य सचेतक नियुक्त किया गया। ओबीसी (बनिया) समुदाय से आने वाले जायसवाल, पूर्व भाजपा सांसद मदन जायसवाल के बेटे हैं।

जायसवाल की राजनीति का अखाड़ा पश्चिमी चम्पारण तक ही सीमित है, लेकिन इसके बावजूद भाजपा उन्हें विनम्र संगठनकर्ता के रूप में देखती है। उन्हें बिहार का रघुवर दास माना जाता है, लेकिन झारखंड के नेता की तरह उनकी अहंकारी और ग़ुस्सैल जैसी नकारात्मक छवि नहीं हैं।

रविशंकर प्रसाद और राजीव प्रताप रूडी जैसे नेताओं को भाजपा राष्ट्रीय राजनीति में आज़माती है। वहीं जायसवाल जैसे नेता बिहार भाजपा के शीर्ष नेताओं में गिने जाते हैं। जायसवाल के प्रधानमन्त्री मोदी और अमित शाह दोनों के साथ अच्छे सम्बन्ध हैं।

लेकिन अगर भाजपा बिहार, अपने राष्ट्रवादी और हिन्दुत्व के एजेंडे को आगे बढ़ाने के लिए योगी आदित्यनाथ जैसे छवि वाले नेता की तलाश कर रही है तो गिरिराज सिंह भी एक पसन्द हो सकते हैं। हालाँकि गिरिराज ऊँची जाति से ताल्लुक रखते हैं और अब, जब ओबीसी में भाजपा, राजनीति का बोलबाला है तो गिरिराज सिंह की राह मुश्किल है।

एक और नेता की चर्चा के पहले थोड़ी चर्चा भाजपा और आधुनिक तकनीक की करते हैं। भाजपा ने एक संगठन के रूप में एक लम्बा और महत्त्वपूर्ण सफर तय किया है। एक समय था, जब उसे एक 'संघर्षरत संगठन' माना जाता था, और 1970 के दशक के मध्य तक उसे लोगों को यह समझाने के लिए कड़ी मेहनत करनी पड़ती थी कि राष्ट्रीय स्वयंसेवक संघ (आरएसएस) कोई 'हत्यारा संगठन' नहीं है। उस समय, पार्टी को अक्सर 'संघी-भंगी' जैसे उपहासात्मक मुहावरे का सामना करना पड़ता था।

लेकिन राजनीति हमेशा करवट लेने के लिए ही जानी जाती है, आज राज्य भाजपा कार्यालय में एक मज़बूत आईटी सेल है, जो पार्टी के सोशल मीडिया पेजों को मैनेज करता है, प्रेस कॉन्फ्रेंस आयोजित करता है, और ऑडियो-विजुअल माध्यमों से ज़िला इकाइयों को जोड़ता है। इसके अतिरिक्त, यह सेल उन युवाओं को भी जोड़ने का प्रयास करता है जो भाजपा के सदस्य नहीं हैं, लेकिन सोशल मीडिया पर सक्रिय हैं, ताकि पार्टी की विचारधारा का समर्थन किया जा सके। इस प्रकार, तकनीक के सहारे भाजपा ने अपनी छवि को सुधारने और अपनी पहुँच को व्यापक बनाने में महत्त्वपूर्ण प्रगति की है।

भाजपा का आईटी सेल प्रत्येक विधानसभा क्षेत्र में अधिक से अधिक 'साइबर वारियर' को अपने कुनबे में शामिल करने के लिए प्रयासरत है। 12 जुलाई 2018 को, तत्कालीन भाजपा राष्ट्रीय अध्यक्ष अमित शाह ने 4,000 से अधिक सोशल मीडिया स्वयंसेवकों से मुलाक़ात की, जिनमें से लगभग 3,000 पार्टी के सदस्य नहीं थे। इन स्वयंसेवकों का चयन सोशल मीडिया, विशेष रूप से फ़ेसबुक और व्हाट्सएप पर उनकी सक्रियता, उनके पोस्ट, भाषा और उनके फॉलोअर्स के आधार पर किया गया था। अब ये 'साइबर योद्धा' नरेन्द्र मोदी सरकार की उपलब्धियों का प्रचार-प्रसार करने, आँकड़ों के आधार पर विपक्ष की आलोचनाओं का जवाब देने और फर्ज़ी ख़बरों, विशेष रूप से उन भड़काऊ साम्प्रदायिक वीडियो का मुक़ाबला करने के लिए प्रशिक्षित किये जा रहे हैं, जिन्हें ग़लत तरीक़े से भाजपा से जोड़ा जाता है।

इस रणनीति का उद्देश्य सोशल मीडिया के प्रभाव को मतदान केन्द्र स्तर तक, यहाँ तक कि पंचायत चुनावों तक भी पहुँचाना है। 'साइबर योद्धा' शब्द

का प्रयोग कथित तौर पर स्वयं भाजपा राष्ट्रीय अध्यक्ष द्वारा किया गया था। भाजपा के पूर्व प्रदेश आईटी सेल संयोजक मनीष पांडे कहते हैं, "हमारे राज्य मुख्यालय में 21 लोगों की एक समर्पित टीम हैं, जो कंटेंट पर शोध करती है। ज़िला स्तर पर आईटी टीमें सोशल मीडिया पर पोस्ट की जाने वाली सामग्री की निगरानी करती हैं। हमारी सबसे बड़ी चुनौती फर्ज़ी ख़बरों का मुक़ाबला करना है। 2014 में सोशल मीडिया के क्षेत्र में हमारा कोई मुक़ाबला नहीं था। लेकिन अब सभी दलों के पास मज़बूत आईटी सेल हैं। विधानसभा में विपक्ष के नेता की एक पोस्ट को क़रीब 500 लोग शेयर करते हैं। आपको क्या लगता है इसके पीछे विपक्ष का आईटी सेल काम नहीं कर रहा है?"[5]

राजा, जो फ़ेसबुक पर 'राज बाबू' नाम से सक्रिय हैं, बताते हैं, "मैंने केवल पाँचवीं कक्षा तक ही पढ़ाई की है, लेकिन मैं स्वयं-शिक्षित हूँ। बक्सर शहर में मेरी एक चाय की दुकान है। मुझसे सम्पर्क करने के लिए केवल मेरा नाम बताना पर्याप्त है। मैं प्रधानमन्त्री नरेन्द्र मोदी का प्रबल प्रशंसक और भाजपा कार्यकर्ता हूँ। मैं हिन्दू एकता और राष्ट्र एकता मिशन जैसे कई व्हाट्सएप ग्रुप से जुड़ा हुआ हूँ। मेरी पोस्टों को 500-600 लोग देखते हैं, जिनमें से अधिकांश पूर्वांचल क्षेत्र से हैं।"

किशनगंज के आश्रय कश्यप, जिन्होंने होटल मैनेजमेंट का कोर्स किया है, लेकिन वर्तमान में किशनगंज में कपड़े और फ्लेक्स प्रिंटिंग का व्यवसाय चलाते हैं, कहते हैं, "साइबर योद्धाओं की अवधारणा चुनावी राजनीति के लिए एक रामबाण तरक़ीब है, क्योंकि स्मार्टफ़ोन ही वह पहली चीज़ है जिसके साथ लोग उठते और सोते हैं।[6]

## गुरु प्रकाश पासवान

बीजेपी के राष्ट्रीय प्रवक्ता गुरु प्रकाश पासवान पहली बार चर्चा में 2022 में आये जब लेडी श्रीराम कॉलेज, दिल्ली, ने उन्हें बीआर अम्बेडकर पर बोलने के लिए आमन्त्रित किया और फिर आमन्त्रण बिना किसी ठोस वजह के वापस ले लिया गया। गुरु ने इसे असहिष्णुता करार दिया। गुरु का तर्क था कि अम्बेडकर ने अपने पूरे जीवन में भेदभाव के ख़िलाफ़ लड़ाई लड़ी, और

यदि कोई शैक्षिक संस्थान भी किसी भी आधार पर भेदभाव में संलग्न होता है, तो बोलना चाहिए।

गुरु प्रकाश पासवान न केवल भाजपा के राष्ट्रीय प्रवक्ता हैं, बल्कि पटना विश्वविद्यालय में क़ानून के असिस्टेंट प्रोफ़ेसर भी हैं। उन्होंने सुदर्शन रामबद्रन के साथ 'मेकर्स ऑफ़ मॉडर्न दलित हिस्ट्री' पुस्तक का सह-लेखन भी किया है।

गुरु प्रकाश पासवान को मैं भाजपा के नयी पीढ़ी के ओजस्वी नेताओं की श्रेणी में अग्रिम पंक्ति में देखता हूँ। जहाँ बिहार भाजपा में दलित नेतृत्व का अभाव है, 37 वर्षीय गुरु प्रकाश पासवान ने अपनी मेधा से राष्ट्रीय स्तर पर अपनी पहचान बनायी है। हालाँकि पासवान ने अभी तक कोई चुनाव नहीं लड़ा है, लेकिन पार्टी की अन्य गतिविधियों में सक्रिय रहते हैं।

गुरु प्रकाश भले ही पूर्व केन्द्रीय राज्य मन्त्री डॉ. संजय पासवान के पुत्र हैं, लेकिन उन्होंने अपनी जगह कड़ी मेहनत से अर्जित की है और अपनी लब्धप्रतिष्ठित पिता की छाया से बाहर आ गये हैं। आज के समय में जब टीवी चैनल के डिबेट में बौद्धिक दिवालियापन दिखता है, गुरु ठोस तर्क और अकादमिक सन्दर्भ के साथ अपनी बात रखते हैं। गुरु को सितम्बर 2020 में भाजपा प्रवक्ता के रूप में नियुक्त किया गया था।

गुरु प्रकाश पासवान ने नेशनल लॉ यूनिवर्सिटी, नयी दिल्ली, से एलएलएम और नेशनल लॉ इंस्टीट्यूट यूनिवर्सिटी, भोपाल से एलएलबी किया है। उन्होंने 'भारतीय संविधान के अनुच्छेद 370 के सामाजिक-वैधानिक आयाम' पर पीएच डी की है। पासवान दलित इंडियन चैम्बर ऑफ़ कॉमर्स एंड इंडस्ट्री में सलाहकार भी हैं और उन्होंने 2006 में भोपाल में अखिल भारतीय विद्यार्थी परिषद के साथ काम किया था। गुरु 2018 में, दक्षिण बिहार, प्रज्ञा प्रवाह (सांस्कृतिक गतिविधियों के लिए संघ का एक अंग) के राज्य सह-संयोजक बनाये गये। 2019 में, वह भाजपा युवा कार्यकारी समिति, बिहार के सदस्य बने।

गुरु प्रकाश पासवान को अप्रैल, 2025 में हार्वर्ड कैनेडी स्कूल ने भी अम्बेडकर पर व्याख्यान देने के लिए बुलाया। गुरु प्रकाश पासवान कहते हैं,

"प्रतिष्ठित हार्वर्ड कैनेडी स्कूल में अम्बेडकर जयन्ती के अवसर पर बोलने के लिए सम्मानित महसूस कर रहा हूँ, जो भारतीय संविधान के 75 वर्षों का स्मरणोत्सव है और प्रधानमन्त्री नरेन्द्र मोदी के दूरदर्शी नेतृत्व में समावेशन के एक नये युग की शुरुआत का प्रतीक है। डॉ. बीआर अम्बेडकर के समानता और न्याय का आदर्श हमारी राष्ट्र की सच्ची सामाजिक सशक्तीकरण की यात्रा को प्रेरित करते रहते हैं।"

## बिहार भाजपा के मील के पत्थर

### कैलाशपति मिश्र

बिहार भाजपा के संस्थापकों में सबसे पहला नाम कैलाशपति मिश्र का है, शुरुआत में मिश्र आरएसएस के प्रचारक थे। 1959 से उन्होंने भारतीय जनसंघ के लिए काम करना शुरू किया था।

नानाजी देशमुख ने उत्तर प्रदेश के अश्विनी कुमार को संगठन का काम करने के लिए बिहार भेजा था। बीएचयू के इंजीनियर, कुमार पार्टी फंड जुटाने का काम करते थे।

पटना हाईकोर्ट के मशहूर वकील ठाकुर प्रसाद संगठन के एक और मज़बूत स्तम्भ थे। ठाकुर प्रसाद एक बेहतरीन वक्ता थे, पण्डित दीनदयाल उपाध्याय से लेकर अटल बिहारी वाजपेयी और लालकृष्ण आडवाणी जैसे शीर्ष नेताओं के साथ उनके बहुत अच्छे सम्बन्ध थे।

1967 में, जब महामाया प्रसाद सिन्हा के नेतृत्व में संयुक्त विधायक दल (SVD) की सरकार बनी, तब जनसंघ ने बिहार में सत्ता का स्वाद चखा। पहली ग़ैर-कांग्रेसी सरकार में जनसंघ की ओर से विजय कुमार मित्रा, रामदेव महतो और रुद्र प्रताप सारंगी मन्त्री बने।

राज्य की राजधानी पटना में, भारतीय कम्युनिस्ट पार्टी बहुत मज़बूत स्थिति में थी क्योंकि बुद्धिजीवियों के बीच उसकी ज़बरदस्त अपील थी। रामावतार शास्त्री तीन बार पटना से सांसद रह चुके थे। एके सिंह, सुनील मुखर्जी, चन्द्रशेखर सिंह और इन्द्रदीप सिंह उस समय के अन्य महत्त्वपूर्ण सीपीआई नेता थे। लेकिन वामपन्थियों को पहला झटका दलितों को न्याय दिलाने के

लिए भूमि हड़प आन्दोलन (भूमि हड़पने का आन्दोलन) के दौरान लगा। यहीं से जनसंघ को अपनी शुरुआत का मौक़ा मिला और उसने किसानों का पक्ष लेना शुरू कर दिया, जो सीपीआई के भूमि हड़पने के क़दम का विरोध कर रहे थे। इन मामलों में सोशलिस्ट पार्टी ने तटस्थ रुख़ अपनाया। जनसंघ ने इस आन्दोलन के ज़रिये आम जनमानस में अपनी उपस्थिति मज़बूत की और कांग्रेस और सोशलिस्ट दलों के सामने अपनी मज़बूत दावेदारी पेश की।

गोविन्दाचार्य का एबीवीपी के संरक्षक के रूप में प्रवेश जनसंघ के उत्थान के लिए एक और मील का पत्थर साबित हुआ। सुशील कुमार मोदी, जो उस समय एबीवीपी के कार्यकर्ता थे, बताते थे, "मैंने गोविन्दाचार्य को पहली बार 1964 में सुना था। विभाजन और राष्ट्रवाद की पृष्ठभूमि पर बुना उनका भाषण मन्त्रमुग्ध कर देने वाला था। उनके भाषण के बाद राजनीति में शामिल होने का मेरा फ़ैसला दृढ़ हो गया। गोविन्दाचार्य मोटरसाइकिल या किसी भी सामान्य साधन से यात्रा करते थे। जो कोई भी उन्हें सुनता, उनका मुरीद हो जाता।"[7]

संयुक्त सोशलिस्ट पार्टी (SSP) आन्दोलनों को संगठित करने में बहुत अच्छी थी। केबी सहाय का विरोध और पहली कांग्रेस विरोधी सरकार बनाने के ऐतिहासिक अवसर में इस पार्टी का अहम योगदान था। लेकिन जनसंघ भी आहिस्ता-आहिस्ता अपना पाँव पसार रहा था।

बिहार में उर्दू को जब दूसरी राजकीय भाषा का दर्ज़ा दिया गया, तो जनसंघ को अपने हिन्दुत्व के एजेंडे को आगे बढ़ाने का मौक़ा मिल गया। जेपी शुरू में जनसंघ के साथ काम करने के ख़िलाफ़ थे। लेकिन गोविन्दाचार्य ने सोशलिस्ट विचारधारा और जनसंघ के बीच एक सेतु का काम किया। जिसके बाद जनसंघ की राजनीतिक अस्पृश्यता ख़त्म हो गयी। और आम जनमानस में इसकी स्वीकार्यता बढ़ गयी।

एबीवीपी एक मज़बूत छात्र संगठन था। जेपी का मानना था कि एबीवीपी के समर्थन से छात्रों का आन्दोलन और बड़ा हो सकता है। कैलाशपति मिश्र को जेपी के विरोध प्रदर्शन का विचार पसन्द नहीं था, लेकिन एबीवीपी को गोविन्दाचार्य की मौन स्वीकृति प्राप्त थी। जनसंघ और राष्ट्रीय स्वयंसेवक संघ को गांधी की हत्या को लेकर कलंकित करने की कोशिश की गयी थी। सुशील मोदी याद करते थे, "हमें अपना अधिकांश समय लोगों को यह समझाने में

लगाना पड़ा कि आरएसएस गांधी का हत्यारा नहीं है। जब हम शाखा लगाते थे, तो बाहर बच्चे अक्सर यह नारा लगाते थे :

*संघी भंगी एक दो*
*संघ में जाना छोड़ दो*

*संघ बड़ा कसाई है*
*गांधी को मारा है...*[8]

गोविन्दाचार्य पुराने पटना के पीरमुहानी इलाक़े में रहते थे। पटना में राजनीतिक गलियारों में, गोविन्दाचार्य को लेकर बहुत ज़्यादा आकर्षण था। नीतीश कुमार भी उनके बहुत बड़े प्रशंसक थे। एक इंटरव्यू के दौरान नीतीश कुमार ने बताया था कि गोविन्दाचार्य की निकटता के कारण ही उन्होंने आरएसएस से सम्बद्ध लगभग सारा साहित्य पढ़ा था।

1967 में बिहार सहित 8 राज्यों में बनी पहली ग़ैर-कांग्रेसी सरकार में जनसंघ की उपस्थिति, 1974 की सम्पूर्ण क्रान्ति आन्दोलन में एबीवीपी से जुड़े छात्रों की भागीदारी और 1977 में राष्ट्रीय स्वयंसेवक संघ की शिविर में जेपी के जाने के कारण, जनसंघ की राजनीतिक अस्पृश्यता हमेशा के लिए ख़त्म हो गयी।[9]

1973 में पटना विश्वविद्यालय संघ चुनाव में एबीवीपी की मज़बूत दावेदारी एक और मील का पत्थर साबित हुई। इस चुनाव में एबीवीपी को दो सीटें मिलीं। सुशील कुमार मोदी महासचिव और रविशंकर प्रसाद सहायक सचिव बने, जबकि लालू प्रसाद ने समाजवादी युवजन सभा के उम्मीदवार के रूप में पीयूएसयू अध्यक्ष पद का चुनाव जीता।

बिहार भाजपा के वरिष्ठ नेता कैलाशपति मिश्र के पोते संतोष मिश्रा एक किस्से को याद करते हैं, "1990 के दशक में जब कैलाशपति मिश्र को पार्टी द्वारा पश्चिम बंगाल भेजा गया था, तो एक ग़रीब विधवा ने उन्हें रात के खाने पर आमन्त्रित किया। उस महिला को नहीं पता था कि मिश्र शाकाहारी हैं। मिश्र अपने चार अन्य साथियों के साथ उस महिला के घर खाने गये, जब महिला ने मिश्र के सामने मछली परोसा तो मिश्र के एक साथी ने रोकते हुए कहा

कि 'मिश्र तो शाकाहारी हैं'। इतना सुनते ही महिला रोने लगी, क्योंकि उसने मछली के अलावा दूसरा कुछ नहीं बनाया था। मिश्र ने उस महिला की आँखों में आँसू देखकर मामले को सँभालते हुए कहा, मैं मांसाहार नहीं खाता तो क्या हुआ। मैंने इसे न खाने की क़सम थोड़े खायी है। चलो आज से मछली खाना शुरू करते हैं।[10] जब वह पटना लौटे, तो घरवालों से कहा कि वे उन्हें मछली खाना ठीक से सिखाएँ।"

सामान्य कार्यकर्ता की समस्याओं को लेकर मिश्र बहुत सजग रहते थे। एक क़िस्से का ज़िक्र करना यहाँ ज़रूरी हो जाता है, 2006 में लखीसराय के एक भाजपा कार्यकर्ता ने मिश्र से शिकायत की और बताया कि उसकी विधवा बेटी को एक नेता परेशान कर रहा है। शिकायतकर्ता ने कहा, "नेता मेरी बेटी के ससुराल मन्दिरी में उसके एक कमरे को किराये पर भी ले रखा है।" मिश्र ने सीधे तात्कालिक मुख्यमन्त्री नीतीश कुमार को ही फ़ोन लगाया और इस मामले को देखने की बात की। उन्होंने पूरी रात बेचैनी में गुज़ारी। अगले दिन, जब जेडीयू से जुड़े आरोपी नेता अपनी बात कहने आये, तो मिश्र ने कहा कि उन्हें पहले घर ख़ाली करना चाहिए। आरोपी जेडीयू नेता जिन्हें नीतीश कुमार ने भी फटकार लगायी, ने उस किराये के घर को ख़ाली कर दिया।[11]

जब राधामोहन सिंह भाजपा के प्रदेश अध्यक्ष बने थे, तो उन्होंने तय किया था कि वे अपने अभिनन्दन समारोह में तभी शामिल होंगे, जब कैलाशपति मिश्र भी उसमें शामिल होंगे। लेकिन समारोह से दो दिन पहले मिश्र को तेज़ बुख़ार हो गया और डॉक्टरों ने उन्हें यात्रा न करने की सलाह दी। लेकिन मिश्र ने राधामोहन सिंह से जो वायदा किया था उसे पूरा किया। मिश्र हेलीकॉप्टर से पटना पहुँचे, तीन घण्टे तक समारोह में बैठे रहे और राँची लौटने से पहले एक संक्षिप्त भाषण भी दिया।

कैलाशपति मिश्र का दूसरे दल के लोग भी बहुत सम्मान करते थे। एक बार, जब मिश्र राँची एयरपोर्ट लाउंज में अपनी फ्लाइट का इन्तज़ार कर रहे थे, तो कुछ कांग्रेस नेता अपने प्रदेश प्रभारी को विदा करने आये। वरिष्ठ नेता सुबोधकान्त सहाय और राधाकृष्ण किशोर भी वहाँ मौजूद थे। जैसे ही सहाय और किशोर ने मिश्र को देखा, वे अपने पार्टी नेता को भूल गये। मिश्र के सोफ़े

पर केवल किशोर के बैठने की जगह थी। सहाय, मिश्र के पैरों के पास घुटनों के बल बैठ गये। दोनों कांग्रेस नेताओं ने मिश्र के लिए व्हीलचेयर का इन्तज़ाम किया, दोनों नेताओं ने मिश्र को सहारा देकर बैठाया। जब सहाय, मिश्र के पैर छू रहे थे, तो उनकी आँखों में आँसू थे।

नीतीश कुमार भी मिश्र का बहुत सम्मान करते थे। एक बार मिश्र को किसी काम से राँची जाना पड़ा। उन्होंने बिहार के मुख्यमन्त्री को फ़ोन किया और कहा, "देखिए आप मेरी क्या मदद कर सकते हैं?" नीतीश ने बस इतना कहा, 'जी'। दस मिनट बाद पथ निर्माण मन्त्री नन्द किशोर यादव ने फ़ोन किया और कहा, "मुख्यमन्त्री ने उनके राँची जाने का आधिकारिक कार्यक्रम तय किया है, कैलाश मिश्र भी उनके साथ जा सकते हैं।" कोई भी अन्दाज़ा लगा सकता है कि यह आधिकारिक कार्यक्रम मिश्र को जल्दी राँची पहुँचाने के लिए बनाया गया था।

मिश्र का अदब बड़े उद्योगपति भी करते थे। जेडीयू के सांसद और दवा कारोबारी महेन्द्र सिंह या किंग महेन्द्र साल में एक बार कैलाशपति मिश्र से मिलने और उनका आशीर्वाद लेने ज़रूर आते थे। एक बार जब मिश्र पटना से दिल्ली के लिए फ्लाइट पकड़ रहे थे, तो बिज़नेस क्लास में बैठे एक सज्जन ने अभिवादन में सिर हिलाया। मिश्र के इकोनॉमी क्लास में सीट पर बैठने के बाद बिज़नेस क्लास में बैठा वह व्यक्ति मिश्र के पास आया और उनके पैर छुए। वह अल्केम फार्मास्युटिकल कम्पनी के मालिक सम्पदा सिंह थे। उन्होंने मिश्र से अनुरोध किया कि वे उनके बग़ल वाली सीट पर बैठ जायें, जो कि ख़ाली थी। लेकिन मिश्र ने मना कर दिया। सम्पदा बाबू ने मिश्र के पोते संतोष को अपने बिज़नेस क्लास की सीट पर बैठने को कहा और ख़ुद मिश्र के बग़ल में बैठ गये।

कैलाशपति मिश्र के लिए, गुजरात में राज्यपाल का पद लेने का प्रस्ताव 2002 में आया था। मिश्र को पहले भी ऐसे प्रस्ताव मिले थे जिसे उन्होंने अस्वीकार कर दिया था। लेकिन इस बार प्रधानमन्त्री अटल बिहारी वाजपेयी फ़ोन पर उनसे निवेदन कर रहे थे। मिश्र ने फिर से प्रस्ताव को अस्वीकार करना चाहा, उन्होंने कहा कि वे संगठन के व्यक्ति हैं और कोई पद की

लालसा नहीं रखते। उन्होंने अटलजी से कहा, "यदि यह एक प्रस्ताव है, तो मैं अपनी राय रखूँगा। लेकिन यदि यह एक आदेश है, तो मुझे स्वीकार करना पड़ेगा।" वाजपेयी ने कहा, "तो, फिर इसे आदेश ही समझें।"[12] मिश्र अक्सर याद करते थे कि कैसे अटलजी, जो उनसे दो साल बड़े थे, सिनेमा के शौक़ीन थे और जब भी तनाव में होते थे तो फ़िल्म देखने चले जाते थे। लेकिन मिश्र का मनोरंजन का संसार रानी रूपमती, मुग़ल-ए-आज़म, चाणक्य, रामायण और महाभारत जैसे धारावाहिकों की सीडी देखने के इर्द-गिर्द घूमता रहता था।

जनसंघ के दिनों में मिश्र लोगों से जुड़ने के अलग-अलग तरक़ीब अपनाते थे। 1950 के दशक की बात है जब मिश्र को बहुत कम लोग पहचानते थे। उन दिनों मिश्र रिक्शा लेकर सड़कों पर निकल जाते थे और ज़ोर-ज़ोर से घोषणा करते थे, "जनसंघ के राष्ट्रीय नेता कैलाशपति मिश्र" भाषण देने वाले हैं। पहले तो 10-15 लोग ही जुड़ पाते थे, लेकिन कुछ समय बाद लोगों की संख्या 50 से 60 होने लगी। ऐसी सभाओं में मिश्र दो लोगों को चुनकर पार्टी कार्यकर्ता बना लेते थे। उनके पास केवल दो जोड़ी धोती और कुर्ता हुआ करता था।

मिश्र का ठिकाना पटना में राजेन्द्र नगर स्थित पार्टी कार्यालय हुआ करता था, एक बार उनके बड़े भाई मनबहाल मिश्र और भतीजे बक्सर से उनसे मिलने पटना आये। जब मनबहाल मिश्र जनसंघ कार्यालय पहुँचे, तो कैलाशपति वहाँ नहीं थे। उनके बड़े भाई ने पूछा कि उनके भाई कहाँ रहते हैं? पार्टी के एक पदाधिकारी ने उन्हें एक छोटा कमरा दिखाया जिसमें एक चटाई, एक घड़ा और एक सीसा का डब्बा था जिसमें नमक के साथ नीबू के टुकड़े रखे हुए थे। मनबहाल मिश्र ने अपने साथ आये बेटे हीरा से कहा, "कैलाश अभागा है, चलो मिलकर क्या करेंगे।" बड़े भाई कैलाश से मिले बिना ही बक्सर लौट गये।

1960 के दशक की बात है, कैलाशपति मिश्र कटिहार में संगठन के लिए काम कर रहे थे। वे रात का खाना कार्यकर्ताओं के यहाँ खाते थे, फिर चुपके से रेलवे स्टेशन की ओर निकल जाते थे। एक दिन कुछ कार्यकर्ताओं ने उनका पीछा किया तो देखा कि मिश्र ने प्लेटफार्म के एक कोने पर चादर बिछायी

और सो गये। बाद में पार्टी कार्यकर्ताओं ने रेलवे स्टेशन के पास एक घर में मिश्र के रहने की व्यवस्था की।

बक्सर के दुधारचक गाँव के कैलाशपति मिश्र एक ग़रीब किसान परिवार से ताल्लुक रखते थे। जब वे 10वीं कक्षा में थे, तो उन्होंने बक्सर में अंग्रेज़ों के ख़िलाफ़ 1942 के विरोध मार्च में भाग लिया, उन्हें गिरफ़्तार कर लिया गया। 1945 में, जब मिश्र हायर सेकेंडरी की पढ़ाई कर रहे थे, तब आरएसएस के प्रान्त प्रचारक गजानन राव जोशी आरा आये और उनकी मुलाक़ात मिश्र से हुई। 1946 से 1952 तक मिश्र गाँवों में संघ की शाखाएँ लगाते थे। 1957-58 में, आरएसएस सरसंघचालक (संगठन प्रमुख) एकनाथ रानाडे पटना में थे और बिहार प्रान्त प्रचारक मधुकर राव के साथ चर्चा के बाद, कैलाशपति मिश्र को संगठन सचिव के रूप में नियुक्त करने का निर्णय लिया गया।

1962 के बिहार विधानसभा चुनाव में, पहली बार जनसंघ के चार उम्मीदवार चुनाव जीतकर विधानसभा पहुँचे। कुछ वर्ष बाद जब राज्य में पहली बार ग़ैर-कांग्रेसी सरकार का गठन हुआ तो मिश्र ने इसका सारा श्रेय महान समाजवादी राम मनोहर लोहिया को दिया।

कैलाशपति मिश्र ने 'संक्रान्ति' शीर्षक से एक कविता लिखी थी। यह कविता भाजपा के भविष्य को एक दिशा देती हुई प्रतीत होती है :

*दे रहा द्वार पर दस्तक*
*शीत लहर ख़ूब झेल लिया*
*बसन्त अब जागने वाला है*
*एक एक पट खुल रहा*
*जग का मस्तक झुकने वाला है*
*वज्रास्त्र उठा लो ऊर्जा का*
*भारत अब झुकने वाला है...*

भाजपा नेता और विधानसभा स्पीकर नन्द किशोर यादव ने 2015 में एक साक्षात्कार के दौरान बताया था, "कैलाश मिश्र नहीं चाहते थे कि नीतीश कुमार को एनडीए के नेता के रूप में प्रस्तुत किया जाये, क्योंकि उनका मानना था कि इससे राज्य भाजपा के संगठन विस्तार पर रोक लग जायेगी। एक तरीक़े से देखा जाये तो मिश्र जी सही थे।

सुशील कुमार मोदी बताते थे, "1974 के आन्दोलन ने भारतीय जनसंघ की अस्पृश्यता को समाप्त कर दिया। भारतीय सेवक समाज ने 1977 में पटना में आरएसएस शिविर का आयोजन किया था, जिसमें जनता पार्टी की चुनावी बढ़त के बाद अपने कार्यकर्ताओं और स्वयंसेवकों को आमन्त्रित किया गया था। जनता पार्टी के भीतर, जनसंघ 70 सीटों के साथ सबसे बड़े समूह के रूप में उभरा था। जेपी ने शिविर में आकर स्वयंसेवकों को सम्बोधित किया। बीजेएस की ओर से कैलाशपति मिश्र को कर्पूरी ठाकुर सरकार में नम्बर दो का स्थान दिया गया था।"[13]

## लालमुनि चौबे

1960 और 1970 का दशक बिहार में भारतीय जनसंघ के लिए काफ़ी बदलाव का दशक रहा। संघ की पृष्ठभूमि से आकर कैलाशपति मिश्र और तारकान्त झा जैसे कई नेता जनसंघ की राजनीति में अपनी जगह बना चुके थे। ऐसे में 1967 में बिना संघ की पृष्ठभूमि से आने वाले लालमुनि चौबे का जनसंघ में प्रवेश होता है। चौबे की राजनीतिक ट्रेनिंग बनारस हिन्दू यूनिवर्सिटी में हुई थी जहाँ उन्होंने 'हिन्दी' और 'हिन्दू' आन्दोलन में अपनी अहम भूमिका निभायी थी। बीएचयू में उनकी निकटता समाजवादियों और वाम दलों के लोगों से ज़्यादा थी जिसके कारण उन्हें 1968 में जनसंघ से निलम्बित भी कर दिया गया था। बाद में नानाजी देशमुख और अटल बिहारी वाजपेयी के हस्तक्षेप के बाद उनकी सदस्यता बहाल की गयी। इसी कारण से बिहार भाजपा के कई नेता चौबे को लेकर संशय में रहते थे।

1972 में लालमुनि चौबे बिहार विधानसभा में शाहबाद ज़िले की चैनपुर विधानसभा से चुनकर आये। वह बिहार में जनसंघ को ग़ैर-कांग्रेसवाद का एक प्रमुख चेहरा बनाने की क़वायद में थे। उस समय उन्हें विधायक के तौर पर आवंटित फ्लैट पर कई मीटिंग हुआ करती थीं जिसमें सुशील कुमार मोदी, अश्वनी कुमार चौबे, गिरिराज सिंह, मंगल पांडेय जैसे बड़े नेता शामिल होते थे। इत्तफ़ाक़न आज उसी फ्लैट में बिहार भाजपा का दफ़्तर है।

1974 में जेपी आन्दोलन के समय वह उन पहले विधायकों में से थे जिन्होंने विधानसभा से अपनी सदस्यता से इस्तीफ़ा दिया था। चौबे उस समय

जनसंघ के विधायक दल के नेता थे, उनके साथ जनसंघ के 12 विधायकों ने इस्तीफ़ा दिया था। जेपी आन्दोलन में जनसंघ अपनी रणनीति आक्रामक रखना चाहती थी। लालमुनि चौबे का छात्रों से कनेक्ट काफ़ी अच्छा था। वह जहाँ जाते छात्रों को आन्दोलन के लिए लामबन्द करते। जेपी आन्दोलन में लालमुनि चौबे बिहार के जनसंघ के प्रमुख नेताओं में से एक बन गये थे नतीजतन इमरजेंसी के बाद 1977 में जब बिहार में जनता पार्टी की सरकार बनी तो उन्हें सूबे का स्वास्थ्यमन्त्री बनाया गया। हालाँकि बतौर स्वास्थ्यमन्त्री उनके कई बयान और फ़ैसलों ने डॉक्टरों की एक लॉबी को उनके विरोध में लाकर खड़ा कर दिया। PMCH, पटना में डॉक्टरों ने हड़ताल किया, जनता पार्टी पर जब दबाव पड़ने लगा तो लालमुनि चौबे ने इस्तीफ़ा दे दिया।

1980 में जब जनता पार्टी में दरार पड़ी तो ऐसे में बिहार में जनसंघ के लिए असमंजस की स्थिति थी। बिहार में भाजपा को खड़ा करना था और नये नेताओं को आगे के लिए तैयार भी करना था। चौबे कर्पूरी ठाकुर के 'वे ऑफ़ पॉलिटिक्स' से प्रभावित थे और साथ ही अटल जी के क़रीब होने के कारण वह कैलाशपति मिश्र के भी विश्वासपात्रों में से एक थे। ऐसे में उन्होंने बिहार भाजपा में कई नेता जैसे जनार्दन यादव, कामेश्वर पासवान जिनकी अपनी लोकप्रियता भी थी, उन्हें भाजपा की राजनीति में और भी ज़्यादा जगह देकर भाजपा की एक सोशलिस्ट छवि भी गढ़ने की कोशिश की। संजय पासवान को भी भाजपा में सदस्यता दिलाने वाले लालमुनि चौबे ही थे।

11 दिसम्बर 1980 में जब भागलपुर का आँखफोड़वा कांड देश भर में काफ़ी चर्चा में था तो उस समय के कांग्रेस के मुख्यमन्त्री जगन्नाथ मिश्र के ख़िलाफ़ बिहार विधानसभा में लालमुनि चौबे ने कार्य स्थगन प्रस्ताव लाकर सरकार को घेरा जिसका समर्थन कर्पूरी ठाकुर ने भी किया।

1980 के उत्तरार्ध में बिहार भाजपा के संगठन में टिकट बँटवारे को लेकर आपसी खींचातनी सामने आने लगी। ऐसे में लालकृष्ण आडवाणी के हस्तक्षेप से टिकट बँटवारे की कमान इन्दर सिंह नामधारी से लेकर कैलाशपति मिश्र को दे दी गयी। लेकिन विवाद मार्च 1990 के चुनाव के नतीजों के बाद भी क़ायम रहा। कैलाशपति मिश्र चाहते थे कि लालमुनि चौबे को भाजपा विधायक दल

का नेता चुना जाये, लेकिन इन्दर सिंह नामधारी ने बतौर भाजपा प्रदेश अध्यक्ष छोटानागपुर से आने वाले आदिवासी नेता ललित उरांव को चयनित किया।

1990 के दशक में लालचौक पर तिरंगा यात्रा, और रामजन्म भूमि जैसे आन्दोलन भाजपा के केन्द्र में रहे। श्रीनगर में लालचौक पर तिरंगा यात्रा में शामिल होने वाले नेताओं में लालमुनि चौबे भी थे। अटल जी चाहते थे लालमुनि बिहार की राजनीति से निकलकर केन्द्र की राजनीति में आये। 1996 में बक्सर लोक सभा से टिकट भी मिला और वह लगातार 2009 तक वहाँ से सांसद रहे। बिहार की भाजपा राज्यकार्यकारिणी उनके नाम को लेकर हमेशा संशय में रहती थी पर अटल जी के निकट होने के कारण उनका टिकट बच जाता था। एक बार अटल जी लालमुनि चौबे को भाजपा युवा मोर्चा का अध्यक्ष बनाना चाहते थे पर लालमुनि ने इनकार कर दिया और वैंकैया नायडू के नाम को आगे किया। ऐसा ही केन्द्र में लालमुनि को मन्त्री बनाने को लेकर भी हुआ, उन्होंने अटल जी को साफ़ मना कर दिया।

16 मई 2002 में संसद में दिये अपने भाषण में लालमुनि चौबे ने बिहार के लिए विशेष आर्थिक मदद को लेकर अपनी बात रखी थी। समय के साथ उन्होंने संगठन की राजनीति में ज़्यादा दिलचस्पी नहीं ली और चुनावी राजनीति और संसदीय कार्यों में सक्रिय रहे। हालाँकि उत्तर प्रदेश और बिहार में टिकट बँटवारे को लेकर उनकी कई बार राय ली जाती थी।

लालमुनि चौबे और सुशील कुमार मोदी के बीच कई बार संगठन की रणनीति को लेकर मतभेद रहे। कई कार्यसमिति में लालमुनि चौबे ने सुशील कुमार मोदी का विरोध भी किया।

## सुशील कुमार मोदी

जब 2024 लोकसभा चुनाव अभियान के दौरान प्रधानमन्त्री नरेन्द्र मोदी पटना में रोड शो कर रहे थे, अपनी मृत्युशय्या पर लेटे बिहार के पूर्व उप मुख्यमन्त्री सुशील कुमार मोदी दिल्ली स्थित अखिल भारतीय आयुर्विज्ञान संस्थान में टीवी पर नज़र टिकाए हुए थे। वे कुछ बोल पाने में असमर्थ थे, लेकिन इशारों से अब भी बात कर रहे थे। अगले दिन, 13 मई, को सुशील कुमार मोदी ने दुनिया को अलविदा कह दिया।

मोदी कैंसर से लगभग दो सालों से लड़ रहे थे। बीमार मोदी ने बिना किसी को बताये हुए मध्य प्रदेश चुनाव में छिंदवाड़ा में चुनाव प्रचार भी किया। एक बार तो कीमो लेकर सीधे छिन्दवाड़ा पहुँच गये। जब उनके निकटतम सहयोगी शैलेन्द्र ओझा ने थोड़ा आराम करने को कहा तो उन्होंने कहा, "अगर शरीर को बैठा दूँगा तो फिर बैठ ही जायेगा।" सुशील कुमार मोदी ताउम्र काम करते रहे। मृत्यु के एक माह पहले जब उन्होंने अपना राज्यसभा का कार्यकाल पूरा किया तो उनके छोटे पुत्र अक्षय अमृतांशु ने एक केक मँगवाया। भावुकता में उनकी आँखों से आँसू छलक गये। उन्होंने अपने बेटे को कहा, "मैंने अपना कार्यकाल पूरा किया है, अवकाश प्राप्त नहीं हुआ हूँ।"

मैं लगभग 20 वर्षों से बिहार को कवर कर रहा हूँ। बीते सालों में सुशील कुमार मोदी से अनगिनत बार बातें हुई होंगी। कभी कोई मेरी रपट में तथ्य ग़लत हो जाता तो फ़ोन कर ससम्मान बताते। मेरी लिखी चारों किताबों की यात्रा में वे मेरे साथ रहे। उन्होंने मुझे बिहार की राजनीति समझने में काफ़ी मदद की। लोग अक्सर कहते थे मोदी, मीडिया प्रेमी हैं, उन्हें अख़बार में आना बहुत पसन्द है। लेकिन ये किस नेता के साथ नहीं है? मोदी फिर भी अलग थे। उन्होंने कभी भी ख़बर को थोपा नहीं। उनके पास इतने तथ्य और सन्दर्भ थे कि कोई भी ख़बरनवीस उनको इग्नोर नहीं कर सकता था। बिहार बीजेपी में शायद वे अकेले ऐसे व्यक्ति थे जो किसी ख़बर की तह तक जाने में किसी पत्रकार से ज़्यादा मेहनत करते थे। मैं उन्हें 'राजनीतिज्ञ संवाददाता' कहता था। उन्होंने शायद अपने आप को हमेशा अंडरस्टिमेट किया। वे समन्वयवादी थे, एकदम मध्यम मार्गी। नीतीश कुमार और उनमें सिर्फ़ एक ही अन्तर था, नीतीश कुमार ने अपनी वाक्पटुता और तर्क के सुन्दर संयोजन से राष्ट्रीय राजनीति में जगह बनायी, सुशील मोदी तथ्य के मामले में नीतीश कुमार से आगे थे, लेकिन अपना अधिक प्रदर्शन नहीं करते थे। उनकी सौम्यता ही शायद उनकी सबसे बड़ी कमज़ोरी थी।

जब गंगा के जनार्दन घाट पर सुशील मोदी को मुखाग्नि दी जा रही थी तो मुझे 2021 का कोरोना काल याद आ गया। मेरे पिता संजय प्रसाद सिंह पटना के एक अस्पताल में छह दिन के संघर्ष के बाद गुज़र गये। बदहवासी में कई लोगों को मैंने फ़ोन किया। लेकिन जवाब सिर्फ़ सुशील मोदी का आया।

उन्होंने इस प्रलय काल में मेरे पिता की अन्तिम विदाई के लिए समाजसेवी मुकेश हिसारिया को ज़िम्मेवारी सौंपी और नियमों को शिथिल करते हुए मुझे अपने पिता को मुखाग्नि देने की इजाज़त दिलवायी। प्लास्टिक बैग में बन्द पिता का शरीर मुझे कचोट रहा था। अगर उन्हें मुखाग्नि नहीं दे पाता तो जीवन भर का सन्ताप रहता। मोदी ने मुझे इस सन्ताप से बचा लिया। उनका मानवीय पक्ष इतना सबल था कि आज मैं पत्रकार और राजनीतिज्ञ के अन्त:सम्बन्धों के संवाद और विवाद से ऊपर उठकर सुशील मोदी के प्रति अपनी कृतज्ञता ज़ाहिर करता हूँ।

भारतीय जनसंघ से भारतीय जनता पार्टी की अब तक की यात्रा में बिहार भाजपा के तीन महत्त्वपूर्ण स्तम्भ हुए। कैलाशपति मिश्र तो संस्थापक ही थे। उनके बाद लालमुनि चौबे ने कमान सँभाली और उसके बाद सुशील कुमार मोदी ने। तीन नेताओं के साथ सशक्त टीमें भी थीं।

सुशील मोदी बिहार बीजेपी में सत्ता हस्तान्तरण को रेखांकित करते हैं। सुशील मोदी के समय में ओबीसी और इबीसी नेताओं, जैसे नन्द किशोर यादव और प्रेम कुमार, को संगठन और सरकार में तवज्जो दी गयी। ये सुशील मोदी ही थे जिन्होंने बीजेपी के द्वारा जननायक कर्पूरी ठाकुर के जन्मदिवस मनाने की योजना पर काम किया। आज देखिए कैसे बीजेपी कर्पूरी ठाकुर की राजनीतिक विरासत को अपनाने की होड़ में जुटी है। जननायक कर्पूरी ठाकुर को नरेन्द्र मोदी सरकार ने 2024 में 'भारत रत्न' से नवाज़ा। जिस समावेशी राजनीति करने का प्रयास आज भाजपा कर रही है, उसका भान सुशील मोदी को 1998-2000 में ही हो गया था।

सुशील मोदी के कई पक्ष हैं। अखिल भारतीय विद्यार्थी परिषद के कार्यकर्ता के रूप में, जेपी आन्दोलन के प्रखर सेनानी के रूप में और राष्ट्रीय स्वयंसेवक संघ के कार्यकर्ता के रूप में। 1990 में सुशील मोदी पहली बार पटना के कुम्हरार से विधायक बने और इस सीट से लगातार तीन बार प्रतिनिधित्व किया। लेकिन जब-जब अपनी लकीर बड़ी करने की बारी आयी, सुशील मोदी चुप रहे। यशवन्त सिन्हा जब भाजपा में आये तो 1995 में बिहार विधानसभा में प्रतिपक्ष के नेता बने। सुशील मौन रहे। 2000 में बिना बहुमत होते हुए राष्ट्रीय जनतांत्रिक गठबन्धन ने बिहार में सरकार बनाने का दावा

किया तो सुशील मोदी को आगे नहीं करके सहयोगी जेडीयू के नेता नीतीश कुमार को आगे किया गया। सुशील फिर चुप रहे। यही वो साल था जब सुशील मोदी नम्बर टू हो गये और नीतीश कुमार के समक्ष ताउम्र नम्बर टू ही रहे।

सुशील मोदी ने मुझे बताया था कैसे 2000 में महज़ सात दिन के लिए मुख्यमन्त्री बनने के कारण बिहार की राजनीति में नीतीश कुमार की लकीर बड़ी हो गयी। और सुशील हमेशा डिप्टी सीएम रह गये। ये वही सुशील मोदी थे जिन्होंने 2005 के अक्टूबर में हुए विधानसभा चुनाव के दौरान नीतीश कुमार को एनडीए का मुख्यमन्त्री चेहरा घोषित किया।

सुशील मोदी की दूसरी बड़ी भूमिका विपक्ष के नेता के तौर पर थी जब उन्होंने लालू प्रसाद और राबड़ी देवी सरकार के दौरान हुए भ्रष्टाचार की पोल खोली। चारा घोटाले के पाँच शिकायतकर्ता में सुशील मोदी भी शामिल थे। मोदी के पास घोटालों पर इतना शोध था कि उन्होंने 'लालू लीला' नाम से एक किताब ही लिख डाली। लालू प्रसाद भले ही सार्वजनिक तौर पर सुशील मोदी को हल्के में लेते थे, लेकिन वे जानते थे सुशील मोदी राजद के ख़िलाफ़ वन मैन आर्मी थे। साल 2016 में उजागर हुए IRCTC घोटाले के पीछे सुशील मोदी द्वारा बुलायी गयी 48 प्रेस वार्ताएँ थीं। जो काम नरेन्द्र मोदी 2015 के विधानसभा चुनाव में नहीं कर पाये (तब लालू और नीतीश साथ आ गये थे और 243 में से 178 सीटें जीत ली थीं और भाजपा महज़ 53 सीटों पर सिमट गयी थी), वो काम सुशील मोदी ने 2017 में सत्ता पलट करके करवा दिया था। राजद ने कभी इस प्रबल प्रतिद्वन्द्वी के ख़िलाफ़ व्यक्तिगत हमला नहीं बोला। राजद के नेता तो सुशील मोदी से भयाक्रान्त रहते थे। इलियास हुसैन जिनका नाम अलकतरा घोटाले में आया था जब एक बार मोदी से मिले तो कहा, "अब तो बख्श दो, महाराज।"

सुशील मोदी की राजनीति अगर बिहार केन्द्रित ही रह गयी तो उसमें से उनका 'द इंडियन एक्सप्रेस' को 2012 में दिया हुआ एक इंटरव्यू था जिसमें एक प्रश्न के जवाब में मोदी ने कहा था, "नीतीश पीएम मटेरियल है।" ये इंटरव्यू उन्हें बहुत भारी पड़ा। उस समय गुजरात के मुख्यमन्त्री नरेन्द्र मोदी राष्ट्रीय राजनीति में दस्तक दे रहे थे। जब नरेन्द्र मोदी राष्ट्रीय फलक पर आये,

सुशील मोदी बिहार में ही सीमित रह गये। जहाँ उनके कमतर सहयोगी केन्द्र में मन्त्री बन गये, सुशील मोदी को कुछ ख़ास हासिल नहीं हो पाया। लेकिन इस पर भी उन्होंने कभी नहीं बोला। एक टीस ज़रूर थी। मुझसे कभी-कभी कहते थे, "यह आपके इंटरव्यू का ही कमाल है।" लेकिन कभी भी मुझसे उन्होंने कोई शिकायत नहीं की।

सुशील मोदी का एक और महत्त्वपूर्ण योगदान था नीतीश कुमार के साथ गठबन्धन की राजनीति की एक अनोखी शैली का परिचय देना। हालाँकि वे 1974 के जेपी आन्दोलन में नीतीश से बड़ा चेहरा थे, उन्होंने 2000 में अपना राजनीतिक क़दम पीछे खींच लिया, जब नीतीश कुमार केवल सात दिनों के लिए मुख्यमन्त्री बने थे। सुशील मोदी ने याद किया कि कैलाशपति मिश्र ने नीतीश को नेता बनाने के विचार का कड़ा विरोध किया था, उनका मानना था कि अगर भाजपा शीर्ष पद नीतीश को देगी तो वह अपना नेतृत्व कभी विकसित नहीं कर पायेगी। हालाँकि, पार्टी को लालू प्रसाद को हराने के लिए गठबन्धन की राजनीति के साथ समझौता करना पड़ा। 2005 के विधानसभा चुनावों के दूसरे चरण के दौरान, अरुण जेटली के समर्थन से सुशील मोदी, नीतीश को मुख्यमन्त्री पद के उम्मीदवार के रूप में घोषित करने वाले पहले व्यक्ति थे।

नीतीश कुमार एक उपमुख्यमन्त्री होने को लेकर आशंकित थे, उनका कहना था कि इससे 'दो सत्ता केन्द्र' बन सकते हैं। शरद यादव और अरुण जेटली ने उन्हें सुशील मोदी की नियुक्ति के लिए मना लिया। सुशील मोदी अक्सर 'शान्त और समझौतावादी' कहे जाने पर ख़ुद का बचाव करते हुए कहते थे कि जब हम सरकार में होते हैं, तो हमारे लोग मन्त्री और अन्य महत्त्वपूर्ण पदों पर आसीन हो सकते हैं और अन्ततः केन्द्रीय नेतृत्व पार्टी के मामलों में अन्तिम निर्णय लेता है।

सुशील मोदी जब सरकार में आये तो लोगों ने उनका प्रशासनिक कौशल भी देखा। वित्तीय प्रबन्धन में मोदी का कोई शानी नहीं था। 2005 से 2013 और फिर 2017 से 2020 तक उपमुख्यमन्त्री के रूप में उनका कार्यकाल एक महत्त्वपूर्ण समय के रूप में देखा जायेगा। सुशील मोदी बिहार के जानेमाने अर्थशास्त्री शैबाल गुप्ता से बहुत प्रभावित थे।

राष्ट्रीय स्तर पर सुशील मोदी को पहचान तब मिली जब वे जुलाई 2011 से जून 2013 के बीच में एंपावर्ड कमेटी ऑफ़ स्टेट फाइनेंस मिनिस्टर्स के चेयरमेन रहे। जून 2017 और नवम्बर 2020 के बीच में जीएसटी काउंसिल के सदस्य और जीएसटी काउंसिल ग्रुप ऑफ़ मिनिस्टर्स के संयोजक भी बने। मोदी पूर्व वित्त मन्त्री अरुण जेटली के बहुत बड़े विश्वासपात्र रहे। मोदी ने जीएसटी समझने के लिए बहुतेरे फाइनेंस एक्सपर्ट से क्लास लिया था। अरुण जेटली, सुशील मोदी की किताब, 'बीच समर में' (प्रभात प्रकाशन, 2015) की प्रस्तावना में लिखते हैं : "अपने लम्बे संसदीय जीवन में सुशील मोदी ने विधानसभा में कई मुद्दे तार्किक ढंग से उठाये। बिहार जैसे पिछड़े राज्य के बँटवारे से सम्बन्धित प्रस्ताव पर तत्कालीन राज्य सरकार के दोहरेपन और असमंजस पर उनका प्रहार अद्भुत रहा है। यह एक भाषण न रहकर छोटे राज्यों के विकास का गम्भीर दृष्टिकोण पत्र बन गया है।"

अन्त में मुझे सुशील मोदी के छोटे पुत्र अक्षय अमृतांशु की बात बरबस याद आती है जब उन्होंने अपने पिता को श्रद्धांजलि देते हुए कहा था, "मेरे पिता ने मुझे और मेरे बड़े भाई उत्कर्ष तथागत पर कुछ नहीं थोपा, यहाँ तक कि अपना उपनाम भी नहीं।" मोदी को 2025 में भारत सरकार ने मरणोपरान्त 'पद्म भूषण' से नवाज़ा। उनकी राजनीति से कोई शिकायत नहीं थी। जैसे-जैसे समय बीतेगा, लोग सुशील मोदी को भी कैलाशपति मिश्र के श्रेणी में देखेंगे। बिहार के एक सुशील और समन्वयवादी नेता के रूप उन्हें याद किया जाता रहेगा।

## 1990 में भाजपा

बिहार में भारतीय जनता पार्टी का सबसे बुरा दौर 1980 से 1985 के बीच रहा, जब कांग्रेस सत्ता में वापस आयी और इन्दिरा गांधी की हत्या के बाद सहानुभूति लहर में कांग्रेस को 415 लोकसभा सीटें मिलीं। भाजपा केवल दो सीटें ही जीत सकी। भाजपा का पुनरुत्थान अयोध्या आन्दोलन से शुरू हुआ, जो मंडल आयोग आरक्षण आन्दोलन के समानान्तर चला। राष्ट्रीय राजनीति का असर बिहार में भी दिखा। भाजपा ने 1990 में 39 विधानसभा सीटें जीतीं और लालू प्रसाद को बाहर से समर्थन दिया। 1989 के भागलपुर दंगों ने

कांग्रेस के ताबूत में आख़िरी कील ठोंक दी और मुस्लिम मतदाता जनता दल में चले गये, जिससे लालू प्रसाद का राजनीतिक आधार काफ़ी मज़बूत हुआ। भाजपा ने मंडल आयोग की सिफ़ारिशों को लागू करने का मौन विरोध किया, जिसके कारण अगड़ी जातियों के वोट भी कांग्रेस से हटकर भाजपा की ओर जाने लगे। यहाँ तक कि भारतीय जनसंघ के कुछ विधायकों ने भी कर्पूरी ठाकुर के आरक्षण फॉर्मूले का विरोध किया था, हालाँकि पार्टी ने आधिकारिक तौर पर कोई स्टैंड नहीं लिया था। इसलिए, भाजपा अपने जनसंघ के दिनों से ही उच्च जाति के वोटों को साधने के लिए काम कर रही थी, ठीक उसी तरह लालू प्रसाद पिछड़े समुदाय के वोट को लामबन्द करने में जुटे थे।

सुशील मोदी ने कहा था, "बिहार भाजपा के लिए एक और मील का पत्थर 1995 के विधानसभा चुनाव के बाद मुख्य विपक्षी दल के रूप में उभरना था, भले ही उसे पिछले विधानसभा चुनाव से महज़ दो सीटें ज़्यादा मिली हों।" भाजपा को इस चुनाव में 41 सीटें मिली थीं। ऐसा इसलिए हुआ क्योंकि कांग्रेस का वोटबैंक काफ़ी कम हो गया था। और अचानक, भाजपा की लोकप्रियता बढ़ गयी थी। मीडिया ने उसे मुख्य प्रतिद्वन्द्वी के रूप में अधिक कवरेज देना शुरू कर दिया। यशवन्त सिन्हा विपक्ष के नेता बन गये और विधानसभा में सत्तारूढ़ सरकार पर प्रभावी ढंग से हमला किया। इसके बाद की घटनाओं (जिसमें लालू प्रसाद चारा घोटाले में उलझे) ने भाजपा को उभरने का पहला बड़ा मौक़ा दिया।

सुशील मोदी बताते थे, "जब मैं विपक्ष का नेता बना तो मैंने कर्पूरी ठाकुर की तरह ही घटनास्थलों का दौरा करना शुरू किया। इससे आम जनमानस को हमारी उपस्थिति का अहसास हुआ और लोगों ने हमारे प्रयासों को सराहना शुरू किया।"

नीतीश कुमार, जिन्होंने जॉर्ज फर्नांडीस के साथ मिलकर समता पार्टी बनायी थी, 1995 के चुनावों में केवल सात सीटें जीत सके। इस चुनाव परिणाम से समता पार्टी के खेमे में निराशा थी। नीतीश गठबन्धन-राजनीति की तलाश में थे। बिहार भाजपा को भी अपने समर्थन को व्यापक बनाने के लिए किसी ओबीसी चेहरे की ज़रूरत थी। बाद के चुनाव में नीतीश ने ग़ैर-यादव

ओबीसी का समर्थन हासिल किया। ख़ास तौर पर कोयरी-कुर्मी समुदाय ने नीतीश कुमार का खुलकर समर्थन किया।

2000 के विधानसभा चुनावों में, भाजपा ने समता पार्टी, लोजपा, आनन्द मोहन की बिहार पीपुल्स पार्टी और शरद यादव की जनता दल (यूनाइटेड) के साथ गठबन्धन किया। यह गठबन्धन बहुमत का आँकड़ा पाने में असफल रहा, इसके बावजूद नीतीश कुमार ने महज़ सात दिनों के लिए मुख्यमन्त्री पद की शपथ ली। बाद में जब बहुमत साबित नहीं कर पाये तो इस्तीफ़ा दे दिया।

कांग्रेस ने राबड़ी देवी को समर्थन दे दिया, और वे मुख्यमन्त्री बनीं। यह राजनीतिक अवसरवाद का सबसे बुरा दौर था, कांग्रेस ने इस चुनाव में कुल 23 सीटें जीती थीं। राबड़ी देवी की सरकार में 22 कांग्रेसी विधायक मन्त्री बनाये गये और एक विधायक को विधानसभा अध्यक्ष बनाया गया।

झारखंड के विभाजन ने भाजपा को राज्य में सरकार बनाने का एक और मौक़ा दिया। इसका असर बिहार में भी पार्टी के विकास पर पड़ा। भाजपा ने 2010 के विधानसभा चुनावों में नीतीश के साथ मिलकर मुस्लिम वोट हासिल किये। यह एक अभूतपूर्व घटना थी और इसने साबित कर दिया कि सुशासन कई बार पूर्वाग्रह पर भारी पड़ सकता है। बिहार भाजपा ने राष्ट्रवाद का मुद्दा तब तक नहीं उठाया जब तक नरेन्द्र मोदी का राष्ट्रीय राजनीति में उदय नहीं हो गया।

जून 2013 में एनडीए के विभाजन के बाद, नरेन्द्र मोदी ने पटना के गांधी मैदान में हुंकार रैली को सम्बोधित किया और नीतीश कुमार पर निशाना साधा। मोदी ने कुछ निजी बातचीत का भी ज़िक्र करते हुए नीतीश कुमार से पूछा कि अगर नीतीश आज साम्प्रदायिकता का आरोप लगाकर एनडीए से अलग हो गये, तो यह काम उन्होंने 2002 के बाद ही क्यों नहीं किया? बाद में नीतीश कुमार ने भी राजगीर में मोदी पर जवाबी हमला करते हुए उन्हें 'हिटलर' तक कह डाला। 2014 के लोकसभा चुनाव के दौरान मोदी-नीतीश की ज़ुबानी जंग जारी रही। जैसे-जैसे लोकसभा चुनाव आगे बड़ा, एनडीए मज़बूत होता गया। रामविलास पासवान, यूपीए का दामन छोड़कर एनडीए का हिस्सा हो गये। कभी नीतीश कुमार के क़रीबी रहे, उपेन्द्र कुशवाहा भी एनडीए में शामिल हो गये। कुशवाहा ने नीतीश के कुर्मी-कोयरी वोट बैंक में भी सेंध लगाया।

लेकिन साल 2015 के बिहार विधानसभा चुनाव में राजनीति ने करवट बदली। बिहार में लालू, नीतीश और कांग्रेस का एक मज़बूत महागठबन्धन बना। इस चुनाव में प्रशान्त किशोर ने महागठबन्धन के लिए चुनावी रणनीति बनायी थी। जिसका ज़िक्र वो बार-बार करते हैं।

बिहार चुनाव में अहम मोड़ तब आया जब आरएसएस प्रमुख मोहन भागवत ने 'आरक्षण की समीक्षा' को लेकर बयान दिया। इस बयान ने बिहार की राजनीति में भूचाल ला दिया। चुनाव भाजपा के हाथ से निकलकर लालू-नीतीश के गठबन्धन के पाले में चला गया। ओबीसी और इबीसी दोनों समुदाय आरक्षण वाले मुद्दे को लेकर महागठबन्धन की ओर लामबन्द हो गये।

तेजस्वी के राजनीतिक सलाहकार संजय यादव बताते हैं, "मैं इंटरनेट पर ख़बरें देख रहा था, तभी मैंने मोहन भागवत द्वारा आरक्षण पर दिया गया बयान पढ़ा। मैं भागता हुआ लालू जी के पास गया और बयान की जानकारी दी। यह सुनते ही लालू जी कुर्सी से उछल पड़े और मोदी पर निशाना साधते हुए तुरन्त एक बयान जारी कर दिया।"[14]

इधर बिहार में चुनाव हो रहा था उधर प्रधानमन्त्री मोदी विदेश यात्रा पर थे। जब मोदी चुनाव प्रचार के लिए लौटे तब तक बहुत देर हो चुकी थी। मोदी ने चुनाव प्रचार के दौरान अपने चाय वाले की छवि को बार-बार जनता के सामने उकेरने की कोशिश की, लेकिन कामयाब नहीं हो पाये। अपनी विदेश यात्रा से ठीक पहले उन्होंने भागलपुर में तीन लाख से ज़्यादा लोगों की एक बड़ी रैली को सम्बोधित किया था। विदेश से लौटने के बाद मोदी ने बांका और बक्सर में चुनावी रैली को सम्बोधित किया लेकिन तब तक बीजेपी चुनाव हार चुकी थी। 2015 के चुनाव परिणाम ने यह साबित कर दिया कि अगले कुछ वर्षों तक नीतीश, बिहार की राजनीति की धुरी रहने वाले हैं।

2020 के विधानसभा चुनाव में कुछ ऐसा ही हुआ। महागठबन्धन के लाख कोशिशों के बाद भी जेडीयू 43 सीट जीतने में सफल हुई। नीतीश फिर से बिहार के मुख्यमन्त्री बने। 2022 में नीतीश ने पाला बदला और राजद के साथ चले गये। 2024 आते-आते नीतीश फिर एनडीए का हिस्सा हो गये। नीतीश, अपनी राजनीति को प्रासंगिक बनाने के लिए अपने हिसाब से दलों का समर्थन लेते रहे और साथ छोड़ते रहे।

राजदीप सरदेसाई अपनी किताब, '2019 : हाउ मोदी वन इंडिया' में लिखते हैं :

"बालाकोट की घटना ने बीजेपी को वोटर तक पहुँचने के लिए एक भावनात्मक वजह को उपलब्ध कराया। 2019 का लोकसभा चुनाव राष्ट्रवाद के मुद्दे पर लड़ा गया, पूरे चुनाव के दौरान विपक्ष हाशिए पर रहा, और जब चुनाव परिणाम आया तो बीजेपी ने 303 सीटों पर जीत हासिल की। यह एक बड़ा बहुमत था, जिसके कारण 2019 से 2024 तक बीजेपी ने कई बड़े फैसले लिए।"[15]

लेकिन 2024 का लोकसभा चुनाव पिछले चुनाव से एकदम अलग रहा। इस चुनाव में भाजपा ने 400 पार का नारा तो दिया था लेकिन हक़ीक़त कुछ और थी। परिणाम भाजपा के पक्ष में नहीं आया और वह अकेले दम पर बहुमत भी नहीं हासिल कर सकी। सरकार चलाने के लिए उसे अपने एनडीए के अन्य सहयोगी दलों पर निर्भर होना पड़ा। नीतीश कुमार और चन्द्र बाबू नायडू एनडीए के सबसे बड़े सहयोगी दल के रूप में उभरे।

## ब्रिटिश भारत की विभाजनकारी राजनीति

हमारा इतिहास ब्रिटिश हुकूमत की विभाजनकारी नीतियों से दाग़दार है। अंग्रेज़ों ने ही सबसे पहले अपने कारतूसों में सूअर और अन्य जानवरों की चर्बी का इस्तेमाल किया, जिसके कारण 1857 की क्रान्ति हुई लेकिन प्लासी और बक्सर की लड़ाई आम जनता की लड़ाई बन ही नहीं पायी जिसके कारण आज़ादी की पहली लड़ाई कामयाब नहीं हो पायी।

1859 में, अंग्रेज़ किसानों के पक्ष में किराया अधिनियम लाये। यह किसानों को ज़मींदारों के ख़िलाफ़ खड़ा करने का पहला प्रयास था। 1872 में, अंग्रेज़ सम्पत्ति का अधिकार अधिनियम लाये, जिसे अन्यथा लागू नहीं किया जा सकता था। 1885 में, बिहार काश्तकारी अधिनियम लागू हुआ और इसके तहत सर्वेक्षण 1918 तक जारी रहा। पहला जनसंख्या सर्वेक्षण 1868 में शुरू हुआ और 1872 में जाति और धर्म के आधार पर जनगणना की गयी। इन क़ानूनों के माध्यम से अंग्रेज़ों ने भारतीयों को जाति और धर्म के आधार पर बाँटने की कोशिश की और कुछ हद तक कामयाब भी हुए।

स्वामी दयानन्द सरस्वती ने हिन्दू और मुसलमानों को एकजुट करने के उद्देश्य से आर्य समाज की स्थापना की। बैल आधारित कृषि अर्थव्यवस्था में सरस्वती ने गायों को जोड़ा और इस बात पर ज़ोर दिया कि गायों और बैलों को नहीं मारा जाना चाहिए। 1881 में सरस्वती ने इस क़दम के समर्थन में लगभग 50 लाख हस्ताक्षर भी करवाये। लेकिन इसी समय 1882 में कानपुर में दंगा होता है और पहली बार साम्प्रदायिकता का क्रूर स्वरूप सामने आता है। 1886 के बाद, कई साम्प्रदायिक दंगे हुए, 1920 से 1925 के बीच का समय सबसे ख़राब दौर था। ब्रिटिश सरकार ने एक परिपत्र जारी कर कहा कि गोहत्या अवैध है। यहीं से गाय साम्प्रदायिक राजनीति की प्रतीक बनती गयी। बाद के वर्षों में ब्रिटिश सरकार ने भाषा को विभाजन का नया हथियार बनाया।

सीपीएम नेता रामदेव वर्मा, जो लेखक और शोधकर्ता हैं, बताते हैं, "बंगाल सामाजिक स्वतन्त्रता और अन्य प्रकार के आन्दोलनों का केन्द्र बिन्दु रहा। लेकिन अंग्रेज़ों द्वारा विभाजन का पहला दंश बंगाल ने ही झेला। बंगाल के विभाजन से देश में राष्ट्रवादी आन्दोलन का उभार हुआ।"

यह बात सच है कि यह आन्दोलन हिन्दू बहुसंख्यक केन्द्र में रहा। अरविन्दो ने 'भारत माता' जैसे शब्दों की परिकल्पना की और यह भी कहा कि भारत माता की प्रतिमा को जगह-जगह स्थापित किया जाना चाहिए।[16]

बाद के दिनों में देश में साम्प्रदायिक विभाजन बढ़ता ही गया। 20वीं सदी के शुरुआती दशक में हिन्दू महासभा और मुस्लिम लीग जैसे संगठनों का उदय हुआ। अरविन्दो की विचारधारा को पहले हिन्दू महासभा ने अपनाया और बाद के दिनों में आरएसएस ने।

इतिहासकार मुशीरुल हसन कहते हैं, "गांधी ने 'यंग इंडिया' में लिखा था कि गोरक्षा से दूसरे जानवरों की भी रक्षा होती है और हिन्दुत्व की भलाई भी होती है। जब मोहम्मद अली ने गांधी जी को गाय भेंट की थी, तो गांधी जी ने लिखा था, "तुम मेरे लिए भाई से कम नहीं हो। मैंने वह गाय देखी है। मेरा बिस्तर ऊँचा किया गया है ताकि मैं गाय को नियमित रूप से देखूँ। किस प्रेम ने तुम्हें ऐसा करने के लिए प्रेरित किया! तुम दोनों (शौकत और मोहम्मद) का मेरे साथ जो रिश्ता है वह अटूट है। यह हिन्दू और मुसलमान समुदाय के बीच

का भी अटूट बन्धन है। हम चाहते हैं कि लोगों का कल्याण हो और मानवता का नया रास्ता तैयार हो। यक़ीनन ईश्वर महान है।"[17]

हसन लिखते हैं कि गोहत्या के ख़िलाफ़ गांधी की अपील पटना के फुलवारीशरीफ में काम आयी, जहाँ मुसलमानों ने गोमांस खाना बन्द कर दिया था और केन्द्रीय ख़िलाफ़त समिति के प्रमुख सेठ छोटानी ने बम्बई में बकरीद में सैकड़ों गायों की जान बचायी थी।[18]

कांग्रेस ने ख़िलाफ़त आन्दोलन का समर्थन करके मुस्लिम तुष्टीकरण करने की कोशिश की, जिसके कारण लाला लाजपत राय और केबी हेडगेवार जैसे कई कांग्रेसियों का कांग्रेस से मोहभंग हो गया। राय नहीं चाहते थे कि धार्मिक भावनाओं का इस्तेमाल राजनीति में हो, वे गांधी के विचार से भी असहमत थे। इन्हीं कारणों से 1924 में उन्होंने कांग्रेस से इस्तीफ़ा दे दिया।

कांग्रेस ने हिन्दू महासभा के साथ भी रिश्ते तब तक बनाये रखे जब तक उसे महासभा की ज़रूरत थी। 1937 के प्रान्तीय चुनाव में जब कांग्रेस ने जीत हासिल किया और महासभा का प्रदर्शन अच्छा नहीं रहा तो कांग्रेस ने महासभा से अपना रिश्ता तोड़ लिया। और कांग्रेस कार्यकर्ताओं की दोहरी सदस्यता पर भी रोक लगा दी गयी। 28 दिसम्बर 1927 को कांग्रेस ने मद्रास में अपने 42वें अधिवेशन में इस फ़ैसले को पूर्णतः अपनाया।

शान्तनु गुप्ता अपनी पुस्तक, 'बीजेपी : पास्ट, प्रेजेंट एंड फ्यूचर' में लिखते हैं : "20वीं सदी के शुरुआती दौर में कांग्रेस और हिन्दू महासभा के बीच अन्तर स्पष्ट नहीं था। कई सदस्यों की दोहरी सदस्यता थी, यानी कई नेता दोनों संगठनों के सक्रिय सदस्य थे। उदाहरण के लिए, पण्डित मदन मोहन मालवीय 1909 और 1918 में भारतीय राष्ट्रीय कांग्रेस के अध्यक्ष थे और उन्हीं वर्षों में हिन्दू महासभा में भी सक्रिय थे। वास्तव में, उन्होंने कांग्रेस के भीतर हिन्दू हितों की आवाज़ के रूप में काम किया। स्वशासन और अविभाजित भारत, कांग्रेस और हिन्दू महासभा दोनों के लिए केन्द्रीय विषय थे। गोकरन नाथ मिश्रा, हृदय नाथ कुंजरू, गौण शंकर मिश्रा, शिवप्रकाश गुप्ता और ईश्वर सरन जैसे कई कांग्रेस नेता हिन्दू महासभा में भी सक्रिय थे। वास्तव में, अगस्त 1923 में जब मालवीय ने वाराणसी में महासभा सत्र

को पुनर्जीवित किया, तो मुख्यधारा के कांग्रेस नेता जवाहरलाल नेहरू, राजेन्द्र प्रसाद, पुरुषोत्तम दास, भगवान दास और घनश्याम दास बिरला ने इस सत्र में भाग लिया, और 1924 में, मालवीय ने फिर से बेलगाम में कांग्रेस स्थल पर आयोजित हिन्दू महासभा सत्र की अध्यक्षता की, जिसमें महात्मा गांधी के अलावा कोई और शामिल नहीं हुआ था।[19]

वीडी सावरकर भी हिन्दू महासभा से जुड़े एक प्रसिद्ध राजनीतिक कार्यकर्ता थे। सेलुलर जेल से जुड़ी सावरकर की कई कहानियाँ हैं, साथ ही उनके माफ़ीनामे की भी अलग-अलग व्याख्या होती है। सावरकर जितने इतिहासकारों के पसन्दीदा विषय हैं, उतने ही राजनेताओं के भी। विपक्ष के नेता राहुल गांधी आये दिन सावरकर का नाम लेकर सत्ता पक्ष पर निशाना साधते रहते हैं।

शान्तनु गुप्ता जैसे नये इतिहासकार का मानना है कि वामपन्थी और लिबरल इतिहासकारों ने सावरकर की ग़लत व्याख्या की है।

एजी नूरानी बताते हैं कि कैसे सावरकर को 4 जुलाई 1911 को अंडमान की सेलुलर जेल में लाया गया, उसी साल सावरकर ने ब्रिटिश सरकार से क्षमादान की गुहार लगायी। उन्होंने जो माफ़ीनामे के लिए पत्र लिखा, उसकी चर्चा भी बहुत होती है। सेलुलर जेल में रहते हुए सावरकर का विचार बदलने लगा। जेल में रहते हुए उन्होंने आरएसएस की बाइबिल कहे जाने वाली किताब 'एसेंशियल्स ऑफ़ हिन्दुत्व' लिखी। जब सावरकर जेल से रिहा हुए उसके बाद 1923 में इस किताब का प्रकाशन किया गया।[20]

शान्तनु गुप्ता, सावरकर की वीरता का बखान करते हुए कहते हैं, "दुनिया भर में भारत की आज़ादी को एक विमर्श बनाने में सबसे पहला नाम सावरकर का ही आता है। अगस्त 1907 में, सावरकर ने जर्मनी के स्टटगार्ट में 1907 के अन्तर्राष्ट्रीय सोशलिस्ट कांग्रेस में भारत का प्रतिनिधित्व करने के लिए मैडम कामा और सरदार सिंह राणा को भेजा। तमाम विरोध के बावजूद भीखाजी रुस्तम कामा ने भारत पर प्रस्ताव पेश किया और इतिहास में पहली बार वैश्विक मंच पर भारत की स्वतन्त्रता का झंडा फहराया। कामा के झंडे को सावरकर और कृष्ण वर्मा ने डिजाइन किया था। हरा, पीला और लाल क्षेत्र क्रमशः इस्लाम, हिन्दू धर्म और बौद्ध धर्म का प्रतिनिधित्व करते थे। अर्धचन्द्र

और सूरज भी इस्लाम और हिन्दू धर्म का प्रतिनिधित्व करते थे। ऊपरी पट्टी में स्थापित आठ कमल ब्रिटिश भारत के आठ प्रान्तों का प्रतिनिधित्व करते थे। झंडे के बीच में देवनागरी लिपि में वन्दे मातरम लिखा था।

शान्तनु आगे लिखते हैं, "बहुचर्चित माफ़ीनामे का इस्तेमाल अक्सर सावरकर के देशभक्ति पर संशय पैदा करने के लिए किया जाता है। वास्तव में, 1913 की उनकी याचिका के बाद, जेल में उनके रिकॉर्ड से उनकी सज़ा की गम्भीरता का पता चलता है। सावरकर ने प्रथम विश्व युद्ध के वर्षों से अपनी रिहाई के लिए ज़ोरदार प्रयास किये। दरअसल दया याचिका सावरकर की एक सोची-समझी रणनीति थी। अन्त में, अंडमान जेल में 10 साल बिताने के बाद, सावरकर और उनके भाई को 1921 में रत्नागिरि जेल में भेज दिया गया, उसके बाद 1923 में उनकी रिहाई हुई। अपनी रिहाई के बाद, उन्होंने एक छद्म नाम से लिखना शुरू किया और अपना जीवन अस्पृश्यता के ख़िलाफ़ काम करने के लिए समर्पित कर दिया, ख़ासकर दलितों के मन्दिरों में प्रवेश का मार्ग प्रशस्त करने के लिए। उन्होंने निचली जाति के लड़कों के कई जनेऊ संस्कार भी आयोजित किये थे और उनके प्रयासों की बीआर अम्बेडकर ने सराहना की थी।"[21]

सावरकर और हिन्दू महासभा 1942 के भारत छोड़ो आन्दोलन में शामिल क्यों नहीं हुए? इस कहानी का भी एक और पहलू है। सावरकर ने घोषणा की थी कि हिन्दू महासभा भारत छोड़ो आन्दोलन में कांग्रेस के साथ शामिल होगी, लेकिन कांग्रेस को मुस्लिम लीग के साथ कोई गठबन्धन नहीं करना होगा। कांग्रेस और गांधी ने उनकी शर्तों को स्वीकार नहीं किया और मुस्लिम लीग को आन्दोलन का हिस्सा बना दिया गया।

भारत छोड़ो आन्दोलन की शुरुआत में, तत्कालीन सरसंघचालक गोलवलकर को आन्दोलन में आरएसएस की भूमिका तय करनी थी। 5 अगस्त 1940 को सरकार ने एक ग़ज़ट जारी किया था। धारा 56-58 के अनुसार, सभी निजी संगठनों को सेना प्रशिक्षण देने और सेना की वर्दी पहनने से प्रतिबन्धित कर दिया गया था। दूसरा, आरएसएस की मौजूदगी तब मुम्बई प्रेसीडेंसी और मध्य प्रान्तों तक सीमित थी।

गोलवलकर क्रान्तिकारी विचारधारा को मानने वाले व्यक्ति नहीं थे। 1943 में प्रकाशित एक रिपोर्ट में गृह विभाग ने कहा कि इस बात का कोई प्रमाण नहीं है कि आरएसएस क़ानून और व्यवस्था के लिए तत्काल ख़तरा है। 1942 के भारत छोड़ो आन्दोलन के दौरान हुई हिंसा पर टिप्पणी करते हुए, बॉम्बे गृह विभाग ने कहा, "संघ ने ख़ुद को क़ानून के दायरे में रखा है, और विशेष रूप से, अगस्त 1942 में हुई अशान्ति में भाग लेने से परहेज किया है।"[22]

यह उल्लेखनीय है कि हेडगेवार ने 1930 के नमक सत्याग्रह में व्यक्तिगत रूप से भाग लिया था, और सभी शाखाओं में एक परिपत्र भेजकर स्वयंसेवकों को आन्दोलन में हिस्सा लेने के लिए कहा था। इतिहास कहता है, लाला लाजपत राय दो-राष्ट्र सिद्धान्त का प्रतिपादन करने वाले पहले व्यक्ति थे और भारत के विभाजन का सुझाव देने वाले भी पहले व्यक्ति थे। 1899 में, राय ने लिखा, "हिन्दू अपने आप में एक राष्ट्र हैं, क्योंकि वे अपनी ख़ुद की एक सभ्यता का प्रतिनिधित्व करते हैं।"

यह वाक्य विडम्बनापूर्ण रूप से राय द्वारा भारतीय राष्ट्रीय कांग्रेस के लिए हिन्दुस्तान रिव्यू में लिखे गये एक लेख में सामने आया। उनके कुछ विचारों को सावरकर के हिन्दुत्व और हिन्दू राष्ट्र सिद्धान्त में शामिल किया गया था। 11 अप्रैल 1923 को हिन्दू महासभा के अपने अध्यक्षीय भाषण में, राय ने कहा, "इस तथ्य को छिपाने का कोई फ़ायदा नहीं है कि भारतीय राष्ट्रीय कांग्रेस मुख्य रूप से एक हिन्दू संगठन है।"

सावरकर ने हिन्दू शब्द को परिभाषित करते हुए कहा, "यह निर्विवाद रूप से स्पष्ट है कि हमारे राष्ट्र और हमारे लोगों को नामित करने के लिए हमारी जाति के पूर्वजों द्वारा चुना गया पहला और लगभग पालने का नाम, सप्त सिंधु या हप्त हिन्दू है और उस समय ज्ञात दुनिया के लगभग सभी राष्ट्र हमें इसी उपनाम, सिंधु या हिन्दू से जानते थे। 'हिन्दू, एक राष्ट्र' को और अधिक परिभाषित करते हुए, उन्होंने लिखा, "सिंधु या हिन्दू जैसे साहसी लोगों की गतिविधियों को अब पंचनद या पंजाब के संकीर्ण दायरे में बन्द या सीमित नहीं रखा जा सकता था। दूर-दूर तक फैले विशाल और उपजाऊ मैदान कुछ मज़बूत और ज़ोरदार जातियों के प्रयासों को आमन्त्रित करते हुए उभरे। हिन्दुओं ने अपने परिश्रम से बंजर ज़मीन को उपजाऊ बनाया।[23]

भारतीय सन्दर्भ में, हिन्दुत्व के उभार को बहु-आस्था समाज के लिए अपमान के रूप में लिया जा सकता है। यह हिन्दू पहचान को मुखर करने का एक खुला प्रयास है। एनआरसी-सीएए-एनपीआर पर बहस चल रही है, जिसे महात्मा गांधी के परपोते तुषार गांधी "बापू को मारने के लिए तीन गोलियाँ" करार देते हैं।[24]

## ध्रुवीकरण के ज़रिये भाजपा का प्रचार

बिहार में 2018 की शुरुआत में उभरे कुछ चिन्ताजनक घटनाक्रमों पर ध्यान देना आवश्यक है। मार्च के मध्य से साल के अन्त तक, बिहार में कई साम्प्रदायिक हिंसा की घटनाएँ हुईं, जो राज्य के विभिन्न हिस्सों में फैलीं। कम से कम 11 ज़िले इन घटनाओं से प्रभावित हुए, जिनमें आगजनी, पथराव, पुलिस लाठीचार्ज और आँसू गैस के गोले शामिल थे। 'द इंडियन एक्सप्रेस' में मेरे सहयोगी दीपांकर घोष और मैंने इन घटनाओं में कुछ ऐसे पैटर्न देखे, जो एक सुनियोजित रणनीति, संगठित भीड़ और उग्र धार्मिक राजनीति की ओर इशारा करते हैं।

**दक्षिणपन्थी हिन्दू समूहों का उदय :** हाल के वर्षों में बिहार के कुछ ज़िलों, जैसे नालन्दा और शेखपुरा में हिंसा की घटनाएँ देखी गयी हैं। इन विवादों का केन्द्र रामनवमी के जुलूस रहे हैं, जिनका आयोजन पहली बार 2018 में शुरू हुआ। बिहार शरीफ़ के ज़िला मुख्यालय में पहला रामनवमी जुलूस 2019 में निकाला गया था। इसी दौरान, सिलाओ में प्रदर्शनकारियों और ज़िला प्रशासन के बीच पहली झड़प हुई।

इन दोनों ही मामलों में, बजरंग दल के नेताओं ने रामनवमी के जुलूसों के आयोजन में अपनी सक्रिय भूमिका स्पष्ट रूप से बतायी। ललित विजय, जो बजरंग दल और भारतीय जनता पार्टी (भाजपा) दोनों से जुड़े हैं और पुलिस की प्राथमिकी (एफआईआर) में आरोपी भी हैं, इस बारे में बताते हैं: "हमने पिछले साल इसकी शुरुआत की थी, और हमने केवल 50-60 सदस्यों के साथ शुरुआत की थी। अब हमारे पास 1,800 पंजीकृत सदस्य हैं। हमारे सदस्य गाँवों में जाते हैं और लोगों को हिन्दू अस्मिता (पहचान) के बारे में बताते हैं, और यह समझाते हैं कि हम किस प्रकार ख़तरे में हैं। एक साल

की कड़ी मेहनत के बाद ही हम उस मुकाम पर पहुँच पाये जब 28 मार्च को 4,000 लोग रामनवमी के जुलूस में शामिल हुए।"[25]

इन बड़े संगठनों के साथ-साथ कई छोटे संगठन भी उभरे हैं। उदाहरण के लिए, औरंगाबाद में हिन्दू सेवा समिति, समस्तीपुर में हिन्दू पुत्र संगठन, शेखपुरा और लखीसराय में हिन्दू वाहिनी और योग वेदान्त सेवा, अररिया में राम सेना, और भागलपुर एवं बांका में भगवा क्रान्ति और हिन्दू सेवा दल जैसे समूह सक्रिय हैं। ये सभी संगठन लोगों को संगठित करने और विभिन्न माध्यमों से अपने सन्देशों को फैलाने में योगदान दे रहे हैं।

## सन्दर्भ-सूची


1. BBC India correspondent Soutik Biswas's report https://www.bbc.com/news/world-asia-india-51641516?SThisFB.
2. Interview, Bihar deputy CM Sushil Kumar Modi (25 February 2020).
3. BJP national president JP Nadda talking to BJP workers in Patna on 22 February 2020.
4. Interview/ Rajesh K Thakur, principal correspondent, The New Indian Express, Bihar (15 December 2019).
5. Interview/ Former Bihar BJP IT Cell convenor, Manish Pandey (15 March 2018).
6. Interview/ Raja Babu, a BJP cyber warrior (16 March 2018).
7. Interview/ Bihar deputy CM Sushil Kumar Modi (25 January 2020).
8. Ibid.
9. Ibid.
10. Interview/ Santosh Mishra, grandson of Kailashpati Mishra (25 February 2020).
11. Ibid.
12. Ibid.
13. Interview/ Bihar deputy CM Sushil Kumar Modi (25 January 2020).
14. Interview/ Bihar leader of Opposition Tejaswi Prasad Yadav (7 May 2019).

15. 2019 : How Modi Won India, Rajdeep Sardesai, HarperCollins Publishers India.
16. Interview/ CPM leader and author Ramdev Verma (17 March 2020).
17. Bharat Mein Rashtravad Aur Sampradayik Rajniti, Mushirul Hasan, Granth Shilpi (India) Private Limited, Lakshmi Nagar, Delhi.
18. Ibid.
19. Bhartiya Janta Party, Past, Present and Future, Shantanu Gupta (Rupa Publications).
20. RSS : A Menace, AG Noorani (Leftword).
21. BJP : Past, Present and Future, Shantanu Gupta, Rupa.
22. The Brotherhood in Saffron, The Rashtriya Swayamsevak Sangh and Hindu Revivalism, Walter K Andersen and Sridhar Damle (Penguin Random House India Private Limited).
23. Essentials of Hindutva, VD Savarkar. (Sometime between 1921–22 Veer Savarkar completed his historic book Essentials of Hindutva while still in Andamans. This was later published under the pseudo name 'A Mahratta'.) http://savarkar.org/en/Encyc/2018/3/23/Download-Section.html.
24. Tushar Gandhi speaking at Patna's Gandhi Maidan on 27 February 2020.
25. Interview/ Lalit Vijay, a Bajrang Dal activist from Nalanda (17 March 2018).

# 11

# बिहार उम्मीद से है...

## नया नेता कौन?

*नीतीश कुमार ने एनडीए में जाने का बहुत पहले से ही मन बना लिया था। सृजन घोटाला भी इसका एक कारण हो सकता है।*

*चिराग पासवान ने सोनिया गांधी से दो बार मुलाक़ात की। इन मुलाक़ातों से चिराग समझ गये कि यूपीए में रहकर लोजपा कुछ ख़ास हासिल नहीं कर सकती। अन्त में उन्होंने एनडीए में शामिल होने का फ़ैसला किया।*

यह बिहार के युवा नेताओं का अध्याय है, हमने छह युवा नेताओं की चर्चा की है। तेजस्वी, चिराग, प्रशान्त किशोर, सम्राट चौधरी, निशान्त कुमार और कन्हैया कुमार इस अध्याय के मुख्य किरदार हैं। ये युवा चेहरे आने वाले दिनों में बिहार की राजनीति के सबसे बड़े खिलाड़ी हो सकते हैं।

### तेजस्वी यादव

2010 की बात है, तेजस्वी प्रसाद यादव जमशेदपुर प्रीमियर लीग, क्रिकेट मैच खेलकर पटना लौटे थे। चुनाव का समय चल रहा था। लालू प्रसाद, पटना के राजद कार्यालय में बैठे थे। 19 वर्षीय तेजस्वी जब पार्टी ऑफ़िस पहुँचते हैं तो लालू उनका परिचय मीडिया के लोगों से करवाते हैं। उसी दिन तेजस्वी पहली बार मीडिया को सम्बोधित करते हैं।

तेजस्वी यादव ने 2010 के विधानसभा चुनाव में 40 से अधिक जनसभाओं को सम्बोधित किया, जिनमें बड़ी संख्या में लोग शामिल हुए। उन्होंने अब्दुल

बारी सिद्दीक़ी, शकील अहमद ख़ान और ग़ुलाम गौस जैसे अनुभवी नेताओं के साथ मंच साझा किया। अपने छोटे बेटे की बढ़ती लोकप्रियता देखकर लालू प्रसाद बहुत ख़ुश थे।

तेजस्वी यादव ने अभी तक औपचारिक रूप से राजनीति में प्रवेश नहीं किया था। वह 2008 से 2012 तक आईपीएल में, दिल्ली डेयरडेविल्स टीम का पाँच सीजन तक हिस्सा रहे, लेकिन उन्हें कभी खेलने का मौक़ा नहीं मिला। राजद के कुछ कार्यकर्ता जो तेजस्वी के राजनीति में आने का इन्तज़ार कर रहे थे, उन्हें यह बात पसन्द नहीं आयी कि उनका नेता 12 वाँ खिलाड़ी बनकर बल्लेबाज़ों के लिए पानी की बोतलें और तौलिया ढोता रहे। उधर क्रिकेट में तेजस्वी कुछ ख़ास कर नहीं पा रहे थे, इधर बिहार में चारा घोटाले का फ़ैसला आने के बाद लालू प्रसाद की राजनीति ढलान पर थी। पार्टी को एक नये युवा की ज़रूरत थी, तेजस्वी सबसे बेहतर विकल्प थे।

राजनीतिक विश्लेषक कहते हैं कि तेजस्वी चाँदी के चम्मच के साथ पैदा हुए हैं। कुछ हद तक यह बात सच भी है, तेजस्वी का ज़्यादा समय 1, अणे मार्ग स्थित मुख्यमन्त्री आवास में ही बीता। उनके पिता और माँ दोनों बिहार के मुख्यमन्त्री रहे। बचपन से बेहद विनम्र और शान्त रहने वाला यह बच्चा समय के साथ परिपक्व होता चला गया और राजनीति का गुर सीखता गया। लालू प्रसाद ने अपने बेटे का नाम तेजस्वी इसलिए रखा क्योंकि उन्हें लगता था कि यह लड़का एक दिन प्रसिद्धि पाएगा।

वहीं तेजस्वी के बड़े भाई तेजप्रताप (तेज) बचपन में बहुत शरारती थे, वे फ़ोटो पत्रकारों को ख़ूब परेशान करते थे। वरिष्ठ फ़ोटोग्राफर अशोक सिन्हा याद करते हैं, "हर प्रेस कॉन्फ्रेंस से पहले लालू प्रसाद हम सब पत्रकारों को अपने कैमरा का ध्यान रखने के लिए कहते थे। क्योंकि कई बार तो वह कैमरा लेकर भाग जाते थे।"[1]

2012 के आरम्भ में, तेजस्वी यादव ने क्रिकेट छोड़कर सक्रिय राजनीति में आने का निश्चय किया। चारा घोटाले की सुनवाई अपने अन्तिम चरण में थी और पहले मामले में निर्णय आने वाला था। उसी समय, तेजस्वी की मुलाक़ात, हरियाणा से एमबीए और कम्प्यूटर साइंस में मास्टर्स किए संजय यादव से हुई। संजय यादव समाजवादी राजनीति में रुचि रखते थे और उत्तर प्रदेश के तत्कालीन मुख्यमन्त्री अखिलेश यादव के परिचित भी थे।

संजय यादव याद करते हैं, "हम लालू जी के 25, तुगलक रोड स्थित आवास पर लगभग चार-पाँच महीने तक प्रतिदिन पाँच से सात घण्टे साथ बिताते थे। हम समाजवादी राजनीति और तेजस्वी को अपनी राजनीतिक शुरुआत कैसे करनी चाहिए, इस पर चर्चा करते थे। उस दौरान, तेजस्वी ने अपने पिता के भाषणों के साथ-साथ कांशीराम, मायावती, जॉर्ज फर्नांडीस और अटल बिहारी वाजपेयी के उपलब्ध वीडियो भाषण को विश्लेषणात्मक ढंग से देखा। वह कांशीराम की विचारधारा से प्रभावित थे और अटल बिहारी वाजपेयी के शब्दों के चयन को पसन्द करते थे। हमने राजद की आधिकारिक वेबसाइट भी बनायी, जो राजद के संगठनात्मक ढाँचे में तकनीक की पहली शुरुआत थी।"[2]

एनएसयूआई (कांग्रेस छात्र संगठन) की तर्ज़ पर राजद ने भी युवाओं को संगठित करने की दिशा में काम करना शुरू किया। उस समय बिहार में कोई भी राजनीतिक दल युवाओं पर विशेष ध्यान नहीं दे रहा था। दिसम्बर 2012 में, राजद ने अपने युवा ज़िला अध्यक्षों की एक महत्त्वपूर्ण बैठक बुलायी। राजद के युवा प्रदेश अध्यक्ष और राष्ट्रीय अध्यक्ष, आलोक मेहता को इस अभियान में एक विशेष भूमिका सौंपी गयी। तेजस्वी यादव, उस समय राजद की मौजूदा व्यवस्था में कोई बड़ा फेर-बदल नहीं करना चाहते थे, फिर भी उन्होंने अपने लिए एक अलग पहचान बनाने का प्रयास किया। तेजस्वी ने लगभग ढाई साल तक युवा राजनीति पर ध्यान केन्द्रित किया। इस दौरान उन्होंने संगठन में कोई आधिकारिक पद नहीं लिया। तेजस्वी यादव 'युवा हृदय सम्राट' जैसे उपनामों के प्रयोग के ख़िलाफ़ थे, वे चाहते थे कि पार्टी के युवा नेता उन्हें 'युवा साथी' के रूप में सम्बोधित करें।

तेजस्वी ने पार्टी नेताओं को तकनीकी समझ विकसित करने की सलाह दी। उन्होंने सभी पार्टी नेताओं को एक मेल आईडी और अपना फ़ेसबुक अकाउंट बनाने के लिए कहा। तकनीक का पहला प्रयोग तब दिखा जब लालू यादव और तेजस्वी की यात्रा की ख़बरें पार्टी के वेबसाइट पर अपलोड की गयीं और मीडियाकर्मियों को राजद की ओर से मेल प्राप्त हुआ।

अप्रैल 2013 में, नेहरू प्लेनेटोरियम के सभागार में शिक्षा पर आयोजित एक सेमिनार के दौरान, तेजस्वी यादव ने पहली बार युवा विंग के पदाधिकारियों को सम्बोधित किया।[3] यह उनके राजनीतिक सफ़र का एक महत्त्वपूर्ण क्षण था। इसके बाद, प्रत्येक ज़िले में युवा जनसभाएँ आयोजित करने का सिलसिला शुरू किया गया। आम जन मानस को प्रतीकात्मक सन्देश देने के उद्देश्य से, तेजस्वी ने अपनी यात्रा की शुरुआत पूर्व मुख्यमन्त्री और महान समाजवादी नेता कर्पूरी ठाकुर के गृहनगर, समस्तीपुर से की। द इंडियन एक्सप्रेस के लिए पटना से समस्तीपुर तक की इस यात्रा को कवर करते हुए, मुझे इस युवा नेता की राजनीतिक बारीकियों को समझने का अवसर मिला।

10, सर्कुलर रोड स्थित अपने आवास से निकलने से पहले, तेजस्वी ने अपने बड़े भाई तेज प्रताप के पैर छुए, जो उनके जन्म प्रमाण पत्र के अनुसार उनसे उम्र में छोटे हैं। उन दिनों, तेज प्रताप की राजनीति में कोई ख़ास रुचि नहीं थी। उनके दो जुनून थे–स्पोर्ट्स बाइक चलाना और भगवान कृष्ण और भगवान शिव की भक्ति में लीन रहना। 10, सर्कुलर रोड पर अतिथि कक्ष के बग़ल में उनका पूजा कक्ष था, जहाँ उनकी धार्मिक आस्थाएँ भगवान कृष्ण से भगवान शिव की ओर परिवर्तित होती रहती थीं, और कभी-कभी दोनों के बीच सन्तुलन भी बना रहता था। उनके पूजा कक्ष में बांसुरी, शंख, करताल और रुद्राक्ष का एक समृद्ध संग्रह था। मोर पंख की क्लिप को एक विशेष स्थान दिया गया था, जो उनकी आध्यात्मिक साधना का प्रतीक था।"

तेज प्रताप को उड़ान का ख़ूब शौक़ था और उनकी इच्छा एक पायलट बनने की थी। इसी सपने को साकार करने के लिए उन्होंने पटना फ्लाइंग क्लब में दाख़िला भी लिया था। वे एक ऐसे अनोखे बच्चे का उदाहरण थे जिन्होंने मुख्यमन्त्री आवास में अपनी आँखें खोली थीं, वह भी ऐसे समय में जब उनके माता-पिता ने लगातार पन्द्रह वर्षों तक बिहार राज्य पर शासन किया था। दिलचस्प बात यह है कि तेज प्रताप का कभी भी सक्रिय राजनीति में आने का कोई इरादा नहीं था। तेज ने राजनीति में क़दम अपनी बहन के कहने पर ही रखा।

मीसा भारती, पहले राज्यसभा सांसद थीं, 2024 के लोकसभा चुनाव में पाटलिपुत्र से उन्होंने जीत हासिल की। मीसा भारती ने हमेशा दिल्ली की

राजनीति की है। वहीं, उनके भाई, तेजस्वी, अणे मार्ग स्थित मुख्यमन्त्री आवास के लिए ज़ोर-आजमाइश कर रहे हैं, जो उनके माता-पिता के वर्तमान निवास से महज़ पचास मीटर की दूरी पर है, लेकिन राजनीतिक रूप से अभी भी मीलों दूर है। राजद के एक वरिष्ठ नेता कहते हैं, "तेज प्रताप यादव पर मीसा भारती का गहरा प्रभाव है।" तेज प्रताप की पूर्व पत्नी, ऐश्वर्या राय ने सार्वजनिक रूप से मीसा पर उनके वैवाहिक जीवन में हस्तक्षेप करने और उसे तोड़ने का आरोप लगाया है। हालाँकि, मीसा ने मीडिया मंचों के माध्यम से बार-बार इन आरोपों का खंडन किया है।

तेजस्वी यादव की समस्तीपुर यात्रा उनके राजनीतिक जीवन में एक औपचारिक प्रवेश थी। इस यात्रा ने तेज प्रताप को भी एक सन्देश दे दिया कि पार्टी को उसका उत्तराधिकारी मिल चुका है। बाद के वर्षों में जब तेजस्वी ने दो दफा उपमुख्यमन्त्री की कुर्सी सँभाली तो यह कथन चरितार्थ भी हो गया। जब तेजस्वी हाजीपुर में एक स्थानीय नायक की प्रतिमा पर माल्यार्पण करने के लिए रुके, तो एक बुज़ुर्ग महिला ने उन्हें आशीर्वाद दिया और उनकी शारीरिक बनावट की तुलना उनके पिता लालू प्रसाद से करते हुए कहा, "लालूजी जइसन गोर हथिन (लालू की तरह ही गोरे हैं)।" एक अन्य पड़ाव पर, झुग्गी-झोपड़ियों से निकलकर आयी एक और बुज़ुर्ग महिला ने उन्हें आशीर्वाद दिया, और तेजस्वी ने विनम्रतापूर्वक उनके पैर छुए। कई ऐसे पड़ावों से गुज़रते हुए, गलियों-कूचों में चलते हुए और संक्षिप्त भाषण देते हुए, तेजस्वी अन्ततः समस्तीपुर पहुँचे। वहाँ उन्होंने पार्टी के संगठन में युवाओं को अधिक प्रतिनिधित्व देने की बात कही। उस समय लालू यादव केन्द्रीय रेल मन्त्री हुआ करते थे, इसलिए तेजस्वी ने बिहार के रेल को चमकाने का दावा भी किया। हालाँकि, राजद के कुछ वरिष्ठ नेताओं को यह बात रास नहीं आयी, क्योंकि एक 22 वर्षीय युवा लड़का बड़े दावे कर रहा था।

आजतक के 'सीधी बात' कार्यक्रम में राहुल कंवल के साथ अपने पहले बड़े इंटरव्यू से पहले, तेजस्वी यादव ने एक मॉक राउंड लिया और संभावित प्रश्नों के जवाबों पर विस्तार से चर्चा की। संजय यादव बताते हैं, "हर महत्त्वपूर्ण साक्षात्कार से पहले, सावधानीपूर्वक तैयारी और रोल-प्ले का अभ्यास किया जाता था, ताकि तेजस्वी हर सम्भावित प्रश्न का प्रभावी ढंग से सामना कर सकें।"[4]

तेजस्वी यादव की अगली महत्त्वपूर्ण ज़िम्मेदारी 2014 के लोकसभा चुनावों से पहले आयी, जब उन्होंने राष्ट्रीय जनता दल के प्रचार अभियान में बदलाव लाने का निर्णय लिया। उनके पिता, लालू यादव, ने केन्द्रीय रेल मन्त्री के रूप में अपने कार्यकाल के दौरान कुछ इंटरनेट और सूचना तकनीकी उपकरणों का उपयोग करना शुरू किया था। तेजस्वी ने इस अनुभव का लाभ उठाते हुए, अपने पिता को भारतीय जनता पार्टी और जनता दल (यूनाइटेड) जैसे तकनीकी रूप से मज़बूत विरोधियों से मुक़ाबला करने के लिए प्रेरित किया।

पहली बार, लालू प्रसाद के आवास पर एक 'वॉर रूम', बनाया गया। इसमें सूचना और तकनीक की समझ रखने वाले पाँच युवाओं को नियुक्त किया गया। पार्टी और राजद के वरिष्ठ नेताओं के लिए सोशल मीडिया अकाउंट बनाये गये, जिसके द्वारा डिजिटल माध्यमों के ज़रिये जनता तक पहुँचने का प्रयास किया गया।

अक्टूबर 2013 में, जब लालू प्रसाद को चारा घोटाले में दोषी ठहराया गया और जेल भेजा गया, तब तेजस्वी यादव ने 'युवा चेतना रैली' का आयोजन किया। इस रैली में उन्होंने राजनीतिक प्रतिशोध के मुद्दे को भावनात्मक रूप से उठाया, जिसने लोगों को प्रभावित किया। इस रैली के बाद पार्टी के दिग्गज नेताओं ने भी तेजस्वी को नेता के रूप में स्वीकार किया और उनकी सभाओं में भाग लेने लगे। लालू यादव चारा घोटाले के दोषी पाये जाने के कारण जेल में थे, ढाई महीने बाद ज़मानत मिलने पर लालू ने 2014 के लोकसभा चुनाव के लिए प्रचार शुरू किया। लेकिन इसी बीच तेजस्वी की लोकप्रियता बढ़ने लगी थी। प्रभुनाथ सिंह और रघुवंश प्रसाद सिंह जैसे वरिष्ठ नेताओं ने बताया कि उनके निर्वाचन क्षेत्रों में युवा भीड़ तेजस्वी यादव की जनसभाओं की माँग कर रही थी।

राम कृपाल यादव और तेजस्वी यादव के परिवार के बीच दशकों पुराना रिश्ता था। राम कृपाल और लालू प्रसाद ने लगभग तीस वर्षों तक एक साथ राजनीति की थी। उनके बेटे, जो दिल्ली में साथ रहते थे, घनिष्ठ मित्र थे। लेकिन 2014 के चुनाव में, जब राम कृपाल यादव को पाटलिपुत्र से राजद का टिकट नहीं दिया गया, तो उन्होंने लालू प्रसाद का साथ छोड़कर भाजपा का दामन थाम लिया। इस उलट-फेर ने राम कृपाल के बेटे और तेजस्वी के बीच

की दोस्ती को भी तोड़ दिया। राम कृपाल के बेटे और तेजस्वी की गहरी दोस्ती के कारण ही राम कृपाल यादव को पहले ही पता चल गया था कि पाटलिपुत्र से मीसा भारती को टिकट दिया जा रहा है। इस राजनीतिक घटनाक्रम ने दो युवा मित्रों को अलग कर दिया, क्योंकि उनके पिता राजनीतिक रूप से एक साथ नहीं रह सके।

2015 के समय में तेजस्वी के एक और सहयोगी उनके चचेरे भाई मणि यादव थे। तेजस्वी को अपनी टीम में होशियार सलाहकारों की कमी महसूस होती रही। बाद में दिल्ली विश्वविद्यालय के प्रोफ़ेसर मनोज झा जैसे लोग राजद के बुद्धिजीवी समूह का हिस्सा बने।

भागलपुर में युवा नेता बुलो मंडल (शैलेश कुमार) को टिकट दिलवाकर तेजस्वी यादव ने अपनी राजनीतिक कुशलता का परिचय दिया और भाजपा के दिग्गज सैयद शाहनवाज़ हुसैन को हराकर सबको चौंका दिया। लालू प्रसाद के जेल जाने के बाद संजय यादव ने तेजस्वी के साथ मिलकर पार्टी की कमान सँभाली। यह राजद के लिए कठिन समय था, क्योंकि लालू प्रसाद का स्वास्थ्य भी ठीक नहीं था। इस दौरान, लालू प्रसाद ने जनता परिवार के विलय के सम्बन्ध में तेजस्वी से सलाह लेनी शुरू कर दी। तेजस्वी चक्र (पहिया) चिह्न के पक्षधर थे और उन्होंने जनता दल के पुराने नारे 'जिसके हाथ में हो चक्का, उसकी जीत है पक्का' को भी याद दिलाया। 2014 के लोकसभा चुनाव के बाद, नीतीश कुमार ने राजद के साथ गठबन्धन किया और लालू प्रसाद के परिवार के साथ उनका मेलजोल बढ़ गया।

संजय यादव बताते हैं, "9 जनवरी 2015 में नीतीश कुमार ने तेजस्वी यादव को जनता दल (यूनाइटेड) के नेता पवन वर्मा के दिल्ली स्थित आवास पर एक औपचारिक बैठक के लिए आमन्त्रित किया था। तेजस्वी यादव, मनोज झा और संजय यादव लगभग दो घण्टे तक वर्मा के घर पर रहे। इस दौरान उन्होंने तत्कालीन मुख्यमन्त्री जीतन राम मांझी के साथ नीतीश कुमार के असहज राजनीतिक सम्बन्धों और भाजपा से मांझी की बढ़ती नज़दीकियों पर चर्चा की।" संजय यादव के अनुसार, यह तेजस्वी यादव के प्रति नीतीश कुमार की पहली औपचारिक स्वीकृति थी।

संजय यादव कहते हैं, "तेजस्वी एक अच्छे विद्यार्थी होने के साथ-साथ तेज़ी से सीखने वाले राजनेता हैं, जो कई चीज़ों को सीखने के लिए हमेशा तत्पर रहते हैं। वे अक्सर अपनी बड़ी बहन मीसा भारती और अपनी माँ राबड़ी देवी से भी सलाह लेते हैं। तेजस्वी हमेशा मेरिट को महत्त्व देते हैं और किसी दूसरे के द्वारा इस्तेमाल होने से बचते हैं।"

संजय यादव तेजस्वी के लिए वही काम कर रहे हैं जो काम कुछ समय पहले भोला यादव, लालू प्रसाद के लिए करते थे। लेकिन दोनों में मूल अन्तर यह था कि संजय यादव, तेजस्वी को बौद्धिकता के स्तर पर जाकर सलाह देते हैं, और आधुनिक राजनीतिक कलाबाज़ियों से अवगत भी कराते हैं। राज्यसभा सांसद और दिल्ली यूनिवर्सिटी के प्रोफ़ेसर मनोज कुमार झा भी तेजस्वी के सलाहकार है। झा राष्ट्रीय मामलों में तेजस्वी को सलाह देते हैं। ईडब्ल्यूएस आरक्षण का विरोध करने का राजद का फ़ैसला, मनोज झा का ही विचार था। प्रोफ़ेसर झा ने बातचीत के दौरान मुझसे कहा था, "राजद ने ईडब्ल्यूएस आरक्षण का विरोध करके अपने ओबीसी वोटर को एक सन्देश दिया। हालाँकि राजद के कुछ उच्च जाति के नेताओं को यह निर्णय पसन्द नहीं आया। दिग्गज नेता रघुवंश प्रसाद सिंह, लोजपा नेता वीणा सिंह से चुनाव हार गये। उन्होंने अपनी हार की ज़िम्मेदारी का मुख्य कारण राजद की ईडब्ल्यूएस आरक्षण का विरोध करना बताया था। इन सारे घटनाक्रमों में तेजस्वी के बड़े भाई तेज प्रताप की भूमिका उदासीन रही।

तेजस्वी के धैर्य और दृढ़ता की असली परीक्षा तब हुई, जब चारा घोटाले में उनके पिता लालू प्रसाद को दोषी ठहराया गया। उन्हें अपने पिता के साथ पटना से राँची जाना पड़ा, जहाँ लालू प्रसाद दो महीने से अधिक समय तक जेल में रहे। यह तेजस्वी के लिए अपनी ग़लतियों से सीखने का एक महत्त्वपूर्ण समय था। उनके पास जगदानन्द सिंह, रघुवंश प्रसाद सिंह, अब्दुल बारी सिद्दीक़ी, रामचन्द्र पूर्वे और उनकी माँ राबड़ी देवी जैसे अनुभवी नेताओं का मार्गदर्शन था, लेकिन यह दो महीने राष्ट्रीय जनता दल के लिए एक कठिन परीक्षा की घड़ी थी। इस दौरान पार्टी की राजनीतिक गतिविधियाँ लगभग ठप्प पड़ गयीं। परिवार, अदालती काग़ज़ात, अपीलों और आशाओं के बोझ तले

दबा हुआ था। जब लालू प्रसाद को ज़मानत मिली, तो दो सौ से अधिक समर्थक उनके साथ राँची से पटना तक सड़क मार्ग से आये। तेजस्वी अपने पिता की गाड़ी को चला रहे थे और उन्होंने देखा कि उनके पिता को दोषी ठहराये जाने के बावजूद कितना जनसमर्थन मिल रहा था। जबकि उनके विरोधी भ्रष्टाचार के आरोप लगाकर उन पर हमला कर रहे थे, तेजस्वी चुपचाप राजद के वोट बैंक को मज़बूत और प्रभावशाली बनाये रखने पर ध्यान केन्द्रित कर रहे थे।

'द इंडियन एक्सप्रेस' के तत्कालीन राँची संवाददाता दीपू सेबेस्टियन एडमंड, जिन्होंने लालू प्रसाद के रांची प्रवास को बारीकी से कवर किया था, अपने अनुभवों को साझा करते हुए बताते हैं कि किस प्रकार "एक पुलिस अधिकारी ने लालू के आवास पर उनके पैर धोये थे।" एडमंड का मानना है कि यदि किसी राजनेता को दोषी ठहराये जाने और उनके विरोधियों द्वारा सत्ता से बेदख़ल किये जाने के बावजूद जनता से इस प्रकार का प्यार मिलता है, तो इस लोकप्रिय नेता के दाग़दार या बेदाग होने का तथ्य राजनीतिक रूप से बहुत कम महत्त्व रखता है।"[5]

2014 के लोकसभा चुनाव में बिहार में त्रिकोणीय मुक़ाबला देखने को मिला। भारतीय जनता पार्टी और राष्ट्रीय जनता दल मुख्य प्रतिद्वन्द्वी थे, जबकि जनता दल (यूनाइटेड) तीसरे स्थान पर खिसक गया था। लालू प्रसाद ने अपने ख़िलाफ़ 'राजनीतिक प्रतिशोध' के आरोपों का कुशलतापूर्वक चुनावी उपयोग किया, लेकिन उनकी पार्टी केवल चार सीटें ही जीत सकी। फिर भी, राजद और जदयू का कुल वोट 45 प्रतिशत से अधिक था, जबकि भाजपा को 39 प्रतिशत वोट मिले थे। यहीं से एक नये गठबन्धन का बीजारोपण हुआ। नीतीश कुमार की पार्टी, जो कभी 20 सांसदों की पार्टी हुआ करती थी, अब केवल दो सांसदों वाली पार्टी बन कर रह गयी थी। यह स्पष्ट था कि परिणामों को पलटने के लिए नीतीश को लालू प्रसाद के समर्थन की आवश्यकता होगी। उन्होंने शरद यादव के माध्यम से लालू प्रसाद को सन्देश भेजना शुरू किया। सबसे पहले, लालू प्रसाद ने 2014 में राज्यसभा सीटों के नामांकन में जदयू का समर्थन किया, और बाद में नीतीश कुमार को बाहर से समर्थन दिया, नीतीश फ़रवरी 2015 में जीतन राम मांझी को हटाकर फिर से मुख्यमन्त्री बने।

2015 के विधानसभा चुनाव अभियान में लालू प्रसाद ने महत्त्वपूर्ण भूमिका निभायी, जबकि प्रशान्त किशोर राष्ट्रीय जनता दल, जनता दल (यूनाइटेड) और कांग्रेस के महागठबन्धन के चुनाव अभियान का नेतृत्व कर रहे थे। तेजस्वी यादव ने सामाजिक समीकरणों और उसके बाद वोटों के आपसी हस्तान्तरण को बारीकी से देखा। यह दो समाजवादी गुटों का एक मज़बूत गठबन्धन था, कांग्रेस भी अपने पुराने कैडर के साथ राजद और जेडीयू का सहयोग कर रही थी।

प्रशान्त किशोर ने 243 सीटों में से 180 सीटें जीतने की भविष्यवाणी की थी। महागठबन्धन को 178 सीटें मिलीं, जिनमें राजद को 80, जदयू को 71 और कांग्रेस को 27 सीटें प्राप्त हुईं। 2014 में स्पष्ट बहुमत के साथ सत्ता में आये नरेन्द्र मोदी और भाजपा की पहली बड़ी हार थी। 2015 के विधानसभा चुनाव के नतीजों के अगले दिन, 'द इंडियन एक्सप्रेस' का शीर्षक था 'बि-हार'।

दिसम्बर 2015 में उपमुख्यमन्त्री के रूप में शपथ लेने से लेकर जुलाई 2017 में राष्ट्रीय जनता दल के जनता दल (यूनाइटेड) से अलग होने तक, तेजस्वी यादव ने राजनीति के सम्भवत: सबसे अच्छे और सबसे बुरे दौर देखे। उन्होंने नीतीश कुमार के नेतृत्व में सुशासन के पाठ सीखे और सड़क निर्माण मन्त्री के रूप में अच्छा काम किया। उन पर भ्रष्टाचार का कोई आरोप नहीं लगा। वे नीतीश कुमार के बग़ल में बैठते थे। इस युवा नेता के कठिन दिन मिट्टी घोटाले के खुलासे और उनके परिवार के सदस्यों की कई फ़र्ज़ी कम्पनियों और राजनीतिक लाभ उठाने वालों से ज़मीन हासिल करने के आरोपों के बाद शुरू हुए। इसके बाद, जुलाई के पहले सप्ताह में, आईआरसीटीसी घोटाले में केन्द्रीय जाँच ब्यूरो (सीबीआई) के छापे पड़े। 2017 में लालू प्रसाद के दोबारा जेल जाने के बाद, तेजस्वी यादव एक परिपक्व नेता के रूप में उभरे। तेजस्वी यादव कहते हैं, "12 साल पुराने घोटाले में मेरे ख़िलाफ़ सीबीआई का मामला, यह नीतीश कुमार, नरेन्द्र मोदी और अमित शाह द्वारा मुझे फँसाने की राजनीतिक साज़िश नहीं तो और क्या है? मैंने नीतीश कुमार के दोहरे मापदंड को जनता के सामने उजागर किया। उन्हें भ्रष्टाचार पर नैतिकता की बात करने

का कोई अधिकार नहीं है, जब उनकी नाक के नीचे सृजन घोटाले में सरकारी धन का ग़बन हुआ है।"[6]

महागठबन्धन के टूटने पर तेजस्वी का कहना है, "सरकार गिरने के एक सप्ताह पहले मैं मुख्यमन्त्री से मिला था, मैंने उनसे पूछा था कि क्या मुझे इस्तीफ़ा दे देना चाहिए? या फिर अपने ऊपर लगे आरोपों का जवाब देना चाहिए। अगर मैं इस्तीफ़ा दे भी देता तो भी समस्या ठीक नहीं हो पाती। नीतीश जी ने एनडीए में जाने का मन बना लिया था। हो सकता है सृजन घोटाला एक कारण रहा हो। नीतीश जी को यह भी डर था कि 2020 के विधानसभा चुनाव में महागठबन्धन शायद उन्हें मुख्यमन्त्री का चेहरा नहीं बनाता। एक तरह से कहा जाये तो मेरी बढ़ती लोकप्रियता उन्हें रास नहीं आ रही थी। मेरे यहाँ अभी भी उनकी तस्वीर लगी हुई है, मैं उन्हें चाचा कहकर सम्बोधित करता हूँ। लेकिन उनकी राजनीतिक वैचारिकी ख़त्म हो चुकी है। मैं चाहता हूँ कि वे अपनी विचारधारा को स्पष्ट करें। वे बताएँ कि मंडल के साथ हैं या कमंडल के साथ? मैं उनसे पूछना चाहता हूँ कि क्या यह उनका आख़िरी राजनीतिक करवट है।"[7]

लेकिन तेजस्वी ग़लत थे, नीतीश कुमार ने एक बार और, 2022 में फिर करवट ली और तेजस्वी फिर से बिहार के उपमुख्यमन्त्री बने। लेकिन 28 जनवरी 2024 को नीतीश फिर से बीजेपी की ओर लौट जाते हैं और नौवीं बार मुख्यमन्त्री की शपथ लेते हैं।

पूर्व मुख्यमन्त्री दरोगा प्रसाद राय के बेटे चन्द्रिका राय अपनी बेटी ऐश्वर्या की शादी तेजस्वी से करने का प्रस्ताव लेकर लालू प्रसाद के यहाँ पहुँचते हैं। तेजस्वी के बड़े भाई तेजप्रताप अभी अविवाहित थे, इसलिए राबड़ी देवी ने कहा कि यह प्रस्ताव तेज के लिए होना चाहिए। क्योंकि पहले तेज की शादी होगी फिर तेजस्वी की। चन्द्रिका राय को लगा कि तेज प्रताप और उनकी मिरांडा हाउस ग्रेजुएट बेटी ऐश्वर्या राय की जोड़ी बेमेल है। लेकिन उन्होंने इस रिश्ते को दो बड़े यादव परिवारों के गठबन्धन के रूप में देखा। इसलिए इससे कोई फ़र्क़ नहीं पड़ता कि कौन-सा भाई है। तेजप्रताप इस प्रस्ताव को स्वीकार करने में झिझक रहे थे, लेकिन आख़िरकार अपनी माँ की इच्छा के

आगे झुक गये। जब उनके उपमुख्यमन्त्री छोटे भाई सड़क के उस पार स्थित अपने बंगले से अपने माता-पिता के घर शगुन समारोह में शामिल होने आये, तो तेजप्रताप ने शरमाते हुए अपने छोटे भाई से कहा, "शादी में घोड़े से जायेंगे और तुम्हें नाचना होगा।"

लालू प्रसाद यादव को 2018 में अपने बेटे की शादी में शामिल होने के लिए पैरोल मिली थी। पटना के वेटनरी कॉलेज ग्राउंड में शादी का यह भोज सभी के लिए खुला था। ऐसा लगता है कि लालू प्रसाद की क़िस्मत पशु चिकित्सा के इर्द-गिर्द बुनी गयी है, अपने बड़े भाई के चपरासी क्वार्टर में उनके शुरुआती दिन और चारा घोटाले के मामले में उनकी सज़ा से यह कथन और भी पुख्ता होता है।

लालू के बेटे की शादी में बिहार के मुख्यमन्त्री नीतीश कुमार ने भी शिरकत की थी। पूरे समारोह के दौरान, नीतीश अपनी नज़र लालू से बचाते हुए दिखे।

पहले दो महीने तक तेजप्रताप और ऐश्वर्या की शादी को लेकर अच्छी ख़बरें आती रहीं, तेज और उनकी पत्नी की साइकिल पर बैठकर घूमते हुए तस्वीर भी वायरल हुई। लेकिन तेजप्रताप को तेजस्वी से छोटे राजनीतिक क़द के कारण ताना मारा जाने लगा। धीरे-धीरे यह बेमेल रिश्ता टूटने के कगार पर पहुँच गया। तेजप्रताप ने नये घर की तलाश करनी शुरू कर दी, और पत्नी ऐश्वर्या के ख़िलाफ़ पटना के एक पारिवारिक न्यायालय में तलाक़ की अर्ज़ी दाख़िल की और मानसिक शान्ति और मीडिया से बचने के लिए क़रीब दो महीने के लिए पटना छोड़ दिया।

तेजप्रताप अपने माता-पिता और भाई तेजस्वी से इसलिए भी नाराज़ थे, क्योंकि उनके ससुर को राजद ने सारण से 2019 के लोकसभा चुनाव में टिकट दे दिया था। तेज का कहना था कि उनकी माँ या फिर उन्हें ख़ुद सारण से चुनाव लड़ना चाहिए। यहाँ तक कि तेज ने अपने समर्थकों से चन्द्रिका प्रसाद को वोट ना देने की अपील भी कर दी।

लालू प्रसाद ने अपनी पार्टी में व्यवस्था स्थापित करने के लिए अपने पुराने साथी जगदानन्द सिंह को प्रदेश इकाई का अध्यक्ष बनाया। जगदानन्द

सिंह एक ऐसे नेता हैं जिन्होंने कभी भी लालू परिवार पर सवाल नहीं उठाया। राबड़ी देवी की सरकार में भी, वे एक भरोसेमन्द दूसरे नम्बर के नेता बने रहे। लेकिन समय के साथ-साथ राजनीति भी बदलती रहती है।

उन्हीं दिनों तेजप्रताप ने कहा था, हमारे पिता पार्टी को लेकर जो भी फ़ैसला लेते हैं, हम दोनों भाई उस फ़ैसले पर अमल करते हैं। तेज का कहना था कि नीतीश कुमार अच्छे लोगों (बीजेपी) की संगत में नहीं हैं। राजद का अब नीतीश पर यक़ीन करना मुश्किल हो गया है, लेकिन अगर नीतीश वापस हमारे साथ आना चाहें तो हम उन्हें गले लगाने के लिए तैयार हैं। उन्होंने आगे कहा था कि राजद के कार्यकर्ताओं को जेपी आन्दोलन की तर्ज़ पर लालू आन्दोलन भी चलाना होगा, ताकि लालू जी के सामाजिक न्याय के विचार को फैलाया जा सके। परिवार कलह के बारे में उन्होंने कहा था, "हर परिवार में मतभेद होते रहते हैं, लेकिन उससे हम भाइयों में प्रेम कभी कम नहीं हो सकता है।"[9] बाद के दिनों में नीतीश फिर से राजद के साथ सरकार बनाते हैं और क़रीब दो साल बाद राजद को छोड़कर फिर वापस भाजपा के साथ चले जाते हैं। वहीं तेजस्वी इस मुद्दे को टालते हुए कहते हैं, "भैया ने मुझे पहले ही अपना अर्जुन घोषित कर दिया है, अब यह बहस यहीं ख़त्म हो जानी चाहिए।"[10]

## चिराग पासवान

2009 के लोकसभा चुनाव प्रचार के दौरान, लम्बे बाल और भूरी आँखों वाला एक युवा नेता लोगों का ध्यान आकर्षित कर रहा था। हाजीपुर की राजनीतिक ज़मीन पर 'रामविलास पासवान ज़िन्दाबाद' और पासवान के प्रसिद्ध नारे 'गूँजे धरती आसमान, रामविलास पासवान' का उद्घोष हो रहा था, इन्हीं उद्घोष के बीच यह युवा एक मोटरसाइकिल के पीछे बैठा हुआ था। जल्द ही यह ख़बर फैली कि यह युवक रामविलास पासवान का बेटा 'चिराग' है। चिराग की यह पहली सार्वजनिक उपस्थिति थी। वह शुद्ध हिन्दी बोल रहे थे। उस युवक ने कहा कि उसके पिता को उसकी मदद की ज़रूरत नहीं है, लेकिन वह सिर्फ़ लोगों का आशीर्वाद लेने के लिए आया है।[11] हालाँकि, पासवान को अपने

हाजीपुर के गढ़ में जनता दल (यू) के 89 वर्षीय राम सुन्दर दास से हार का सामना करना पड़ा।

2019 के चुनाव प्रचार के दौरान, हाजीपुर लोकसभा सीट से चुनाव लड़ने की अफ़वाहों ने चिराग पासवान को व्यथित कर दिया। उन्होंने जमुई में एक भावुक भाषण दिया, जहाँ वरिष्ठ भाजपा नेता राजनाथ सिंह और उनके पिता रामविलास पासवान भी उपस्थित थे। चिराग ने कहा, "हाजीपुर मेरे पिता से जुड़ा है और मैं हाजीपुर के लोगों का सम्मान करता हूँ, लेकिन जमुई मेरी माँ की तरह है, जिसे मैं नहीं छोड़ सकता।" चिराग को हाजीपुर से उम्मीदवार बनाने की चर्चाएँ चल रही थीं, क्योंकि जमुई में उनकी जीत को लेकर अनिश्चितता थी। हाजीपुर से चुनाव लड़ रहे पशुपति कुमार पारस इस योजना से नाराज़ थे, जिसके कारण चिराग हाजीपुर से चुनाव नहीं लड़ पाये। नतीजे के दिन, एनडीए ने मीडिया और देश को चौंका दिया। बिहार में एनडीए ने 40 में से 39 लोकसभा सीटें जीतीं, केवल मुस्लिम बहुल किशनगंज कांग्रेस के खाते में गया। 37 वर्ष की आयु में, चिराग लोजपा के राष्ट्रीय अध्यक्ष बने। उनके पिता और केन्द्रीय मन्त्री रामविलास पासवान ने कुछ समय पहले कहा था, "छाया में कुछ नहीं उगता। मैं चाहता था कि चिराग अपना स्वतन्त्र अस्तित्व बनाये। उसकी ग़लतियों से मुझे कोई फ़र्क़ नहीं पड़ता, वह उनसे सीखेगा।" अपने सबसे छोटे भाई रामचन्द्र पासवान के निधन के बाद, चिराग ने अपने भाई प्रिंस को समस्तीपुर लोकसभा सीट से उपचुनाव लड़ाने का निर्णय लिया, इस चुनाव में प्रिंस ने आसानी से जीत हासिल की। चिराग के मन में प्रिंस को लोजपा का प्रदेश अध्यक्ष बनाने का भी स्पष्ट विचार था।[12] लेकिन राजनीति का अपना मयार होता है, कुछ ही साल बाद पशुपति पारस ने 5 सांसदों के साथ मिलकर पार्टी को तोड़ दिया। पारस को केन्द्र में मन्त्री बनाया गया। यह समय चिराग पासवान के लिए सबसे बुरा समय था, लेकिन चिराग ने बड़े संयम से काम लिया। 2024 के लोकसभा चुनाव में चिराग ने अपनी नयी पार्टी 'लोक जनशक्ति पार्टी (रामविलास)' की ज़ोरदार वापसी की। लोक सभा में 5 सीटें हासिल कीं।

रामविलास पासवान ने बताया कि उनके बेटे चिराग ने 2014 के लोकसभा चुनावों से पहले एनडीए में शामिल होने का फ़ैसला करके अपनी राजनीतिक परिपक्वता का परिचय दिया था। "सोनिया गांधी से दो बार मिलने के बाद, चिराग को यह स्पष्ट हो गया था कि यूपीए लोजपा को कोई ख़ास फ़ायदा नहीं पहुँचायेगा। उन्होंने एनडीए में शामिल होने का निर्णय लिया और मैंने उनका पूर्ण समर्थन किया। वह हमारी पीढ़ी के नहीं हैं जो समझौता करके चुनौतियों के साथ जीते रहें। जब उन्हें लगता है कि कुछ भी लोजपा के हितों के विपरीत है, तो वे उसे व्यक्त करने से नहीं हिचकिचाते। चिराग, नीतीश कुमार के प्रबल समर्थक रहे हैं, लेकिन रचनात्मक आलोचना करने से भी नहीं डरते।"[13]

चिराग पासवान का सक्रिय चुनावी राजनीति में प्रवेश करना उनके पिता की हृदय सम्बन्धी समस्याओं के कारण आवश्यक हो गया था। 2013 में डॉक्टरों ने रामविलास पासवान को सर्जरी कराने की सलाह दी थी। उनकी पत्नी, रीना पासवान का स्वास्थ्य भी बिगड़ रहा था, जिससे चिराग भी चिन्तित थे। रामविलास पासवान को सलाह दी गयी थी कि वे तनाव से बचें और लम्बी यात्राओं से परहेज करें। इन परिस्थितियों में, चिराग का चुनावी राजनीति में प्रवेश तय था। उन्होंने 2013 में मोकामा में चूहरमल बाबा समारोह का सफलतापूर्वक आयोजन किया और लोगों से जुड़ना शुरू कर दिया।

चिराग पासवान, अपने पिता के साथ, एनडीए के प्रधानमन्त्री पद के उम्मीदवार नरेन्द्र मोदी के साथ मंच साझा करते हुए, उस समय एनडीए गठबन्धन के बढ़ते प्रभाव का प्रतीक बने, इसी समय नीतीश कुमार ने एनडीए से नाता तोड़ लिया था। चिराग ने जमुई की आरक्षित सीट से चुनाव लड़ा और शानदार जीत हासिल की।

चिराग पासवान सोशल मीडिया पर काफ़ी सक्रिय हैं और अक्सर मुख्यमन्त्री नीतीश कुमार की आलोचना करके जनता दल (यूनाइटेड) के लिए मुश्किलें खड़ी करते हैं। हालाँकि, अगले ही पल वे नीतीश के नेतृत्व में अपना विश्वास भी व्यक्त करते हैं। उन्होंने तेज़ी से राजनीतिक दाँव-पेंच को सीखा है। लेकिन उनकी सबसे बड़ी चुनौती उनकी पार्टी की सीमित पहुँच है, जो लगभग छह से आठ प्रतिशत वोट बैंक तक ही सीमित है। बिहार में अनुसूचित

जाति की आबादी राज्य की कुल आबादी का लगभग 16 प्रतिशत है, जिसमें से पासवान लगभग छह प्रतिशत हैं। चिराग के सामने चुनौती यह है कि यदि वे राज्य की राजनीति में रुचि रखते हैं, तो उन्हें पासवान वोटों से आगे बढ़ना होगा। जब एक टीवी एंकर ने चिराग से पूछा कि क्या वे मुख्यमन्त्री बनना चाहते हैं, तो उन्होंने चुप्पी साध ली, उनके पिता का जवाब होता "नहीं"। रामविलास पासवान ने हमेशा केन्द्रीय राजनीति की। चिराग को यह तय करना है कि क्या 'बिहार फर्स्ट' उनके राजनीतिक एजेंडे का हिस्सा है या वे अपने पिता के नक़्शेक़दम पर चलकर राष्ट्रीय राजनीति में ही सन्तुष्ट रहना चाहते हैं।[14] हालाँकि 2020 के विधानसभा चुनाव में चिराग ने एक ऐसी राजनीतिक चाल चली, जिससे बिहार की राजनीति में भूचाल आ गया। चिराग की पार्टी ने जेडी(यू) के ख़िलाफ़ मोर्चा खोला और नीतीश कुमार को 43 सीटों पर ला पटका। बीच में उनकी पार्टी में टूट भी हुआ, इसके बावजूद चिराग ने 2024 के लोकसभा चुनाव में एनडीए का हिस्सा रहते हुए बिहार की सभी पाँचों सीटों को जीत लिया। अब नज़र 2025 के विधानसभा चुनाव पर है, इस चुनाव में चिराग की पार्टी कैसा प्रदर्शन कर पाती है?

शुरुआत में यह तय नहीं था कि चिराग राजनीति में आने वाले हैं, अपने करियर को लेकर अनिश्चित होने के बावजूद, चिराग पासवान राजनीति में गहरी रुचि रखते थे। वे अटल बिहारी वाजपेयी और सुषमा स्वराज की वाक्पटुता और सटीक शब्द चयन के प्रशंसक थे। उन्होंने यूट्यूब पर उनके लगभग सभी भाषण देखे थे। वास्तव में, उन्होंने संसद सदस्य के रूप में अपने पहले कार्यकाल के दौरान लोकसभा में बोलते हुए सुषमा स्वराज की भाषण शैली का उल्लेख भी किया था।

चिराग पासवान को राजनाथ सिंह भी एक नेता के रूप में पसन्द हैं, जो उनके पारिवारिक मित्र भी हैं। उन्होंने जेपी का साहित्य पढ़ा है, लेकिन उससे कहीं अधिक अपने पिता से जेपी के बारे में कहानियाँ सुनी हैं। चिराग बताते हैं, "हमारा घर एक तरह की संस्था है, इसलिए मैंने अपने पिता से समाजवाद की बहुत-सी कहानियाँ सुनी हैं। बिहार के एक नेता के रूप में, मैं अपने पिता के अलावा किसी और को नहीं देखता। लेकिन उनसे अलग, मैं राष्ट्रीय राजनीति की तुलना में राज्य की राजनीति पर अधिक ध्यान देना चाहता हूँ।"[15]

दिल्ली के एयर फोर्स गोल्डन जुबली इंस्टीट्यूट से स्कूली शिक्षा प्राप्त करने वाले चिराग पासवान एमिटी यूनिवर्सिटी, नोएडा से कम्प्यूटर साइंस इंजीनियर हैं। अपने करियर को लेकर कोई फ़ैसला लेने से पहले ही, उन्हें कंगना रनौत के साथ एक फ़िल्म में काम करने का प्रस्ताव मिला। चिराग ने स्कूल में थिएटर किया था, इसलिए वे फ़िल्म में काम करने के लिए उत्सुक थे। फ़िल्म ने औसत प्रदर्शन किया और चिराग को एहसास हुआ कि अभिनय उनके लिए नहीं है। हालाँकि, इस फ़िल्म ने उन्हें पहचान दिलायी। फ़िल्म भले ही सफल न रही हो, लेकिन इसका गाना 'कट्टो गिलहरी' काफ़ी लोकप्रिय हुआ। उसी दौरान, महाराजगंज में उपचुनाव हो रहा था। चिराग कहते हैं, "हम राष्ट्रीय जनता दल के साथ गठबन्धन में थे। लालू प्रसाद ने शायद गाने के बारे में सुना था। रामविलास पासवान के बीमार होने के कारण, लालू जी चाहते थे कि चिराग महाराजगंज में प्रचार करें।" चिराग मुम्बई से दिल्ली आये, अपने पिता से मिले, जिन्होंने उन्हें भाषण देने के लिए सुझाव दिये। एक बार जब चिराग ने राजनीतिक मंच पर लोकप्रियता का स्वाद चखा, और उसके बाद फिर कभी पीछे मुड़कर नहीं देखा।

चिराग पासवान की एक बड़ी मित्र मंडली है। दसवीं कक्षा की गर्मियों की छुट्टियों के दौरान, उन्होंने अपने दो दोस्तों के साथ मिलकर कुछ क्रिएटिव करने की योजना बनायी। उन्होंने कुछ दर्ज़ी रखे और पासवान निवास का एक हिस्सा चिराग और उनके दोस्तों द्वारा डिजाइन की गयी शर्टों की सिलाई के लिए एक फैक्ट्री में तब्दील हो गया। उन्होंने ग्रेटर कैलाश में एक दुकान किराये पर ली, जहाँ चिराग एक सामान्य दुकानदार की तरह काम करते थे। तीनों दोस्तों ने मामूली मुनाफ़े वाला व्यवसाय चलाया। और कुछ पैसे भी बनाये। यह चिराग की पहली कमाई थी, जिससे पासवान परिवार बहुत ख़ुश हुआ था। लेकिन चिराग की माँ, रीना ने यह हिदायत दी कि किसी भी क्षेत्र में पेशेवर रूप से आगे बढ़ने का निर्णय लेने से पहले चिराग को अपनी पढ़ाई पूरी करनी होगी।

पासवान परिवार शायद ही कभी खाने की मेज़ पर राजनीति की चर्चा करता था। रामविलास पासवान ने सभी परिवार के सदस्यों के लिए

एक साथ भोजन करने का नियम बनाया था। वरिष्ठ पासवान राजनीति पर चर्चा करने के बजाय पूछते थे, "दिन कैसा रहा?" सक्रिय राजनीति में आने के बाद ही चिराग ने अपने पिता के साथ खुलकर राजनीति पर चर्चा करना शुरू कीया।

रामविलास पासवान उस भयावह घटना को याद करते हैं जब 1984 में उन्हें अपने दो साल के बेटे चिराग के साथ दिल्ली के 12, राजेन्द्र प्रसाद रोड स्थित अपने घर से भागना पड़ा था। एक सिख, जिस पर हमला हुआ था, सुरक्षा के लिए उनके घर में घुस गया था और भीड़ ने उनके घर को आग लगा दी थी। पासवान बताते हैं कि जॉर्ज फर्नांडीस और कर्पूरी ठाकुर भी वहीं मौजूद थे। कर्पूरी ठाकुर को इस घटना में चोट भी आयी थी और वे घायल हो गये थे।[16]

चिराग पासवान राष्ट्रीय राजनीति के बरअक्स राज्य की राजनीति को तरजीह देते हैं। वे राज्य की राजनीति में समय देना चाहते हैं और इसके लिए उन्होंने एक योजना तैयार की है। उनका मानना है कि स्वास्थ्य और शिक्षा को प्राथमिकता दी जानी चाहिए, क्योंकि इन दोनों क्षेत्रों में गुणवत्ता की कमी है। बिहार के लोगों को बेहतर स्वास्थ्य सेवा और शिक्षा के लिए बाहर जाना पड़ता है। उन्हें लगता है कि बिहार में धार्मिक पर्यटन में अपार सम्भावनाएँ हैं। गया को विश्व स्तरीय शहर बनाया जा सकता है। वे जमुई में स्थित जैन तीर्थस्थल लछुआर की भी चर्चा करते हैं, लेकिन कहते हैं कि पटना से लछुआर तक की सड़कें अभी भी अच्छी नहीं हैं, जिससे यात्रियों को महावीर के दर्शन करने में असुविधा होती है। वे हाजीपुर के केले में खाद्य प्रसंस्करण की अपार सम्भावनाएँ देखते हैं। युवा नेता का यह भी मानना है कि भारत के चुनाव आयोग को चुनाव से तीन महीने पहले सभी पार्टियों के लिए अपना घोषणापत्र सार्वजनिक करना अनिवार्य कर देना चाहिए। चिराग कहते हैं कि आमतौर पर चुनाव के नज़दीक आते ही हिन्दू बनाम मुस्लिम और जाति विभाजन की बातें शुरू हो जाती हैं।

तेजस्वी यादव और चिराग पासवान ने अब तक समाजवादी विचारधारा का अनुसरण किया है। तेजस्वी यादव का संघ विचारधारा से मुखर विरोध

है, जबकि चिराग पासवान के पास दोनों तरफ़ रहने का विकल्प है, क्योंकि उनकी राजनीति में किसी भी विचारधारा से परहेज नहीं है। चिराग भी नीतीश कुमार की तरह बिहार की राजनीति के उभयनिष्ठ तत्त्व हैं।

## प्रशान्त किशोर

पटना के शेखपुरा मोड़ के पास एक भव्य मकान है। इसे शेखपुरा हाउस कहते हैं, इसके मालिक हैं प्रसिद्ध ब्यूरोक्रेट और राजनीतिज्ञ एनके सिंह और उनके छोटे भाई और पूर्व सांसद उदय सिंह उर्फ पप्पू सिंह। प्रशान्त किशोर ने उदय सिंह के मकान को अपना आवास और कार्यालय बनाया है। जबसे प्रशान्त ने अपनी पदयात्रा शुरू की है (2 अक्टूबर, 2022), पटना में उनका यही पता है। मैंने अभी तक उनके तीन इंटरव्यू किये हैं 'द इंडियन एक्सप्रेस' के लिए। उनके बहुतेरे भाषण सुने हैं। उनके बारे में लगभग सारी जानकारी पब्लिक डोमेन में है। इस जानकारी के बरअक्स प्रशान्त किशोर के कुछ और आयाम हैं जिसपर बात करना ज़रूरी जान पड़ता है।

प्रशान्त किशोर से जब आप मिलते हैं तो आपको अपनी तैयारी ठीक से करनी होती है। अधूरी जानकारी के साथ प्रशान्त क्या किसी राजनेता से नहीं मिलना चाहिए। जब मैं 2022 में पदयात्रा शुरू होने के पहले मिला, मैंने उनसे पूछा कि, "विचारधारा क्या है?" उन्होंने साफ़ शब्दों में कहा, "लेफ्ट ऑफ़ द सेंटर।" इस बार जब मैं मिला तो प्रशान्त लगभग 5,500 किलोमीटर पदयात्रा करते हुए बिहार के 38 ज़िलों में से 18 ज़िले घूम चुके थे। इसके अलावा प्रशान्त की टीम पूरे बिहार में लगातार घूम रही है। उनसे पूछने पर कि, "बिहार के मुद्दे क्या हैं? 'बदलाव' उनका पहला शब्द था।

"वर्तमान राजनीतिक व्यवस्था का परिवर्तन, 35 वर्षों से चली आ रही व्यवस्था से निजात"। दूसरी बात जो लोगों ने उन्हें बताई वो राज्य के लोअर ब्यूरोक्रेसी में व्याप्त भ्रष्टाचार और अफ़सरशाही का सत्ता पर घनघोर नियन्त्रण। पलायन, बेरोज़गारी, गुणवत्ता शिक्षा और स्वास्थ्य सुविधाओं का अभाव तो मुद्दा है ही।

यह पूछने पर क्या ये मुद्दे पहले नहीं थे? आप ऐसा क्या करना चाहते हैं की लोग आपकी बात मानें? प्रशान्त के पास पूरा ब्लूप्रिंट है, कैसे गुणवत्तापूर्ण शिक्षा का पैसा शराबबन्दी को हटाकर एक्साइज टैक्स संग्रह कर ख़र्च किया जाये। फिर रोज़गार के लिए लोन की उपलब्धता, बिहार के अन्दर ही रोज़गार सृजन, रिवर्स माइग्रेशन। चुनाव के लिए उनका फॉर्मूला तय है, जिस सामाजिक समूह की जितनी आबादी है, उसी के अनुपात में टिकट वितरण। उनकी पूरी नज़र अति पिछड़ा वर्ग (36 प्रतिशत मुस्लिम अति पिछड़े को मिलाकर) और मुस्लिम (17 प्रतिशत) पर है और ग़ैर पासवान दलित समुदाय पर जिनकी आबादी लगभग 14 प्रतिशत है। पासवान की आबादी 5.3 प्रतिशत है। एक तरफ़ जहाँ प्रशान्त जाति की बात नहीं करते हैं, दूसरी तरफ़ उनका कुशल सोशल इंजीनियरिंग का प्रयास भी साफ़ दिख रहा है। प्रशान्त वो कर रहे हैं जो नीतीश कुमार कर चुके हैं या कर रहे हैं, बस उसी बात को प्रशान्त कॉरपोरेट ढंग से कर रहे हैं।

उनकी साफ़गोई मुझे अच्छी लगी। पहले जब वे चुनावी रणनीतिकार थे, वे सब कुछ कम्प्यूटर से देखते थे। वे कहते हैं, "पहले मैं हवा हवाई था, अब ज़मीन को समझ रहा हूँ और मेरा ज़मीन के सम्पर्क में आना ही मेरा टेकऑफ़ है।"

सब जानते हैं प्रशान्त रोहतास के सवर्ण ब्राह्मण परिवार से ताल्लुक रखते हैं और उनका परिवार बक्सर में ज़्यादा रहा है। जाति में जकड़ी बिहार की राजनीति में जब उनके प्रतिद्वन्द्वी उन्हें प्रशान्त कुमार 'पांडे' कहते हैं, प्रशान्त कहते हैं वे लोगों को चाल बखूबी समझते हैं। वे इस ट्रैप से बचते हैं और कभी भी अपना ब्राह्मण होना ज़ाहिर नहीं करते हैं। इसके बावजूद जबकि बिहार के सवर्णों में ब्राह्मण (3.6 प्रतिशत) सबसे ज़्यादा संख्या में हैं। वे जानते हैं जन सुराज पार्टी की पहचान प्रशान्त ही है। लेकिन प्रशान्त ने ख़ुद चुनाव नहीं लड़ने का फ़ैसला किया है। उन्होंने पार्टी का कोई पद नहीं लिया है। सामाजिक समीकरण को ध्यान में रखकर उन्होंने दलित समुदाय से आये मनोज भारती को अपनी पार्टी का पहला अध्यक्ष बनाया है। ये पद हर एक वर्ष बदलते हुए, अति पिछड़ा वर्ग, मुस्लिम, पिछड़ा वर्ग और फिर सवर्ण समुदाय के पास जायेगा। उनके साथ आनेवाले लोगों में पूर्व सांसद उदय सिंह, जो जन सुराज

के पहले राष्ट्रीय अध्यक्ष चुने गये हैं, पूर्व केन्द्रीय मन्त्री और जेडीयू के पूर्व राष्ट्रीय अध्यक्ष रामचन्द्र प्रसाद सिंह, लेफ्टिनेंट जनरल (सेवानिवृत्त) एसके सिंह, प्रसिद्ध वकील वायवी गिरि और बसन्त चौधरी, और जननायक कर्पूरी ठाकुर की पोती डॉ. जागृति है।

प्रशान्त ने 11 अप्रैल, 2025 को पार्टी की पहली रैली पटना के ऐतिहासिक गांधी मैदान में आयोजित की। ख़ूब तैयारी हुई, मैदान के चारों तरफ़ पंडाल लगाये गये। मंच के सामने से मैदान के बीच से होते हुए आख़िरी छोर तक जाने के लिए शानदार पथ बनाया गया। दोनों तरफ़ कुर्सियाँ सजायी गयीं। भोजपुरी गायक बुलाये गये, ढोल-नगाड़े भी आये। पीले झंडे से मैदान भर दिया गया। प्रशान्त ने दावा किया कि लगभग पाँच लाख लोग आयेंगे। रैली का समय शाम को रखा गया ताकि जनता को आराम हो। रोशनी की पर्याप्त व्यवस्था की गयी। लेकिन प्रशान्त किशोर के अनुसार जन सुराज के कार्यकर्ता को पटना के प्रशासन ने आने नहीं दिया। गांधी मैदान में कुल जमा लगभग 50 हज़ार लोग ही होंगे। प्रशान्त बिफर गये। यहाँ उनका आवेग हावी हो गया। उन्होंने अपना भाषण नहीं किया। बस 10 मिनट तक बोलकर जनता से माफ़ी माँगी और नीतीश कुमार को कोसते हुए कहा, "मैंने अगर 2015 में उनकी मदद नहीं की होती, उनकी सरकार नहीं बनती और वे राजनीति से संन्यास ले चुके होते।" यहाँ प्रशान्त अपरिपक्व नेता दिखे। अगर कोई दूसरा नेता होता तो ऐसी रैली में और बोलता। जब नीतीश कुमार ने लालू प्रसाद से 1994 में अलग होकर समता पार्टी बनायी थी, उन्होंने उसी साल अक्टूबर में गांधी मैदान में रैली की। कुल 25,000 लोग ही आये होंगे। फिर भी नीतीश ख़ूब बोले। तब क्या नीतीश ने रत्ती भर भी सोचा होगा कि वे कभी बिहार की राजनीति में सबसे अधिक राज करने वाले मुख्यमन्त्री बनेंगे।

प्रशान्त किशोर की सबसे पहले चर्चा 2012 में हुई जब अहमदाबाद के एक अख़बार ने उनपर एक रिपोर्ट लिखी बिना उनकी तस्वीर के। लेकिन जैसे ही उन्होंने नरेन्द्र मोदी का 2014 लोकसभा का चुनाव प्रबन्धन ज़िम्मा लिया, लोग उनको जानने लगे। 'अबकी बार, मोदी सरकार' नारा घर-घर पहुँचा। बीजेपी चुनाव जीत गयी और मोदी भारत के प्रधानमन्त्री बने, और

प्रशान्त किशोर एक सफल रणनीतिकार के रूप में लोकप्रिय हो गये। लोगों को आश्चर्य भी हुआ कि यूनाइटेड नेशन्स और अफ्रीकन देशों में स्वास्थ्य के क्षेत्र में काम करनेवाला एक आदमी एक सफल चुनावी राजनीतिकार कैसे बन सकता है!

प्रशान्त ने बाद में नीतीश कुमार, कैप्टेन अमरेंदर सिंह, जगनमोहन रेड्डी, ममता बनर्जी और राहुल गांधी के लिए काम किया। एक-दो हार के अलावा, प्रशान्त को सफलता ही मिली। उन्होंने कांग्रेस को पुनर्जीवित करने के लिए एक ब्लूप्रिंट भी दिया लेकिन बात नहीं बनी। प्रशान्त ने 2018 में जेडीयू ज्वाइन किया और पार्टी के उपाध्यक्ष बने। ये पद किसी विभाग के बिना मिनिस्टर जैसा था। पार्टी में अभी भी रामचन्द्र प्रसाद सिंह ही नम्बर टू थे। दोनों की ठन गयी और प्रशान्त ने 18 महीने राजनीति में रहने के बाद जेडीयू को अलविदा कहा।

प्रशान्त 2022 में पूरी तैयारी के साथ राजनीति में आये। अब उनका हावभाव एक नेता जैसा हो गया है। थोड़ा अभिनय भी सीख गये हैं, कूटनीति तो उन्हें पहले भी आती थी। एक रणनीतिकार के रूप में उनकी जो अकड़ थी अब ख़त्म हो रही है। सहज रूप से मिलते हैं, पत्रकारों का कुशल क्षेम पूछते हैं, उनके परिवार के बारे में भी जानना चाहते हैं। जनता से घुलना-मिलना उन्हें आता है, लोकभाषा का भी अच्छा इस्तेमाल करते हैं।

प्रशान्त, बिहार की राजनीति में एक अभिनव प्रयोग हैं। यक्ष प्रश्न यह है कि प्रशान्त जाति आधारित राजनीति को कैसे पार पायेंगे? प्रशान्त के रणनीति ज्ञान की असली कसौटी एक राजनीतिक दल के रूप में उनका सफल होना होगा।

## सम्राट चौधरी

अंग्रेज़ी साहित्यकार शेक्सपियर ने लिखा है, नाम में क्या रखा है! लेकिन कुछ नामों में सन्देश अन्तर्निहित होते हैं। बिहार के उपमुख्यमन्त्री और बिहार बीजेपी के पूर्व अध्यक्ष सम्राट चौधरी के नाम और उपनाम में सत्ता की हनक है। पर प्रश्न यह कि क्या सम्राट बिहार के मुख्यमन्त्री बन सकते हैं? या जो आज नामवर नहीं हैं उनमें से कोई इस पद पर आसीन होगा। मध्य प्रदेश, राजस्थान

और उड़ीसा में भाजपा के मुख्यमन्त्री के चयन के बाद इस तरह का कोई पूर्वानुमान करने से बचना चाहिए।

यह सवाल तो भविष्य के गर्भ में छुपा हुआ है। हम बात करते हैं सम्राट की राजनीतिक यात्रा की। उनकी यात्रा का पहला पड़ाव उनके पिता और पूर्व सांसद शकुनि चौधरी ही हैं। बात 1985 के विधानसभा चुनाव की है। मुंगेर ज़िले के तारापुर विधानसभा सीट से निर्दलीय उम्मीदवार शकुनि चौधरी ने जीत दर्ज हासिल करके सबको हैरान कर दिया था। ओबीसी कुशवाहा समाज से आनेवाले चौधरी कुल पाँच बार तारापुर से विधायक चुने गये और बीच में (1998 उपचुनाव) उनकी पत्नी पार्वती देवी भी तारापुर से विधायक चुनी गयीं। कुल मिलाकर चौधरी ने 1985 से 2010 तक तारापुर पर अपना दबदबा क़ायम रखा। इस बीच वे कांग्रेस, समता पार्टी और राजद में राजनीति करते रहे।

इस घोर राजनीतिक पृष्ठभूमि में उनके पुत्र सम्राट चौधरी का राजनीति में आना लाजमी था। सम्राट 1994 में जॉर्ज फर्नांडीस और नीतीश कुमार द्वारा बनायी गयी समता पार्टी से सबसे पहले जुड़े। सम्राट बार-बार राजद के राष्ट्रीय अध्यक्ष लालू प्रसाद द्वारा प्रताड़ित किये जाने का आरोप भी लगाते हैं। लेकिन उनका ये आरोप उनके 2018 में बीजेपी में शामिल होने के बाद ही मुखर हुआ है।

सच तो यह है कि सम्राट चौधरी ने सत्ता का स्वाद राजद में शामिल होने के बाद ही चखा जब वे 1999 में राबड़ी देवी सरकार में मन्त्री बने। उनके 25 वर्ष से कम उम्र होने पर मन्त्री बनाये ज़ाने को लेकर भी विवाद होता रहा है, जो उन्होंने अदालत में हलफनामा दायर कर अपनी स्थिति स्पष्ट की है। सम्राट, जिनका नाम राकेश कुमार भी है, पहली बार विधायक राजद के टिकट से परबत्ता (खगड़िया) से बनते हैं और दूसरी बार भी इसी पार्टी से 2010 में परबत्ता से ही चुने जाते हैं। राजद नेता तेजस्वी प्रसाद यादव उन्हें विधानसभा सत्र के दौरान अक्सर कहते हैं कि वे राजद से लड़कर चुनाव जीते और बाद में उच्च सदन से नामित हुए।

सम्राट चौधरी की राजनीतिक पूँजी उनकी जाति है और उनका राजनीति में 30 वर्षों का अनुभव भी है। वे कुशवाहा समाज से आते हैं जिसकी आबादी 4.21 प्रतिशत है। कुर्मी की 2.8 प्रतिशत आबादी मिलाकर लव-कुश (कुर्मी और कोयरी/ कुशवाहा) बिहार की राजनीति में सात प्रतिशत का जनाधार लाते हैं। इस समूह के साथ अतिपिछड़ी जाति, धानुक (2.1 प्रतिशत), भी जुड़ कर एक मज़बूत राजनीतिक समूह बन जाता है। यही पक्ष सम्राट चौधरी की उपयोगिता बढ़ाता है।

सब जानते हैं कि नीतीश कुमार और उपेन्द्र कुशवाहा (पूर्व केन्द्रीय राज्य मन्त्री और राष्ट्रीय लोक मोर्चा प्रमुख) के बाद लव-कुश के नेता बनने की क्षमता सम्राट में ही दिखती है। इसी कारण से जब सम्राट राजद से जेडीयू होते हुए जब बीजेपी में आते हैं तो उनका महत्त्व बढ़ जाता है। बीजेपी की समस्या यह है कि इसके पास संगठन तो है लेकिन सुशील कुमार मोदी जैसा कोई सर्वमान्य नेता अभी नहीं है। भाजपा में मंगल पांडेय, नीतीश मिश्रा और नितिन नवीन जैसे प्रमुख नेता हैं लेकिन तीनों ऊँची जाति से आते हैं। अभी के दौर में, ख़ासकर बिहार की राजनीति में अगड़े नेता का मुख्यमन्त्री बनना तक़रीबन मुश्किल है। भाजपा भी समाजवादी राजनीति कर रही है, जिसके केन्द्र में ओबीसी और इबीसी है।

यही कारण है सम्राट दूसरी पार्टी से जब बीजेपी में आते हैं तो उन्हें जल्द ही बिहार विधान परिषद में विपक्ष का नेता बना दिया जाता है। 2023 में सम्राट बिहार बीजेपी के अध्यक्ष बनाये जाते हैं और फिर 2024 की जनवरी जब नीतीश कुमार एक और राजनीतिक करवट लेते हैं तो सम्राट दोनों सदनों में भाजपा के नेता घोषित किये जाते हैं और उपमुख्यमन्त्री बनाये जाते हैं। अगड़ी जाति के साथ सन्तुलन बनाने के लिए भाजपा विजय कुमार सिन्हा को भी उपमुख्यमन्त्री बनाती है।

सम्राट का भाजपा में उभार एक अन्य कारण से भी सम्भव हुआ। सम्राट शायद एक मात्र ओबीसी नेता हैं जो नीतीश कुमार को शब्द दर शब्द जवाब देते थे। अब जब सम्राट उपमुख्यमन्त्री हैं तो नीतीश कुमार का बचाव भी करते नज़र आते हैं।

लेकिन सम्राट सहित भाजपा के अग्रिम पंक्ति के नेताओं में सुशील कुमार मोदी जैसा अध्ययन और शोध करनेवाले नेता की बहुत कमी है। विरले ही कुछ नेता हैं, जैसे कि बिहार सरकार में मन्त्री नीतीश मिश्रा या फिर भाजपा के राष्ट्रीय प्रवक्ता गुरु प्रकाश पासवान और कुछ हद तक मन्त्री मंगल पांडेय भी, जिनकी राजनीति में बौद्धिकता की झलक मिलती है। एक समालोचक के तौर पर मैं मानता हूँ कि सम्राट चौधरी का अध्ययन और शोध पक्ष अभी कमज़ोर है। लेकिन वित्त विभाग को सँभालते हुए उन्होंने वित्त प्रबन्धन की बारीकियाँ ज़रूर सीखी हैं। इसी सन्दर्भ में मुझे बिहार बीजेपी के पुरोधा एवं पूर्व मन्त्री कैलाशपति मिश्र की बात याद आती है जिन्होंने 1995 में नीतीश कुमार के साथ पार्टी का गठबन्धन होने के बाद नाराज़गी ज़ाहिर की थी और कहा था कि भाजपा अब अपना नेता नहीं बना पायेगी। आज 30 वर्ष के बाद भी उनकी क़ही बात कितनी सही लग रही है।

सम्राट चौधरी से हुई कई औपचारिक और अनौपचारिक बातचीत से लगता है कि सम्राट में कुशल नेतृत्व क्षमता है। फ़रवरी, 2024 में हुए 'द इंडियन एक्सप्रेस' के आइडिया एक्सचेंज प्रोग्राम में सम्राट चौधरी ने मेरे और मेरे बहुतेरे सहयोगियों के प्रश्नों का जवाब पूर्ण आत्मविश्वास के साथ दिया। जब मैंने उनसे पूछा कि क्या बिहार बीजेपी राष्ट्रीय स्तर पर जाति जनगणना के पक्ष में है? तो सम्राट का जवाब था, "बिहार भाजपा ने राज्य में हुए जाति आधारित सर्वे का पूर्ण समर्थन किया था। राष्ट्रीय स्तर पर जाति जनगणना हो या न हो, ये प्रधानमन्त्री नरेन्द्र मोदी के अधिकार क्षेत्र में आता है।" सम्राट का जवाब पूरी तरह से राजनीतिक था। बाद में केन्द्र सरकार ने भी जाति आधारित जनगणना करवाने का निर्णय लिया। ये अलग बात है कि मोदी सरकार ने अब जाति आधारित जनगणना का फ़ैसला ले लिया है।

सम्राट से बातचीत के क्रम में जब मेरे सहयोगी दीप्तिमान तिवारी ने पूछा, "जब तक नीतीश कुमार मुख्यमन्त्री बने रहेंगे, लोग कैसे भाजपा सरकार के लिए पूर्ण सहयोग देंगे?" तो सम्राट ने बड़े संयमित होकर कहा, "भाजपा 2015 के विधानसभा चुनाव इसलिए हार गयी थी क्योंकि जदयू ने 2013 में गठबन्धन तोड़ दिया था। लेकिन 2017 में, नीतीश कुमार हमारे पास वापस

आये। इस बार भी, वह वापस आये हैं। उन्होंने समर्थन माँगा और हमने सहमति दे दी क्योंकि हम मानते हैं कि बिहार में जंगल राज नहीं लौटना चाहिए और हमें राज्य के विकास के लिए काम करने की ज़रूरत है। नीतीश कुमार और लालू प्रसाद के बीच, भाजपा हमेशा नीतीश कुमार को चुनती है क्योंकि वह बिहार में सुशासन के प्रतीक हैं।" दीप्तिमान ने जब एक और प्रश्न पूछा, "क्या भाजपा के पास मुख्यमन्त्री उम्मीदवार नहीं है?" इसपर सम्राट का जवाब था, "ये बात जनता की इच्छा पर छोड़ दीजिए, उनको ही यह निर्णय लेने दीजिए।"

मेरे आकलन से 2026 का साल बिहार में सत्ता हस्तान्तरण का साल होगा। अगर भाजपा अपना 2020 वाला प्रदर्शन दोहराती है तो कौन जानता है बिहार को नया 'सम्राट' भी मिल सकता है। लेकिन जेडीयू ने भी अगर अच्छा प्रदर्शन कर दिया तो हो सकता है जेडीयू की तरफ़ से ही कोई मुख्यमन्त्री हो। बहरहाल, भाजपा बिहार में अभी भी सत्ता के लिए प्रतीक्षारत है। नीतीश कुमार ने अपना संख्या बल कम होने के बाद भी मुख्यमन्त्री की कुर्सी को अपने पास रखा है।

## कन्हैया कुमार

फ़रवरी 2016 की बात है, दिल्ली स्थित जेएनयू अचानक से विवादों के केन्द्र में आया गया। जेएनयू जैसे संस्थान में विवाद होना कोई नयी बात नहीं थी, यह यूनिवर्सिटी वाम विचारधारा का गढ़ रही है, सीताराम येचुरी और प्रकाश करात जैसे नेता इस यूनिवर्सिटी के छात्र रहे हैं।

लेकिन 2016 में जो विवाद हुआ, वह बाक़ी विवादों से अलग था। ऐसा आरोप लगा कि यूनिवर्सिटी कैम्पस में अफजल गुरु की बरसी मनायी गयी और देश विरोधी नारे भी लगाये गये। देश की मीडिया ने इस ख़बर को हाथों-हाथ लिया और इससे जुड़े कुछ कथित वीडियो प्राइम टाइम में लगातार दिखाये जाने लगे। कन्हैया कुमार उस समय जेएनयू के छात्र संघ अध्यक्ष थे। कुमार ने 2015 में सीपीआई के छात्र संगठन एआईएसएफ से अध्यक्ष पद का चुनाव जीता था।

इस घटना में कन्हैया का नाम आते ही उनपर देशद्रोह के आरोप लगे। हालाँकि ये आरोप कभी अदालत में साबित नहीं हो पाये। कुमार की गिरफ़्तारी हुई, उन्हें तिहाड़ जेल में रखा गया। जेल में ही उन्होंने अपनी आत्मकथा 'बिहार से तिहाड़' लिखी। इस किताब में कन्हैया ने अपने बचपन के क़िस्सों से लेकर वाम छात्र राजनीति पर खुलकर बात की है।

2016 के बाद कन्हैया भारतीय राजनीति में फिनॉमिना की तरह उभरे, टीवी चैनल के बहसों में उन्हें बुलाया जाने लगा। अपनी अद्‌भुत बोलने की शैली से, कन्हैया ने अपना एक दर्शक वर्ग तैयार किया। वाम खेमे खासकर सीपीआई के लिए कन्हैया अँधेरे में जलते चिराग़ की तरह थे। पार्टी ने उन्हें राष्ट्रीय कार्यकारिणी परिषद का सदस्य बनाया।

बेगूसराय के बीहट गाँव में कन्हैया की पैदाइश है। निम्न मध्यम वर्गीय परिवार ने आने वाले कन्हैया ने अपनी शुरुआती पढ़ाई बेगूसराय से ही की, उसके बाद उन्होंने पटना यूनिवर्सिटी से स्नातक की उपाधि ली। नालन्दा ओपन यूनिवर्सिटी से समाजशास्त्र में एमए करने के बाद कुमार ने जेएनयू में शोध के लिए दाख़िला लिया।

बेगूसराय, बिहार वाम दल का मज़बूत ठिकाना रहा है। यह भूमिहार बहुल इलाक़ा माना जाता है। सीपीआई ने 2019 के लोकसभा चुनाव में कन्हैया को बेगूसराय से मैदान में उतारा, भाजपा ने गिरिराज सिंह को बेगूसराय से टिकट दिया। इसी बीच राजद ने अपने मज़बूत मुस्लिम चेहरे तनवीर हसन को चुनावी समर में उतार कर मुक़ाबले को त्रिकोणीय बनाने की कोशिश की। लेकिन परिणाम भाजपा के पक्ष में रहा, गिरिराज 4 लाख से ज़्यादा वोट से चुनाव जीते।

हिन्दी साहित्य के महान कवि रामधारी सिंह दिनकर भी बेगूसराय के ही थे। दिनकर ने अपनी डायरी में लिखा है, "मार्क्स अच्छे लगते हैं, पर अधिक प्रेम है गांधी से"। यह इत्तेफ़ाक ही है कि कन्हैया ने मार्क्स को मानने वाली पार्टी को छोड़कर सितम्बर 2021 में कांग्रेस का दामन थाम लिया। कन्हैया इस बात को बख़ूबी जानते थे कि भारतीय राजनीति से वाम की विदाई हो चुकी है।

पार्टी के सबसे बड़े नेता राहुल गांधी ने कन्हैया को कांग्रेस की सदस्यता दिलायी। जब वे कांग्रेस ज्वाइन करनेवाले थे, तो उनकी मुलाक़ात राहुल गांधी

से हुई। राहुल को देखकर कन्हैया ने कहा, "राहुल जी आपको चेहरा साँवला करना पड़ेगा। आप देश भर में घूमिए यह अपने आप हो जायेगा।" कुछ दिनों बाद राहुल ने 'भारत जोड़ो यात्रा' की शुरुआत की।

कांग्रेस ने 2024 के लोकसभा चुनाव में कन्हैया को नॉर्थ ईस्ट दिल्ली से अपना प्रत्याशी बनाया। यह पूर्वांचल प्रवासी बहुल इलाक़ा है। भाजपा की ओर से भोजपुरी कलाकार मनोज तिवारी मैदान में थे। कन्हैया को इस बार भी मात खानी पड़ी। लगभग 1 लाख 38 हज़ार के बड़े अन्तर से वे चुनाव हार गये। इसके बावजूद कन्हैया को कांग्रेस ने बिहार के चुनावी रण में उतारा है। राजनीतिक हलकों में यह ख़बर भी ख़ूब चलती है कि कन्हैया और तेजस्वी में प्रतिद्वन्द्विता है।

सीतामढ़ी में 'पलायन रोको, नौकरी दो' यात्रा के क्रम में जब मैंने कन्हैया को कुरेदा तो उन्होंने मुझे कहा कि "उन्हें तेजस्वी के साथ मंच साझा करने में कोई दिक़्क़त नहीं है। अगर तेजस्वी यादव को उनके साथ मंच साझा करने में समस्या है तो फिर यह उनकी समस्या है।"

कन्हैया को पता है कि उनकी असली राजनीतिक ज़मीन बिहार है, आजकल कांग्रेस पार्टी नव समाजवाद की अवधारणा पर काम कर रही है। जिसके सहारे पार्टी ओबीसी और इबीसी जातियों को अपने पक्ष में करने की भरपूर कोशिश कर रही है। कन्हैया के लिए समस्या यह है कि वह अगड़ी जाति से आते हैं, इसके बावजूद अपने बोलने की कला के कारण कन्हैया बिहार के युवाओं में लोकप्रिय हैं।

## निशान्त कुमार : जेडीयू की उखड़ती सांस की प्राणवायु

निशान्त कुमार–नीतीश कुमार और स्वर्गीय मंजू सिन्हा की अकेली सन्तान–न जाने कितने वर्षों तक मुख्यमन्त्री निवास में अज्ञातवास की तरह रहते रहे। कई सालों तक तो लोगों ने उन्हें देखा तक नहीं था। हर साल जब मुख्यमन्त्री नीतीश कुमार अपनी सम्पत्ति की घोषणा करते थे, उसमें निशान्त का ज़िक्र होता था। इसके इतर, कभी-कभी अपने दादा, दादी और माँ मंजू सिन्हा की पुण्यतिथि पर नालन्दा में अपने गाँव कल्याणबिगहा जाते थे तो लोग उन्हें देख

लेते थे। मीडिया से कभी कोई बातचीत नहीं करते थे। पूरी तरह से अपने पिता की छत्रछाया में रहते थे।

निशान्त को अगर लोगों ने सार्वजनिक अवसर पर देखा तो वह अवसर था 2015 में पटना के गांधी मैदान में नीतीश कुमार का शपथ ग्रहण समारोह। वे लालू प्रसाद की बड़ी बेटी और अब लोकसभा सांसद मीसा भारती के साथ दिखे। दो 'पावर चिल्ड्रन' को एक साथ देखने के बाद थोड़ी हलचल हुई, कुछ अटकलें भी लगायी गयीं। लेकिन निशान्त फिर मुख्यमन्त्री निवास के अन्तःपुर में चले गये। निशान्त को अबस्ट्रैक्ट नोवेल पढ़ना बहुत पसन्द है। निशान्त ने अपनी अलग ही दुनिया बना ली थी, जहाँ वे नितान्त एकाकीपन में रहते थे। 2007 में अपनी माता की मृत्यु के बाद तो और भी अकेले हो गये थे।

नीतीश कुमार अपने समाजवादी साथी रामविलास पासवान और लालू प्रसाद से इसलिए भी अलग थे क्योंकि उन्होंने अपने परिवार से किसी को राजनीति में नहीं आने दिया। इस मामले में नीतीश ने पूर्व मुख्यमन्त्री जननायक कर्पूरी ठाकुर का अनुसरण किया था। कर्पूरी के जीते जी उनके परिवार से कोई भी राजनीति में नहीं आया। लेकिन उनके जाने के तुरत बाद उनके ज्येष्ठ पुत्र रामनाथ ठाकुर राजनीति में आये और अब केन्द्रीय मन्त्री हैं। नीतीश अक्सर लालू प्रसाद पर परिवारवाद का आरोप लगाते रहे हैं। 2025 के बजट सत्र में पूर्व मुख्यमन्त्री राबड़ी देवी को विधान परिषद में नीतीश कुमार ने ये कह कर असहज कर दिया, "अरे इनका कुछ है, जो है इनके पति लालूजी का है। वे जेल जा रहे थे तो इनको (मुख्यमन्त्री) बना दिया।"

लेकिन नीतीश कुमार द्वारा खींची वो बड़ी लकीर अब टूट सकती है। निशान्त कुमार अब सक्रिय राजनीति में आ गये हैं। इससे कुछ फ़र्क़ नहीं पड़ता कि वे आधिकारिक रूप से जेडीयू ज्वाइन करें या न करें। वे आने वाले चुनाव से पहले फील्ड में ज़रूर दिखेंगे और सभाएँ भी कर सकते हैं। वे जेडीयू के लीडर-इन-दी-रिज़र्व हैं।

पहले नीतीश ऊहापोह की स्थिति में थे लेकिन उनके विस्तृत परिवार और अन्य क़रीबी नेताओं ने सलाह थी कि निशान्त का राजनीति में आना ज़रूरी है। इससे जेडीयू को प्राणवायु मिलेगी। आख़िर, नीतीश कुमार का स्वास्थ्य

गिरता जा रहा है। उनकी स्मृति भी कमज़ोर पड़ रही है। नीतीश कभी अपनी विशुद्ध शब्दशैली के लिए जाने जाते थे। उनके लोकसभा में दिये हुए बहुतेरे भाषण और मुख्यमन्त्री के टिप में उनके हज़ारों वक्तव्य इसके गवाह हैं। नीतीश कुमार पर अब उम्र हावी हो रही है तो जेडीयू को यह चिन्ता सता रही है कि पार्टी को दिशा कौन देगा? अभी के नेताओं में, चाहे वो राजीव रंजन सिंह (ललन सिंह) हों, या संजय कुमार झा, विजय कुमार चौधरी या अशोक कुमार चौधरी, कोई भी सर्वमान्य नेता नहीं हैं। यह एक कड़वी सच्चाई है कि क्षेत्रीय दल के नेता अपनी दूसरी पीढ़ी के नेता नहीं तैयार करते। ऐसे में उनकी सन्तान ही पार्टी को आगे ले जाती है। कर्नाटक में पूर्व प्रधानमन्त्री हरदभल्ली दोदे देवगौड़ा, हरियाणा में पूर्व उपप्रधानमन्त्री चौधरी देवीलाल, उत्तर प्रदेश में पूर्वमुख्यमन्त्री मुलायम सिंह यादव, बिहार में लालू प्रसाद और रामविलास पासवान इसके उदाहरण हैं। इस प्रवृत्ति को मैं 'वंशवादी समाजवाद' की संज्ञा देता हूँ।

हम निशान्त पर लौटते हैं। निशान्त ने बिहार इंस्टीट्यूट ऑफ़ टेक्नोलॉजी (राँची), से कम्प्यूटर साइंस के साथ इंजीनियरिंग की डिग्री हासिल की। इसके पहले उन्होंने पटना के सेंट करेंस स्कूल और केन्द्रीय विद्यालय में पढ़ाई की। निशान्त ने इंजीनियरिंग डिग्री लेने के बावजूद नौकरी नहीं की। कुछ समय दिल्ली में भी रहे। फिर पटना लौट आये।

उनके राजनीति में आने का संकेत 8 जनवरी, 2025 को बख्तियारपुर के एक कार्यक्रम से हुआ जब उन्होंने पहली बार मीडिया से बातचीत की और अपील की लोगों को नीतीश कुमार का फिर से समर्थन करना चाहिए। "हो सके तो पिताजी को फिर से मुख्यमन्त्री बनायें।" इसके बाद फिर बीच-बीच में मीडिया से संक्षिप्त बातचीत करते रहे लेकिन अपनी राजनीति में आने की बात टालते रहे। निशान्त ने अपनी राजनीतिक सूझबूझ तब दिखायी जब प्रधानमन्त्री नरेन्द्र मोदी ने 24 फ़रवरी, 2025 को हुए भागलपुर की सभा में नीतीश को 'लाडला मुख्यमन्त्री' कहा और 2025 चुनाव के लिए मुख्यमन्त्री उम्मीदवार घोषित नहीं किया। जेडीयू असहज दिखी, लेकिन किसी ने कुछ नहीं बोला। फिर निशान्त ने चुप्पी तोड़ी और कहा कि भाजपा को गठबन्धन

का मुख्यमन्त्री उम्मीदवार उनके पिता को घोषित करना चाहिए। निशान्त की बेबाक़ी से भाजपा भी पेसोपेश में पड़ गयी। आख़िर में केन्द्रीय मन्त्री अमित शाह ने एक टीवी चैनल को कहा कि बिहार का चुनाव नीतीश कुमार के नेतृत्व में लड़ा जायेगा।

निशान्त ने पार्टी के बड़े नेताओं को भी होली के दौरान सन्देश दे दिया जब तमाम नेतागण मुख्यमन्त्री से मिल रहे थे, बहुतेरे नेताओं का परिचय निशान्त से भी करवाया जा रहा था। फिर एक तस्वीर ने सब कुछ कह दिया। निशान्त ने पार्टी में वरीय मन्त्री विजय कुमार चौधरी और पार्टी में राष्ट्रीय कार्यकारी अध्यक्ष संजय कुमार झा के कन्धों पर हाथ रखकर तस्वीर खिंचवायी। निशान्त ने जेडीयू का अगला बड़ा नेता होने का स्पष्ट संकेत दे डाला।

निशान्त की भूमिका आनेवाला चुनाव तय करेगा। अगर जेडीयू 50 से 60 सीट जीत जाती है, निशान्त की बड़ी भूमिका हो सकती है। इससे भी ज़्यादा सीटें अगर आयीं तो निशान्त का महत्त्व और भी बढ़ सकता है। 2026 का साल बिहार में सत्ता हस्तान्तरण ले कर आ सकता है। अगर जेडीयू का वरदहस्त होगा तो निशान्त मुख्यमन्त्री भी बन सकते हैं। कम सीटें आने पर उपमुख्यमन्त्री तो बन ही सकते हैं। बात संख्या बल की है। राजनीति में वैसे भी आत्मबल से ज़्यादा संख्या बल ज़्यादा चलता है। निशान्त ने जेडीयू को 2030 तक प्राणवायु तो दे ही दी है। आगे की बात आगे देखी जायेगी। एक बात और, बिहार में परिवारवाद पर कटाक्ष अब बन्द हो जायेगा। तभी तो तेजस्वी और चिराग सब निशान्त का स्वागत कर रहे हैं। तेजस्वी कुछ ज़्यादा ही ख़ुश हैं क्योंकि उनको लगता है समाजवादी धारा बिहार में कुछ लम्बी खिंच जायेगी। और निशान्त भी तो उनके सहयोगी बन सकते हैं।

## सन्दर्भ-सूची


1. Interview/ Patna photojournalist Ashok Sinha (12 December 2019).
2. Interview/ Sanjay Yadav, political advisor to leader of Opposition Tejaswi Prasad Yadav (8 April 2020).
3. Tejaswi Prasad Yadav's public speech at Samastipur in 2013.

4. Interview/ Sanjay Yadav (8 April 2020)
5. Interview/ Former correspondent with The Indian Express, ranchi, Deepu Sebastian Edmond (15 January 2015).
6. Interview/ Leader of Opposition and former deputy CM Tejaswi Prasad Yadav (7 May 2019).
7. Ibid.
8. Public speech by former Bihar health minister Tej Pratap Yadav in 2018 and 2019.
9. Ibid.
10. Interview/ Tejaswi Prasad Yadav (7 May 2019).
11. Public speech by Chirag Paswan in 2009 election.
12. Interview/ Ram Vilas Paswan (4 April 2020).
13. Interview/ Chirag Paswan (7 April 2020).
14. Ibid.
15. Ibid.
16. Interview/ Ram Vilas Paswan (4 April 2020).

# 12
# 2025 : एक झुके हुए कन्धे और नयी पीढ़ी की जंग

चुनावी राजनीति में नारों का अपना अलग महत्त्व है, अक्सर नारे ही नेरेटिव की रूपरेखा तय करते हैं। "मोदी है तो मुमकिन है", "बिहार में बहार है, नीतीशे कुमार है" से गुज़रते हुए अब "2025 : फिर से नीतीश"! जैसे नारे बिहार की राजनीतिक फिजाओं में गूँज रहे हैं पर इस नारे में आत्मविश्वास की कमी दिखती है। ये तुकबन्दी ज़्यादा लगती है। आनेवाले चुनाव में यह बात विमर्श में ही नहीं है कि कौन सरकार बनायेगा? चर्चा यह है कि क्या नीतीश कुमार फिर से मुख्यमन्त्री बनेंगे? ये कुछ इस तरह से है कि 2024 के लोकसभा चुनाव में प्रधानमन्त्री नरेन्द्र मोदी ने "अबकी बार, 400 पार" का नारा देकर विपक्ष पर मनोवैज्ञानिक दबाव बना दिया था। लेकिन बिहार में दबाव बनाने की बात कम, नीतीश के नेतृत्व को लेकर उलझन ज़्यादा है। सहयोगी बीजेपी अपने दल के मुख्यमन्त्री के लिए कब से लालायित है और नीतीश हैं कि मुख्यमन्त्री पद के दावेदार बने हुए हैं, चाहे उनकी पार्टी नम्बर वन पर हो (2010 के चुनाव में 115 सीटों के साथ) या नम्बर दो पर हो (2015 में 71 सीटों के साथ) या फिर 2020 के चुनाव के बाद 43 सीटों के साथ नम्बर तीन पर हो।

अग़र हम 2000 से 2020 तक चुनावों के निर्णायक तत्त्व की चर्चा करें तो आगामी चुनाव का पूर्वानुमान थोड़ा आसान हो जायेगा।

2000 के चुनाव में राजद, कांग्रेस और राष्ट्रीय प्रजातान्त्रिक गठबन्धन के बीच में त्रिकोणीय संघर्ष था। इस चुनाव की सबसे महत्त्वपूर्ण बात यह थी,

राजद कुछ सीटों से सरकार बनाने से चूक गयी थी। नीतीश कुमार का इस चुनाव के बाद सात दिन का मुख्यमन्त्री बनना तो महज़ एक राजनीतिक चाल थी। इस शह कम, मात ज़्यादा के खेल में हुआ ये कि नीतीश ने एनडीए में अपनी लकीर बीजेपी के सबसे बड़े नेता सुशील कुमार मोदी से बड़ी कर ली। नीतीश के बायोडाटा में अब पूर्व मुख्यमन्त्री जुड़ गया था।

2005 के फ़रवरी के चुनाव के बाजीगर रामविलास पासवान थे जिनकी लोक जनशक्ति पार्टी को 29 सीटें मिली थीं। वे या तो राजद के साथ जा सकते थे या एनडीए के साथ। पासवान मुख्यमन्त्री भी बन सकते थे। लेकिन उन्होंने किसी मुस्लिम को मुख्यमन्त्री बनाने के हठ में एक सुनहरा मौक़ा गँवा दिया। बिहार में राष्ट्रपति शासन लग गया। उसी वर्ष दूसरी बार विधानसभा चुनाव हुआ। एनडीए ने कोई मुख्यमन्त्री चेहरा नहीं दिया। पहले चरण के चुनाव में एनडीए को अच्छा वोट मिलने का स्पष्ट संकेत नहीं मिला। फिर भाजपा के रणनीतिकार अरुण जेटली ने अटल बिहारी वाजपेयी और लालकृष्ण आडवाणी से परामर्श लेकर नीतीश कुमार को मुख्यमन्त्री का चेहरा बनाया। ये फॉर्मूला काम कर गया। चुनाव में एनडीए को स्पष्ट बहुमत मिला। नीतीश कुमार को मुख्यमन्त्री का चेहरा बनाना इस चुनाव का सबसे बड़ा निर्णायक क़दम था ।

2010 के विधानसभा चुनाव में नीतीश कुमार अपनी लोकप्रियता के चरम पर थे। इस चुनाव में एक ही वेरिएबल था कि नीतीश के नेतृत्व में एनडीए को ज़्यादा से ज़्यादा कितनी सीटें मिल सकती हैं? मैंने उसी चुनाव में आडवाणी जी के साथ एक दिन हेलीकॉप्टर से चुनाव कवर किया। जब बिहार भाजपा नेता नन्द किशोर यादव ने आडवाणी जी को पटना के स्टेट हैंगर में कहा कि 150 से ज़्यादा सीटें आयेंगी तो आडवाणी जी मुस्कुराये और कहा इतनी सीटें लेकर क्या करेंगे? परिणाम आया तो एनडीए को 243 सीटों में 206 सीटें मिलीं। ये नीतीश का स्वर्णिम दौर था।

2015 के चुनाव में लालू और नीतीश 21 वर्षों के बाद फिर एक हो गये। नरेन्द्र मोदी अभी साल भर पहले ही प्रधानमन्त्री बने थे। लग रहा था मोदी जी अपने बूते पर बिहार भी जीत सकते हैं। इस चुनाव का वेरिएबल ये था कि

क्या मोदी, लालू और नीतीश को मात दे सकते हैं? लेकिन चुनाव परिणाम आया तो एनडीए सत्ता से बहुत दूर खड़ी मिली। महागठबन्धन ने 178 सीटें जीतीं और भाजपा 53 सीटों पर सिमट गयी।

2020 के चुनाव का वेरिएबल चिराग पासवान और कुछ हद तक उपेन्द्र कुशवाहा थे जो एनडीए से अलग हटकर अकेले चुनाव लड़ रहे थे। पिता की मृत्यु से टूट चुके और एनडीए से निकल जाने से कारण चिराग एक ही सीट जीत पाये लेकिन नीतीश को 71 सीटों से 43 सीटों पर लाकर खड़ा कर दिया। साथ ही, अप्रत्यक्ष रूप से राजद को सबसे बड़ी पार्टी बनने में मदद कर दी। कुशवाहा कोई सीट तो नहीं जीते लेकिन उन्होंने भी शाहाबाद क्षेत्र में नीतीश को हरवा दिया।

पिछले चार चुनावों और 2025 के चुनाव में क्या फ़र्क़ है? नीतीश कुमार के कन्धे अब झुक गये हैं। वे दरवाज़े पर बैठे एक बुज़ुर्ग की भाँति एक ही कहानी दोहरा रहे हैं। कुछ भूलने भी लगे हैं। वे स्मृति (या फिर क्षीण स्मृति) से राजनीति कर रहे हैं। कहा तो यह भी जाता है कि छह से सात नौकरशाह और तीन-चार नेता मिलकर राज चला रहे हैं। तो इस चुनाव का पहला वेरिएबुल नीतीश कुमार ख़ुद हैं, एक शानदार राजनीतिक सफ़र के बाद एक थका हुआ नेता और उनकी गिरती सेहत और कमज़ोर पड़ता नेतृत्व।

इस चुनाव का दूसरा और सबसे महत्त्वपूर्ण वेरिएबल चुनावी रणनीतिकार से नेता बने प्रशान्त किशोर हैं। प्रशान्त कितनी सीटें जीतते हैं ये महत्त्वपूर्ण नहीं है। किस पार्टी की कितनी सीटें हरवा सकते हैं, ये ज़्यादा महत्त्वपूर्ण और निर्णायक होगा। अरविन्द केजरीवाल भी जब दिल्ली की राजनीति में आये थे तो पॉलिटिकल पण्डितों ने उन्हें हल्के में लिया था। बाद में जो हुआ, सब जानते हैं। प्रशान्त किशोर बिहार के चुनाव के X फैक्टर हैं। वे इस चुनाव के सबसे बड़े इंफ्लूएंसर हैं, वे 2030 चुनाव के एक बड़े प्लेयर भी हो सकते हैं।

हम हरेक पार्टियों का एक-एक कर मूल्यांकन करेंगे। सबसे पहले नीतीश कुमार के नेतृत्व वाली एनडीए की बात करते हैं, जिसमें जेडीयू, भाजपा, लोजपा (रामविलास), हिन्दुस्तानी अवाम मोर्चा (सेकुलर) और राष्ट्रीय लोक मोर्चा शामिल है।

## जनता दल यूनाइटेड (जेडीयू)

जेडीयू की सबसे बड़ी राजनीतिक पूँजी अभी भी नीतीश कुमार ही हैं। पिछले 20 वर्षों में जो राजनीतिक रसूख नीतीश ने बनाया है उसमें, उनका एक सुशासन वाला चेहरा, एक ईमानदार नेता वाली साख, जाति निरपेक्ष महिला मतदाता, अति पिछड़ी जाति और दलितों के लिए सरकार की ढेर सारी योजनाएँ, पंचायत में महिलाओं के लिए 50 प्रतिशत आरक्षण, बिहार सरकार की नौकरी में महिलाओं के लिए 35 प्रतिशत आरक्षण, सुन्दर सड़कें, अस्पताल और विद्यालय के नये भवन, पुलों का जाल, तक़रीबन दुरुस्त क़ानून व्यवस्था और लगभग 7 लाख सरकारी नौकरियाँ शामिल हैं। ट्रस्ट फैक्टर उनके साथ अभी भी है।

उनके शासन का कमज़ोर पक्ष नौकरशाही का हावी होना, निम्न क्रम के अफ़सरशाही में व्याप्त भ्रष्टाचार, टेंडर आबंटन में भारी अनियमितता और अघोषित एस्टीमेट घोटाला है। पिछले 18 वर्षों में मैंने द इंडियन एक्सप्रेस के लिए महादलित ज़मीन घोटाला से लेकर धान घोटाला, नल-जल घोटाला और एंबुलेंस घोटाला को उजागर किया है।

जेडीयू के पास अब बिहार की जनता को सौंपने के लिए नया कुछ नहीं है। नेतृत्व भी नहीं। आइए, नीतीश कुमार के बाद के जेडीयू के शीर्ष नेताओं की बात करते हैं। नीतीश कुमार के अन्यतम सहयोगी और केन्द्रीय मन्त्री राजीव रंजन सिंह उर्फ़ ललन सिंह भी अब उम्र के ढलान पर हैं। वे नीतीश की छाया ही रहे हैं। जब नीतीश से अलग हुए, उनको अपने राजनीतिक क़द का भान हो गया। क्षेत्रीय दलों में मुख्य नेता और अन्य नेताओं का सम्बन्ध सूरज और चाँद का सम्बन्ध होता है। एक ही सूरज से सबको रोशनी मिलती है। ललन सिंह पहली श्रेणी के चाँद है। उनके गर्वित चेहरे में समाजवादी हनक तो है लेकिन नीतीश कुमार से अलग हटकर उनकी अपनी कोई ख़ास पहचान नहीं है।

जेडीयू के दूसरे चाँद इस पार्टी के राष्ट्रीय कार्यकारी अध्यक्ष एवं राज्य सभा सांसद संजय कुमार झा हैं। जवाहरलाल नेहरू विश्वविद्यालय के पढ़े झा बहुत कम बोलते हैं। वे भाजपा और जेडीयू के बीच के सेतु रहे हैं और इस

बार फिर से एनडीए में नीतीश कुमार को वापस लाने में उनकी बहुत अहम भूमिका रही है। तीसरे बड़े नेता और बिहार सरकार में मन्त्री विजय कुमार चौधरी, नीतीश कुमार के परफेक्ट येसमैन हैं। चौथे बड़े नेता कांग्रेस से आये अशोक कुमार चौधरी हैं, जो एक दलित नेता के रूप में पहचान बनाने की जी-तोड़ कोशिश कर रहे हैं।

लेकिन इनमें से कोई नीतीश कुमार का राजनीतिक वारिस नहीं हो सकता है। सिंह, झा और विजय कुमार चौधरी अगड़ी जाति से आते हैं और समाजवादी राजनीति में अभी एक अगड़े नेता का नेतृत्व स्वीकार नहीं होगा। अभी नॉन अपर कास्ट पॉलिटिक्स अपने चरम पर है। शेष रहे अशोक कुमार चौधरी तो पार्टी और सहयोगी दल में उनको लेकर स्वीकृति बनती नहीं दिख रही है।

इसलिए तो घूम-फिरकर बात वंशवादी समाजवाद की तरफ़ आ जाती है। निशान्त कुमार अकेले ऐसे व्यक्ति हैं जो जेडीयू को लम्बी उम्र दे सकते हैं। उनका राजनीतिक और प्रशासनिक अनुभव न होना खास मायने नहीं रखता। निशान्त का नीतीश कुमार का पुत्र होना ही उनकी योग्यता है। आख़िरकार, तेजस्वी 26 वर्ष की उम्र में अगर उपमुख्यमन्त्री बने तो इसलिए क्योंकि वे लालू प्रसाद के पुत्र हैं। चिराग पासवान 2013 में राजनीति में आये और पार्टी के पार्लियामेंट्री बोर्ड के अध्यक्ष बन गये। और महज़ 41 साल की उम्र में केन्द्रीय मन्त्री बन गये। ये इसलिए सम्भव हुआ कि वे रामविलास पासवान के पुत्र हैं।

निशान्त के आने के बाद दो बातें होंगी। पहली बात, वे पार्टी के जल्द ही सर्वमान्य चेहरा बन जायेंगे और पूरा पार्टी का कैडर उनके साथ होगा। दूसरी बात, सहयोगी दल भाजपा में उनकी स्वीकार्यता को लेकर द्वन्द्व होगा। निशान्त बिहार की सत्ता और भाजपा के बीच में आ गये है। उनके पिता ने लम्बे समय भाजपा को रोक कर रखा। निशान्त 2030 तक तो भाजपा को रोक ही सकते हैं अगर जेडीयू इस चुनाव में 50 सीटों का अंक पार कर जाती है।

## भारतीय जनता पार्टी (बीजेपी)

केन्द्रीय मन्त्री एवं भाजपा के पूर्व राष्ट्रीय अध्यक्ष ने जब बिहार के चुनाव के लिए पहली बैठक की तो उन्होंने बिहार में बूथ प्रबन्धन के 'महाराष्ट्र मॉडल'

को अपनाने पर ज़ोर दिया। उन्होंने इस बात पर ज़ोर देकर कहा कि कैसे भाजपा ने अपने बूथ मैनेजमेंट से 20 प्रतिशत से ज़्यादा सीटें महाराष्ट्र में जीत लीं? वे कुछ ऐसा ही प्रयोग बिहार के लिए चाहते हैं जो अभी भी भाजपा का फाइनल फ्रंटियर बना हुआ है।

बिहार भाजपा के प्रवक्ता मनोज शर्मा ने मुझे एक फ़ोन पर हुए साक्षात्कार (18 अप्रैल, 2025) के दौरान बताया कि कैसे भाजपा पहले पार्टी के तीन पदाधिकारियों को हर एक बूथ प्रबन्धन के लिए नियुक्त करती थी जो बाद में सात और अब 12 हो गयी है। शर्मा बताते हैं : "हमारा एक इंटरनल ऐप है जिसके द्वारा हमारे सदस्य प्रत्येक बूथ तक का क्रियाकलाप जान सकते हैं। यहाँ तक कि कितने बूथ पर प्रधानमन्त्री की 'मन की बात' सुनी गयी। हमारे बूथ पदाधिकारी लाभार्थी लोगों को बताते हैं कि कौन-सी योजना केन्द्र और राज्य सरकार द्वारा संचालित है। अगर किसी को सरकारी योजनाओं का लाभ नहीं मिला है तो उनकी प्रशासन से सम्पर्क करवाने में मदद भी करते हैं।"

भाजपा की सबसे बड़ी ताक़त हाल के वर्षों में उनके संगठन का विस्तार है। दूसरी ताक़त प्रधानमन्त्री नरेन्द्र मोदी हैं। ये शायद बिहार का पहला चुनाव होगा जिसमें जनता की नज़र मुख्यमन्त्री नीतीश कुमार से ज़्यादा प्रधानमन्त्री मोदी पर होगी। वैसे तो जेडीयू लोकसभा चुनाव में मोदी के पीछे छुप जाती थी। मगर इस विधानसभा चुनाव में मोदी ही एक मात्र स्टार प्रचारक होंगे, रूलिंग एलायंस की ओर से। मुझे याद है कि नीतीश कुमार ने कैसे 2015 के विधानसभा चुनाव में अकेले ही पूरा चुनाव अभियान सँभाल लिया था। तब तेजस्वी नये-नये थे। लेकिन 2025 के चुनाव में जेडीयू नीतीश कुमार के चेहरे पर तो निर्भर रहेगी लेकिन पुरानेवाले नीतीश इस चुनाव अभियान में नहीं दिखेंगे। जेडीयू को अपने दूसरी पंक्ति के नेताओं को झोंकना होगा। यहीं, भाजपा को जेडीयू से बढ़त मिलती दिख रही है।

भाजपा के बिहार के नेताओं की चर्चा करें तो सम्राट चौधरी के अलावा सांसदद्वय नित्यानन्द राय और डॉ. संजय जायसवाल और बिहार बीजेपी के अध्यक्ष दिलीप जायसवाल ओबीसी कैम्प से अग्रिम पंक्ति के नेता हैं। मैं दूसरे उपमुख्यमन्त्री विजय कुमार सिन्हा की ज़्यादा चर्चा इसलिए नहीं कर रहा हूँ

क्योंकि उन्हें मैं भाजपा के मुख्यमन्त्री चेहरे के रूप में नहीं देखता हूँ। आज के राजनीति दौर में कोई भी अगड़ा नेता उपमुख्यमन्त्री से अधिक नहीं बन सकता है। ख़ासकर, उस परिस्थिति में जब तक भाजपा अपने बूते पर बिहार में चुनाव नहीं जीतती है।

बीजेपी की कमज़ोरी उसका शाहाबाद (भोजपुर, रोहतास, बक्सर और कैमूर आता है) और मगध (गया, औरंगाबाद और जहानाबाद) है जहाँ पार्टी ने परम्परागत रूप से अच्छा नहीं किया है। बीजेपी की मज़बूती उत्तर बिहार है। पूरा उत्तर बिहार तो नहीं लेकिन गंगा के पार बीजेपी अच्छा करती आयी है। दरभंगा, मधुबनी, सहरसा, मधेपुरा, सुपौल और सीमांचल के चार ज़िले, पूर्णिया, अररिया, कटिहार और किशनगंज, में बीजेपी और सहयोगी जेडीयू समान रूप से मज़बूत है। इन्हीं कारणों से बीजेपी अभी तक अपने बल पर बिहार नहीं जीत पायी है।

भाजपा के लिए 2020 चुनाव के प्रदर्शन को दोहराना चुनौतीपूर्ण होगा। अगर भाजपा 70 सीटों का आँकड़ा पार भी कर लेती है तो भी इसे जेडीयू से 60 सीटें जीतने की अपेक्षा करनी होगी। भाजपा जब तक एक मज़बूत नेतृत्व नहीं देगी उसकी स्थिति में सुधार नहीं होगा। हालाँकि, ये शुभ संकेत है कि कुछ सर्वे में सम्राट चौधरी को कुछ समर्थन मिल रहा है, लेकिन, भाजपा को अपने संगठन विस्तार और इसकी मज़बूती के इतर अपने नेता पर इनवेस्ट करना होगा। उन्हें विश्वास देना होगा।

भाजपा ने सम्राट चौधरी पर अच्छा दाँव लगाया था। लेकिन, नीतीश के एनडीए में आते ही सम्राट को अपनी पगड़ी अयोध्या जाकर सरयू नदी में बहानी पड़ी। सम्राट ने पहले क़सम ली थी कि जब तक नीतीश को मुख्यमन्त्री की गद्दी से उतारेंगे नहीं, वे अपना पगड़ी नहीं खोलेंगे। लेकिन जैसे ही जनवरी 2024 में नीतीश भाजपा के साथ आते हैं, सम्राट का नेतृत्व मलिन होने लगता है। बीजेपी को सम्राट से पूरे बिहार की यात्रा करवानी चाहिए थी ताकि लोगों को लगे कि एक विकल्प तैयार है। नीतीश के साथ सत्ता सुख भोगने के चक्कर में भाजपा का नेतृत्व संकट बना हुआ है। भाजपा अपने अति पिछड़े और दलित नेताओं को भी जितना प्रश्रय देना चाहिए, नहीं दे पा रही है। इनको

लगता है नरेन्द्र मोदी काफ़ी हैं। ये सोच कुछ राज्यों के लिए तो ठीक है लेकिन बिहार कुछ अलग ही है। यहाँ जब तक एक मज़बूत नेता नहीं देंगे, इस राज्य को जीत नहीं पायेंगे। इसलिए, नीतीश कमज़ोर होते हुए भी अपरिहार्य हैं।

## लोक जनशक्ति पार्टी (रामविलास)

इस पार्टी की स्थापना 2000 में पूर्व केन्द्रीय मन्त्री रामविलास पासवान ने लोक जनशक्ति पार्टी के नाम से की थी, पार्टी में टूट के बाद इसका नाम अब लोक जनशक्ति पार्टी (रामविलास) है। 2005 के फ़रवरी चुनाव में लोजपा ने 12 प्रतिशत से ज़्यादा मत लाकर सबको चौंका दिया था। लेकिन इसके बाद हुए विधानसभा चुनावों में लोजपा कुछ ख़ास नहीं कर सकी। लेकिन इस पार्टी का जनाधार छह से आठ प्रतिशत तक बना रहा। यही जनाधार रामविलास पासवान की राजनीतिक पूँजी बना। भाजपा, जेडीयू और राजद जैसी बड़ी पार्टियों के बीच में पासवान ने अपना महत्त्व बनाये रखा और देश के छह प्रधानमन्त्रियों के साथ केन्द्रीय मन्त्री के रूप में काम किया।

रामविलास पासवान ने हमेशा केन्द्र की राजनीति पर फोकस किया। इसी कारण से विधानसभा चुनाव में लोजपा कुछ ख़ास नहीं कर पायी। लेकिन रामविलास पासवान के निधन के बाद उनके पुत्र चिराग पासवान ने 2020 में एक प्रयोग किया। लोजपा ने 100 से ज़्यादा सीटों पर लड़कर सीधे नीतीश कुमार से टक्कर ले ली। परिणाम ये हुआ कि जेडीयू को बड़ा झटका लगा। चिराग अपने प्रथम लक्ष्य में सफल हो गये। उनका दूरगामी लक्ष्य भाजपा का बड़ा सहयोगी बनना था जिसमें वे कामयाब रहे।

8 अप्रैल, 2025, को दिल्ली में आयोजित, 'द इंडियन एक्सप्रेस' के 'एक्सप्रेस अड्डा' कार्यक्रम में केन्द्रीय मन्त्री चिराग पासवान ने कहा कि उनका अन्तिम लक्ष्य बिहार जाना है। वैसे उन्होंने कोई टाइम लाइन नहीं बतायी, लेकिन चिराग अपने आप को राज्य की राजनीति में देखना चाहते हैं। 2025 चुनाव की अगर बात करें तो उनकी पार्टी को 25 से 30 सीट लड़ने के लिए मिल सकती हैं। यहाँ ये देखना होगा चिराग जीतने वाले सीट माँगते हैं या फिर बड़ी संख्या माँगते हैं। चिराग की भूमिका इस चुनाव में भाजपा

और जेडीयू के बीच में एक सीमेंटिंग फैक्टर की होगी। इन तीनों पार्टियों का पारस्परिक वोट का कन्वर्जन बहुत अच्छा रहा है। अगर चिराग 10 से ऊपर सीटें जीत जाते हैं तो उनका महत्त्व प्रदेश की राजनीति में बढ़ जायेगा। अगर ऐसा होता है तो ये चिराग का बिहार की राजनीति की तरफ़ मुड़ने का पहला क़दम होगा। लेकिन चिराग का राज्य स्तर पर संगठन उतना मज़बूत नहीं है। उनको दलित पासवान के साथ-साथ अति पिछड़ा, ग़ैर पासवान दलित और अगड़ों को भी अपने साथ जोड़ना होगा। जब तक चिराग का जनाधार 12 से 15 प्रतिशत नहीं होता है उनको देश की राजनीति से ही सन्तोष करना होगा।

## हिन्दुस्तानी अवाम मोर्चा (सेक्युलर) (HAM)

बिहार के पूर्व मुख्यमन्त्री और फिलवक्त केन्द्रीय मन्त्री जीतन राम मांझी ने अब तक सिर्फ़ गया और जहानाबाद में राजनीति की है। पिछले चुनाव में उनकी पार्टी ने चार सीटें जीती और 0.89 प्रतिशत मत पाया। मांझी बहुत महत्त्वाकांक्षी प्रतीत होते हैं। वे भी बिहार की राजनीति में जेडीयू और विकासशील इन्सान पार्टी के साथ एनडीए का हिस्सा हैं। मांझी अधिक से अधिक विधानसभा सीटों के लिए मोल-तोल कर रहे हैं थे, लेकिन उन्हें बिहार विधानसभा चुनाव में 6 सीट से ही सन्तुष्ट होना पड़ा है।

मांझी इस गठबन्धन के वीक लिंक हैं। उनकी राजनीति परिवार से आगे नहीं जा पा रही है। उनके बड़े पुत्र 'सन्तोष कुमार सुमन' बिहार में मन्त्री हैं। बड़ी बहू दीपा मांझी इमामगंज से विधायक है। मांझी मुसहर समाज से आते हैं जिनकी आबादी तीन प्रतिशत से थोड़ा ज़्यादा है। साथ ही सहयोगी जाति भुइयां एक प्रतिशत से थोड़ा कम है। लेकिन जीतन राम मांझी अपने समाज के भी नेता नहीं बन पाये हैं। गया से आगे मांझी जा ही नहीं पाये। उनकी पार्टी का संगठन नाम मात्र का संगठन है। मांझी गया छोड़कर अन्य जगहों में कम ही दिखते हैं।

## राष्ट्रीय लोक मोर्चा

पूर्व केन्द्रीय राज्य मन्त्री और राज्यसभा सांसद उपेन्द्र कुशवाहा कभी नीतीश कुमार की आंखों का तारा हुआ करते थे। अगर नीतीश कुमार ने सचमुच

कभी किसी को अपना उत्तराधिकारी बनाने का प्रयास किया था तो वह नेता कुशवाहा थे। वे तो उपेन्द्र सिंह लिखा करते थे। ये नीतीश कुमार थे जिन्होंने उपेन्द्र को कुशवाहा उपनाम लगाने के लिए कहा। कुशवाहा को नीतीश कुमार ने सुशील कुमार मोदी से जीतकर बिहार विधान सभा में 2003 में विपक्ष का नेता बना दिया था।

लेकिन कुशवाहा अपनी राजनीतिक महत्त्वाकांक्षा के शिकार हो गये। पिछले 20 वर्षों में जेडीयू को दो बार छोड़ा। पहले राष्ट्रीय लोक समता पार्टी बनायी और अब राष्ट्रीय लोक मोर्चा। उनका गोल्डन मोमेंट 2014 का चुनाव था जब उनकी रालोसपा ने तीन सीटें लड़ीं और तीनों जीतीं। इस चुनाव में नीतीश कुमार के जेडीयू को मात्र दो सीटें आयी थीं। कहीं न कहीं ये बात कुशवाहा को सुकून देने वाली होगी। कुशवाहा, बिहार की राजनीति में लव-कुश के नेता नहीं बन पाये। लेकिन कुशवाहा समाज ज़रूर उनको अपना नेता मानता है। एक बार मैंने सम्राट चौधरी (जो कुशवाहा समाज से आते हैं) से उपेन्द्र कुशवाहा पर प्रतिक्रिया माँगी। उनकी प्रतिक्रिया नकारात्मक हो सकती थी। सम्राट ने पूरे अदब के साथ कहा कि उपेन्द्र कुशवाहा के विरुद्ध कभी नहीं बोलेंगे। यही उपेन्द्र कुशवाहा की राजनीतिक पूँजी है।

नयी पार्टी बनाते-बनाते अब कुशवाहा थक से गये हैं। वह प्रदेश की राजनीति में थोड़ा हस्तक्षेप चाहते हैं। एक समय में उनकी महत्त्वाकांक्षा मुख्यमन्त्री बनने की थी। लेकिन अब लगता है कि वे बस राजनीति में सम्मानजनक स्थिति में रहना चाहते हैं। अभी उनकी बार्गेनिंग पावर यह है कि वे प्रदेश के स्तर पर कुशवाहा के सबसे बड़े नेता हैं। कुशवाहा 4.2 प्रतिशत के साथ पिछड़ी जाति में यादव के बाद सबसे बड़ी जाति है। जब मैं 2024 के लोकसभा चुनाव में समस्तीपुर के उजियारपुर क्षेत्र में कुशवाहा बहुल गाँवों में घूम रहा था तो लोग कह रहे थे वे उपेन्द्र कुशवाहा को अपने समाज का नेता मानते हैं। बिहार विधानसभा में कम से कम 50 ऐसी सीटें हैं जहाँ कुशवाहा वोट मायने रखता है। ऐसे में कुशवाहा, नीतीश वाले गठबन्धन के लिए एक महत्त्वपूर्ण कड़ी साबित हो सकते हैं। इनकी पार्टी को 6 सीटें मिली हैं। देखना दिलचस्प होगा कि कुशवाहा कितने सीटों पर अपनी राजनीतिक साख बचा पाते हैं।

## महागठबन्धन

इसके पहले कि महागठबन्धन के घटक दलों की चर्चा करने से पहले, समाजवाद के प्रसिद्ध विचारक डॉ. राममनोहर लोहिया की संक्षित किन्तु अति महत्त्वपूर्ण किताब 'व्हील ऑफ़ हिस्ट्री' (इतिहास-चक्र) में उनके द्वारा वर्ग और जाति विमर्श पर उनका निष्कर्ष उद्धृत करना ज़रूरी जान पड़ता है। "जो समाज में सभी वर्गों और जातियों के भेदभाव को समाप्त करना चाहते हैं, उन्हें मानव इतिहास की इस प्रेरणा को समझना होगा और इसे समझने के बाद ऐसे प्रयास करने होंगे जो दोनों को समाप्त कर सकें। इतिहास स्वयं ऐसा नहीं करेगा। वह कोई स्वचालित गति नहीं है। भारत इतने लम्बे समय से जाति के कारण उत्पन्न जड़ता और स्थिरता की स्थिति में रहा है कि उसकी नयी पायी गयी जीवन शक्ति उसकी जातियों को वर्गों में बांट रही है और आन्तरिक असमानता को हटाने के लिए संघर्ष शुरू हो गया है।" डॉ. लोहिया ने ये बातें 1952 में कही थीं। लेकिन आज इतने वर्षों के बाद बात जस की तस है। जब भी बिहार की चर्चा होती है तो लोग यहाँ की जाति व्यवस्था से संचालित राजनीति की चर्चा करते हैं। जाति की जकड़न ढीली होने के बजाय और भी सख़्त होती जा रही है। आजकल कुछ लोग जाति को ही समाज बोलने लगे हैं। यह हमारे सोच की संकीर्णता की पराकाष्ठा है।

बहरहाल, बिहार की राजनीति के मज़बूत प्रतिपक्ष की बात करते हैं। अगर 2020 के चुनाव परिणाम की चर्चा करें तो दो संख्या और उसके प्रतिशत बहुत कुछ बयान करते हैं। एनडीए ने इस चुनाव में 37.26 प्रतिशत मत (15702650) पाये। वहीं राजद के नेतृत्ववाली महागठबन्धन को 37.23 प्रतिशत मत (15691500) मिले। मतलब कि दोनों एलायंस के बीच का अन्तर मात्र 11,150 मत था। लेकिन सीटों का अन्तर 15 था। यह ऐसा चुनाव था जिसमें महागठबन्धन सरकार बनाते-बनाते रह गयी। राजद के लोगों ने यहाँ तक बताया कैसे तेजस्वी शेरवानी सिलवाने की भी चर्चा करने लगे थे। ये नीतीश कुमार के लिए ख़तरे का प्रथम संकेत था। अब इन दलों पर विस्तार से बात करते हैं।

## राष्ट्रीय जनता दल (राजद)

1997 में लालू प्रसाद ने अपने समाजवादी साथियों से अलग होकर यह पार्टी बनायी थी। इसके बाद बिहार की राजनीति में, लालू सबसे ज़्यादा जनाधार वाले नेता बनकर उभरे। लालू जब 1990 में मुख्यमन्त्री बने उन्होंने एक बड़े मातहत वर्ग का प्रतिनिधित्व किया। लालू प्रसाद इसे सरल शब्दों में ग़रीब-गुरबा कहा करते थे। जब तक उनकी राजनीति मंडलवाद और सेक्युलरवाद से जुड़ी रही, वे एक बड़े वर्ग और मुस्लिमों के नेता थे। जैसे ही उनकी राजनीति अपराधीकरण और यादवीकरण के दौर में पहुँचती है, लालू प्रसाद अपनी स्वजाति यादव और मुस्लिमों के नेता होकर रह जाते हैं। और यहीं से उनका राजनीतिक संकुचन भी शुरू होता है।

2020 में उनके पुत्र तेजस्वी प्रसाद यादव ने उनके चर्चित सोशल जस्टिस स्लोगन की चर्चा के बजाय इकोनॉमिक जस्टिस की बात की। इसको उन्होंने और भी सरल कर दिया जब 10 लाख नौकरी देने का वादा किया। इस राजनीतिक मास्टरस्ट्रोक ने तेजस्वी को लगभग मुख्यमन्त्री की कुर्सी तक पहुँचा ही दिया था। सरकार बनाने के लिए 122 सीटों की ज़रूरत थी। महागठबन्धन 110 सीटों पर रुक गया। और फिर राजद के लिए बहुत कुछ ठहर-सा गया। नीतीश 2022 के अगस्त में फिर तेजस्वी के साथ मिलकर सरकार बनाते हैं। तेजस्वी दोबारा उपमुख्यमन्त्री तो बन जाते हैं लेकिन एक बड़े नेता के तौर पर उनका राजनीतिक क़द छोटा होने लगता है। जब नीतीश, जनवरी 2024 में फिर राजनीतिक करवट लेते हैं तो तेजस्वी एक कन्विंसिंग नेता नहीं लगते हैं। सरकार में भागीदार होने के बाद विपक्ष में जाना एक कमज़ोर राजनीतिक स्थिति है। पिछले चार वर्षों के उठापटक में तेजस्वी का राजनीतिक रसूख कम होता जा रहा है। लेकिन विधानसभा में अभी भी तेजस्वी ही सबसे प्रभावी नेता हैं।

तेजस्वी और उनकी पार्टी के पास 2025 के विधानसभा चुनाव को लेकर कोई ठोस मुद्दा अभी तक नहीं हैं, ना कोई विनिंग स्लोगन है। नीतीश अगर कमज़ोर हो गये हैं तो इसका ये मतलब नहीं कि राजद मज़बूत हो गयी है। राजद की सबसे बड़ी समस्या उनका मुस्लिम-यादव की पार्टी वाली छवि है।

तेजस्वी बात भले ही 'ए टू जेड' (समावेशी) पॉलिटिक्स की करें, मगर ज़मीन पर यह नहीं हो पा रहा है। हाँ, एक बात ज़रूर है कि तेजस्वी अब पूरी तरह से नेता बन गये हैं। पार्टी उनके पूरे नियन्त्रण में है। तेजस्वी और उनके सहयोगी दलों के लिए सबसे बड़ी चुनौती यह है कि कैसे अपने वोट परसेंट को 40 के पार ले जाया जाये।

ऐसे में दो बातें महत्त्वपूर्ण हैं। एक तो उनके सहयोगी दल चुनाव में कैसा करते हैं और दूसरा, प्रशान्त किशोर उनको कितनी क्षति पहुँचाते हैं या फिर मदद भी करते हैं। प्रशान्त एक ऐसे निर्धारक तत्त्व हैं जिनके राजनीतिक प्रभाव का अन्दाज़ा लगाना मुश्किल है। लेकिन मुझे लगता है प्रशान्त, राजद को ज़्यादा क्षति पहुँचा सकते हैं। साथ ही जेडीयू को भी नुक़सान पहुँचा सकते हैं।

राजद का पूरा नेतृत्व तेजस्वी के इर्द-गिर्द ही घूमता दिख रहा है। उनके बड़े भाई तेजप्रताप यादव अब कोई फैक्टर नहीं हैं। यहाँ तक की उन्हें पार्टी से निष्कासित कर दिया गया है। बड़ी बहन मीसा भारती को प्रदेश की राजनीति से कुछ ख़ास लेना-देना नहीं है। वरीय नेताओं में अब्दुल बारी सिद्दीक़ी और जगदानन्द सिंह जैसे नेता अब मार्गदर्शक मंडल में ही हैं। तेजस्वी की अगली चुनौती अपनी पीढ़ी के अच्छे नेताओं को जोड़ने की है। उन्हें यादव और ग़ैर यादव दोनों के साथ-साथ मुस्लिम नेताओं की नयी पौध को लाना होगा।

2025 का चुनाव तेजस्वी की राजनीतिक दिशा तय करेगा। क्या समाजवादी राजनीति कुछ और दिन टिकेगी या फिर सैफरन का राज जल्द ही आयेगा? क्या तेजस्वी एक मज़बूत विपक्ष ही बने रहेंगे या सत्तासीन भी होंगे? तेजस्वी मंज़िल से बहुत पास भी नहीं हैं और बहुत दूर भी नहीं हैं। इसलिए तो एक अच्छा गठबन्धन बनाने की कोशिश में लगे हैं। अभी वे महागठबन्धन की कोऑर्डिनेशन कमेटी के हेड हैं। ध्यान रहे, वे ड्राइविंग सीट पर तो हैं लेकिन ड्राइवर नहीं हैं। इस बार के चुनाव में महागठबन्धन कई जगह पर फैंडली फाईट भी कर रही है। यह महागठबन्धन के आपसी असहमति को दर्शाता है।

## भारतीय राष्ट्रीय कांग्रेस (कांग्रेस)

चुनावी वर्ष में कांग्रेस ने अपनी निद्रा तोड़ ली है। बिहार कांग्रेस में परिवर्तन दिख रहा है, राजेश कुमार के रूप में एक नया प्रदेश अध्यक्ष, कृष्णा अलावरू

के रूप में नया एआईसीसी बिहार प्रभारी और प्रखर नेता कन्हैया कुमार का बिहार भ्रमण। इससे ऊपर, राहुल गांधी का बिहार बार-बार आना और संविधान बचाओ सम्मेलन करना भी बहुत कुछ कह जाता है। यह विडम्बना ही है कि सोशलिस्ट पार्टियों की विचारधारा को कांग्रेस ने अपना लिया है और सोशलिस्ट जाति की ज़मीन पर राजनीति कर रहे हैं। राहुल गांधी अपनी पार्टी की ऐतिहासिक भूलों के लिए माफ़ी माँग तो रहे हैं, पर क्या अब देर नहीं हो चुकी है?

बिहार में कांग्रेस अपने दम पर खड़े होने की कोशिश तो कर रही है लेकिन राजद के साथ गठबन्धन में रहकर यह कितना सम्भव हो पाता है यह भी देखना होगा? राजद मौक़ा पाते ही कांग्रेस को बताती रहती है कि वे आनुषांगिक पार्टी है। कांग्रेस को भी अपनी राजनीतिक ज़मीन की ख़बर है। पिछले विधानसभा चुनाव में वह 70 सीटें लड़कर 19 सीटें ही जीत पायी थी और स्ट्राइक रेट भी सबसे ख़राब रहा था। फिर भी न जाने कांग्रेस को क्यों लगता है कि वह अच्छा कर सकती है? कांग्रेस जनता में अपना विजुअल तो बना पा रही है लेकिन यह बताने में असमर्थ है कि लोग उसको क्यों वोट दें? कांग्रेस पलायन को मुख्य मुद्दा बनाना चाहती है। पर एक प्रश्न है, 2015 के दिसम्बर से 2017 के जुलाई तक और फिर 2022 के अगस्त से 2024 के जनवरी तक कांग्रेस भी नीतीश के साथ सत्ता में रही। 2000 से 2005 तक राजद के साथ सत्ता में रही। 1990 से 2000 तक इसका मुख्य सहयोगी राजद सत्ता में रहा। 1947 से 1990 तक (1967 से 1972 और 1977 से 1980 के अपवाद स्वरूप छोड़कर) सत्ता में रही। इस दौरान कांग्रेस ने रोज़गार देने और पलायन रोकने के लिए क्या किया?

## वाम पार्टियाँ

महागठबन्धन में सीपीआई, सीपीएम और सीपीआई (एमएल लिबरेशन) भी शामिल हैं, सभी वाम दलों में सबसे अच्छा प्रदर्शन इन दिनों माले का है। माले ने 2020 विधानसभा चुनाव में 19 सीटों पर चुनाव लड़ा जिसमें 12 पर जीत हासिल की। 2024 के लोकसभा चुनाव में आरा और काराकाट की

सीट जीतकर पार्टी ने अपना महत्त्व और बढ़ा लिया है। इसका दलित वोट राजद के साथ मिलकर अच्छा सामाजिक कॉम्बिनेशन बना रही है। राजद, कांग्रेस से ज़्यादा माले पर यक़ीन कर सकती है। सीपीआई का प्रभाव थोड़ा बहुत अभी भी बेगुसराय में है और सीपीएम भी बिहार में अपना थोड़ा-बहुत जनाधार रखती है।

## विकासशील इन्सान पार्टी

मुकेश सहनी ने अभी तक कोई चुनाव नहीं जीता है। फिर भी उन्हें उपमुख्यमन्त्री बनने की बड़ी लालसा है। वे दोनों एलायंस का हिस्सा रह चुके हैं। उनके बारे में अनुमान लगाना बहुत मुश्किल है। पिछले चुनाव में एनडीए की ओर से 11 सीटों पर लड़कर चार जीते। लेकिन उनके पास कोई विधायक नहीं टिका। 2024 के लोकसभा चुनाव में तीन सीटों पर लड़े और कुछ ख़ास नहीं कर पाये। लेकिन अतिपिछड़ा निषाद और सहयोगी जातियों में सहनी की अच्छी पकड़ है। क़रीब की लड़ाई में सहनी जैसे घटक महत्त्वपूर्ण सहयोगी हो सकते हैं।

# 12(ए)

# नालन्दा विश्वविद्यालय

## उम्मीद की एक कहानी

बारहवीं सदी में जब बख़्तियार ख़िलजी ने नालन्दा विश्वविद्यालय का विध्वंस किया (जैसा कि तमाम इतिहासकार मानते हैं), कहा जाता है, इस विश्वविद्यालय के पुस्तकालय में इतनी किताबें थीं कि आग कई महीनों तक जलती रही। राख की ढेर में कई इतिहास दफ़न हो गये। नालन्दा खँडहर अभी भी अपनी कहानी चीख़-चीख़ कर कह रहा है। इसके टूटे चबूतरे पर बैठ कर लगता है कैसे इसी जगह से कभी प्रज्ञा का प्रवाह विश्व तक फैला था? गर्व से सीना फूल जाता है और आँखों के कोर में नमी आ जाती है। इस नमी में गौरव, पराभव और पुनर्नवा होने के भाव शामिल हैं। पर कहते हैं न, ज्ञान कभी दफ़न नहीं हो सकता। वो तो बस अपना रूप बदलता है।

प्राचीन नालन्दा विश्वविद्यालय के भग्नावशेष से मात्र बारह किलोमीटर दूर, राजगीर की जुड़वाँ पहाड़ी के तलहटी में नया नालन्दा विश्वविद्यालय इतिहास की भव्यता को ओढ़े हुए और सीना ताने फिर से खड़ा है। मानो पूछ रहा हो, कहाँ हो मिटाने वाले!

इसके पहले नये नालन्दा विश्वविद्यालय के भव्य और सुरम्य प्रांगण में प्रवेश करें, थोड़ा राजगीर की पहाड़ी के बारे में बात करते हैं। प्रसिद्ध संस्कृत विद्वान सत्यव्रत शास्त्री 1987 में राजगीर गये। वे एक भारतीय प्रतिनिधि मंडल का हिस्सा थे। उस यात्रा में थाईलैंड की राजकुमारी भी शामिल थी। शास्त्री ने एक साक्षात्कार में कहा था कैसे थाईलैंड की राजकुमारी ने राजगीर के गृद्धकूट पहाड़ी पर चढ़ने की ज़िद की? जब लोगों ने मना किया तो राजकुमारी ने कहा, "अगर भगवान बुद्ध अपने शिष्यों को उपदेश देने के लिए रोज़ इस पहाड़ी पर

चढ़ते थे तो वो एक बार क्यों नहीं चढ़ सकती?" राजकुमारी गृद्धकूट पहाड़ी पर चढ़ी, वहीं जहाँ भगवान बुद्ध ने दुनिया को कमल सूत्र दिया था। गृद्धकूट पहाड़ी और वैभव गिरि राजगीर की पंच पहाड़ियों का हिस्सा है। गृद्धकूट और वैभव गिरि उस स्थान का प्रतिनिधित करती हैं जहाँ बौद्ध धर्म की जड़ें थीं। इतना ही नहीं, कहा जाता है वैभव गिरि पर भगवान महावीर ने अपने जीवन के अन्तिम कुछ वर्ष बिताये थे। नालन्दा विश्वविद्यालय के पुरातत्त्व विभाग के एसोसिएट प्रोफ़ेसर तोशाबनता पाधन ने मुझे बताया (19 मई, 2025) : "मैं पिछले आठ वर्षों से राजगीर पर शोध कर रहा हूँ। मैंने राजगीर और नालन्दा में सीधा कनेक्शन पाया। राजगीर जहाँ सत्ता का केन्द्र था, वही नालन्दा इसके शोर से दूर ज्ञान बिखेर रहा था।"

इन प्रसिद्ध जुड़वाँ ऐतिहासिक पहाड़ियों की तलहटी में एक भव्य विश्वविद्यालय छह सालों से अपनी व्यापकता को आकार दे रहा है। इस विश्वविद्यालय की परिकल्पना में पूर्व प्रधानमन्त्री डॉ. मनमोहन सिंह, पूर्व राष्ट्रपति एपीजे अब्दुल कलाम, नोबेल पुरस्कार विजेता अमर्त्य सेन और बिहार के मुख्यमन्त्री नीतीश कुमार शामिल हैं। नालन्दा विश्वविद्यालय अधिनियम, 2010 के तहत इस विश्वविद्यालय की स्थापना हुई। 2014 में दो पोस्ट ग्रेजुएट कोर्स के साथ इसकी शुरुआत राजगीर कन्वेंशन सेंटर से हुई। नया परिसर 455.19 एकड़ में फैला है। कुल छात्रों की संख्या 800 है जिसमें 31 देशों के 150 छात्र शामिल हैं। कुल 20 कार्यक्रम हैं उसमें से छह पीजी कोर्स हैं– ऐतिहासिक अध्ययन स्कूल, पारिस्थितिकी और पर्यावरण अध्ययन स्कूल, बौद्ध अध्ययन, दर्शन, तुलनात्मक धर्म स्कूल, भाषाएँ और साहित्य/मानविकी स्कूल, प्रबन्धन अध्ययन स्कूल और अन्तरराष्ट्रीय सम्बन्ध स्कूल। इसके अलावा हिन्दू अध्ययन (सनातन) और विश्व साहित्य में मास्टर्स और सतत विकास और प्रबन्धन में मास्टर्स इन बिजनेस एडमिनिस्ट्रेशन के कोर्स भी संचालित हैं।

तीन महत्त्वपूर्ण अध्ययन केन्द्र भी खोले गये हैं–जिसमें बंगाल की खाड़ी अध्ययन केन्द्र, संघर्ष समाधान और शान्ति अध्ययन केन्द्र और सामान्य अभिलेखीय अध्ययन केन्द्र शामिल हैं। इसके इतर, ये विश्वविद्यालय पाली, संस्कृत, कोरियन और योग में भी अल्पकालिक डिप्लोमा कोर्स करवाता है। यहाँ वैश्विक पीएचडी कार्यक्रम भी संचालित है। इन सारे पाठ्यक्रम से यह

पता चलता है कैसे प्राचीन नालन्दा और नवीन नालन्दा को समाहित किया गया है। 2024 में प्रधानमन्त्री नरेन्द्र मोदी ने नये कैम्पस का उद्घाटन किया तो एक बोधि वृक्ष भी लगाया। उनका ऑफ़िस, नालन्दा विश्वविद्यालय प्रशासन से उसके विकास की अद्यतन जानकारी लेता रहता है। वह अब पौधा छह फ़ीट से बड़ा हो गया है। रात में जब बिल्डिंग्स से इन्द्रधनुषी रोशनी बदल-बदल कर पूरे परिसर को कई रंगों में सराबोर कर रही होती है तो बोधि वृक्ष भी उसकी रोशनी में नहाया लगता है। बोधि वृक्ष तो ज्ञान की रोशनी को परिभाषित करता है। वही तो नालन्दा तत्त्व है।

ऐसा कहा जाता है कि प्राचीन नालन्दा विश्वविद्यालय की स्थापना गुप्त काल (319 से 467 ईस्वी) में हुई। पाँचवीं सदी से ग्यारवीं सदी के दौरान पूरी दुनिया में यह शिक्षा का मुख्य केन्द्र रहा। अभी के भागलपुर में अवस्थित विक्रमशिला महाविहार नालन्दा के समकालीन ही है। नालन्दा पर ही ख़ास शोध करनेवाले डॉ. आज़ाद हिन्द गुलशन नन्दा, जब अब विश्वविद्यालय में पोस्ट डॉक्टरल फैलो हैं, कहते हैं, "मेरे शोध की मूलतः दो बातें हैं, प्राचीन नालन्दा विश्वविद्यालय की स्थापना सिर्फ़ बुद्धिज़्म के प्रचार के लिए नहीं है। बुद्धिज़्म ज़रूर एक वजह थी पर मूल वजह ज्ञान के एक विशिष्ट केन्द्र की स्थापना थी। इस विश्वविद्यालय के पतन की कहानी भी दो तरह की है, एक तो बख़्तियार ख़िलजी के द्वारा विध्वंस तो है ही, दूसरी वजह इकोलॉजिकल डिग्रडेशन भी है।"

नया नालन्दा बिश्वविद्यालय, ईंट-दर-ईंट, विश्वविद्यालय के आदर्श वाक्य के अनुरूप 'एक अन्तरराष्ट्रीय संस्थान का राष्ट्रीय महत्त्व' को साकार करता लग रहा है। नालन्दा विश्वविद्यालय अपने लक्ष्य को इस प्रकार सारांशित करता है, "हम पुनर्निर्माण करते हैं, हम पुनर्जीवित करते हैं और हम अपनी कहानी को पुनः उद्देश्य देते हैं।"

नालन्दा विश्वविद्यालय की अवधारणा प्राचीन विश्वविद्यालय की नवाचारी और बहु-विषयक शिक्षण पद्धति से प्रेरित है, जिसमें गणित, खगोल विज्ञान, व्याकरण, तर्क और रक्षा अध्ययन जैसे विषयों को पढ़ाया जाता था, जब विश्व, विश्वविद्यालय की अवधारणा से अपरिचित था। विश्वविद्यालय का एक अन्य महत्त्वपूर्ण पहलू शिक्षक-छात्र अनुपात 1:5 है, जैसा कि नालन्दा महाविहार में

10,000 छात्रों के लिए 2,000 शिक्षक थे। नालन्दा विश्वविद्यालय का उद्देश्य 1:8 अनुपात प्राप्त करना है ताकि प्राचीन गुरुकुल भावना के साथ तालमेल बिठाया जा सके। नालन्दा विश्वविद्यालय के उप कुलपति अभय कुमार सिंह कहते हैं (19 मई, 2025) : "मुझे दुख होता है जब लोग ब्रांड नालन्दा कहते हैं। जबकि नालन्दा हमारी थाती और ज्ञान की प्राणवायु है। नालन्दा एक अप्रतिम रौशनी है। हमारा उद्देश्य ज्ञान सृजन है, न कि डिग्री देना और छात्रों का नौकरी पाना।" आज के नालन्दा विश्वविद्यालय में लगभग 70 शिक्षक हैं और 402 छात्र हैं।

तक़रीबन 500 से अधिक संस्कृत पांडुलिपियों को दक्षिण एशियाई देशों के विद्वानों द्वारा अपनी भाषाओं में अनुवाद के लिए ले जाने का तथ्य भी बताता है कि नालन्दा शिक्षा के प्रमुख केन्द्र के रूप में क्या था? नालन्दा विश्वविद्यालय में 18 देश के छात्र हैं–भारत, ऑस्ट्रेलिया, बांग्लादेश, भूटान, ब्रुनेई, दारुस्सलाम, कंबोडिया, चीन, इंडोनेशिया, लाओस पीडीआर, मॉरीशस, म्यांमार, न्यूजीलैंड, दक्षिण कोरिया, श्रीलंका, थाईलैंड, पुर्तगाल, वियतनाम और सिंगापुर। यहाँ के छात्रों को सबसे ज़्यादा पसन्द है, इसका कैफेटेरिया मॉडल ऑफ़ एजुकेशन।

कंबोडिया के छात्र, भा शोआन, जो अन्तरराष्ट्रीय शान्ति अध्ययन में मास्टर्स कर रहे हैं, कहते हैं : "एक तो यह जगह भीड़ से बहुत दूर है। दूसरा, यहाँ अन्तरराष्ट्रीय ख्याति प्राप्त लोगों से मिलना और उनसे सीखना एक अद्भुत अनुभव है।"

हिस्टोरिकल स्टडीज में पीएचडी कर रही श्रीलंका की छात्रा, लिसा पिउमी दिलहारा कहती है, "श्रीलंका और भारत का सम्बन्ध अच्छा रहा है। हम भारत को ज्ञान के एक मुख्य केन्द्र के रूप में देखते हैं। मैं यहाँ प्राइमरी रिसर्च मैथड अपनाकर बहुत ख़ुश हूँ।" कन्नौज, उत्तर प्रदेश की छात्रा, मणिकर्णिका, कहती है, "यहाँ सीखने और सिखाने का तरीक़ा ही अलग है। मेरे पास कई बड़े-बड़े विश्वविद्यालय जाने के विकल्प थे। पर मैंने विश्वविद्यालय को चुना।"

पटना के यश राज जो अन्तरराष्ट्रीय सम्बन्ध और शान्ति अध्ययन से मास्टर्स कर रहे हैं, कहते हैं, "ये अकेली ऐसी जगह है जहाँ इंटरनेशनल रिलेशन और पीस स्टडी साथ में पढ़ाया जाता है।" बिहार से 43 छात्र इस

विश्वविद्यालय में नामांकित हैं। कुल 403 छात्रों में भारत से 178 छात्र हैं। लड़कियों की संख्या लगभग 55 प्रतिशत है।

भव्य डाइनिंग हाल में 1500 छात्र बैठ कर खाना खा सकते हैं। यहाँ स्नेक्स में बिहार के मुरमुरे को भी जगह मिली है। भव्य डाइनिंग हाल में सारे सदस्य देशों के झंडे की तस्वीर दीवार पर लगी है। छत से लगा एक ग्लोब जैसा कुछ है जो 'एक विश्व, एक परिवार' का सन्देश देता है।

नालन्दा विश्वविद्यालय एक ऐसा संस्थान है जो नवाचारी और बहु-विषयक शिक्षण पद्धति को बढ़ावा देता है, जिसमें प्राचीन ज्ञान और आधुनिक शिक्षा का समन्वय होता है। यह विश्वविद्यालय एक ऐसा मंच प्रदान करता है जहाँ छात्र और विद्वान एक साथ आकर ज्ञान और संस्कृति के विभिन्न पहलुओं का अन्वेषण कर सकते हैं। साल 2019 में यह विश्वविद्यालय नये परिसर में स्थानान्तरित हो गया था।

क्षेत्रीय दृष्टिकोण से, पूर्व एशियाई देशों के छात्रों की संख्या सबसे अधिक है, इसके बाद दक्षिण-पूर्व एशियाई और यूरोपीय देशों के छात्र हैं। अधिकांश छात्र वियतनाम, बांग्लादेश, भूटान, कंबोडिया, कनाडा, घाना, लाओस, म्यांमार, श्रीलंका, तुर्की और अमेरिका से हैं। वर्तमान में, 300 से अधिक छात्र ऑफलाइन कक्षाओं में भाग ले रहे हैं और बाक़ी छात्रों को ऑफलाइन और ऑनलाइन दोनों माध्यमों से शिक्षा दी जा रही है।

## 'कैसा है नया नालन्दा विश्वविद्यालय?'

प्राचीन नालन्दा के खँडहरों से नीचे उतरते हुए, भूरे रंग की ईंटों की इमारत और इसकी विशिष्ट ऊँची सीढ़ी जैसी सामने की डिज़ाइन को मन में रखना होगा, जब तक कि आप राजगीर की पहाड़ियों के शान्त और सुरम्य वातावरण में नहीं पहुँच जाते, जो शहर की भीड़भाड़ से दूर है। वास्तु शिल्प कंसल्टेंट्स द्वारा डिज़ाइन किये गये नये परिसर में, इमारत निर्माण के लिए कुल क्षेत्र का केवल 8% उपयोग किया गया है, जो लगभग प्राचीन नालन्दा विश्वविद्यालय के स्थापत्य और भौगोलिक परिवेश से मेल खाता है।

विश्वविद्यालय का प्रवेश-द्वार अपनी भव्यता को समेटे हुए, कैमरे से परिसर की निगरानी कर रहा है। वाहनों की पार्किंग प्रवेश के पास ही करनी होती

है ताकि मुख्य परिसर के पास वाहनों की आवाजाही कम से कम हो सके, जो मुख्य प्रवेश से लगभग 2 किमी दूर है। छात्रों और आगन्तुकों के लिए परिसर तक साइकिल चलाना या पैदल चलना एक विकल्प होगा।

चढ़ाई वाले सीढ़ी के सामने की छवि प्रशासनिक ब्लॉक, विंग-1 भवन में अपनी प्रतिकृति देखती है, जिसमें कुलपति और अन्य कार्यालय हैं। भवन के प्रवेश-द्वार पर राष्ट्रीय ध्वज गरिमा के साथ लहराता है, जो नालन्दा विश्वविद्यालय के आदर्श वाक्य 'एक अन्तरराष्ट्रीय संस्थान का राष्ट्रीय महत्त्व' की घोषणा का प्रतीक है। कुलपति का कार्यालय एक मिनी सम्मेलन कक्ष जैसा दिखता है, जिसमें गोल पीतल की प्लेट पर 'नालन्दा विश्वविद्यालय' लिखा हुआ है।

नालन्दा विश्वविद्यालय की कक्षाएँ प्राकृतिक रौशनी और ब्रांडेड फ़र्नीचर से सुसज्जित हैं। व्हाइटबोर्ड और इलेक्ट्रॉनिक पोडियम के साथ, कक्षाएँ दोनों तरफ़ से खुले स्थान पर खुलती हैं जहाँ बारिश सीधे गिर सकती है। प्रत्येक कक्षा को इस तरह से डिज़ाइन किया गया है कि इसमें सूरज की रौशनी का उचित हिस्सा हो। हालाँकि प्राचीन नालन्दा की आठ फ़ीट चौड़ी दीवार की नक़ल नहीं की जा सकती है।

परिसर तापीय और बायोगैस ऊर्जा के बीच सन्तुलन बनाता है और पीएनजी लाइनें भी विश्वविद्यालय के बीच से गुज़रती हैं। यह ऊर्जा संचयन और प्रबन्धन के प्रति विश्वविद्यालय की प्रतिबद्धता को दर्शाता है। नालन्दा विश्वविद्यालय के नये परिसर के निर्माण में वास्तुकार ने जलने वाली या बेक की गयी ईंटों का न्यूनतम उपयोग सुनिश्चित किया है ताकि उचित शीतलता प्रदान किया जा सके। एक विश्वविद्यालय अधिकारी ने समझाया कि अधिकतम भाग में ईंट का उपयोग किया गया है, जिसमें आठ प्रतिशत सीमेंट मिलाया गया है, जबकि प्लिंथ, बीम इसे दीर्घायु प्रदान करने के लिए बनाये गये हैं।

कुछ खुले कमरे हैं जो नालन्दा महाविहार के छात्रों के कक्षों की तरह दिखते हैं। नये परिसर के छात्रों के पास इसे खुले परिवेश में अध्ययन स्थान के रूप में उपयोग करने का विकल्प है। यह डिज़ाइन प्राचीन नालन्दा की भावना को पुनर्जीवित करता है और छात्रों को एक अनोखा और प्रेरणादायक अध्ययन का वातावरण प्रदान करता है।

कमल सागर, जो परिसर के मध्य में स्थित एक कमल तालाब है, विश्वविद्यालय के लिए एक महत्त्वपूर्ण केन्द्र बिन्दु के रूप में कार्य करता है। इसके चारों ओर शैक्षणिक परिसर, खेल के मैदान, छात्रावास और बाज़ार हैं। तालाब के पास मिट्टी के बर्तन के आकार की पानी की टंकियाँ इस व्यवस्था में विशेष मूल्य जोड़ती हैं।

तालाब के एक तरफ़, आर्केड या बोतल के आकार के बाज़ारों की एक क्षैतिज शृंखला है, जहाँ स्टेशनरी, खाद्य पदार्थ और अन्य वस्तुएँ बेची जायेंगी। छात्र कक्षाओं से बाज़ारों तक, खेल के मैदानों तक और छात्रावासों तक बिना धूप के सम्पर्क में आये चल सकते हैं। यह डिज़ाइन छात्रों के लिए एक सुविधाजनक और आरामदायक अनुभव प्रदान करता है।

कमल सागर, नालन्दा विश्वविद्यालय के परिसर में एक महत्त्वपूर्ण प्रतीक है, जो दो चीज़ों का प्रतिनिधित्व करता है, नालन्दा ज्ञान के दाता के रूप में और जल संचयन में एक उत्कृष्ट उदाहरण के रूप में। एक विश्वविद्यालय के शिक्षक ने समझाया, "नालम-दा का अर्थ है कमल का दाता। कमल ज्ञान का प्रतीक है। एक अन्य अर्थ है ना-आलम-दा, जिसका अर्थ है बिना किसी सीमा के देने वाला या असीमित देने वाला। इसलिए, नालन्दा ने अपने ज्ञान और बुद्धिमत्ता को बिना किसी सीमा के साझा किया, बिना किसी जाति, धर्म या राष्ट्रीयता के भेदभाव के।"

नालन्दा विश्वविद्यालय की विरासत ज्ञान और बुद्धिमत्ता को साझा करने की भावना पर आधारित है, जो आज भी प्रासंगिक है। कमल सागर इस विरासत का एक महत्त्वपूर्ण हिस्सा है, जो ज्ञान और जल संचयन के महत्त्व को दर्शाता है। राजगीर की पहाड़ियों के तल पर स्थित नालन्दा विश्वविद्यालय वर्षा, जल संचयन का एक उत्कृष्ट उदाहरण प्रस्तुत करता है। विश्वविद्यालय ने 100 एकड़ से अधिक क्षेत्र में अपने जल निकायों (अब तक 15 से अधिक) की ओर प्राकृतिक रूप से प्रवाहित होने की अनुमति दी है। अत्यधिक वर्षा की स्थिति में, इसे विचलन चैनलों के माध्यम से इसके पिछले स्रोत में प्रवाहित होने की अनुमति दी जा सकती है।

ऊपरी परत की उपजाऊ मिट्टी का उपयोग कृषि के लिए किया जाता है, जबकि गहरी मिट्टी का उपयोग संपीड़ित ईंट बनाने के लिए किया जाता है।

प्राचीन नालन्दा विश्वविद्यालय को 200 से अधिक गाँवों का समर्थन प्राप्त था, उसी तरह नये विश्वविद्यालय के गाँव वाले नवाचारी और जैविक खेती के लिए स्थानीय लोगों को शामिल कर सकते हैं, जिससे स्थानीय लोगों को लाभ हो सकता है। यह दृष्टिकोण न केवल पर्यावरण की रक्षा करता है, बल्कि स्थानीय समुदाय के साथ जुड़ने और उनके लिए आजीविका के अवसर पैदा करने में भी मदद करता है।

नालन्दा विश्वविद्यालय में लगभग 200 बड़ी और छोटी संरचनाएँ हैं, जिनमें प्रशासनिक ब्लॉक, शिक्षकों और छात्रों के लिए छात्रावास शामिल हैं। वर्तमान में, लगभग 300 छात्र परिसर के पास किराये के हॉस्टल में रह रहे हैं, जो जल्द ही परिसर के अन्दर रहने लगेंगे। एक बार निर्माण पूरा हो जाने के बाद, नालन्दा विश्वविद्यालय लगभग 7,500 शिक्षकों और छात्रों को समायोजित कर सकता है।

इंटरनेशनल रिलेशन और पीस स्टडीज में कार्यरत एसोसिएट प्रोफ़ेसर राजीव चतुर्वेदी बताते हैं, "एप्लाइड स्टडी यहाँ की विशेषता है। हम भीड़ से अलग हैं। यूपीएससी की तैयारी करनेवाले छात्र यहाँ इसलिए आते हैं कि उनके सोच को व्यापकता मिलती है। फील्ड में काम कर रहे विशिष्ट लोग यहाँ आकर छात्रों को ये बताते हैं कि ज्ञान का क्या आउटपुट है और उसका बेहतर उपयोग जीवन में कैसे हो सकता है? मुझे नालन्दा से जुड़ने के लिए हमेशा गर्व रहा है।"

नया नालन्दा विश्वविद्यालय, ज्ञान का नया दीपक है। जिसे सदियों पहले बुझाने की कोशिश की गयी थी। लेकिन ज्ञान कहाँ दफ़न हो पाता है? आज से 100 वर्षों के बाद किसी बड़े संस्थान को पुनर्जीवित और संवर्धित करने का ज़िक्र होगा तो नालन्दा विश्वविद्यालय की चर्चा अवश्य होगी। ये भी चर्चा होगी कि कैसे 800 सालों के बाद किसी को ये ख़याल आया कि प्राचीन नालन्दा विश्वविद्यालय का बीज और आत्मा लेकर कुछ नया किया जाये।

नालन्दा एक संस्था नहीं, शाश्वत सोच है। उसकी रौशनी हमें दूर से दिखाई देती है।

# आभार

राजकमल झा
उन्नी राजेन शंकर
पीवी अय्यर
राहुल सभरवाल
अरुण माहेश्वरी
अदिति माहेश्वरी गोयल
विनोद भारद्वाज

लालू प्रसाद
नीतीश कुमार
चिराग पासवान
तेजस्वी प्रसाद यादव
प्रेमचन्द्र मिश्रा

प्रेम कुमार मणि
देवकी नन्दन गौतम
उमेश प्रसाद सिंह
डॉ. अर्जुन सिंह
मनोज कुमार लाल
राणा राज के सिंह

कमलेश सिंह (ताऊ)
सौरभ द्विवेदी
गुरु प्रकाश पासवान
ब्रज मोहन सिंह
दीपक तेनगुरिया
प्रवीण मिश्रा
शुभम कुमार

चित्रा
गौरव
शाश्वत
शिवांगी
धृति

❑❑